普通高等教育"十一五"国家级规划教材

最新现代高等物流教育系列

U0648301

Logistics

国际物流

INTERNATIONAL LOGISTICS

（第六版）

王正旭　吕明哲　张海燕　主编

东北财经大学出版社　大连

Dongbei University of Finance & Economics Press

图书在版编目（CIP）数据

国际物流 / 王正旭，吕明哲，张海燕主编. —6版. —大连：东北财经大学
出版社，2024.3

（最新现代高等物流教育系列）

ISBN 978-7-5654-5165-2

Ⅰ．国…　Ⅱ．①王…②吕…③张…　Ⅲ．国际物流–高等学校–教材
Ⅳ．F259.1

中国国家版本馆CIP数据核字（2024）第048945号

东北财经大学出版社出版

（大连市黑石礁尖山街217号　邮政编码　116025）

网　　址:http://www.dufep.cn

读者信箱:dufep@dufe.edu.cn

大连图腾彩色印刷有限公司印刷　东北财经大学出版社发行

幅面尺寸：185mm×260mm　　　字数：398千字　　　印张：20

2024年3月第6版　　　　　　　2024年3月第1次印刷

责任编辑：孙　平　郭　洁　　　　　责任校对：刘贤恩

封面设计：张智波　　　　　　　　　版式设计：原　皓

定价：52.00元

第6版前言

首版面世以来，满载着丰富知识的《国际物流》一书，已走过了辉煌的近二十个春秋。在这漫长的岁月里，书籍如同良师益友，陪伴着无数求知者，赢得了众多读者的青睐与信赖。我们收到了来自四面八方的反馈，每一条建议都像是指引着我们前行的灯塔，激励我们不断对内容进行精炼与提升。

在经济全球化的大潮中，我们的初心未曾改变：致力于为国际企业提供一个解决国际物流难题的高效、优质、成本效益比佳的指南。本书融合了管理学、国际贸易、市场营销以及国际投资等理论，深入探讨了国际物流管理的盈利性、效率和成本问题，并着重分析了企业国际化进程中遇到的物流挑战。我们尤其关注中国跨国企业的实际案例，并融入了中国学术界最新的研究成果，丰富了书中的案例分析。

本次修订将党的二十大报告关于"加快发展物联网，建设高效顺畅的流通体系，降低物流成本"等内容融入教材。新加入的内容紧扣理论知识，具有目标明确、针对性强、逻辑清晰的特点，旨在加深读者对于理论知识的理解，并锻炼将理论应用于实践的能力。随着全球经济形势的动荡与变迁，国际物流管理也迎来了新的发展趋势，因此我们对书中的陈旧数据进行了更新，确保了内容的时效性。此外，为了增强教学的直观性和生动性，我们加入了更多的案例分析和图表，这些都是我们在教学实践中不断调试和完善的成果，目的是与更多的读者分享我们的教学心得。

"浩荡的思考，终归于平静；真挚的情感，尽在字里行间。"编纂一部深具洞见的教材，是我们始终不渝的追求。在本次修订过程中，我们细致入微地考量了读者的反馈，汲取了教学实践的精华，对全书的框架和表达进行了再次雕琢。我们将这份修订视为我们的答卷，恭敬地提交给每一位读者。然而，国际物流的理论与实践正处于风起云涌之际，我们的工作远未完结，书中难免有所疏忽。我们期待广大读者能够继续慷慨地提供反馈，让我们携手共进，完成这本书赋予我们的使命。

王正旭

2024年1月

其他版次前言

第1版前言

随着经济全球化的发展，越来越多的企业开始推行国际化战略，在全球范围内寻找贸易机会、开拓国际市场、建立生产基地和寻求最好的贸易伙伴，全球化成为国内企业追求的目标。而经济全球化必然以国际物流为依托，国际物流是实现经济全球化和产品无国界以及企业参与国际市场竞争的基础和保障。

国际市场竞争的加剧和国际物流的发展，迫切需要一大批掌握现代物流管理理论与方法，熟悉世界贸易组织规则，精通国际物流业务，具有从事国际物流运作组织能力的高级管理专门人才。本书正是基于上述背景，为满足国际物流管理人才的培养和教育之需所编写的。

全书共分8章。第1章国际物流概述，对于物流的概念、分类和功能活动作了概要性的介绍，分析了国际物流的特点，阐述了国际物流对国际贸易的影响。第2章国际物流组织与管理，阐述了国际物流战略及国际物流管理目标，介绍了国际物流业务管理的内容，并重点分析了国际物流服务。第3章国际物流网络，分析了国际物流网络的节点，介绍了国际物流网络的连线，阐述了国际物流网络的构成。第4章国际货物运输、第5章国际货物运输保险、第6章国际货物储存和第7章国际货物通关，介绍了国际物流的主要业务活动。第8章全球供应链，从供应链的角度对全球采购、生产和配送作了概括性的介绍，以此作为全书的结尾。本书内容全面完整，主要侧重于国际物流实务，既可用作高校本科、高职高专的教材，也可以作为物流专业人才培养和教育的学习参考用书。

本书由北京工商大学商学院张海燕副教授担任主编，参与编写的人员及分工如下：第1章国际物流概述——张海燕、周笛；第2章国际物流组织与管理——吕明哲；第3章国际物流网络——张海燕、郑媛；第4章国际货物运输——张海燕；第5章国际货物运输保险——姚立、吴霞；第6章国际货物储存——张海燕、郑媛、周笛；第7章国际货物通关——姚立、董飞；第8章全球供应链——吕明哲。全书由张海燕副教授提出编写提纲、组织编写并完成全书的统稿和修改工作。

本书在写作的过程中参考了大量的专著、教材和资料，相关作者前期进行的探索和研究为本书的编写奠定了坚实的基础，在此特向这些作者表示衷心的感谢。此外，北京工商大学的何明珂教授在本书写作期间给予了大力的支持，东北财经大学出版社的郭洁编辑对于我们的信任、理解和耐心以及热情的帮助也使我们深受感动，东北财经大学出版社的其他编辑（审）人员也为此书的出版付出了辛勤的劳动，在此一并向他们致谢。

　　由于时间仓促，水平有限，书中的遗漏和错误在所难免，恳请读者批评指正。

张海燕

2005年9月

目　录

第1章

国际物流概述

💧 **学习目标**

- 理解物流的概念、种类及物流的"七要素"
- 了解物流系统的构成及主要功能
- 了解国际物流的定义与特点
- 明确国际物流与国际贸易的关系

1.1　物流的基本概念

1.1.1　物流的定义

物流是物的流动或实物流通的简称，是实现和完成物质实体转移的过程。《中华人民共和国国家标准：物流术语（GB/T 18354-2006）》中对物流所下的定义是：物流是物品从供应地向接收地的实体流动过程，根据实际需要，将运输、储存、装卸、搬运、包装、流通加工、配送、信息处理等基本功能实施有机结合。自从"物流"的概念被提出之后，许多国家和地区的物流组织以及企业界、学术界人士都提出了关于物流的定义。这些物流定义的表述虽然各不相同，但从中却可以总结出以下几点共同之处：物流是物质实体转移的活动；物流是满足顾客需要的过程；物流是由诸项活动要素所组成的。

在现代管理学中，物流是供应链的一部分。采购、仓储、运输、装卸搬运以及包装等活动都需要物流的参与。物流既可以是吞噬企业利润的"物流冰山"，也可以是企业的"第三利润源泉"。在现今的经济环境中，物流已逐渐成为企业在市场中能否保持竞争优势的重要影响因素。

1.1.2　物流的分类

物流的分类可以有多种方法。

根据物流发生的阶段和过程，可以将物流分为供应物流、生产物流、销售物流、回收物流和废弃物流。

（1）供应物流，是为生产企业提供原材料、零部件或其他物品以及为销售企业提供商品时，物品在提供者与需求者之间的实体流动。

（2）生产物流，是生产过程中，原材料、在制品、半成品、产成品等在企业内部的实体流动。

（3）销售物流，是生产企业、流通企业出售商品时，物品在供方与需方之间的实体流动。

（4）回收物流，是不合格物品的返修、退货以及伴随货物运输或搬运过程中的包装容器、装卸工具及其他可再利用的物品等，经过回收、分类、再加工、再使用的流动过程。

（5）废弃物流，是伴随着生产企业制造各种产品所产生的副产品（如钢渣、煤矸石等）、废弃物，以及生活消费品中的废弃物（如垃圾等），收集、分类、加工、包装、搬运、处理过程中的实体流动。

根据物流的边界和活动范围，可以将物流分为企业物流、社会物流、综合物流和国际物流。

（1）企业物流，是指发生在本企业内部的物品实体流动，就工业企业而言，等同于生产物流。

（2）社会物流，是指全社会范围内，企业外部及企业相互之间错综复杂的物流活动的总称。

每一个企业作为社会经济的一个细胞，都要与外部社会发生联系，各有所需、各有所供。各企业之间构成彼此联系、不可分割的物流网络体系。企业是物流网络的节点，企业物流与社会物流相衔接，形成全社会的大物流，即"综合物流"。

（3）综合物流，是指物质资料在生产者与消费者之间，以及生产过程各阶段之间流动的全过程。简单地说，综合物流包含了社会物流与企业物流，它涉及供应部门向生产制造企业供应生产资料的供应物流；商品物质实体从生产者到消费者流动的销售物流；物资在本企业内部各环节、各工序之间流动的生产物流、回收物流及废弃物流等。

（4）国际物流，是指世界各国（或地区）之间，由于进行国际贸易而发生的商品实体从一个国家（或地区）流转到另一个国家（或地区）的物流活动。随着国际贸易的发展，物流国际化越来越突出，"物流无国界"已被人们所公认。国际物流比国内物流更为复杂，需要国家间的良好协作，同时也需要国内各方面的重视与配合。

1.1.3　物流的"七要素"

物流包括许多具体的活动，人们进行物流活动的方式也是多种多样，但不管用什么样的方式进行怎样的物流活动，一项具体的物流活动一般来讲都必然包括以下七大基本要素：

1. 流体

流体指物流的对象，即物流中的"物"，一般指物质实体。流体具有自然属性和社会属性。

流体的自然属性是指其物理、化学、生物的属性。物流管理的任务之一就是要保护好流体，使其自然属性不受损坏，因而需要对流体进行检验、养护，在物流过程中需要根据物质实体的自然属性合理安排运输、保养、装卸、搬运等作业。

流体的社会属性是指流体所体现的价值属性，以及生产者、销售者、物流作业者与消费者之间的各种关系。有些关系国计民生的重要商品作为物流的流体还肩负着国家宏观调控的重要使命，因此在物流过程中要保护流体的社会属性不受任何影响。

流体的价值属性可以用流体的价值密度来反映。流体的价值密度是单位流体所含的价值。其中，单位流体可以根据需要分别指单位重量（如每吨）、单位体积（如每立方米）、单位数量（如每个）；价值可以是出厂价，也可以是销售价。根据单位、价值的不同组合，可以有不同的价值密度。流体的各种价值密度见表1-1。其中，p_i表示商品价值，单位是万元；t_i表示商品重量，单位是吨（t）；c_i表示商品体积，单位是立方米（m^3）；n_i表示商品数量，单位可以是个、包、箱、件等；ρ_{t_i}表示重量价值密度；ρ_{c_i}表示体积价值密度；ρ_{p_i}表示数量价值密度。

表1-1　　　　　　　　　　流体的价值密度表

价值密度ρ	重量价值密度ρ_{t_i}（万元/吨）	体积价值密度ρ_{c_i}（万元/立方米）	数量价值密度ρ_{p_i}（万元/件）
含义	每吨商品的价值	每立方米商品的价值	每件商品的价值
计算公式	$\rho_{t_i}=\dfrac{p_i}{t_i}$	$\rho_{c_i}=\dfrac{p_i}{c_i}$	$\rho_{p_i}=\dfrac{p_i}{n_i}$

流体的价值密度是一个具有多种用途的重要参数。它可以反映商品的价格高低，可以反映生产过程的技术构成，对物流部门确定物流作业方案和确定货物保险条款都有重要的参考价值。价值密度越大的商品，物流过程越要精心，一方面要采取商品保险措施，同时在运输方式和运输工具的选择、保管场所和条件的安排、包装方式和材料的确定以及装卸设施设备的配置方面等都要精心规划。

2. 载体

载体指流体借以流动的设施和设备。

载体可分成两类：第一类载体是基础设施，如铁路、公路、水路、港口、车站、机场等基础设施，它们大多是固定的、需要高额投资的和使用年限较长的，同时对物流发展的影响也是战略性的；第二类载体是设备，即以第一类载体为基础，直接承载并运送流体的设备，如车辆、船舶、飞机、装卸搬运设备等，它们大多是可以移动的、使用年限相对较短、必须依附于固定设施才能发挥作用的。

物流载体是物流系统最重要的资源。

物流载体的状况，尤其是第一类载体即物流基础设施的状况直接决定了物流的质量、效率和效益，也决定了物流系统中物流网络的形成与运行，基础设施决定物流的发展。

3.流向

流向是流体从起点到终点的流动方向。物流是矢量，物流的流向有两类，即正向和反向。

正向物流的起点是供应链的上游，终点是同一供应链的下游或者是沿着下游方向的流向，如图1-1所示。正向物流是物流系统的主要流向，可以分为自然流向、计划流向、市场流向和实际流向等。

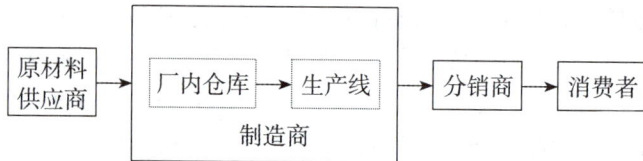

图1-1　正向物流的流向

反向物流的起点是供应链的下游，终点是同一供应链的上游或者是沿着上游方向的流向，如图1-2所示。

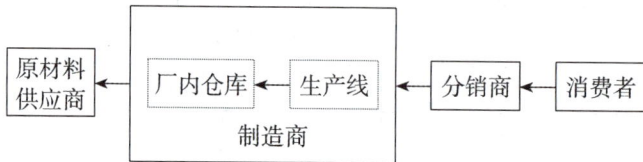

图1-2　反向物流的流向

根据反向物流的目的和原因可将反向物流分成：发货错误、收货错误、贸易壁垒、用户退货、商品维修、产品召回、库存改制、包装回收、废物处理、托盘周转和车辆回空等几类。反向物流不可避免，电子商务等新型流通方式的出现和处于供应链终端的零售企业推行的"无障碍退货"等更尊重消费者权益的服务都会导致大量的反向物流。反向物流需要花费更多的成本。由于制造过程、采购过程、销售过程的错误导致的产品退货、召回、拒收等反向物流，由于物流运作过程的失误而造成的反向物流等都会吞噬供应链利润，因此，应该最大限度地降低这种反向物流的比重。但包装物回收、废弃物处理等反向物流能获得正面的效益。

4.流量

流量即通过载体的流体在一定流向上的数量表现。流量与流向是不可分割的，每一种流向都有一定的量与之相对应，因此，流量的分类可以参照流向的分类分为四种，即自然流量、计划流量、市场流量和实际流量。对流量的分类也有其特殊性，根据流量本身的特点，可以将流量具体分为以下两类：第一类是实际流量，即实际发生的物流流量，其又可分为以下几种：第一种，按照流体统计的流量；第二种，按照载体统计的流量；第三种，按照流向统计的流量；第四种，按照发运人统计的流量；第五种，按照承运人统计的流量。第二类是理论流量，即从物流系统合理化角度来看应该产生的物流流量，也可按照与实际流量相对应的五个方面来分类。另外，流量统计的单位也可视具体统计的目的来确定，如吨、立方米、元等。

5.流程

流程即通过载体的流体在一定流向上行驶路径的长短。流程与流向、流量一起构成了物流向量的三个数量特征，流程与流量的乘积还是物流的重要量纲，比如吨千米。流程的分类与上述流向和流量的分类基本类似，可以分为自然流程、计划流程、市场流程与实际流程。还可以像流量的分类那样，将物流流程分为两类：第一类是实际流程，这又可按照五种口径来统计，一是按照流体统计，二是按照载体统计，三是按照流向统计，四是按照发运人统计，五是按照承运人统计。第二类是理论流程，理论流程往往是可行路径中的最短路径。路径越长，物流运输成本越高，如果要降低运输成本，一般就应设法缩短运输里程。

6.流速

流速即在单位时间里流体转移的空间距离。流速由两方面的因素决定：一是流体转移的空间距离，即流程；二是这种转移所花的时间。流速就是流程除以时间所得到的值。流体在转移过程中总是处于两种状态，第一种状态是在运输过程中，第二种状态是在储存过程中，流速衡量的就是这两种状况。由于第二种状态需要花费时间，但是并不发生空间位移，因此，第二种状态的存在是导致流速降低的原因，而第一种状态采用的具体运作方式（比如不同的运输工具、不同的运输网络布局、不同的装卸搬运方式和工具等）也会对单位时间内流体转移的空间距离产生影响，因此，要提高物流的速度从而提高商品周转速度，就必须从决定流速的两方面因素着手进行合理规划。

7.流效

流效即物流的效率（Efficiency）和效益（Effectiveness）。物流的目的是用最低的物流总成本完成物品从起源地到需求地的转移，并满足客户的其他物流服务要求，这个目的集中体现在物流的效率和效益上。物流效率是指单位人力、资本、时间等要素的投入所带来的物流量的大小，可用物流的反应速度、订货处理周期（Order Cycle Time）、劳动生产率、物流集成度、物流组织化程度、第三方物流的比重等一系列定量和定性指标来衡量。物流效益是指单位人力、资本、时间等要素的投入所完成的物流收益的大小，可用成本、收益、服务水平等定量和定性指标来衡量。根据不同的主体，可将物流的效益分为两部分：物流服务提供方的效益；物流服务需求方的效益。

1.1.4　物流系统的构成与功能活动

从系统的角度来看，物流是一个过程，这个过程是"物"的流动和存储过程，同时也伴随着信息的传递过程。这个过程由物流系统的若干基本功能相互协调共同完成，从而实现了客户的物流需求。物流系统的基本功能是任何一个物流系统所必须具备的功能，它包括七个主要功能：运输、储存、装卸搬运、包装、流通加工、配送和信息处理。

1.运输

运输是通过各种运力将物品从一个地区或地点转移到另一个地区或地点的过程。运输过程中并不改变产品的实物形态，也不增加其数量。物流部门通过运输解决了物资在生产地点和消费地点之间的空间距离问题，创造了商品的空间效用，实现了其使用价值，从而满足社会需求。因此，运输是物流中极为重要的环节，也是物流系统的核心活动。

在物流系统中，运输功能是在运输服务提供方和需求方的共同参与下完成的。根据前文的分析，运输的主要功能包括两个方面：

首先，实现货物的空间位移。空间位移的增加会导致运输费用的上升。设计运输功能时首先需要考虑的问题是：货物是否需要进行空间位移，有多少货物需要进行空间位移，或者需要进行何种类型的空间位移（位移的方向、距离、时间、频率等）。这不仅仅是物流系统决策的问题，同时也是向物流系统下达运输订单的基础。

其次，降低运输费用。运输必须达到服务目标，满足服务目标始终是首要要求。在此基础上，进一步考虑如何组织运输，以最小化总运输成本。

设计运输系统时，应根据其业务范围、货运量、与其他子系统的协调关系等因素，综合考虑以下几个方面的问题：

（1）运输方式的选择。
（2）运输路径的确定。
（3）运输工具的配置。
（4）运输计划的制订。
（5）运输环节的简化。
（6）运输时间的缩短。
（7）运输质量的提高。
（8）运输费用的节约。

（9）作业流程的连续性。

（10）服务水平的保证。

通过全面考虑这些方面，可以更有效地优化运输系统，提高其效率，确保物流体系的顺畅运作。

2.储存

储存（保管）是物流活动的一个关键组成部分，通过对货物的储存（保管）解决了生产与消费在时间、数量和方式上的差异问题，从而创造物品的时间效用。储存的基本目的可以总结为三个方面：首先，满足生产和销售对自愿库存的需求；其次，尽可能降低库存成本，尤其要降低非自愿库存成本；最后，降低储存作业成本，加快储存作业速度。第一个目的是为服务提供支持，后两个则是降低成本，这三个目的应该同时达到。

根据储存的作业类型，可以将其划分为仓储管理和库存控制两个具体功能。仓储管理涉及对在库或在途商品的数量、品质以及运作进行的管理，以防止商品数量短缺和质量发生变化。同时，它也旨在提高劳动生产率，降低储存作业过程中的保管、装卸、包装费用以及商品损耗，缩短商品在仓储过程中的作业时间。库存控制则是对库存的数量、时间、地区分布和结构进行规划和控制的物流管理活动。

仓储是物流的一个业务环节，仓库是仓储活动的主要场所。对储存系统进行设计时，应根据仓库所处地理位置、周围环境及物流量的多少、进出库频率等，考虑以下几个方面的问题：

（1）仓库建设与合理布局。

（2）最大限度地利用仓库容积。

（3）货物堆码、存放的科学性。

（4）有利于在库物品的保养防护。

（5）加强入库验收、出库复核。

（6）减少出、入库时间。

（7）降低保管费用。

（8）加强库存管理，合理储存，防止缺货与积压。

（9）进出库方便。

（10）仓库安全。

3.装卸搬运

装卸搬运是物流过程中不可缺少的一项作业活动。特别在运输和保管过程中，几乎都离不开装卸搬运（有时是同步进行的）。装卸搬运本身虽不产生价值，但在物流过程中，装卸搬运作业对保护货物使用价值和提高物流效率、节省物流费用等有很大的影响。进行装卸搬运系统设计，应根据其作业场所、使用机械及物流量的多少，考虑以下几方面的问题：

（1）装卸搬运机械化程度的确定。

（2）装卸搬运机械设备的选择。

（3）装卸搬运辅助器具的准备。

（4）装卸搬运省力化措施。

（5）制定装卸搬运作业程序。

（6）配合其他子系统协同作业。

（7）节约费用。

（8）操作安全。

4.包装

在整个物流过程中，包装是一个至关重要的环节。商品在生产和流通过程中需要进行包装，以满足不同的目的，因此表现出以下几种相应的包装形式：

（1）销售包装。

销售包装是将生产出的产品包装成具有相同数量标准和规格的单元，以便于展示和销售。这种包装作业是生产过程的一部分，旨在为产品赋予吸引力，方便零售环境中的陈列和购买。

（2）物流包装。

物流包装则是为了在物流过程中的运输、储存、装卸、堆码、发货、收货、销售等作业而进行的。这包括将存在销售包装的商品重新包装成一定数量的单元，或对外包装进行加固、分装、重新包装等操作。物流包装在物流过程的各个阶段都起到关键作用，确保商品在整个供应链中的安全和高效流通。

综合而言，包装在物流中不仅仅是产品外观和销售的一部分，更是确保商品在运输和储存过程中安全、便捷和高效的关键因素。适用于销售和物流的不同包装形式在整个供应链中相辅相成，共同推动着产品的流通和最终的顾客满意度。

对包装系统进行设计时，应根据不同的商品，采用不同的包装机械、包装技术和方法，并考虑以下几个方面的问题：

（1）包装机械的选择。

（2）包装技术的研究。

（3）包装方法的改进。

（4）包装标准化、系列化。

（5）节约包装材料。

（6）降低包装费用。

（7）提高包装质量。

（8）方便顾客使用。

5.流通加工

流通加工，是指在流通领域中的物流过程中的加工，是为了销售或运输，以及提高物流效率而进行的加工，实际上是生产过程在流通过程中的延续。通过加工使商品更加适应消费者的需求，如将大包装改为小包装，将大件物品改为小件物品等。当然，在生产过程中也有一些外延加工，如钢材、木材的切割，给商品贴识别码、拴挂标签等。流通加工系统的设计，应根据加工物品、销售对象和运输作业的要求，考虑以下几个方面的问题：

（1）加工场所的选定。

（2）加工机械的配置。

（3）加工技术、方法的研究。

（4）加工作业流程的制定。

（5）加工物料的节约。

（6）降低加工费用。

（7）提高加工质量。

（8）加工产品适销情况的反馈。

6.配送

配送是物流活动中接触千家万户的重要作业。它和运输的区别在于，运输一般是指远距离、大批量、品类比较复杂的货物输送。配送中的送货在运输中属于二次运输、终端运输。进行配送系统设计时，应根据其配送区域、服务对象和物流量的大小，考虑以下几个方面的问题：

（1）配送中心地址的选择。

（2）配送中心作业区的合理布置，包括到货验收区、货物保管区、加工包装区、分货拣选区、备货配送区。

（3）配送车辆的配置。

（4）装卸搬运机械的选用。

（5）配送路线的规划。

（6）配送业务的合理化。

（7）配送作业流程的制定。

（8）配送及时性。

（9）服务水平的提高。

7.信息处理

物流信息系统既是物流系统中的一个独立子系统，又是为物流总系统服务的一个辅助系统，它的功能贯穿于物流各子系统业务活动之中。物流信息系统支持着物流各项业务活动。通过信息传递，把运输、储存、包装、装卸搬运、流通加工、配送等业务活动联系起来，协调一致，从而提高物流整体作业效率，取得最佳的经济效益。

物流系统与生产、销售系统有着紧密的联系，这种联系主要是靠信息流来完成的，因此，可以将物流信息处理分成两个部分：

第一部分是物流作为一个系统，与其他任何一个系统一样所需的一般信息处理，有人将其称为事务处理，比如人、财、物信息处理，决策支持方面的信息处理等。

第二部分是关于物流的特殊性方面的信息处理，这主要是针对物流系统相对商流系统、生产系统等而言所具有的特殊业务进行的信息处理，它又包括两部分：一是物流系统内部的物流业务信息处理，包括从各种物流业务中衍生出来的信息处理，比如按照物流系统的功能要素——运输、储存、包装等划分的业务信息处理系统等；二是物流系统与外部系统的物流信息处理。生产系统、销售系统、客户服务系统中与物流相关的信息处理越来越重要，比如生产系统需要跟踪在物流过程中原材料、半成品或者产成品的库存、运输、配送等状况；销售系统需要实时跟踪处在物流环节的商品库存、运输、配送的状况等，用户需要查询处于物流系统的配送或者退货信息，这是物流系统与其他外部系统进行有机集成的重要保证，这实际上也是物流系统通过信息流与其环境进行联系的表现形式。

在设计物流信息系统时，应考虑以下三方面的问题：系统的内容、系统的作用和系统的特点。为了组织好物流，必须采用一系列基础设施、技术装备、操作工艺和管理技术，并不断加以改造更新。物流大系统的环境影响物流信息系统的内容、作用和特点。

1.2 国际物流的发展与特点

1.2.1 国际物流的含义

国际物流是相对于国内物流而言的，是不同国家（地区）之间的物流，是跨国界的、流通范围扩大了的物品的实体流动，是国内物流的延伸和进一步扩展。国际物流是国际贸易的一个必然组成部分，各国之间的贸易往来最终都要通过国际物流来实现。

由于国际分工的日益细化和专业化，任何国家都不可能包揽一切专业分工，因而必须要有国家间的合作与交流，随之而来的国家间的商品、物资的流动便形成了国际物流。只有国际物流工作做好了，才能将国外客户需要的商品适时、适地、按质、按量、低成本地送到，从而提高本国商品在国际市场上的竞争力，扩大对外贸易，同时将本国需要的设备、物资等商品及时、高效、低成本地进口到国内，满足国内人民的生活、生产建设、科学技术与国民经济发展的需要。

广义的国际物流包括国际贸易物流和非国际贸易物流。其中国际贸易物流是指组织国际贸易货物（进出口货物）在国家间的合理流动，即根据国际贸易的需要发生在不同国家（地区）之间的物流，是国内物流的延伸和进一步扩展，是跨国界的、流通范围扩大的物的流通。具体来讲，国际贸易物流就是当商品的生产和消费分别在两个或两个以上的国家（地区）独立进行时，为了克服生产与消费之间的空间距离和时间间隔，对商品进行时间和空间转移的活动，主要包括卖方交付货物和单证，收取货款，买方支付货款、接受单证和收取货物的过程。非国际贸易物流是指各种展览品、行李物品、办公用品、援外物资等非贸易货物在国家间的流动。由于在国际物流中是以国际贸易物流为主的，所以本书所讲的国际物流是指国际贸易物流。

国际物流作业图如图1-3所示。

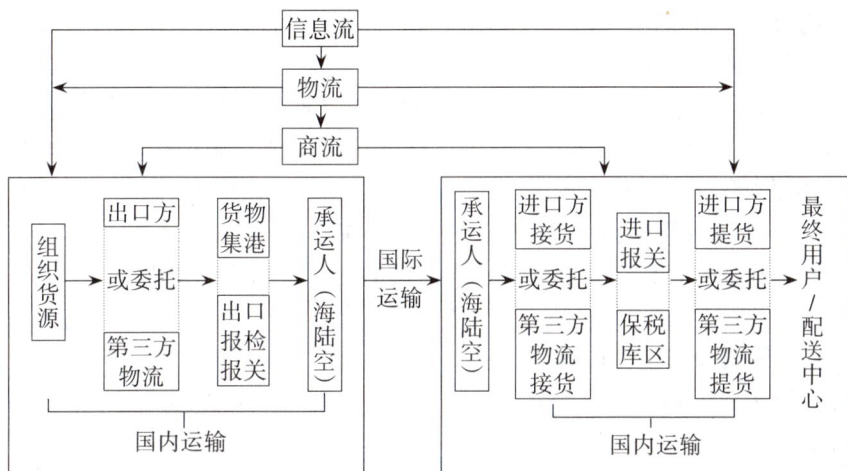

图1-3　国际物流作业图

1.2.2　国际物流的发展过程

国际物流活动随着国际贸易和跨国经营的发展而发展。国际物流活动的发展经历了以下几个阶段：

第一阶段：20世纪50年代至80年代初。

在这一阶段物流设施和物流技术得到了极大的发展，建立了配送中心，广泛运用电子计算机进行管理，出现了立体无人仓库，一些国家建立了本国的物流标准化体系等。尤其是在20世纪70年代的石油危机之后，国际贸易量出现了跳跃式的增长，对国际物流水平的要求也越来越高，原有的只满足于必要的货物运输的物流方式已不能满足新的要求，系统物流由此进入国际领域，其标志是国际集装箱及国际集装箱船只的大发展。20世纪70年代中后期，随着国际贸易量的持续快速增长，航空物流迎来了大规模发展，同时出现了更高效的国际联运。

第二阶段：20世纪80年代初至90年代初。

随着经济技术的发展和国际经济往来的日益扩大，物流国际化趋势开始成为世界性的共同问题。美国密歇根州立大学教授唐纳德·J.鲍尔索克斯认为，进入20世纪80年代，美国经济已经失去了高速发展的势头，陷入长期倒退的危机之中，因此，必须强调改善国际性物流管理，降低产品成本，并且要改善服务、扩大销售，在激烈的国际竞争中获得胜利。与此同时，日本正处于成熟的经济发展期，以贸易立国，要实现与其对外贸易相适应的物流国际化，并采取了建立物流信息网络、加强物流全面质量管理等一系列措施，提高了物流国际化的效率。这一阶段，美国、日本以及欧洲一些发达国家（地区）应用信息技术实现了更低成本、更优服务、更精细化的国际物流，国际物流开始进入信息化时代。

第三阶段：20世纪90年代初至今。

这一阶段国际物流的概念和重要性已为各国（地区）政府和外贸部门所普遍认可。贸易伙伴遍布全球，必然要求物流国际化，即物流设施国际化、物流技术国际化、物流服务国际化、货物运输国际化、包装国际化和流通加工国际化等。世界各国（地区）广泛开展国际物流方面的理论与实践的探索和研究。人们已经达成共识：只有广泛开展国际物流合作，才能促进世界经济的繁荣，物流无国界。

1.2.3 国际物流的主要内容

国际物流主要内容包括三部分：国际运输、国际仓储和国际库存。

1.国际运输

国际运输最为关键，其很大程度上决定了客户是否能够及时安全地获得其采购的商品。在此过程中，所采用的运输方式，会对物流成本与顾客满意度产生直接影响。

2.国际仓储

国际仓储实质是对产品进行储藏和保管。企业在开展仓储业务时，仓库属于非常重要的物质技术基础，要求企业做出合理的决策，进而明确仓库的数量和位置以及储存量与产权等。

3.国际库存

国际库存主要是为了确保能够及时满足客户需求，而保持的一定量的产品，主要关注存货水平，既要尽可能地少占用企业的资金，又要尽可能地满足客户的需求。

1.2.4 国际物流的特点

国际物流是根据国际分工协作，遵循国际惯例，利用国际化的物流资源，实现物品在不同国家的流动和交换，促进区域经济和世界资源的优化。国际物流为国际贸易和跨国经营提供服务，它以最优的方式和路径，以最低的成本和最小的风险，保证物品的质量、数量和时效，将物品从一个国家的供应方运送到另一个国家的需求方。

相对于国内物流，国际物流具有以下一些特点：

1.国际物流的系统范围广泛，政策性强

物流本身的功能、要素系统与外界的沟通已经很复杂，国际物流又在这复杂的系统内增加了不同国家的要素，这不仅使地域和空间变得广阔，而且所涉的国内外要素更多，所需的时间更长，带来的直接后果是难度、复杂性以及风险的提高。正因为如此，国际物流一旦融入现代化系统技术，其效果会十分显著。

国际物流作为国际贸易的一个组成部分，在物流过程中，需要经常同国外发生直接或间接的联系，这种联系不仅是经济上、业务上的联系，而且也会涉及国际政治问题，所以，国际物流既是一项经济工作，也是一项政策性很强的涉外活动。

2.物流环境存在差异，"游戏规则"具有国际性

国际物流的一个突出特点是各国物流环境具有差异，尤其是物流软环境的差异。由于世界各国的经济发展程度存在差别，由此也带来了物流基础设施等方面的差异。比如发达地区的公路、铁路、航空等各种运输方式都很先进，而经济落后地区连基本公路都难以保证。即使是经济水平相近的地区，由于固有基础设施系统的不同，也会带来物流作业的不便。比如有的国家公路发达，而有的国家铁路发达，再比如有的国家的铁路是宽轨距，有的国家的铁路是窄轨距，当然多数国家的铁路是标准轨距。物流环境的差异除了运输设施以外，还表现在信息传递、风险意识、组织管理、政府法令和语言文化上。比如，语言的差别会增加物流的复杂性，从地理上看西欧的土地面积比美国小得多，但它包括的国家众多，使用多种语言，如德语、英语、法语等，货物的工业包装标识虽然大多统一使用英语，但是，货物的商品包装往往需要使用多种语言。

物流环境的差异，使得一个国际物流过程需要在多个不同法律、人文、习俗、语言、科技、设施的环境下运行，这无疑会大大增加国际物流的难度和系统的复杂性。

国际物流活动的复杂性、差异性，要求国际物流活动的参与者不能强迫其他参与者都遵守本国的相关规定，因此，在国际物流的发展过程中也逐渐形成了一些各国普遍遵守的国际通则。例如，我国国内水路运输对承运人实行严格责任制，而在国际海运中对承运人实行不完全的过失责任制。由此可见，国际物流中的"游戏规则"具有国际性。

3.运输距离长、物流节点众多、时效性强、风险较大

国际物流是不同国家之间的物流，所以，国际物流的运输距离比国内运输距离要

长得多，由于运输距离长，在运输过程中往往需要使用多种运输工具和变换不同的运输方式，从而造成装卸搬运和换装的中间环节多。

当前在国际市场上，出口商品的竞争十分激烈，不仅要求商品本身的质量好，而且要求上市的速度快，以提高出口商品的竞争力，巩固与扩大销售市场。所以，国际物流的时效性很强。

国际物流运输距离长、中间环节多、涉及面广，情况复杂多变，其风险也比国内物流要大得多。国际物流可能遇到的风险包括政治风险、经济风险、自然风险和意外事故等。例如，国际物流运输中，由于运输距离长、时间增加、中途转运、装卸频繁等原因，物品遭受灭失、损坏的风险增大；由于汇率的变化、企业资信问题等原因，国际物流运作中面临更多的信用及金融风险等。

4.国际物流的参与者众多，专业领域差异巨大

由于国际物流的供给地和接受地分处不同国家（或地区），由此产生相应的物品跨越国境的业务，这些业务专业性强，而且业务性质差别大，很难由物品的供给方或者接受方单独完成，通常需要借助中介机构来操作。比如，实现货物所有权转移需要通过贸易代理商、货物运输需要通过海运承运人（船运公司）、海关清关需要通过报关代理人、运输的订舱需要通过货运代理人、出具国际物流单证需要通过银行等。如果国内物流还存在着在自营物流和第三方物流之间选择，那么国际物流基本都是通过第三方物流来完成的。

5.国际物流标准化要求严格，建设成本高

在国际物流中，生产企业或货主会在很大程度上依靠第三方物流经营者提供的物流服务和情报、信息以及相关单证，而这些信息交流的工作必须有国际化的信息系统作为支持。国际化信息系统是国际物流非常重要的技术手段。此外，海上运输、航空运输以及国际多式联合运输等是国际物流采用的主要运输方式。国际物流运输线路长，对运输途中物品保管、存放条件要求高，运输环境较为复杂，因此，必然要使用专业化和大型的运输工具和运输设备来提高运输的效率，节约物流成本。

要使国际物流畅通起来，统一标准是非常重要的。比如包装规格尺寸，如果要使得参与运输的远洋运输、内陆运输以及装卸搬运各个环节都能够高效地作业，那么包装就必须确立一个统一的模数，然而事实上由于各个国家的基础设施不同，这个基础模数并不相同，要建设统一的基础模数需要很大的资金投入。目前，美国、欧洲基本实现了物流工具、设施标准的统一，如托盘采用1 000mm×1 200mm规格，集装箱也有统一规格，使用统一的条码技术等，这大大降低了运转的难度，提高了运输效率，节约了物流费用。而那些尚未实现物流标准化、未采用统一标准的国家在国际物流的货物转运、换装等诸多方面会耗费更多的时间和费用，这必将影响其物流的国际竞争能力。

影响国际物流发展的壁垒主要有：市场竞争与贸易限制，如市场进入限制、信息

的缺乏、贸易限制；金融壁垒，如顾客趋势、竞争行为、季节性波动、汇率、政府政策等；配送渠道壁垒，如运输、材料搬运设备、仓库设施、港口设施、通信系统等；当代国际物流的环境越来越复杂；国际物流的地域广、空间大、环节多、时间长、风险大；国际物流信息发展不平衡；国际物流的标准化有待进一步推广；各种妨碍贸易自由化的保护主义措施。

1.2.5　国际物流的最新发展趋势

经济全球化的发展，科学技术——尤其是现代信息技术、通信技术的提高以及跨国公司的出现所导致的本土化生产、全球采购和全球消费趋势的凸显，使得当前国际物流的发展呈现出一系列新的趋势：

1. 第三方物流快速发展并且在国际物流中逐渐占据主导地位

第三方物流（Third Party Logistics）是指在物流渠道中由中间商提供专项或全面的物流系统设计以及系统运营的物流服务模式，因此，第三方物流服务的提供者就是一个为外部客户管理、控制和提供物流服务的公司，他们并不参与客户企业的经营业务，仅是第三方，但作为供应链的合作伙伴、战略联盟通过提供一整套物流服务来提高供应链的竞争优势。

国际上大多数第三方物流公司都是以传统的"类物流"业为起点而发展起来的，如仓储业、运输业、空运、海运、货运代理和企业内部的物流部门等，在国际物流不断发展的环境下，他们根据客户的不同需要，在传统业务服务的基础上，通过增加服务内容，提高服务质量，为客户提供各具特色的物流服务，扩展物流服务的业务链，进而向第三方物流服务提供商转化。目前全球的第三方物流市场具有潜力大、渐进性强和增长率高的特征，这种状况使第三方物流企业拥有大量的服务客户，并使第三方物流在国际物流服务中占据主导地位。

2. 线下物流向线下与线上相结合的平台物流转变

传统的物流是线下物流，资源整合能力弱，服务地域小，功能少，时间短，效率低，成本高。随着世界经济一体化的发展，国际物流服务必须具备全球化、全天候化、供应链化、精准化、高效化的能力，建立物流网上服务平台是拥有这种能力的最好途径，现代信息技术为建立线上物流服务平台提供了技术保障。与此同时，信息技术已经改变了传统的贸易模式，网上交易优势越来越突出，交易规模不断扩大，建立线上物流服务平台，主动与贸易平台相对接，必将提高贸易与物流的合作效率，降低合作成本，促进贸易与物流共同发展。

3. 信息化、智能化和智慧化将成为物流管理与服务的核心竞争力

北斗、5G 甚至 6G、量子技术、区块链技术、人工智能技术等的研发和应用普及，对国际物流和供应链管理将产生革命性的影响，全面的、高水平的信息化、智能

化、智慧化时代即将到来。谁率先将这些先进技术应用于国际物流和供应链管理，谁就可能赢得明天。

4.国际物流市场分工进一步专业化，创新引领发展

随着我国企业对外投资的增加，货物科技含量的提高，国际物流市场分工将进一步细化、专业化，目前以适箱件杂货出口运输为主、海运为主的国际物流将产生专业的汽车出口、机械设备出口、冷链进口、海外仓储、海外物流加工、跨境铁路、国际航空货物运输等专业服务商。传统的央企、国企凭人际关系发展国际物流的优势正在淡化，体制、机制、模式、管理、技术、服务创新将引领可持续发展，显示出强大的生命力。

5.发展逆向物流

物流领域的最新发展是引入逆向物流，即对顾客退回的产品和包装的管理。更广泛地说，逆向物流的管理包括货物被卖给最终消费者或顾客后的处理。逆向物流是"计划、实施和控制原材料、在制品库存、产成品和相关信息从消费点到原产地的高效率、低成本的流动，以重新获得价值或妥善处理的过程"。从本质上讲，逆向物流的活动与传统物流的活动是相同的。许多公司现在已经意识到，将逆向物流系统与减少源流程相结合，可以通过价值创造来获得竞争优势。例如，柯达在1990年发起了回收、再利用和循环利用其单次使用相机的活动。1990年，该公司收集了90万台相机，到1998年，这一数字跃升至6 100万台。2008年，柯达拥有多个回收设施，其中高达86%的相机部件在制造新相机时被重复使用。

卡特彼勒在全球运营着14家再制造工厂。这些工厂能够拆卸和改造柴油发动机——在整个过程中清洗、检查和修理多达2万个部件。卡特彼勒的再制造部门是收入增长最快的部门，以每年20%的速度增长，年收入超过10亿美元。

将商品从顾客或消费者送到制造商的过程中，涉及在原始销售时在场的中间商，在国际贸易中，则涉及进口原本出口的产品，因此比较棘手。美国联合包裹服务公司（United Parcel Service）等小包裹运输公司已经实施了一些流程，帮助出口商处理国际客户退回的货物。许多公司开始使用人工制造系统，在这个系统中，产品被制造、被消费者使用、使用后回收，然后重复使用、翻新、再销售或这些活动的组合，使产品重新进入流通。

6.加快发展物联网

党的二十大报告指出，加快发展物联网，建设高效顺畅的流通体系，降低物流成本。物联网作为现代技术的重要组成部分，对于构建高效、顺畅的物流流通体系至关重要。它通过互联设备和高级数据分析，能够实现对物流过程中的每一个环节的实时监控和管理，极大地提高了物流运作的透明度和效率。加快发展物联网技术，意味着可以在更广泛的范围内实现智能化的货物追踪、库存管理以及自动化的运输调度，这

些都是降低整体物流成本、提升流通速度的关键因素。此外，物联网还能通过精细化管理，优化路线规划，减少资源浪费，提高能源利用效率。从长远来看，物联网的深入应用将为物流行业带来革命性的变化，不仅能够降低企业运营成本，也将提升消费者服务体验，推动整个社会物流系统的高效与可持续发展。因此，加速物联网的发展，对于建立一个高效顺畅的流通体系具有重大而深远的意义。

1.3　国际物流与国际贸易

1.3.1　国际物流的意义

随着经济全球化的发展，越来越多的企业开始推行国际化战略，在全球范围内寻找贸易机会，开拓国际市场，建立生产基地和寻求最好的贸易伙伴，全球化成为国内企业追求的目标。经济全球化是以国际物流为依托的，国际物流是实现经济全球化和产品无国界以及企业参与国际市场竞争的基础和保障。

此外，随着跨国公司经营的发展，据有关统计，目前跨国公司控制着全球生产总值的40%左右、国际贸易的50%以上和国际投资的90%。跨国公司正在由各国子公司独立经营的阶段，向围绕公司总战略协同经营一体化发展，从而使物流对国际经济和贸易产生的影响和意义更大。这种影响表现在：

第一，经济全球化必然要求国际物流作为强大的物质技术基础，物流技术与物流产业的发展为在世界范围内实现产品无国界提供了可能。

第二，面对世界级的竞争对手，物流服务和物流成本变得更为关键，企业必须寻求新的方法来创造自己的竞争优势。

第三，由于企业在全球范围内的采购和销售，其与贸易伙伴之间的供应链变得更长、更为复杂、成本也更高，因此，必须依靠出色的物流管理来充分利用全球的贸易机会。

1.3.2　国际物流的分类

1.根据货物流向分类

根据货物在国家间的流向，可以将国际物流分为进口物流和出口物流。从境外供应商进口产品至本国的业务流程称为"进口物流"；本国供应商出口产品至境外的业务流程称为"出口物流"。

2.根据货物流动的关税区域分类

根据货物流动的关税区域，可以将国际物流分为不同国家间的物流和不同经济区域间的物流。区域经济的发展是当今世界经济发展的重要特征。例如，欧盟区域间物流与欧盟成员国和其他国家间物流存在巨大差异。

3.根据货物特征分类

根据国际物流货物的特征，可以将国际物流分为国际商品物流、国际军火物流、国际邮品物流、国际展品物流、国际援助和国际救援物资等。

1.3.3　国际物流与国际贸易的关系

国际贸易（International Trade）是指世界各国（地区）之间的商品以及服务和技术交换活动，包括进口和出口两个方面。从一个国家的角度看，这种交换活动称为该国的对外贸易（Foreign Trade）；从国际范围来看，世界各国对外贸易的总和，就构成了国际贸易，亦称世界贸易（World Trade）。

与国内贸易相比，国际贸易要复杂得多，从每一个具体贸易业务来讲，为了明确交易双方各自承担的义务、责任，当事人在洽商与订立合同时，必须在很多方面进行明确、达成协议，必须解决以下问题：①卖方在什么地方，以什么方式交货，买方的货款应如何支付。②货物发生的损失或灭失的风险何时由卖方转移买方。③由谁负责货物的运输、保险及通关过境的手续。④由谁负担上述事项所需的各项费用。⑤买卖双方需要交换哪些有关单据。

这些问题的解决离不开国际物流，同时也是国际物流服务的重要内容。所以，国际物流从业人员必须掌握国际贸易方面的基础知识，如进出口贸易的基本业务环节、外贸合同、信用证、贸易术语、国际惯例与公约等。国际物流是随着国际贸易的发展而产生和发展起来的，并已成为影响和制约国际贸易进一步发展的重要因素。国际物流与国际贸易之间存在着非常紧密的关系。

1.国际物流是实现国际贸易的必要条件

国际贸易是国家间的商品流通和商品交换，进出口商品在空间上的流通范围更为广泛，地域范围也更广，其中国际物流更是不可缺少的重要环节。在一笔具体的进出口商品交易中，买卖双方签订合同以后，只有通过物流过程，按照约定的时间、地点和条件把商品交给对方，贸易才算完成，如果没有国际物流，国际贸易是无法开展和进行的。

在当前的国际贸易中，由于国际市场竞争十分激烈，交易双方对于交货时间、运送速度和运输费用等更为重视，快速、及时、安全、优质的物流活动不仅能保证供应，按时交货，而且还有利于抢占市场，扩大商品销路。反之，如果装运不及时，运输迟缓，到货速度慢，就会影响贸易的开展与进行，甚至还会减少销路，失去市场，造成经济上的损失和信誉上的不良影响。

2.国际贸易促进物流国际化

第二次世界大战以后，出于恢复重建工作的需要，各国积极研究和应用新技术、新方法，促进生产力迅速发展，世界经济呈现繁荣兴旺的景象，国际贸易的发展极为迅速。同时，由于一些国家和地区资本积累达到了一定程度，本国或本地的市场已不能满足其进一步发展经济的需要，加之交通运输、信息技术及经营管理水平的提高，出现了为数众多的跨国公司。跨国经营与国际贸易的发展，促进了实物和信息在世界范围内的大量流动和广泛交换，物流国际化成为国际贸易和世界经济发展的必然趋势。

3.国际贸易的发展对物流提出新的要求

随着世界经济的快速发展和全球生产力布局的改变，国际贸易表现出一些新的趋势和特点，从而对国际物流提出了更新、更高的要求。

（1）质量要求

国际贸易的结构正在发生着巨大变化，传统的初级产品、原材料等贸易品种逐步让位于高附加值、精密加工的产品。高附加值、精密加工商品流量的增加，对物流工作质量提出了更高的要求。同时，国际贸易需求的多样化，造成物流多品种、小批量化，要求国际物流向优质服务和多样化发展。

（2）效率要求

国际贸易活动的集中表现就是合约的订立和履行。而国际贸易合约的履行是由国际物流活动来完成的，因而要求物流高效率地履行合约。从输入方面的国际物流看，提高物流效率最重要的是高效率地组织所需商品的进口、储备和供应。也就是说，从订货、交货，直至运入国内保管、组织供应的整个过程，都应加强物流管理。根据国际贸易商品的不同，采用与之相适应的现代化运输工具和机械设备等，对于提高物流效率具有重要的作用。

（3）安全要求

由于国际分工和社会生产专业化的发展，大多数商品在世界范围内分配和生产。国际物流所涉及的国家多、地域辽阔、在途时间长，受气候、地理条件等自然因素和政局动荡、罢工、战争等社会政治因素的影响，因此，在组织国际物流时，选择运输方式和运输路径，要密切注意所经地域的气候条件、地理条件，还应注意沿途所经国家和地区的政治局势、经济状况等，以防止这些人为因素和不可抗拒的自然力造成货物灭失。

（4）经济要求

国际贸易的特点决定了国际物流的环节多、备运期长。在国际物流领域，控制物流费用、降低成本具有很大潜力。对于国际物流企业来说，选择最佳物流方案，提高物流经济性，降低物流成本，保证服务水平，是提高竞争力的有效途径。

总之，国际物流必须适应国际贸易结构和商品流通形式的变革，向国际物流合理化的方向发展。

1.3.4　国际贸易术语

1.国际贸易术语的含义及作用

在国际货物买卖、运输、交接的过程中，需要办理进出口清关手续、安排运输与保险、支付各项税款和费用。货物在装卸、运输过程中，还可能遭受自然灾害、意外事故和其他各种外来损害。有关上述事项由谁承办，费用由谁承担，风险如何划分等，买卖双方在进行交易磋商、签订合同时，必须予以明确。为了简化手续和交易过程，便于双方当事人成交，在国际贸易中买卖双方一般都采用某种专门的用语来表明各自的权利与义务。这种用来表示交易双方所承担的责任、费用与风险的专门用语，称为贸易术语（Trade Terms），又因贸易术语反映了商品的价格构成，因而又称为价格术语。

贸易术语是国际贸易发展到一定历史阶段的产物，它的出现又推动了国际贸易的发展。因为它的出现和广泛应用，对于简化交易手续、缩短洽商时间和节约费用支出都发挥了重要的作用。

许多国际组织都制定过各自的规则用来解释贸易术语，这些规则在国际贸易中都产生不同程度的影响，其中最有影响力的是国际商会制定的《国际贸易术语解释通则®》。该通则由国际商会于1936年在法国巴黎制定，当时定名为《INCOTERMS® 1936》，其副标题为"International Rules for the Interpretation of Trade Terms"，即《国际贸易术语解释通则® 1936》。后来，为了使其内容进一步符合国际贸易业务中的一般做法，国际商会先后于1953年、1967年、1976年、1980年、1990年、2000年、2010年和2020年对其进行了多次修改和补充。《国际贸易术语解释通则® 2020》将每种贸易术语项下卖方和买方各自应承担的义务排列成相互对应的10项内容，如表1-2所列。

表1-2　　　《国际贸易术语解释通则® 2020》所规定的买卖双方的义务

卖方义务	买方义务
A1.卖方的一般义务	B1.买方的一般义务
A2.许可证、授权、安检通关和其他手续	B2.许可证、授权、安检通关和其他手续
A3.运输合同和保险合同	B3.运输合同和保险合同
A4.交货	B4.收取货物
A5.风险转移	B5.风险转移
A6.费用划分	B6.费用划分
A7.通知买方	B7.通知卖方
A8.交货凭证	B8.交货证据
A9.查对-包装-标记	B9.货物检验
A10.协助提供信息及相关费用	B10.协助提供信息及相关费用

《国际贸易术语解释通则® 2020》（以下简称为《通则》）将贸易术语划分为适用于各种运输方式的贸易术语：CIP、CPT、DAP、DPU、DDP、EXW、FCA 和只适用于海运或内河运输的 CFR、CIF、FAS 及 FOB 贸易术语。根据卖方承担义务的不同，将11种贸易术语按不同类别分为 E、F、C、D 四个组别，如表1-3所示。

表1-3　　　　　　　《国际贸易术语解释通则® 2020》术语分类

E组	EXW（Ex Works）	工厂交货
F组	FCA（Free Carrier）	货交承运人
	FAS（Free Alongside Ship）	船边交货
	FOB（Free On Board）	船上交货
C组	CFR（Cost and Freight）	成本加运费
	CIF（Cost Insurance and Freight）	成本、保险费加运费
	CPT（Carriage Paid To）	运费付至
	CIP（Carriage and Insurance Paid To）	运费和保险费付至
D组	DAP（Delivered At Place）	目的地交货
	DPU（Delivered at Place Unloaded）	卸货位置递送
	DDP（Delivered Duty Paid）	完税后交货

2.国际贸易术语解释

（1）EXW，Ex Works（…Named Place of Delivery），工厂交货（……指定交货地）。这一贸易术语是指当卖方在其营业处所或其他指定地（即工场、工厂、仓库等）将货物交给买方处置时，即完成交货。卖方的基本任务就是在合同规定的时间、地点，将符合合同要求的货物置于买方的处置之下，就算完成了交货义务，卖方承担的风险也随着交货义务的完成而转移给买方。买方则要负责将货物从交货地点运至最终目的地，承担其间的全部风险、责任和费用，包括货物出入境的手续和有关费用。

（2）FCA，Free Carrier（…Named Place of Delivery），货交承运人（……指定交货地）。该贸易术语适用于任何一种或一种以上的运输方式，是指卖方于其营业处所或其他指定地，将货物交付给买方指定的承运人或其他人，并办理了出口清关手续，即为卖方完成交货。采用该贸易术语，当事人应明确指定交货地点，风险在该地点由卖方转移给买方。《国际贸易术语解释通则® 2020》规定了 FCA 分为 FCA（a）和 FCA（b），其中 FCA（a）适用于约定的交货地点在卖方所在地的情况，FCA（b）适用于约定的交货地点在非卖方所在地的情况。目前 FCA 的附加条款规定了，如在双方同意的情况下，买方需承担运输成本及风险，而买方指定的承运人需要在装货后向卖方签发货物已装船的运输单据（已装船提单）。

（3）FAS，Free Alongside Ship（…Named Port of Shipment），船边交货（……指定

装运港）。该贸易术语适用于海运或内河运输，是指卖方将货物放置于指定装运港由买方指定的船舶边（如在码头或驳船上）时，即为卖方交货。买卖双方承担的风险和费用也都以船边为界进行划分。在按照这一贸易术语成交时，卖方要提供商业发票，并自负费用和风险，提供通常的证明完成交货义务的单据。在买方的要求下，并由买方承担费用和风险的情况下，卖方可协助取得运输单据。另外，按《国际贸易术语解释通则®2020》的要求卖方还需办理出口清关手续。

（4）FOB，Free On Board（…Named Port of Shipment），船上交货（……指定装运港）。该贸易术语适用于海运或内河运输，是指卖方将货物放置于指定装运港由买方指定的船舶上即为交货。当货物放置于该船舶上时，货物灭失或损毁的风险则由卖方转移给买方，买方自该点起负担一切费用。按照《国际贸易术语解释通则®2020》的解释，采用FOB术语成交时，卖方承担的基本义务是在合同规定的装运港和规定的期限内，将货物装上买方指定的船上，并及时通知买方。货物被放置于该船上时，风险即由卖方转移至买方。

FOB贸易术语不适用于在装上船之前转移风险的情形，比如货物在集装箱堆场交付，在此情形下，应采用FCA（货交承运人）的贸易术语。

（5）CFR，Cost and Freight（…Named Port of Destination），成本加运费（……指定目的港）。该贸易术语适用于海运或内河运输。按照《国际贸易术语解释通则®2020》的解释，采用这一术语时，卖方承担的基本义务是在合同规定的装运港和规定的期限内，将货物装上船，并及时通知买方。货物在装船时越过船舷，风险即从卖方转移至买方。CFR条件下卖方的责任和买方的责任与FOB条件下卖方和买方的责任是相似的，不同的是在CFR条件下，与船方订立运输契约的责任由卖方承担。卖方要负责租船订舱、支付将货物运到指定目的港的运费。但从装运港至目的港的货运保险仍由买方负责办理，保险费由买方负担，因此，卖方在货物装船之后必须及时向买方发出装船通知，以便买方办理投保手续。

（6）CIF，Cost，Insurance and Freight（…Named Port of Destination），成本、保险费加运费（……指定目的港）。该贸易术语适用于海运或内河运输。采用这一贸易术语时，卖方的基本义务是负责按通常的条件租船订舱，支付将货物运到目的港的运费，并在规定的装运港和装运期内将货物装上船，装船后及时通知买方。此外，卖方还要负责办理从装运港到目的港的货运保险，支付保险费，承担货物越过船舷之前的风险，需要购买符合《协会货物条款》（C）险或同等最低保障的保险。货物越过船舷之后的风险，由买方承担。在货物装上船之后，自装运港到目的港的通常的运费、保险费以外的费用，也由买方承担。此外，买方还要自负风险和费用取得进口许可证或其他官方文件，办理进口手续并按合同规定支付货款。

需要指出的是，从交货方式上来看，CIF是一种典型的象征性交货（Symbolic

Delivery）。卖方凭单交货，买方凭单付款。只要卖方如期向买方提交了合同规定的全套合格单据（名称、内容和份数相符的单据），即使货物在中途损坏或灭失，买方也必须履行付款义务。反之，如果卖方提交的单据不符合要求，即使货物完好无损地运达目的地，买方仍有权拒付货款。

（7）CPT，Carriage Paid to（…Named Place of Destination），运费付至（……指定目的地）。该贸易术语适用于任何运输方式中的一种或多种，是指卖方负责按合同规定的时间将货物置于承运人（在多式联运情况下，交给第一承运人）处置之下，即完成了交货任务。卖方在交货后要及时通知买方。根据《国际贸易术语解释通则®2020》的解释，采用CPT术语成交，卖方要订立将货物运至指定目的地的运输合同，支付将货物运送至指定目的地所需的运费。买方自货物交付承运人处置时起即要承担货物灭失或损坏的一切风险。买方还要在双方所约定的目的地受领货物、支付货款，并且负担除运费以外的货物自交货地点直到运达指定目的地为止的各项费用以及卸货费和进口税费。

由于CPT可适用于各种运输方式，包括多式联运，因此，卖方无论是在出口国内地还是在港口交货，都要负责货物出口报关的手续和费用。卖方提交的单据也要包括出口报关所需的出口许可证以及其他官方文件。除此之外，卖方还需提供商业发票或相等的电子单证以及通常的运输单据。

（8）CIP，Carriage and Insurance Paid To（…Named Place of Destination），运费和保险费付至（……指定目的地）。该贸易术语适用于任何运输方式中的一种或多种，是指卖方在合同规定的装运期内将货物置于承运人或第一承运人的处置之下，即完成交货义务。交货后及时通知买方，风险也于交货后转移给买方。根据《国际贸易术语解释通则®2020》的解释，按照CIP条件成交，卖方要负责订立货物运至指定目的地的运输合同并支付运费，还需要购买符合《协会货物条款》（A）险或同等最低保障的保险，应按照最低保额的110%投保货物的综合险，并承担其将货物交付给指定承运人前的所有风险和费用。买方在合同规定的地点受领货物，支付货款，并且负担除运费、保险费以外的货物自交货地点直到运达指定目的地为止的各项费用以及装卸费和进口税费。

在CIP条件下，卖方的交货地点、风险划分界限都与CPT相同，差别在于采用CIP时，卖方增加了保险的责任和费用。所以，在卖方所提交的单据中也比CPT条件下相应增加了保险单据。对其他单据的要求，均与CPT相同。

（9）DAP，Delivered At Place（…Named Place of Destination），目的地交货（……指定目的地）。该贸易术语适用于任何运输方式中的一种或多种，是指在指定目的地，将到达的运送工具上准备卸载的货物交由买方处置时，即属于卖方交货。卖方要承担货物运至指定目的地的一切风险，因此当事人应清楚列明约定目的地的地点。

（10）DPU，Delivered at Place Unloaded（…Named Place of Destination），卸货位置递送（……指定目的地）。该贸易术语适用于任何运输方式中的一种或多种，是指卖方在指定的目的地（不仅仅是"码头"）卸货后完成交货，卖方必须承担将货物运至指定的目的地的运输风险和费用（除进口费用外）。指定目的地包括任何地方，无论是否有遮蔽（即露天与否），如码头、仓库、集装箱堆场或公路、铁路、航空运输站等。卖方必须承担将货物运至指定的目的地的运输风险和费用（除进口费用外）。

（11）DDP，Delivered Duty Paid（…Named Place of Destination），完税后交货（……指定目的地）。该贸易术语适用于任何运输方式中的一种或多种，是指卖方在指定的目的地，将办理完进口清关手续，仍放置在到达的运输工具上准备卸载的货物交由买方处置时，即完成交货。卖方必须承担将货物运至指定目的地的一切风险和费用，包括在需要办理海关手续时在目的地应缴纳的任何"税费"（包括办理海关手续的责任和风险以及缴纳的手续费、关税、税款和其他费用）。卖方需要提供的单据主要有：商业发票或相等的电子单证，合同有规定时提交证明货物与合同相符的其他凭证。卖方还需提供为买方收取货物所需的提货单据或通常的运输单据。除此之外，卖方还要自负风险和费用取得出口许可证、进口许可证以及其他办理货物出入境手续所需的官方文件。

EXW术语下卖方承担的责任最小，而DDP术语下卖方承担的责任最大。

2020年版通则更加凸显了安全义务，即卖方和买方应分别按照适用的法律和规定，采取合理的措施，确保货物的安全运输。安全义务是指卖方和买方在运输货物过程中应遵守的安全相关的规定，如货物的包装、标记、检验、保险、许可、授权、安全检查等。其重要性在于可以保护货物免受损失或损害，避免不必要的成本和延误，符合国际贸易的法律和规范，促进贸易的顺利进行。2020年版通则相比2010年版，更加强调了安全义务的重要性，将其单独列为每个贸易术语的A4/A7条款。安全义务的分配取决于不同的贸易术语，一般来说，卖方承担出口环节的安全义务，买方承担进口环节的安全义务，风险转移点之前的安全义务由卖方承担，之后的安全义务由买方承担。

💧 案例分析　　　　　　　沃尔玛公司供应链管理

"让顾客满意"是沃尔玛公司的首要目标，顾客满意是保证未来成功与成长的最好投资，这是沃尔玛数十年如一日坚持的经营理念。为此，沃尔玛为顾客提供"高品质服务"和"无条件退款"的承诺绝非一句漂亮的口号。在美国只要是从沃尔玛购买的商品，不需要任何理由，甚至没有收据，沃尔玛都无条件受理退款。沃尔玛每周都有对顾客期望和反映的调查，管理人员根据计算机信息系统收集的信息，以及通过直接调查收集到的顾客期望即时更新商品的组合，组织采购，改进商品陈列方式，营造舒适的购物环境。　沃尔玛能够做到及时地将消费者的意见反馈给厂商，并帮助厂商对产品进行改进和完善。过去，商业零售企业只是作为中间人，将商品从生产厂商传递到消费者手里，反过来再将消费者的意见通过电话或书面形式反馈到厂商那里。看起来沃尔玛并没有独到之处，但是结果却差异很大。原因在于，沃尔玛能够参与到上游厂商的生产计划和控制中去，因此能够将消费者的意见迅速反映到生产中，而不是简单地充当二传手或者电话话筒。

供应商是沃尔玛唇齿相依的战略伙伴。早在20世纪80年代，沃尔玛就采取了一项政策，要求从交易中排除制造商的销售代理，直接向制造商订货，同时将采购价格降低2%～6%，大约相当于销售代理的佣金数额，如果制造商不同意，沃尔玛就拒绝与其合作。沃尔玛的做法造成和供应商关系紧张，一些供应商为此还在新闻界展开了一场谴责沃尔玛的宣传活动。直到20世纪80年代末期，技术革新提供了更多督促制造商降低成本、削减价格的手段，供应商开始全面改善与沃尔玛的关系，通过网络和数据交换系统，沃尔玛与供应商共享信息，从而建立伙伴关系。沃尔玛与供应商努力建立关系的另一做法是在店内安排适当的空间，有时还在店内安排制造商自行设计布置自己商品的展示区，以在店内营造更具吸引力和更专业化的购物环境。

沃尔玛还有一个非常好的做法，可以使得供应商们直接进入到沃尔玛的系统，沃尔玛将其叫作零售链接。任何一个供应商可以进入这个系统当中来了解它的产品卖得怎么样，今天、昨天、上一周、上个月和去年卖得怎么样。供应商可以知道这种商品卖了多少，而且可以在24小时之内进行更新。供货商们可以在沃尔玛公司的每一个店当中及时了解到有关情况。

另外，沃尔玛不仅仅是等待上游厂商供货、组织配送，而且也直接参与到上游厂商的生产计划中去，与上游厂商共同商讨和制订产品计划、供货周期，甚至帮助上游厂商进行新产品研发和质量控制。这就意味着沃尔玛总是能够最早得到市场上最希望看到的商品，当别的零售商正在等待供货商的产品目录或者商谈合同时，沃尔玛的货架上已经开始热销这款产品了。

沃尔玛的前总裁大卫·格拉斯曾说过："配送设施是沃尔玛成功的关键之一，如果说我们什么比别人干得好的话，那就是配送中心。"沃尔玛第一间配送中心于1970年建立，占地6 000平方米，负责供货给4个州的32个商场，集中处理公司所销商品的40%。在整个物流中，配送中心起中枢作用，将供应商向其提供的产品运往各商场。从工厂到上架，实现"无缝链接"。供应商只需将产品提供给配送中心，无须自己向各商场分发。这样，沃尔玛的运输、配送以及对于订单与购买的处理等所有的过程，都是一个完整的网络当中的一部分，可以大大降低成本。

随着公司的不断发展壮大，配送中心的数量也不断增加。整个公司85%的商品由配送中心供应，而其竞争对手只有50%～65%的商品集中配送。如今，沃尔玛完整的物流系统不仅包括配送中心，还有更为复杂的资料输入采购系统、自动补货系统等。

供应链的协调运行是建立在各个环节主体间高质量的信息传递与共享的基础上的。沃尔玛投资4亿美元发射了一颗商用卫星，实现了全球联网。沃尔玛在全球拥有4 000多家门店，通过全球网络可在1小时之内对每种商品的库存、上架、销售量全部盘点一遍，所以在沃尔玛的门店，几乎不会发生缺货情况。20世纪80年代末，沃尔玛开始利用电子数据交换系统（EDI）与供应商建立了自动订货系统，该系统又被称为无纸贸易系统，通过网络系统，向供应商提供商业文件、发出采购指令，获取数据和装运清单等，同时也让供应商及时准确地把握其产品的销售情况。沃尔玛还利用更先进的快速反应系统代替采购指令，真正实现了自动订货。该系统利用条码扫描和卫星通信，与供应商每日交换商品销售、运输和订货信息。凭借先进的电子信息手段，沃尔玛做到了商店的销售与配送保持同步，配送中心与供应商运转一致。

（资料来源　根据相关公开资料整理。）

案例思考：

1．请总结沃尔玛供应链管理的成功之处。

2．沃尔玛是如何强化供应链战略伙伴关系的？

3．信息共享在沃尔玛的供应链管理中起了什么作用？沃尔玛为强化供应链信息管理采取了哪些措施？其效果怎样？

4．沃尔玛是如何控制成本的？

5．谈谈沃尔玛供应链管理的改善措施及建议。

6．谈谈沃尔玛供应链管理对中国零售业的启示。

本章小结

首先，本章介绍了有关物流的基本概念，读者在学习时应当抓住物流的本质，理解物流的内涵。其次，本章着重介绍了国际物流的特点以及国际物流与国际贸易之间的联系。通过学习可以了解到国际物流是随着国际贸易的发展而发展起来的，它为国际贸易服务，同时又制约着国际贸易的发展，只有正确处理好两者的关系，才能保证各种商品在世界范围内畅通地流动，促进世界贸易的发展。最后，本章还介绍了国际贸易术语，希望能够对学习者有所帮助。

关键概念

物流　国际物流　物流的"七要素"（流体、载体、流向、流量、流程、流速、流效）　物流系统的功能活动（运输、储存、装卸搬运、包装、流通加工、配送和信息处理）　国际贸易　国际贸易术语（EXW、FCA、FAS、FOB、CFR、CIF、CPT、CIP、DAP、DPU、DDP）

思考题

1．通过本章的学习，你知道什么是物流了吗？

2．物流的分类依据哪些标准？都是如何进行分类的？

3．什么是国际物流？国际物流与国际贸易之间有何紧密联系？

4．与国内物流相比国际物流具有哪些特点？

5．国际物流是如何进行分类的？

6．假如你是一家从事国际贸易业务的企业的总经理，你认为国际物流会从哪些方面影响你企业的发展。

第2章

国际物流组织与管理

学习目标

- 了解国际物流战略及国际物流业务管理的内容
- 理解国际物流服务的特点
- 了解船舶代理、国际货运代理及第三方物流服务的内容

2.1　国际物流战略

国际物流在全球供应链系统中起重要作用：国际物流专业人员集中在全球供应链的战术方面，这些活动将固有的商品和文件从一个国家流动到另一个地方，这些活动构成进出口活动和操作的基础。

美国供应链管理专业协会（CSCMP）对现有的物流定义在逻辑上进行修改，使用包含国际环境的要素来定义国际物流：国际物流是一个计划、实施和控制货物、服务和相关信息的流动和储存的过程，是从原产地到位于另一个国家的消费点。

因此，国际物流的重点在于建立内部流程和战略。

所谓物流战略（Logistics Strategy），是指企业或其他组织为了适应未来环境的变化，谋求物流的可持续发展，就物流发展目标以及达成目标的途径与手段而制定的长远性、全局性的规划与谋略。

物流战略的基本内容包括：物流系统的宗旨（使命）、物流战略目标、物流战略导向、物流战略优势、物流战略类型、物流战略态势，以及物流战略措施和物流战略步骤等内容，其中物流战略导向、物流战略优势、物流战略类型和物流战略态势又称为物流战略的基本要点。

物流战略管理是物流经营者在物流系统过程中，通过物流战略设计、战略实施、战略评价与控制等环节，调节物流资源、组织结构等，最终实现物流系统宗旨和战略目标等一系列动态过程的总和。从更一般的意义上讲，道路运输企业（集团）物流战略管理的实质就是运用战略进行社会或区域物流链管理。

据中国物流与采购联合会的统计，2006年，全国社会物流总费用占中国GDP的

18.3%，到2022年下降到14.7%，这个比例在过去五年中基本保持稳定。相比之下，2002年，美国的物流成本为9 170亿美元，占GDP的比例为8.7%，到了2019年，美国的物流总支出估计为1.63万亿美元，占当年GDP的7.6%。其相对权重仍是美国的两倍左右。

据GIR (Global Info Research)调研，2021年全球物流服务（第三方物流和第四方物流）收入大约8.9万亿美元，预计2028年达到12.4万亿美元。图2-1显示了2021年物流成本在世界各地的细分情况。

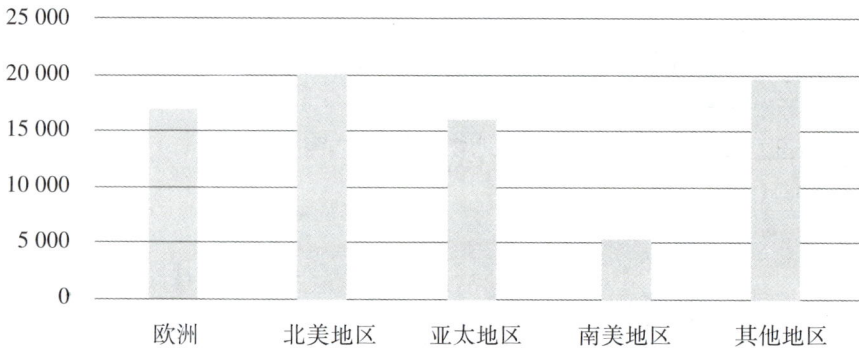

图2-1　世界各地区的物流成本（单位：亿美元）

虽然没有全面的数据来说明国际物流活动（与国家之间的贸易有关的物流活动）的总价值，但保守估计，2021年，国际物流活动的费用约占国际贸易总额的13%（因为全球商品贸易总额为28.5万亿美元，国际物流的总支出约为3.6万亿美元）。

2.1.1　国家视角的国际物流战略

国际贸易在国家的经济发展中占有非常重要的地位。对外贸易政策是一国经济政策的重要组成部分，也是一国对外政策的重要内容。各国在通过国际贸易促进本国经济的发展的同时，也能通过相应的国际贸易政策来影响本国在国际经济、政治社会中的地位。

1.国际贸易与国际物流的关系

国际贸易与国际物流之间有着密切的联系。一方面，国际贸易是国际物流产生和发展的基础和条件，也是国际物流国际化的动力。国际物流是在国际贸易的推动下发展起来的。过去，国际物流只是国际贸易的一个环节，但随着经济全球化的深入发展，国际分工的不断细化，国际化企业的经营范围从单一的国际销售扩展到国际生产和国际采购等更广泛的领域，从而也促进了各国和各地区之间国际贸易的快速增长，使得国际物流逐渐从国际贸易中独立出来。随着国际贸易的商品种类和数量的不断增加，以及国际市场竞争的日益激烈，参与国际贸易的贸易企业和制造企业对国际物流的服务质量和效率的要求也越来越高。高效的国际物流系统成为国际贸易持续发展的

重要保障。另一方面，随着国际政治经济形势的变化和物流技术的创新，国际贸易也
呈现出了新的特点和趋势，从而对国际物流提出了更高的挑战。由于国际贸易的商品
从传统的初级产品转向高附加值的、精密加工的成品，如电子产品、汽车零部件等，
这就要求国际物流能够高效、安全、经济地完成物流作业，保证货物的质量和时效。
因此，国际物流必须适应国际贸易的新变化和新需求，向国际物流的优化和集成方向
发展。

国际物流与国际贸易是相辅相成、相互促进的。由于国际贸易必须通过国际物流
来实现，所以国家在制定国际贸易发展战略的同时，必须制定相应的国际物流战略来
保障国际贸易能够得以顺利进行。应根据国际贸易的发展目标和达到目标的途径与手
段，来制定长远的、具有全局性的国际物流战略。

2.国家视角的国际物流战略的基本目的

随着世界经济格局的变化，国家的经济发展对国际贸易的依存度越来越高，国家
作为一个巨大的经济实体，与其他国家之间形成相互依存和相互影响的经济关系。在
这一关系的构建和发展中，除了政治因素外，构建一个健康的国际物流环境也显得至
关重要。此外，企业参与国际化竞争需要国家制定相应的国际物流战略。作为构成国
家经济要素的实体——企业的竞争环境也发生了巨大的变化。竞争的领域在逐步扩
大，企业的竞争已经不再局限于国内，经济的全球化，特别是WTO所倡导的贸易自
由化，使企业的竞争更具有国际化色彩。所以，为企业提供一个通向国际市场的通道
是国家制定国际物流战略的基本目的。

3.国家视角的国际物流战略的基本内容

由于国家视角下的国际物流战略的基本目的，是为企业提供一个通向国际市场的
通道，所以国家制定的国际物流战略内容主要包括国际物流渠道建设、国际物流渠道
管理两个方面。

在国际物流渠道建设方面，主要是通过开通国际航线，建设自由贸易港或自由贸
易区、保税区以及出口加工区等为国内外企业提供国际贸易上的方便，缩小国际贸易
的物理空间和时间空间。

在国际物流渠道管理方面，主要是通过制定相应的商品检验法规和制度、制定合
理的关税政策来保护国家以及企业的政治和经济利益。

2.1.2　区域性的国际物流战略

区域可以是一个国家，也可以是一个国家内的一个行政区域或一定的地域范围，
作为整体的一部分。当商品和生产要素在不同的区域之间存在禀赋差异，以及由这种
禀赋差异引起生产要素的价格差异时，就可能出现地区之间的贸易往来。由于区域之
间贸易的存在，区域物流作为一种形式也就应运而生了。

由于各个国家或地区的贸易制度存在差异，为了使不同国家或地区的商品能够实现无障碍流动，国际物流发展战略中通常采取的做法是实行经济特区政策。在经济特区内，通过建设或扩建码头、仓库、厂房等基础设施，并实行免除关税等政策，为商品的流通提供顺畅的物流条件。这样的政策措施旨在促进经济特区内的贸易和产业的繁荣，加强区域内外的经济联系，推动整个区域的经济发展。

常见的经济特区主要有以下几种：

1. 自由贸易港或自由贸易区

在自由贸易港或自由贸易区内，对进出口商品全部或者大部分免征关税，并且准许在港内或区内进行商品的自由储存、整理、加工和制造等业务，以便促进本地区的经济和对外贸易的发展。

2. 保税区

保税区又称保税仓库区，是海关设置的或经海关批准注册的，受海关监管的特定区域或仓库。进口的商品存入保税区内时可以暂时不缴纳进口关税；如果再出口，也无须缴纳出口关税。如果进入所在国的国内市场，则需要办理海关进口手续，并且缴纳相应的进口关税。

3. 出口加工区

出口加工区是一个国家或地区在其港口或机场附近划出一定的区域范围，建造码头、车站、道路、厂房、仓库等基础设施，并提供免税等一系列优惠政策，吸引外国企业在区内投资生产以出口为主的工业品的加工区域。

但是，各个国家对经济特区的关税以及业务活动范围都有相应的规定，比如报关手续、关税减免、退税、允许的业务活动范围，以及禁止经营的商品种类和特殊规定等。

2.1.3　企业的国际物流战略

从企业的角度来看，现代物流是对从原材料采购、生产到产品销售等整个过程中物品流动的系统化管理。这个概念最初源自军需物资供给，最早在生产企业中得到应用和推广。近年来，物流企业也开始广泛使用现代物流的概念。

在英美等发达国家，物流早已经作为企业的战略内容之一，为大多数企业所重视。随着经济全球化进程的不断深入，发达国家纷纷将生产加工基地向发展中国家转移，中国目前已经成了名副其实的世界级工厂，同时国内一些有实力的企业也加快了国际化的进程，纷纷在海外建厂和成立分销机构，国家间的物流业务就变得备受瞩目。

国际化企业在开展国际物流业务时，所关心的是整个供应链上的原材料、半成品和成品的物理位移和库存控制。为了实现降低物流成本、提高物流效率的目标，需要对物流流程进行优化，包括物流计划的制订、实施和控制等。国际化企业的国际物流管理目标是对于多品种、少批量的商品的JIT（Just-in-Time）采购、JIT生产及JIT配销等，并且能够实现缩短交货时间的目标。JIT是一种管理理念，包括计划产品的制造，使产品在装配过程的下一个步骤需要之前就被生产出来。

企业国际物流战略的内容主要体现在以下几个方面：

1. 基于准时制管理的JIT物流战略

JIT物流战略属于业务要求层面的内容。JIT的基本思想是在恰当的时间、恰当的地点，以恰当的数量、恰当的质量，从上游环节向下游环节提供恰当的产品。它是为了满足以多品种、小批量为特征的市场需求环境而建立起来的一种管理体制，是为了消除库存和浪费而进行持续性改进的结果。在企业的整个经营过程中，它又包括JIT采购、JIT生产和JIT配销等。

2. 基于系统化管理的集约化物流战略

集约化物流战略属于系统结构层面的内容。集约化通常是指将原来分散在各分支机构或地区物流配送中心的库存商品集中在一起，放置在大型物流中心，由大型物流中心根据整个市场的需求状况进行统筹管理的一种管理方式。通过信息技术对订单实施有效管理，对库存实施有效控制，实现整个流通渠道内库存数量的减少，同时还可以实现物流活动的效率化。具有集约化功能的大型物流中心充当着一个较大区域的供应者的角色。

3. 基于现代信息技术的互联网与物联网物流战略

随着现代信息技术的发展和互联网的迅速普及，特别是近年来物联网技术的飞速发展，基于互联网和物联网这种公共技术平台的物流已成为现代物流发展的重要特征之一。企业间通过运用互联网和物联网这种公共技术平台，大大简化了传统物流过程中的繁冗复杂的环节，使信息沟通更加顺畅，有利于对消费需求信息的准确把握，更加有利于实现基于满足市场需求的拉动式生产及拉动式供应，减少流通环节的库存数量。

4. 基于发展核心竞争力的物流业务外包战略

所谓物流业务外包，即工业企业或商业企业等为集中资源、节省管理费用、增强核心竞争能力，将其物流业务以合同的方式委托给专业的物流公司（第三方物流，3PL）运作。外包是一种长期的、战略的、相互渗透的、互利互惠的业务委托和合约执行方式。工商企业将国际物流业务外包给具有国际化服务能力的第三方物流企业，可以提高商品流通速度、节省物流费用和减少在途资金积压。这是供应链管理环境下企业物流资源配置的一种新形式，通过合理的资源配置发展供应链，打造企业的核心竞争力。领先的全球化第三方物流企业，已经开始从提供全球物流服务向提供全球供应链服务转化。这些第三方物流企业除了具备供应链管理技术，提供物流能力之外，还具备提供知识管理服务的能力，包括提供全球供应链战略规划、供应链网络设计、供应链流程再造和优化等完整的供应链管理服务的能力。国际第三方物流的内容在 2.3.4 中阐述。

不同的行业，由于其经营方式和各自的行业特点不同，所采用的具体战略也不尽相同。

生产企业的国际物流战略，其主要目标是针对在海外的生产、销售网点，构筑能够实现 JIT 配送的物流系统。为了提高 JIT 配送的效率，需要构筑一个生产和物流的一体化的体系。过去通常的做法是将生产出来的产品，根据目的地的不同，分别委托不同的船公司来承运，即利用分散化的物流系统来完成物流配送任务。为了克服这种分散化的物流系统的弊端，生产企业的国际物流战略的发展方向是出口据点和海外的配送据点由分散化向集约化转变，如图 2-2 所示。这种出口据点和海外配送据点的集约化，使从生产到全球范围内的配送再到顾客服务这一国际物流系统的运营更加合理化，从而实现降低物流成本和扩大销售的目的。

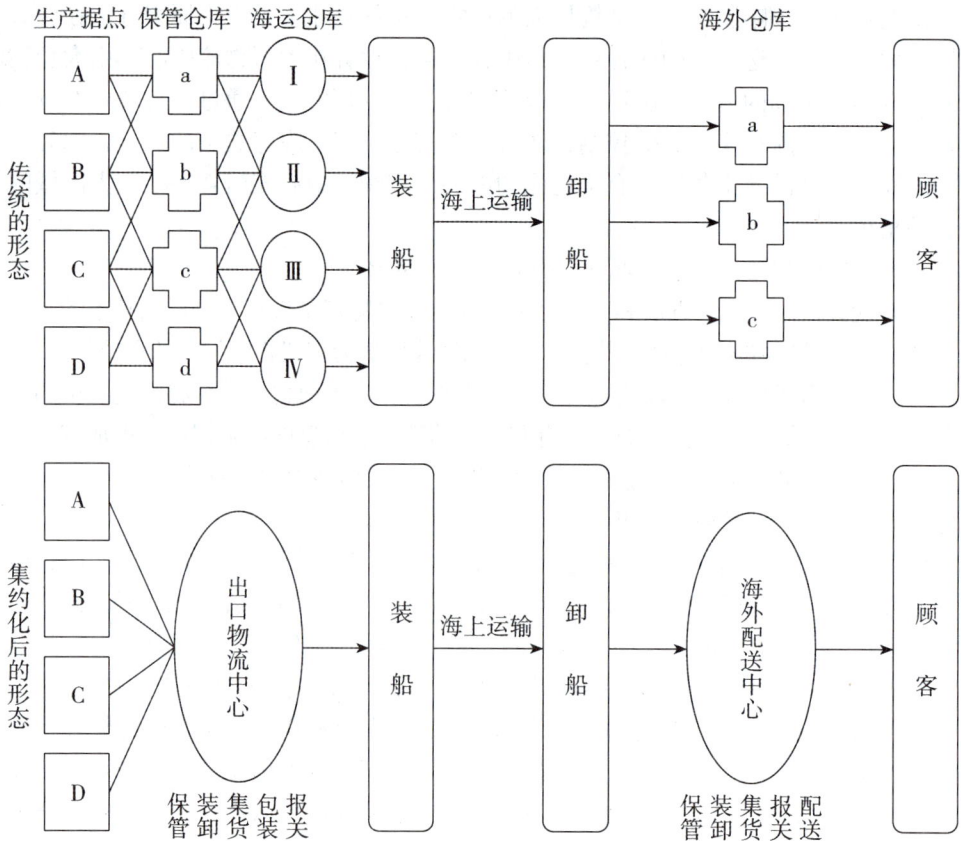

图2-2 物流据点的集约化

生产企业实现物流据点集约化比较有效的做法是委托具有JIT供给和配送能力的第三方国际物流企业来完成国际物流业务。通过缩短从生产到销售的制造周期（Lead Time），可以大幅度削减原材料、半成品以及产成品的库存，从而达到降低成本的目的。

商业流通企业的国际物流战略，其主要目标是构筑国际化采购网点（国际化采购中心），以及构筑一个从国际化采购中心向全球各个销售网点配送的JIT物流系统。尽管国际化商业流通企业与国际化生产企业存在着许多相同的特征，但是，国际化商业企业在国际物流节点（国际化采购中心、国际化配送中心、零售商业网点等）功能方面更具特色，比如在更广泛的领域内都有自己的信息网络，特别是在国际物流方面，有专门的物流部门在统筹整个公司的物流业务，同时更加强调库存管理、配送管理等物流方面的职能。所以，商业流通企业更像是一个专业的物流企业。

商业流通企业的物流系统主要也是采用集约化的物流系统，如图2-3所示。

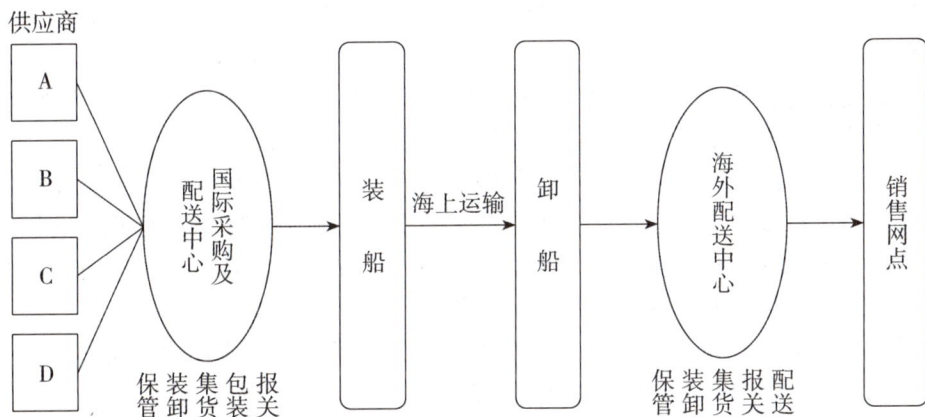

图2-3　商业流通企业的国际物流系统

2.2　国际物流管理目标

国际物流的管理目标包括国际物流标准化管理和国际物流基本业务管理两个方面。

2.2.1　国际物流标准化管理

国际物流涉及不同国家、不同地区、不同行业的众多企业，如果每个企业、每个国家都依自己的标准进行贸易活动，必然导致国际贸易活动的无序，从而使国际物流无法顺利实现。所以，建立一个国际物流的标准化体系，是实现物流业务国际化、效率化的基本需求。

国际标准是指国际标准化组织（International Organization for Standardization，ISO）所制定的标准，以及国际标准化组织公布的国际组织和其他国际组织规定的某些标准。ISO 是目前世界上最大的、最有权威的国际性标准化专门机构，它所制定的标准多以国际范围内的共性问题为主。标准中的产品标准比例逐年提高，标准的内容主要向计算机、信息处理、能源、环境、宇航、医疗卫生、农产品以及食品等方面扩展。

国际物流标准化体系包括物流系统的内部设施、机械设备、专用工具等标准化体系，另外还有与物流活动相关的领域如包装、装卸、运输、信息等方面的工作标准体系。

目前，ISO 对国际化物流标准做出了统一规定，常用的相关术语如下：

物流模数（Logistics Modulus）：物流设施与设备的尺寸基准。它包括货物的成组、成组货物的装卸机械、搬运机械和设备、货车、卡车、集装箱以及运输设施、用于保管的机械和设施等。

托盘化包装：为了方便货物的运输、搬运等环节的顺利进行，以托盘为承载物，将包装件或产品堆码在托盘上，通过捆扎、裹包或胶粘等方法加以固定，形成一个搬运单元，以便用机械设备搬运。目前使用的托盘有标准托盘和非标准托盘之分，流行的托盘有美国标准的托盘、欧洲标准的托盘和日本标准的托盘。ISO 中规定的托盘标准采用的是欧洲标准的托盘。有些企业根据自身产品的尺寸特点，在企业内部的仓库、车间等内部流通中使用特殊规格的托盘。

EDI（Electronic Data Interchange）标准：通过电子方式，采用标准化的格式，利用计算机网络进行结构化的数据传输和交换。

国际物流标准化管理不仅可以统一各国对物流业相关内容的认知，还可以规范物流企业、提高物流企业运作效率、促使各国物流运作的进一步规范统一。

2.2.2 国际物流基本业务管理

1.进出口业务

（1）国际贸易合同的磋商

合同磋商又称交易磋商，是指买卖双方就买卖某种商品或服务的各项交易条件进行协商，以求最后达成协议、签订合同的具体过程。合同磋商的方式通常有三种：第一种是口头方式，即通过直接面谈或电话进行磋商；第二种是书面方式，即通过信件、电报、传真、电子邮件等方式进行磋商；第三种是行为方式，即通过直接的行为进行交易磋商，如商场购物和现场拍卖等。

对于合同磋商的内容，主要是针对贸易条款的内容，即贸易条件进行磋商。交易条件通常可以分为：个别交易条件和一般交易条件。对于个别交易条件，由于其变动性非常大，所以要在谈判中进行认真协商，如品质、数量、价格、包装、交货时间以及付款方式等。对于一般交易条件，由于其变动性不大，相对较为固定，对于那些老客户，没有必要对一般交易条件逐项进行协商；对于新客户，可以将已有的合同格式样本交给对方，请对方对一般交易条件进行确认，如果对方基本接受这样的一般交易条件，这些条件就可以作为今后交易的基础。

合同磋商的一般程序包括询盘、发盘、还盘和接受四个环节。

①询盘

询盘是准备购买或者出售商品的人向潜在的供货人或买主探询该商品的成交条件或交易的可能性的一种业务行为，它不具备法律上的约束力。在询盘过程中，主要是针对成交价格进行询问，有时需要对商品的品质、规格、数量、包装和运输条件等进行询问。询盘过程中也可以向对方索要样品。询盘除了可以了解商品的相关信息之外，还有一种功能就是向对方传递一种需求信息。

②发盘

发盘是指买卖双方的一方向对方提出各项交易条件，并愿意按照这样的条件与对方达成交易、订立合同的一种肯定的表示。

由于发盘是一种具有法律效力的商业行为，在具体的运作过程中必须注意以下几个方面的问题：

首先，要明确发盘的构成条件。发盘的构成条件主要包含四个方面：第一，要有特定的受盘人。受盘人必须特定化，不能像商业宣传或广告那样针对所有的公众，受盘人可以是自然人，也可以是法人。第二，发盘人必须表明承诺约束的意旨，即必须明确表示或默许表明当合同关系生效时，发盘人承受约束的意旨。第三，必须明确规定交易条件。只有当受盘人对这些交易条件表示认可时，正式的交易合同才能够成立。第四，必须送达受盘人。发盘生效的时间是将发盘的内容通知对方或送交给对方之后。如果发盘人想要撤回发盘，必须要在发盘送达受盘人之前或在送达受盘人的同时提出撤回发盘的要求，否则发盘就会自动生效。

其次，要明确发盘的有效期。虽然发盘中允许不明确规定有效期，在被认可的合理的时间内有效，但由于这种方式受贸易环境等方面的影响比较大，容易产生一些没有必要的麻烦或损失，所以更多的是采用明确具体的发盘有效期的方式。

最后，要注意发盘的撤回与撤销问题。在这里，撤回与撤销最根本的区别在于发盘人取消发盘的时机，当发盘在送达受盘人之前取消发盘，则称其为撤回，否则称为撤销。对于撤回，《联合国国际货物销售合同公约》规定，允许在送达受盘人之前取消发盘。但是，对于发盘的撤销问题，由于各个国家的合同法中对撤销发盘的规定不同，所以要依据受盘人所在国家的合同法的规定行事。

③还盘

还盘是指受盘人对发盘内容不完全同意而提出的修改或变更。还盘有时也称为还价。还盘可以被认为是由受盘人发起的新一轮的发盘。有时一笔交易需要经过多次的发盘、还盘的反复，直到达到双方都比较满意的条件为止。

④接受

接受是指受盘人接到对方的发盘或还盘后，同意对方提出的条件，并且愿意按照这些条件与对方达成交易、订立合同的一种肯定的表示。接受与发盘一样，是具有法律效力的商业行为。一旦接受对方的发盘或还盘，即表明交易已经达成，双方就应该承担各自应负的义务。

一项有效的接受，必须具备以下条件：第一，接受必须是受盘人做出的。由于发盘是针对特定的人发出的，也就意味着发盘的内容只对这些特定的人有效，表明发盘人有意与受盘人达成某种交易，而不是与其他人达成某种交易，所以接受意味着只有受盘人才能使交易合同生效。第二，接受必须明确表示出来。受盘人必须以口头或书面的形式向发盘人表达出来，也可以用行为来表示。第三，接受必须在规定的时效内做出。第四，接受通知的传递方式应该符合发盘的要求。为了保障接受通知能够在规定的期限内送达发盘人，有时，在发盘时就规定了接受通知的传递方式。另外，接受的内容须与发盘的内容相符，即原则上应该是绝对的、无保留的。但《联合国国际货物销售合同公约》规定："如果受盘方对发盘内容的添加或变更是非实质性的，则该接受应视为有效，并不影响其法律效力。"

还有一种情况就是逾期接受。如果接受通知在发盘规定的有效期限内没能送达发盘人，这就成为一种逾期接受。对于这种逾期接受，发盘人可以不受其约束，因为它已经超出了法律效力的有效期限。但是，如果发盘人及时地通知受盘人，承认其为有效，则这种逾期的接受仍是有效的。一种例外的情况是，如果是由于接受通知在传递的过程中由于传递的失误或其他不可抗拒的因素造成不能按照正常的传递速度传递的，由此而造成的逾期接受仍然可以被认为是有效的，除非发盘人在有效期限到达时毫不迟延地用口头或书面的形式通知受盘人，表示他的发盘已经失效。

关于接受的撤回，如果在接受生效之前对接受内容有反悔，可撤回接受。《联合国国际货物销售合同公约》规定："当接受撤回通知先于接受生效之前或同时送达发盘人，接受是允许撤回的。"当接受生效之后则是不允许撤回的。

（2）国际贸易合同的签订

关于合同的签订，交易双方经过磋商，一方发盘，另一方对该项发盘表示接受，合同即告成立。然后，买卖双方签订书面的正式合同或订立确认书。国际贸易合同通常包括约首部分、基本条款和约尾部分。

约首部分一般包括合同名称、合同编号、缔约双方名称和地址、电报挂号、电传号码等内容。

基本条款是买卖合同的核心，基本条款中必须明确注明的主要款项有：商品名称、品质、规格、数量、包装、单价和总值、装运、保险、支付以及特殊条款如索赔、仲裁、不可抗力等。

约尾部分一般包括订约日期、订约地点和双方当事人签字等内容。

（3）国际贸易合同的履行

国际贸易合同的履行包括出口合同的履行和进口合同的履行两种。

出口合同的履行主要包括以下几方面的内容：

①备货

备货就是根据出口合同的规定，按时、按质、按量准备好应交的货物，以便及时装运。

②报验

凡按约定条件和国家规定必须检验的出口货物，在备妥货物后，应向进出口商品检验机关申请检验，只有经检验得到商检部门签发的检验合格证书的货物，海关才予以放行。

③催证

催证即催促买方按合同规定及时办理开立信用证或付款手续。

④审证

信用证开到后，应对信用证内容逐项认真审核，信用证条款必须与合同内容相一致，不得随意改变，以保证及时转船，安全结汇。

⑤租船、订舱装运

按照CIF或CFR价格条件成交的出口合同，租船订舱工作应由卖方负责。出口货物在装船前，还要办理报关和投保手续。

⑥制单结汇

在出口货物装船后，应按照信用证的规定，正确制备各种单据，并在信用证有效期内送交银行议付、结汇。银行收到单据审核无误后，一方面向国外银行收款；另一方面按照约定的结汇办法，与进出口公司结汇。

进口合同的履行主要包括以下几方面的内容：

①开立信用证

进口合同签订后，需按照合同规定填写开立信用证申请书，向银行办理开证手续。信用证内容应与合同条款一致。

②派船接运货物与投保

在FOB交货条件下，应由买方负责派船到对方口岸接运货物。FOB或CFR交货条件下的进口合同，保险由买方办理。

③审单和付汇

银行收到国外寄来的汇票及单据后，对照信用证的规定，核对单据的份数和内容。如内容无误，即由银行向国外付款。

④报关

进口货物到货后，由进口公司委托外贸运输公司根据进口单据，填具"进口货物报关单"向海关申报。

⑤验收货物

进口货物到达港口卸货时，港务局要进行卸货核对，检验货物是否有短缺或残损。发现有残损短缺，凭商检部门出具的证书对外索赔。

⑥办理拨交手续

办理拨交手续是指委托货运代理将货物运交订货单位。

⑦进口索赔

进口商品如果品质、数量、包装等不符合合同的规定，则需要向有关方面提出索赔。根据造成损失的原因不同，进口索赔的对象主要有以下几个方面：

•向卖方索赔原装数量不足；

•货物的品质、规格与合同规定不符；

•包装不良致使货物受损；

•未按时交货或拒不交货；

•向船公司索赔货物数量少于提单所写数量；

•提单是清洁提单，而货物有残损情况，并且属于船方过失所致；

•货物所受的损失，根据租船合约有关条款应由船方负责；

•向保险公司索赔自然灾害、意外事故或运输中其他事故发生导致的货物受损，并且是在承保险别以内的；

•凡船公司不予赔偿或赔偿金额不足抵补损失的部分，并且属于承保险别范围内的，可向保险公司索赔。

2.商品检验

对进出口商品进行检验，是国际贸易买卖合同的一项重要内容。世界各国对进出口商品的检验都有相应的规定。我国的有关法律规定，进口商品未经检验的，不准销售、使用；出口商品未经检验合格的，不准出口。进出口商品检验的程序一般包括报验、抽样、检验和签发证书四个环节。

（1）报验

报验是指进出口贸易的关系人向当地商品检验检疫机构申请商品检验。报验一般包括进口商品报验和出口商品报验两种。

进口商品报验时，一般要提供外贸合同、发票、提单、装箱单、进口货物到货通知单等有关单证。另外，根据具体的报验项目不同，还应该提交相应单据、样品或资料：

①申请品质、规格、安全检验的，还应该提供国外的检验证书、使用说明书以及有关标准和技术资料。凭样成交的，应该提交成交样品。

②申请残损、载损、海损鉴定的，要提供各程提单、理货残损单、铁路商务记录、空运事故记录或海事报告等证明货损情况的相关单据。

③申请重量、数量鉴定的，要提供国外的重量、数量，检验证书和重量、数量明细单。

④报验入境废物时，要提供国家环保部门签发的进口货物批准证书和经认可的检验机构签发的装运前检验合格证书等。

⑤入境的动植物及其产品，在提供贸易合同、发票、产地证书的同时，还必须提供输出国家或地区官方的检疫证书；须办理入境检疫手续的，还应提供入境动植物检疫许可证。

⑥过境动植物及其产品报验时，应提供货运单和输出国家或地区官方出具的检疫证明书；运输动物过境时，还应提供输入国家或者地区官方检疫部门出具的动植物过境许可证。

⑦报验入境运输工具、集装箱时，应提供检疫证明，并申报有关人员的健康状况。

⑧因科学研究等特殊需要引进入境特殊物品或禁止入境的物品时，必须事先提出申请，经国家动植物检疫机关批准。

出口商品报验时，应填写出境货物报验单，并提供对外贸易合同、信用证、发票、装箱单等必要的单证。下列情况还要提供相关的证明：

①实施质量许可、卫生注册或须经审批的货物，应提供相关证明。

②出口货物须经生产或经营者检验合格并附加检验合格证或检验报告；申请重量鉴定的，应该加附重量明细单。

③凭样成交的货物，应提供经双方确认的样品。

④出口危险品包装容器的企业，必须向商检机构申请包装容器的性能鉴定；同样，出口危险货物的企业，也必须向商检机构申请危险货物包装容器的使用鉴定。

⑤申请原产地证明书和普惠制原产地证明书的，应提供商业发票等资料。

⑥报验出境运输工具、集装箱时，应提供检疫证明，并申报有关人员的健康状况。

⑦出口特殊物品或禁止出口的物品时，要提供输出国家或者地区官方检疫部门签发的特别入境审批证明以及相关批件或文件。

（2）抽样

抽样是指商检机构在接到报验后，派人到货物堆存地点进行现场检验鉴定。抽样检验的内容包括货物的数量、重量、包装、外观等。抽样必须按照规定的抽样方法和一定的比例随机抽样，以保证抽样检验具有代表性。

在国际贸易中，根据商品的不同情况，经常抽样方法有登轮抽样、甩包抽样、翻垛抽样、出厂或进仓时抽样、包装前抽样、生产过程中抽样、装货时抽样、流动间隔抽样等。

（3）检验

报验的进出口商品，原则上由商检机构进行检验，或是由国家商检部门指定的机构进行检验。《中华人民共和国进出口商品检验法》规定，内地省市的出口商品需要由内地商检机构进行检验。经内地商检机构检验合格后，签发"出口商品检验换证凭单"，当商品的装运条件确定后，再持"出口商品检验换证凭单"到口岸检验机构申请检验放行。一般检验的内容包括商品的质量、规格、数量、重量、包装以及是否符合安全、卫生要求等。

（4）签发证书

进出口商品经检验合格的，由商检机构签发商检证书。另外，经检验不合格的，商检机构签发"不合格通知单"。对于不合格的出口商品，根据不合格的原因，商检机构可以酌情同意申请人申请复验，复验原则上仅限一次。

对于出口商品，经检验部门检验合格后，凭"出境货物通关单"进行通关。对于进口商品，经检验后签发"入境货物通关单"进行通关。

3.商品通关

货物在进出境时，其所有人或其代理人必须向海关进行申报，使进出口货物在海关的监管之下。进出境的货物以及运输这些货物的运输工具等必须通过设立海关的地点进境或出境。所以说商品通关是国际物流的重要环节。

进出口商品的通关一般可分为四个环节，即申报、检验、征税、放行。

（1）申报

申报是指货物、运输工具和货品的所有人或其代理人在货物、运输工具、物品进出境时向海关呈送规定的单证，并申请检验、放行的手续。单证的形式有书面方式的和电子数据交换方式的。有时狭义上也可以将申报理解为报关。

海关为了维持进出口货物的顺畅通行，防止走私货物的非法入出境，对进出口货物的申报资格、申报时间和申报单证等均做了明确的规定。

关于申报资格，只有海关批准注册的自理报关企业、专业报关企业、代理报关企业及其报关员才能从事报关活动。

关于申报时间，进口货物，一般应在运输工具申报进境之日起14天以内申报；出口货物，应当在装货的24小时之前向海关申报。另外，进口货物逾期未申报的，海关要征收滞报金，超过3个月未向海关申报的，海关可以提取货物变卖。

关于申报单证，申报人必须向海关提交进出口货物报关单、进出口货物许可证或其他批文、提货单、装货单或运单、发票、装箱单、商检证明、减免税或免检证明等。

（2）检验

海关在接到申报后，对进出口货物进行实际的核对和检查，以确定货物的自然属性和货物的数量、规格、单价以及原产地标识等是否与报关单一致。

（3）征税

征税是指海关根据有关关税条例和海关进出口税则对进出口货物征收关税及进口环节的税费。关税的征收过程一般要经过税则归类、税率运用、价格审定和税额计算的过程。

所谓的税则归类，就是将进出口货物按照《中华人民共和国海关进出口税则》的归类总规则进行适当的分类，以便确定其适用的税率。

对于税率的运用，由于主要的税种、税率可以按照不同的方式进行分类，另外，由于不同的国家之间可能还有特殊的或临时性的关税政策存在，所以要结合具体的情况来确定相应的税率。

关于完税价格的审定，进口货物以海关审定的成交价格为基础的CIF价格为完税价格；出口货物以海关审定的货物售予境外的FOB价格，扣除出口税后作为完税价格，FOB价格不能确定的，由海关估定。

税额计算过程中，应当计算关税、进口环节税、增值税和消费税等。

（4）放行

当海关对货物、运输工具、物品等查验后，在有关单据上签印放行或开具放行通知单，以示海关监管结束。

4.国际货物运输

国际货物运输方式一般包括海洋运输、铁路运输、航空运输、公路运输、管道运输、邮包运输、集装箱运输和多式联运等运输形式。在国际物流业务中应根据货物的特性、运量、运费以及货期等因素选择合理的运输方式。在选择运输方式过程中，必须从以下几个方面加以考虑：

（1）国际运输所跨越的国家或地区的物流基础设施

由于各个国家或地区的自然条件以及交通运输环境的特点不尽相同，如有的国家公路运输比较发达，而铁路运输相对落后，有的国家则刚好与之相反，内陆国家不具备海洋运输条件等，所以在选择运输方式时必须要考虑这些因素。

（2）运输成本

不同的运输方式运输成本相差非常大，而运输成本又是构成物流成本的重要因素，所以必须根据货物的属性、货期等因素来选择合适的运输方式。如大宗货品比较适合用水路运输和铁路运输；密度大体积小的物品比较适合空运。此外，根据不同的情况，也可以采用多式联运，综合利用不同运输方式的优越性，达到降低运输成本的目的。

（3）运输时间的经济性

运输时间的长短对企业运营具有重要的影响。运输时间越短，越可以适当降低库存数量，缩短资金的占用时间。但选用运输时间短的运输方式，有时可能会以提高运输成本为代价。此外，在紧急情况下，如因生产延误导致交货期延误，从而带来信誉损失或巨额赔偿时，要考虑选用更加快捷的运输方式，如用空运替代海运等。另外，还要根据产品的特性和市场的需求情况，选择具有适当速度的运输方式，生命周期比较短的物品如鲜花、生鲜食品等为了抢占市场，经常会采用航空运输的方式。

（4）运输过程的可预测性

货品在运输过程中，货主非常关心货物到达时间的可预测性。到达时间的可预测性高，就能够使库存维持在一个相对较低的水平上，从而减少流动资金的占用。另外，为了使货物在中转过程中的运输更加流畅，运输过程的可预测性就显得尤为重要。一般来说，铁路的可预测性相对较高，公路次之，海运和空运容易受气候的影响，尤其是海运的可预测性是比较差的。

5.库存与仓储管理

（1）国际物流业务中的库存与仓储货品的管理

国际物流业务中的库存与仓储管理，从对仓储物品的控制角度来讲，与一般物流业务的库存与仓储管理相同，都是基本按照ABC管理方法对货品进行分类：将数量占货物总量15%，价值占货物总价值65%的少数物品划为A类；将数量占货物总量20%，价值占货物总价值20%的物品划为B类；将数量占货物总量65%，价值占货物总价值15%的物品划分为C类。将库存货品分为A、B、C三类之后，我们可以根据不同类别货品的重要程度进行分别管理。对A类货品要严格控制；对B类货品实施正常控制；对C类货品尽可能简单控制，以减少工作量。

（2）国际物流业务中的库存与仓储设施

在国际物流业务中发挥重要作用的设施是外贸仓库和保税仓库。外贸仓库在国际物流业务中起着保管物品，作为国际物流服务的节点和前线、生产与销售的缓冲，国际运输的衔接润滑以及集货、分类、检验理货的场所等功能。对于来料加工或进料加工、补偿贸易、转口贸易、期货贸易等贸易形式，原材料进口后，经过加工、装配后成品复又出口，进口时需要征收关税，出口时又要申请退税，手续十分繁杂。建立保税仓库后，就可以省去很多烦琐的报关程序，提高国际物流的效率。所以，在国际物流业务中必须充分利用这些仓储设施。

6.包装与货物搬运

国际货物包装的目的是保护货物本身质量和数量的完整，方便装卸、搬运、堆放、运输和理货，以及防止危险物品对外造成危害。国际物流的包装除了必须具备一般货物包装的基本特性之外，在包装设计和包装材料的选择等方面，必须考虑到不同国家的风土人情等因素。

在国际货物包装业务管理过程中，在正式包装之前，应根据国际货物的用途、特征，以及目的国别对国际货物的包装进行设计，选择合适的包装材料、包装容器、包装保护技术等，同时也要考虑到国际运输对包装的要求。

国际货物包装的功能包括对商品的防护功能、提高运输和装卸等作业的方便性与效率功能、促销功能和信息传递功能等。

国际物流业务当中的搬运，相对于国际运输来讲，是短距离的商品搬移，是仓储作业和运输作业的中间环节，是保障商品运输和保管连续性的一种物流活动。搬运作业对提高国际物流系统的运转效率起着十分重要的作用。一般来讲，提高搬运作业效率的主要手段有防止和消除无效的搬运作业、提高搬运的活性指数、实现装卸作业的省力化、推广组合化装卸搬运方法、合理地规划搬运方式和搬运作业流程等。

7.物流信息处理

现代物流，是在信息技术的基础上发展起来的。物流的自身特性也决定了物流与信息流之间的密不可分的关系。

在对国际物流信息进行管理的过程中，必须充分注意到国际物流信息的基本特征。与国内物流信息相比，国际物流信息的种类多、地域跨度大、涉及面广、动态性强，特别是国际物流业务中的采购、运输、储存、装卸、搬运、包装等活动，是在不同的场所进行的，而国际物流业务的基本要求又强调缩短在途时间、降低库存水平、保证及时供货等，实现这样的要求，必须保证在国际性的物流活动中保持信息的流畅性。国际物流信息的管理，也是围绕着信息流的流畅性、及时性和准确性来进行的。

国际物流信息的处理，主要包含以下几个方面的内容：

（1）国际物流信息的采集

国际物流信息的采集是指利用某种方式获取国际物流的相关数据，集中起来，并转换为国际物流信息系统能够接收的标准形式录入到系统当中。目前，尽管已经建立起来了相关的EDI等相应的标准，使得企业之间的信息交流成为可能，但是，由于不同的国家、企业的信息标准的不一致性使得彼此之间的信息交换变得十分困难，所以国际物流信息的标准化已经成为一种必然趋势。

（2）物流信息的储存

采集到的信息，经过整理加工，成为能够为物流信息系统所能使用的信息，并对这些信息进行储存。

（3）物流信息的传播

物流信息的有效传播是物流信息管理的又一重要目标。由于国际物流信息所涉及的范围非常广，不仅包括生产企业、物流企业、商业企业等相关信息，还包括海关、商检等社会机构的相关信息，所以这些相关企业、社会机构之间的信息畅通是提高信息传播效率的重要保证。建立国际化的物流信息平台、委托第三方物流企业的海关监管措施，都是提高物流信息传播效率的有效方式。

（4）物流信息的处理

通过对物流信息的处理，可以实现物流信息的查询、物流作业的指示、物流成本控制和预测、管理控制、决策分析、战略计划等层面的功能。

（5）物流信息的输出

建立物流信息系统的最终目的是能够让使用者获取所需的相关信息，这种信息的输出形式应该力求做到实时、标准和简易直观。

物流信息的交换是借助 EDI 来实现的。EDI 是将非结构化的数据转化成结构化数据之后再进行数据传输和交换的。为了能够使信息进行有效传输，信息的标准化是至关重要的。

条形码识别技术的成熟和发展为更加快捷、准确地进行信息的识别提供了一种十分重要的手段。目前，条形码技术已经应用于各个领域，成为商品与物流的主要识别技术，条形码识别技术的应用大大地提高了商品流通的效率。

全球卫星定位系统（GPS）的广泛应用，充实和完善了国际物流管理中的实时监控功能、双向通信功能、动态调度功能、数据存储和分析功能，大大地提高了国际物流管理的效率和可操作性。

2.3　国际物流服务

2.3.1　国际物流服务及其特征

在当今激烈的竞争环境中，生产企业和商业企业需要灵活适应不断变化的市场条件，并不断调整经营战略以提高竞争能力。为了更好地响应市场需求并集中精力发展核心业务，企业通常会考虑将非核心业务外包给专业企业。在国际化的背景下，企业为提高在国际市场上的竞争力，通常采用优化物流系统的策略，以降低物流综合成本并提高顾客服务水平。

国际化企业往往选择将国际物流业务委托给专业从事国际物流的企业。这种做法可以让企业更专注于核心业务，同时依赖专业物流服务提供商的专业知识和经验，确保国际物流的高效运作。在这个过程中，企业与物流服务提供商之间的密切合作成为提升整体效能的关键。

国际物流服务的形式多种多样，其中包括单一功能的物流服务（如船舶代理、国际货运代理等）和多功能的综合性物流服务（如第三方物流服务）。

2.3.2　船舶代理

船舶代理是指船舶代理机构或代理人接受船舶所有人（船公司）、船舶经营人、承租人或货主的委托，在授权范围内代表委托人（被代理人）办理与在港船舶有关的业务、提供有关的服务或完成与在港船舶有关的其他经济法律行为的代理行为。船舶代理人则是指接受委托人授权，代理委托人办理与在港船舶有关的业务和服务，并进行与在港船舶有关的其他经济法律行为的法人和公民。由于船舶在世界各港口之间进行运营的过程中，船舶所有人或船舶经营人都无法亲自照管与船舶有关的各项营运业务，所以，他们大都委托当地港口的船舶代理公司来代办各项有关业务。

船舶代理关系的建立必须经过委托人的委托和代理人的接受。具体来说，船舶所有人、船舶经营人或船舶承租人提出代理的要求，并经过代理人的同意，船舶代理关系方可建立。这一过程确保了代理人具备足够的资质和能力来履行代理责任，并且明确了代理的范围和条件。

1.船舶代理关系及其形式

船舶代理关系有长期代理、航次代理、第二委托方代理和监护代理关系等形式。

（1）长期代理（Agency on Long-term Basis）

船公司在经常有船前往靠泊的港口，通常是选择一个有长期委托关系的代理人代理到港的属于船公司所有的全部船舶的相关事务。这种代理方式称为长期代理。

建立长期代理关系可以简化委托和财务往来结算手续。就班轮运输而言，在固定航线，船舶经常往返于航线的固定挂靠港之间，当然以建立长期代理关系更为合理。这种代理关系的建立，既可以通过签订正式的专门委托代理合同而建立，也可采用委托人以书面形式向代理公司或代理人提出委托，经代理公司或代理人接受的方式来建立，而且以后者为最常用的方式。

（2）航次代理（Agency on Trip Basis）

航次代理是指，对于不经常来港的船舶，在每次来港前由船公司向代理人逐船逐航次办理委托，并由代理人逐船逐航次接受这种委托所建立的代理关系。凡与代理人无长期代理关系的船公司派船来港装卸货物，或因船员急病就医、船舶避难、添加燃料、临时修理等专程来港的外籍船舶，均须逐航次办理委托，建立航次代理关系。船舶在港作业或所办事务结束离港，代理关系即告终止。

（3）第二委托方代理

委托方一般是指提出委托，并负责结算船舶港口费用的一方。除此之外，对于同一艘船舶要求代办有关业务的其他委托人均称为第二委托方。

在一般情况下，船舶代理的委托方是船方。而第二委托方既可能是船方，也可能是承租人、货主或其他有关方。一般船舶的代理只有一个委托方，但同时可以有一个或几个第二委托方。委托方和第二委托方的确定，不仅要看由谁委托代理，港口费用由谁负担，而且还要看谁负责结算。比如，有的航次租船合同规定，船舶代理人由承租人委托，费用也由承租人结算，在这种情况下，承租人就是委托方。如果同时船舶所有人也要求代理人为他办理业务，则船舶所有人就是第二委托方。又如，租船合同规定船舶代理由承租人委托，而费用则向船舶所有人结算，在这种情况下，船舶所有人是委托方，如果承租人也明确代理人为其办理有关业务，则承租人是第二委托方。

（4）监护代理

委托方除委托一方为代理外，为维护委托方利益，另委托一方对被委托方所进行的业务进行监护，这种关系称为监护代理关系。

2.船舶代理的主要业务

船舶代理的经营范围非常广泛，下面介绍几种主要的船舶代理业务。

（1）船舶进出港业务

船舶代理开展的船舶进出港业务主要包括船舶抵港前准备工作、代办船舶进出港手续、船舶在锚地期间的工作以及船舶在港作业期间工作。

第一，需要办理船舶进出港手续。

船舶进、出港口前，接受委托的船舶代理人，须事先联系边防、检疫、海关及有关港口方办理必要的手续。无论是航行于国际航线的国内船舶还是外籍船舶，进出港口都需要接受边防机构、检疫机构和海关的检查，向边防、检疫、海关和港口方面办理进出港的各项手续，并取得各种必要的单证。

在办理有关船舶进出港手续时，需要根据相关部门的要求，提供相应的文件资料，关于各个相关部门的具体要求，请参阅相关部门的相关法规，本书对此不做详细介绍。

第二，要为船舶抵港做好准备工作。

船舶抵港前，船舶代理要明确委托关系，了解来港船舶性质、来港任务、租约及有关货物买卖合同条款、运输契约等，向有关口岸查验单位办理船舶进港、检验、检疫等申报手续。船舶代理的主要工作包括：将船舶的基本资料、预抵时间、下一挂靠港口名称等报告港务局和海事局；随时掌握来港船舶动态；填写各种单证；同港方商谈滞期/速遣事宜，签订滞期/速遣协议；安排泊位，保证船舶抵港后尽快靠泊作业；通知并协助船方及委托方安排检疫、修理、补给计划等。

第三，船舶在锚地期间，船舶代理要协助办理抵达锚地后的相关事宜。

第四，船舶在港作业期间，船舶代理要协助船长填写各种申请表格并及时掌握船舶在港期间的船舶动态，及时处理相关事务。

（2）出口货运业务

出口货运业务主要包括货物承运、联运货物的中转换装、编制积载计划、缮制各种货运单证以及运费计算等项工作。在班轮运输或不定期船运输中，承运人或租船人都可能通过授权，将这些业务工作委托船舶代理人代办完成。

①货物承运

船舶代理既可以接受船公司的委托，在装货港代表船公司代办货物承运工作，也可以接受货主的委托，代办货物订舱和托运工作，还可同时接受船公司和货主的委托，既代表船公司代办货物承运工作，也代表货主代办货物订舱和托运工作。

在船舶代理人代办货物承运工作的情况下，其工作内容与船公司自行办理的承运工作的内容没有什么不同。而代表货主代办货物订舱和托运工作时的工作内容，也与货主自行办理没有什么不同。但在既代表船公司代办货物承运工作，又代表货主代办货物订舱和托运工作时，则因出口货物所采用的价格条件不同而使其工作内容有所不同。

在CIF或CFR价格出口货运中，船舶代理人既代表船公司办理货物承运工作，又代表货主代办货物的订舱和托运工作的情况下，如果船舶代理人同时代理几家船公司的船舶时，就会出现代理人将它所掌握的货载应该按照怎样的配载原则分配给某一船公司的船舶的问题。

②国际海上联运货物的中转

从国外港口运抵本港又转往其他国家港口，并由承运人签发了联运提单的货物，称为国际海上联运货物。国际海上联运货物在中转换装港需要办理一系列手续，完成一系列作业。而在中转港接受委托，代办这些手续和作业，则是船舶代理人经常受托代办的业务之一。不过，从货物的安全运输和承运人的责任考虑，对于危险、重大件、鲜活、冷冻及散装货物等，以及承运人已签发直达提单，因承运人或收货人的决定而改变目的港的货物，不能代办中转手续。委托方没有在载运联运货物的船舶抵港前的一定时间提出委托并明确费用的负担或分摊时，船舶代理人也不能接受委托。

③船舶代理人需要及时向船方提供装船货物的资料，以便让船方尽早绘制船舶积载计划

船舶代理人将积载计划分送港口有关部门安排装船作业，以免因绘制不及时而延误货物进栈、落驳和装船。

④缮制各种货运单证

缮制各种货运单证是接受船公司委托代办出口货运业务的船舶代理人经常要办理的主要业务。缮制这些单证要做到整洁、正确和及时。

整洁，就是指签发的各种单证应该字迹清晰，未加涂改，计量或计费单位明确，按照规定分别以大写或小写书写数字。

正确，是指单证内容的完整无误和运输安排的正确合理。

及时，则是指在港进行各项作业的合适进度。应适时地缮制、分送各种货运单证，做到随船带走。对于邮寄单，应区别远近，在船舶离港后的一定时间内寄出。邮寄单证必须详列清单，并要求对方退回收讫回执，以分清责任。

⑤运费计算工作

代计代收运费也是船舶代理人的一项重要工作。船舶代理人接受各个船公司的委托，根据各个船公司制定的费率常会发生局部的修订、调整，附加费的计收或撤销也常有变动，所以代理人对各船公司的费率本加强管理是非常重要的。代理人要指定专人进行运费计算、审核和计收工作，随时注意费率本的撤换、货物运费率及等级的更正或补充、附加费及货名的增减，并且确切地理解费率本的各项条款及规定，及时做好修改和记录。

（3）进口货运业务

进口货运业务主要包括收受载货运费清单、收受积载计划、催提、签发提货单和进口货物理赔等。在班轮运输或不定期船运输中，承运人或租船人都可以通过授权，将这些业务工作委托给船舶代理人代办完成。

①收受载货运费清单

载货运费清单的作用之一是卸货港的船舶代理人在船舶到港前据以编制进口载货清单，为到港船舶和货物先行安排泊位、卸货、驳运、仓库，并通知收货人准备提货。

卸货港的船舶代理人在收到这些单证后，须参照进口货物积载计划，按货物装货港逐港、逐票核对，核查是否有漏寄情况。如发现漏寄，应及时向船舶或漏寄港的船舶代理人索取。

与此同时，卸货港的船舶代理人还应按提单副本逐票核对载货运费清单所列货名、件数、标志、收货人等项内容。如果发现错误，应向船方或装货港的船舶代理人查询。

②收受积载计划

进口货物的积载计划必须在船舶到港前寄达在卸货港的船舶代理人，以便安排卸货和供理货人员理货时参考。一般来说，航线较长的进口货物积载计划应由船公司或装货港的船舶代理人寄来，而航线较短的进口货物积载计划则可由船长或装货港船舶代理人用电报通知。

③催提

进口货运合同通常都规定，船舶到达卸货港将货物卸下后，在一个合理的时间内如无人认领，承运人可以处置该货物而不承担任何责任，全部风险和费用由货方承担。虽然如此，但出于承运人的信誉以及货物的安全考虑，为收货人尽快提取货物创造条件，仍是承运人不容推卸的责任，因此，作为承运人的代理人，船舶代理在船舶抵达卸货港之前，应事先通知收货人做好准备，以避免货物抵达目的港后在码头仓库积压，影响港口的正常作业。

催提可采用函件、电话形式。如用电话催提，必须做好记录备查。对于冷藏货物、鲜活货物等，因港口无保管条件或不便存放，应随时用电话通知收货人船边提货。

④签发提货单

正常提货程序是，收货人对一份正本提单背书后，付清运费（到付运费）和其他应付的费用，换取由卸货港的船舶代理人签发的提货单，向海关办理货物进口手续后，即可凭提货单在码头仓库提取货物。

卸货港的船舶代理人在签发提货单时，首先要将提单与载货清单核对，经核对无误，在载货清单中所列该提单的项目后做上记号，表示该票货物已办理提货手续，然后收回提单，签发提货单。

⑤理赔

收货人提取货物时，如发现货物灭失或损坏，既可直接向船公司索赔，也可通过卸货港的船舶代理人向船公司索赔。

通常，对于索赔金额较大的索赔案件，船公司委托代理人代办理赔工作，一般都只在一定限额内授权代理人代办。如果代理得到这种授权，即可在规定的限度内理赔结案，事后再将处理结果转告船公司。

（4）船舶供应工作

船舶代理所做的船舶供应工作主要包括：

①安排供应船用燃油、淡水。

②安排供应船舶物料、垫料、备件。

③安排船长借支。

④安排供应船员伙食。

⑤应船长要求联系安排清舱、洗舱等工作。

（5）船舶的其他服务工作

其他服务工作主要包括：

①安排船员遣返。

②办理船员登陆或出入境手续。

③安排船员就医、住院。

④联系安排船员的其他事宜。

（6）船舶的离港工作

船舶离港是船舶代理工作的最后环节，为使船舶能如期顺利驶离本港，船舶代理人要办好船舶离港前的准备工作、离港后的处理工作和航次小结工作。

①离港前的准备工作

船舶装载出口货物离港时同样要向海关、海事局、边防、检验检疫部门办理载运货物的一切申报手续。要做到申报及时、联系迅速，保证船舶按时离港。另外，在船舶离港前必须要请船长签收各种表格、单据，以便在船舶离港后作为会计结算用的凭据。

②离港后的处理工作

船舶离港后，船舶代理还要做好后续的单据处理工作。将有关单据送交财务部门办理结算手续，同时还要做好与船舶停靠的下一目的港口代理的信息衔接工作。

③航次小结

从船舶进港至安全驶离本港，除船方尚有交办的未了事项在船离港后继续办理外，本航次的代理任务基本圆满完成。在航次代理业务完成后，要提醒财务部门迅速做出航次结算账单。必要时可以召集本航次有关人员进行讨论，总结本航次工作中遇到的问题。航次结束后应收集管理好有关资料（如客户资料、船舶档案等）。

2.3.3　国际货运代理

1.国际货运代理概述

国际货运代理来源于英文"the freight forwarder"。对于国际货运代理的定义存在差异，国际货运代理协会联合会（FIATA）给出的定义是："国际货运代理是根据客户的指示，并为客户的利益而揽取货物运输的人，其本身并不是承运人。国际货运代理也可以依自身条件，从事与运输合同有关的活动，如储货（也含寄存）、报关、验收、收款等。"在我国1995年6月29日对外贸易经济合作部颁布的《中华人民共和国国际货物运输代理业管理规定》中，给国际货运代理所下的定义是："接受进出口货物收货人、发货人的委托，以委托人的名义或者以自己的名义，为委托人办理国际货物运输及相关业务并收取服务费用的行业。"根据对外贸易经济合作部于1998年1月26日公布的《中华人民共和国国际货物运送代理业管理规定实施细则（试行）》可知，国际货物运输代理企业可以作为进出口货物收货人、发货人的代理人，也可以作为独立经营人，从事国际货运代理业务。

国际货运代理的本质是接受委托人的委托，为委托人提供有关货物运输、转运、仓储、保险，以及与货物运输有关的各种业务服务的一个机构。国际货运代理扮演的是"货物中间人"的角色，连接发货人和收货人，协调并提供相关的服务，以确保货物的顺利运输。

2.国际货运代理的业务范围

国际货运代理可以直接或通过其分支机构及其雇用的某个机构为客户（委托人）提供各种服务，也可以利用其在海外的代理提供服务。

国际货运代理的服务对象包括：发货人（出口商）、收货人（进口商）、海关、承运人、班轮公司、航空公司，在物流服务中还包括工商企业等。其服务内容包括货物运输的某一个环节或与此有关的各个环节的各项业务。

国际货运代理作为"货物中间人"，可根据不同的对象确定某项或若干项服务，根据客户的需求，结合自身实际，确定具体可涵盖的服务内容的深度和广度。

（1）国际货运代理为发货人提供的服务

国际货运代理替发货人承担在不同阶段的货物运输中的任何一项服务。如为发货人选择运输路线、运输方式（海、陆、空、邮、多式联运）和适当的承运人，并争取优惠运价；为所选定的承运人揽货并办理订舱业务；安排货物的计重和计量（尺码）；办理货物保险；拼装货物；安排货物到装运港的运输，代办海关和有关单证手续，并将货物交给承运人；办理议付结汇；支付运费和其他费用；提供货运信息、资料和咨询服务等。

（2）国际货运代理为海关提供的服务

当国际货运代理作为海关代理，办理有关进出口商品的海关手续时，不仅代表他们的客户，也代表海关。事实上，在许多国家，货运代理已取得这些政府部门的许可，办理海关手续，并对海关负责，负责在法定的单证中申报货物确切的金额、数量和品名，以确保政府在这些方面的收入不受损失。

（3）国际货运代理为承运人提供的服务

国际货运代理向承运人及时地预订好足够的舱位，认定对承运人和发货人都公平合理的费率，安排在适当的时间交货，以及以发货人的名义解决与承运人的运费结算等问题。

（4）国际货运代理为班轮公司提供的服务

国际货运代理与班轮公司的关系因业务的不同而不同。在一些服务于欧洲国家的商业航线上，班轮公司已承认在提高利润方面国际货运代理的有益作用，并愿意付给国际货运代理一定的佣金。近几年来，由国际货运代理提供的拼箱服务，即拼箱货的集运服务，已使他们与班轮公司及其他承运人如铁路承运人之间建立起一种较为密切的联系。

（5）国际货运代理为航空公司提供的服务

国际货运代理在空运业务中充当航空公司的代理，并在国际航空运输协会以空运货物为目的而制定的规则中，被指定为国际航空运输协会的代理。在这种关系中，国际货运代理利用航空公司的服务手段为货主服务，并由航空公司支付其佣金。同时，作为国际货运代理，亦可将适于空运的方式建议给发货人或收货人，继续为他们服务。

（6）转运代理服务

国际货运代理作为转运代理，主要负责选择样品、再包装在海关监管下积载二次货运代理。

（7）作为委托人，提供拼箱服务

上面谈到的国际货运代理业务都属于一个代理的传统作用范围。国际物流中集装箱运输的发展，促进了国际货运代理的集运和拼箱服务。在提供这种服务的过程中，国际货运代理发挥着一个委托人的作用。

（8）作为经营人，提供多式联运服务

在国际货运代理作用上，集装箱化的一个更深远的影响是将国际货运代理置于一个单一合同下，通过多种运输方式，进行门到门的货物运输。他可以当事人的身份与其他承运人或其他服务的提供者分别谈判并签约。但是，这些分合同不会影响多式联运合同的执行，也就是说，不会影响国际货运代理对发货人的义务和多式联运过程中他对货物灭失及货损货差所承担的责任。国际货运代理作为多式联运经营人时，通常需要提供包括所有运输和分拨过程的全面的一揽子服务，并对其客户承担更多的责任。

（9）提供物流服务

提供物流服务是国际货运代理满足客户的更高要求，提高其市场竞争力，顺应国际贸易发展的一种新趋势。国际货运代理必须具备提供物流服务的技能。物流服务是一项从生产到消费的高层次、全方位、全过程的综合性服务。与多式联运相比，物流服务不仅提供一条龙的运输服务，而且延伸到了运输前、运输中、运输后的各项服务。总之，凡与运输相关的、客户需要的服务，均为其服务的内容，而且要求其做到高速度、高效率、低成本、少环节、及时、准确。这就需要国际货运代理熟悉客户业务，了解客户生产乃至销售的各个环节，主动为其设计、提供所需的服务，从而使国际货运代理在运输的延伸服务中获得附加值。

3.国际货运代理的责任

因为国际货运代理具有作为代理人和当事人两种情况时的责任，所以国际货运代理的法律责任似乎很复杂，他们实际上起着两种不同的法律作用，即代理人和当事人，而且他们的活动范围本质上已超越国境，却没有一个国际公约来明确规定其活动范围。而各国法律又仅能管辖本国的活动却不能管辖他国的活动，因此导致许多法律相互冲突。

目前，各国法律对货运代理所下的定义及其业务范围的规定有所不同，但按其责任范围的大小，原则上可分为三种情况：

第一种情况，作为国际货运代理，仅对自己的错误和疏忽负责。

第二种情况，作为国际货运代理，不仅对自己的错误和疏忽负责，还应使货物完好地抵达目的地，这就意味着他应承担承运人的责任和造成第三人损失时的责任。

第三种情况，国际货运代理的责任取决于合同条款的规定和所选择的运输工具等。例如，FIATA规定：国际货运代理仅对属于其本身或其雇员所造成的过失负责。如其在选择第三人时已恪尽职责，则对于该第三人的行为或疏忽不负责任。如能证明他未做到恪尽职责，则其责任应不超过与其订立合同的任何第三人的责任。

由于各国的法律规定不同，因此要求国际货运代理所承担的责任也大不相同。下面对国际货运代理的责任作一些原则性的阐述：

（1）国际货运代理的责任

国际货运代理的责任可以从以下几个方面加以界定：

①国际货运代理作为代理人的责任

国际货运代理作为代理人，负责代发货人或货主订舱、保管货物和安排货物运输、包装、保险等，并代他们支付运费、保险费、包装费、海关税等，然后收取一定的代理手续费（通常是整个费用的一定百分比）。上述所有的费用由（或将由）客户承担，在提货之前全部付清上述费用，才能取得提货的权利，否则，国际货运代理对货物享有留置权，有权以某种适当的方式将货物出售，以此来补偿其所应收取的费用。

国际货运代理作为代理人，受货主的委托，在其授权范围内，以委托人的名义从事代理行为，其产生的法律后果由委托人承担。在内部关系上，委托人和货运代理之间是代理合同关系，货运代理享有代理人的权利，承担代理人的义务。在外部关系上，货运代理不是货主与他人所签合同的主体，不享有该合同的权利，也不承担该合同的义务。

国际货运代理作为纯粹的代理人，通常应对其本人及其雇员的过错承担责任，其错误和疏忽包括：未按指示交付货物；报关有误；运往错误的目的地；未能按必要的程序取得再出口（进口）货物退税；未取得收货人的货款而交付货物。国际货运代理还应对其经营过程中造成的第三人财产灭失或损坏或人身伤亡承担责任。如果国际货运代理能够证明他对第三人的选择做到了合理的谨慎，那么他一般不承担因第三人的行为引起的责任。

②国际货运代理作为当事人的责任

国际货运代理作为当事人，系指在为客户提供所需的服务的过程中，是以其本人的名义承担责任的独立合同人，他应对其为履行国际货运代理合同而雇用的承运人、分货运代理的行为或不行为负责。一般而言，他与客户接洽的是服务的价格，而不是收取代理手续费。国际货运代理以自己拥有的运输工具进行运输，或以自己的名义与承运人签订运输合同，或租用他人的运输工具进行运输，在此情况下，货运代理均为运输合同的一方，处于承运人的地位，无论是实际承运人，还是契约承运人，都承担承运人的责任和义务。

国际货运代理往往还经营国际多式联运业务，在此情况下，只要其签发了多式联运提单，不管是否实际参与了运输，均不影响其作为多式联运经营人的地位。根据有关国际多式联运的法律规定，多式联运经营人对全程运输负责，如在运输过程中发生货物的灭失、损坏或延误，多式联运经营人均应承担赔偿责任，除非能证明其为避免货物的灭失、损坏或延误已采取一切适当的措施，因此，在多式联运中，一旦发生货物灭失或损坏，作为多式联运经营人的货运代理，理应向委托人承担货损货差的赔偿责任，然后，再向发生货损货差区段的实际承运人（责任人）追偿。

作为当事人，国际货运代理不仅对其本身和雇员的过失负责，而且应对在履行与客户所签合同的过程中提供的其他服务的过失负责。其中对客户的责任主要表现在三个方面：

其一，大部分情况属于对货物的灭失或残损的责任。

其二，因职业过失，尽管既非出于故意也非由于粗心，但给客户造成了经济损失。例如，未按要求运输；未按要求对货物投保；报关有误造成延误；运货至错误的目的地；未能代表客户履行对运输公司、仓储公司及其他代理人的义务；未收回提单而放货；未履行必要的退税手续再出口；未通知收货人；未收取现金费用而交货；向错误的收货人交货。

其三，迟延交货。尽管按惯例货运代理一般不确保货物的到达日期，也不对迟延交货负责，但目前的趋势是对过分的延误要承担适当的责任，此责任限于被延误货物的运费或两倍运费。

③国际货运代理对海关的责任

有报关权的国际货运代理在替客户报关时应遵守海关的有关规定，向海关及时、正确、如实申报货物的价值、数量和性质，以免政府遭受税收损失。同时，如报关有误，国际货运代理将会遭到罚款的惩罚，并难以从客户那里得到此项罚款的补偿。

④国际货运代理对第三人的责任

国际货运代理对第三人的责任多指对装卸公司、港口等参与货运的第三人提出的索赔所承担的责任。这类索赔可分为两大类：一类是第三人财产的灭失或损坏及由此产生的损失；另一类是第三人的人身伤亡及由此产生的损失。

（2）国际货运代理的责任限制

国际货运代理在对其过失或疏忽承担责任的同时亦享有责任限制。责任限制是一项特有的法律制度，即依据法律的有关规定，责任人将其赔偿责任限制在一定范围内的法律制度。

在国际货物运输中，往往会由于责任人（如船长、船员或货运代理）的过失造成货物的损害，或造成第三人的重大财产损失。这种损害或损失常常是严重的，涉及的索赔金额也是巨大的，有时甚至会超过货物本身和船舶的价值。为了保护本国的航运业，各国通常将这种赔偿责任用法律加以限制。国际货运代理与承运人一样，均有权将责任限制在合理的限额内。当国际货运代理为承运人时，则享受有关承运人的责任限制。承运人的责任限制适用于对船上货物的损害赔偿，即基于合同关系产生的赔偿责任。这种责任限制一般按照损失一件货物或一个货运单位（如一个集装箱）来确定赔偿限额。承运人的责任限额可以由合同当事人在法律规定的限额之上另行约定。国际货运代理通常在标准交易条件中规定其最高的责任限额，其赔偿限额无论在何种情况下，都不得超过国际货运代理在接收货物时货物的市价。各国有关国际货运代理的责任和责任限制是不一致的，有些国家采取的是严格责任制，有些国家采取的是过失或疏忽责任制，而且赔偿限额也不相同，这完全取决于每宗案件所涉及的法律和合同的规定。但是，许多国家有关货物运输的法律，尤其是有关货运代理行为的法律是很不完备的，多数情况下只有一些原则性的规定。

FIATA推荐的标准交易条件范本成为各国制定本国标准交易条件的总原则。根据该原则，英国货运代理协会标准交易条件规定：赔偿限额为2SDR（特别提款权）/千克（毛重），每宗案件最高赔偿限额不超过75 000SDR；新加坡货运代理协会标准交易条件规定：赔偿限额为5新加坡元/千克，每宗案件最高赔偿限额不超过10万新加坡元；马来西亚货运代理协会标准交易条件规定：赔偿限额为5马来西亚林吉特/千克，每宗案件最高赔偿限额不超过10万马来西亚林吉特/千克；印度货运代理协会标准交易条件规定：赔偿限额为15印度卢比/千克，每宗案件最高限额不超过15 000印度卢比；《北欧货运代理协会储运、代理总条款》规定：赔偿限额为每千克分别按65丹麦克朗、40芬兰马克、60挪威克朗、50瑞典克朗执行，每宗案件最高赔偿限额分别不超过65 000丹麦克朗、40 000芬兰马克、60 000挪威克朗、50 000瑞典克朗。

（3）除外责任

除外责任，又称免责，系指根据国家法律、国际公约、运输合同的有关规定，责任人免于承担责任的事由。国际货运代理与承运人一样享有除外责任。对于承运人，我国《海商法》规定了12项免责事由，《海牙规则》和《海牙—维斯比规则》规定了17项免责事由。对于国际货运代理，其除外责任通常规定在国际货运代理标准交易条件或与客户签订的合同中，归纳起来可包括以下七个方面：

①客户的疏忽或过失所致。

②客户或其代理人在搬运、装卸、仓储和其他处理中所致。

③货物的自然特性或潜在缺陷所致，如由于破损、泄漏、自燃、腐烂、生锈、发

酵、蒸发或由于对冷、热、潮湿的特别敏感性。

④货物的包装不牢固、缺乏或不当包装所致。

⑤货物的标志或地址的错误或不清楚、不完整所致。

⑥货物的内容申报不清楚或不完整所致。

⑦不可抗力所致。

尽管有上述免责条款的规定，国际货运代理仍须对因其自己的过失或疏忽而造成的货物灭失、短少或损坏负责。如果另有特殊约定，货运代理还应对货币、证券或贵重物品负有责任。

另外，一旦下达关于某种货物（危险品）的唛头、包装、申报等的特别指示时，客户就有义务履行其在各方面应尽的职责。客户不得让其货运代理对由于下列事实产生的后果负责：

①有关货物的说明不正确、不清楚或不全面。

②货物包装、刷唛和申报不当等。

③货物在卡车、车厢、平板车或集装箱的装载不当。

④货运代理不能合理预见到的货物内在的危险。

如果国际货运代理作为发运人或租船人须向海运承运人支付与客户货物有关的共同海损分摊或由于上述情况涉及第三人责任，客户应使国际货运代理免除此类索赔和责任。由于上述原因引致的共同海损分摊、救助费用，以及对第三人造成的损害赔偿均由委托人负责。此外，委托人还应给予国际货运代理在执行合同中的有关指示，如货物在仓储期间有可能对生命财产或周围环境造成威胁或损害时，委托人有责任及时予以转移。

委托人在国际货运代理所做的工作亦应及时给予各种明确的指示。如因指示不及时或不当而造成损失，国际货运代理不承担任何责任。凡因此项委托引起的一切费用，除另有约定外，均应按合同的规定及时支付。

2.3.4 国际第三方物流

船舶代理和国际货运代理所提供的只是一些功能性物流服务，这些单纯的功能性服务难以适应当前国际物流综合化的要求。国际物流服务的发展趋势是从单纯的功能性物流服务向综合性物流服务转化。国际第三方物流是国际综合性物流服务的主流形式。

1. 国际第三方物流的服务内容与特点

国际第三方物流企业应该能够为货主企业提供原材料采购、原材料或产成品的储存保管、装卸、包装、租船、订舱、配载、制单、报检、报关、集港、疏港、运输、结汇、货物跟踪，直至货物到达目的地的最终用户手中等一系列物流服务。国际物流服务的内容如图2-4所示。

服务内容

- 咨询
  - 物流方案咨询
  - 智能仓库设计
  - 流程设计
- 装卸
  - 从货架至货架
  - 从起运地到目的地（各个环节的装卸和搬运）
- 运输
  - 多式联运（含门到门）
  - 联合运输
  - 不同方式的单一运输
- 包装
  - 创造包装
  - 储存包装
  - 运输包装
  - 再包装
- 保管
  - 在库保管
  - 库存控制
  - 堆场货运站
- 配送
  - 货物配送
- 服务增值
  - 信息配送
  - 流通加工
  - 附加值服务
- 信息
  - 信息管理
  - 信息联网
- 报关报检
  - 通关
  - 商检、卫生、动植物检验
- 代理
  - 保险、银行
  - 船代、货代
- 培训
  - 高级物流管理人员
  - 一般物流从业人员

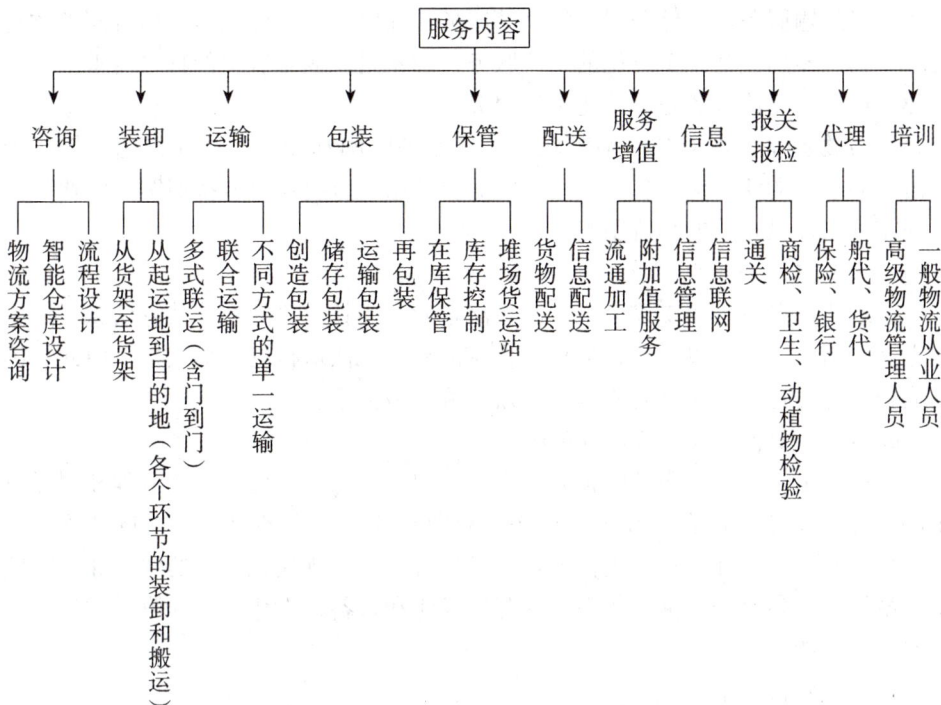

图2-4　国际物流服务的内容

第三方物流是物流专业化的一种重要形式，是物流业发展到一定阶段的必然结果。它具有第一方物流和第二方物流不可替代的作用。国际第三方物流具有以下几个方面的特点：

（1）建立在现代信息技术的基础上

信息技术的发展是第三方物流出现的必要条件，信息技术实现了数据的快速、准确传递，提高了库存管理、装卸、运输、采购、订货、订单处理的自动化水平，使订货、包装、保管、运输、流通加工实现了一体化；企业可以更方便地使用信息技术与物流企业进行交流和协作，企业间的协调和合作有可能在短时间内迅速完成；同时，计算机技术的飞速发展，使混杂在其他业务中的物流业务成本被精确地计算出来，还能有效管理物流渠道中的商流，这就使企业有可能把原来在内部完成的物流作业交由物流公司运作。常用于支撑第三方物流的信息技术有：实现信息快速交换的EDI技术，实现资金快速支付的EPT技术，实现信息快速输入的条码技术和实现网上交易的电子商务技术。

（2）提供合同导向的一系列服务

第三方物流有别于传统的外包，外包只限于一项或一系列分散的物流功能，如运输公司提供运输服务、仓储公司提供仓储服务。而第三方物流则是根据合同条款规定的要求，提供多功能甚至全方位的物流服务，而不是仅满足客户的临时需求。

（3）第三方物流服务是个性化物流服务

第三方物流服务的对象一般都较少，但服务时间却较长，往往长达几年、十几年。由于需求方的业务流程各不相同，因而要求第三方物流企业按照客户的业务流程和不同需求来提供相关的物流服务。

（4）企业之间是联盟关系

依靠现代信息技术的支撑，第三方物流企业与委托方之间充分共享信息，这就要求双方互相信任合作，以达到单独从事物流活动所无法取得的双赢效果，因此，第三方物流企业与委托方企业之间所建立的是物流联盟关系。

2. 国际第三方物流服务的效益原理

提供国际第三方物流服务的企业，实际上起着一个组织优化生产流程和国际贸易系统的作用。多个生产企业和第三方物流企业形成了一个各自能发挥自己核心竞争力，互相之间优势互补、资源优化配置，各自集约化、规模化运作的生产和国际贸易系统，系统中的各个企业都能实现资源配置优化和效益最大化。国际第三方物流企业的效益体现在如下方面：

（1）规模效益源泉

第三方物流企业最基本的特征是集多家企业的物流业务于一身，物流业务的规模扩大了。物流业务规模的扩大，可以让企业的物流设施、人力、物力、财力等资源得到充分利用，发挥效益；有的物流企业还可以采用专用设备、设施，提高工作效率；有的甚至采用先进的技术，取得超级效益。这些都是扩大规模带来的好处。规模效益是第三方物流的一个最重要的效益源泉。没有规模就没有效益，规模效益也正是第三方物流比第一、第二方物流优越的地方。

（2）系统协调效益

系统协调是指第三方物流公司在自己的供应商群及其各自的客户群中进行的协调活动，这些协调活动包括：

①联合调运活动，打破各个供应商、各个客户群之间的界限，在这些供应商、客户之间统一组织运输，这样不但可以更节省运输工具，还可以更充分地利用运输工具。

②打破各个客户群之间的界限，统一组织运输，即进行联合运输，这样将比在原来的各个客户群内部组织运输更为节省。

③在自己的系统内部调剂供需，因为自己掌握了众多的供应商和他们各自的客户群，其相互之间可能会有互为供需的关系，通过自己的协调，促使他们之间形成新的更合理的供需关系。这种新的供需关系不但可以帮助供应商开拓市场，而且也大大有利于第三方物流企业节约物流费用。

④统一批量化作业，如对于订货、质检、报关、报审等工作，实行批量化作业可以节省时间、提高工作效率。

（3）专业化效益

专业化效益即通过专业化来提高企业的效益。在第三方物流企业当中，由于业务量大，所以各种物流作业如运输、仓储、装卸、搬运、包装、信息处理等都可以实现专业化。专业化又可以带来科技化，从而使经济效益大幅度提高。专业化不单指作业专业化、设备专业化，也指人的专业化。

（4）群体效益

群体效益是指第三方物流企业不但能够提高自身的效益，而且可以提高自己客户企业的效益。客户企业的物流业务交给第三方物流企业承担后，不但自己的物流任务可以完成得更好，而且还可以甩开这些烦琐的物流活动，集中精力发展自己的核心业务，提高企业的竞争优势，使企业取得更大的经济效益，因此，第三方物流企业能够使自己和客户群增强各自的核心竞争力，使整个群体共赢共荣，获取很好的群体效益。

3.国际第三方物流的客户服务水平的确定

在国际第三方物流服务中，客户服务水平是衡量物流系统为客户创造时间和空间效能能力的尺度。客户服务对于企业在客户心目中树立良好的形象，创造需求和保持客户对企业的忠诚度有极大的影响。客户服务水平决定了企业能否留住现有客户及吸引新客户，直接影响企业所占的市场份额和物流总成本，并最终影响企业的盈利能力。客户服务管理是国际物流管理的重要内容。

（1）客户服务水平与物流成本的关系

物流的客户服务是通过节省成本费用为供应链提供重要的附加价值的过程。客户满意是指客户对产品和服务可感知的效果，它是对产品和服务全方位的评价。客户服务的质量直接影响着客户的满意程度。

客户服务管理的目的是以适当的成本实现高质量的客户服务。一般来讲，服务质量与成本会遵守效益背反原理，客户服务质量提高，物流成本就会上升，两者间的关系适用收益递减法则。无限度地提高服务水平，会因为成本上升速度的加快使得服务效率没有多大提高，甚至下降。

概括起来说，客户服务水平与成本的关系有四种类型：

第一种类型是服务水平不变，成本下降。在客户服务不变的前提下考虑降低成本，即不改变客户服务水平，通过改变客户系统来降低客户成本，这是一种尽量降低成本并维持一定服务水平的办法。

第二种类型是服务水平提高，成本增加。为了提高客户服务水平，不惜增加服务成本，这是许多物流企业提高客户服务水平时采取的做法，是物流企业在特定客户或其特定服务项目面临竞争时，所采取的具有战略意义的方针。

第三种类型是服务水平提高，成本不变。在成本不变的前提下提高客户服务水平，这是一种追求效益的办法，也是一种有效地利用物流成本性能的办法。

第四种类型是服务水平较高，成本较低。用较低的服务成本，实现较高的客户服务水平，这是增加销售，提高效益，具有战略意义的办法。

对于上述四种类型，物流企业应通盘考虑发展战略和竞争对手、客户服务成本、客户服务系统所处的环境，以及客户服务系统负责人所采用的方针等具体情况，再做出决定，选择企业所适合的类型。

需要强调的是，在服务与成本之间，首先应该肯定服务是第一位的，是前提条件。因为物流的产品就是提供满足购销活动所需要的服务，使服务达到一定的水平，这是物流工作的第一使命。以尽可能低的物流成本达到这种服务水平，则是物流工作的第二使命。所以，"首先是服务，其次是成本"。

（2）客户服务与利润

国际物流企业作为专业化的第三方物流企业，不参与商品的买卖，仅为物流服务需求方提供物流服务，向物流服务需求方收取一定的服务费用，同时物流过程的规划和作业也需要付出相应的成本，二者之差就构成物流企业的利润。

在一般情况下，客户服务水平与经营成本呈正相关关系，更多、更完善的客户服务，如更快捷的运输服务，更短的订货周期，更准确的单证等，都涉及更多的人员培训，更严格的管理制度，有的还需要额外的设备投入和网络设施的建设，因此，提高客户服务水平往往首先引起成本的提高，其次才是得到市场的认可、增加销售。

利润、成本或销售与客户服务水平之间的关系如图2-5所示，选择合适的客户服务水平就要考察服务水平的变化对销售收益与成本的影响，平衡两者之间的关系，找到使得利润最大化的最优服务水平。

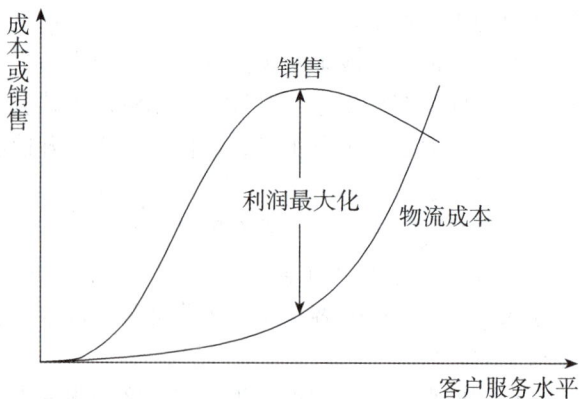

图2-5　利润、成本或销售与客户服务水平之间的关系

（3）确定合适的客户服务水平

客户服务水平的提高有利于创造需求、扩大市场，但要达到一定的客户服务水平，一定的投入又是必不可少的，服务水平的提高必然造成经营成本的上升，因此，物流企业要平衡成本与收益，选择最优的服务水平。

一个企业应该为客户提供怎样的服务水平呢？尽管一些企业（如日本的某些企业），认为应不惜一切代价达到100%的客户服务水平，但是更多的学者和专家认为，利润最大化是确定客户服务水平的决定因素，应首先确定不同水平的客户服务对销售收入的影响，然后计算给定客户服务水平下的成本，最后从销售收入中减去成本，盈余最大的就是最优的客户服务水平。

4.国际第三方物流企业的经营管理

国际第三方物流企业作为物流服务的提供商，要获得上述效益，在经营管理中应遵循以下几条基本原则：

（1）以合作双赢为宗旨

企业间的高度协作是第三方物流发展的精髓。在商业化的社会中，只有"双赢"才能维系合作双方的稳固关系。第三方物流企业是客户的战略同盟者，而非一般的买卖对象；第三方物流企业是客户的战略投资人，也是风险承担者；利益一体化是第三方物流企业的利润基础，因此，只有与第一方或第二方及其客户建立利益联盟关系，以合作双赢为宗旨，第三方物流企业才能实现利益最大化。

（2）根据客户的要求来提供物流服务

一般而言，客户对第三方物流企业的要求都比较高，因为客户（如制造厂商）把第三方物流企业的代理物流系统作为自己的物流系统，要求物流企业提供尽善尽美的服务。为了顺应客户的要求，第三方物流企业的经营理念必须从"我能提供什么服务就提供什么服务"转向"客户需要什么服务，我就提供什么服务"上来。

此外，第三方物流服务的提供者不能仅仅依靠单纯地提供部分固定的服务项目来开展业务，而应利用信息将其咨询能力与企业客户的实际需要相结合以创造新的价值。

特殊的个性化服务是第三方物流区别于传统物流的一个重要特征。由于行业、企业、产品、目的及动机不同，客户对物流服务的需求也就不同。传统的运输、仓储服务一般仅能提供标准化的物流服务，而第三方物流则可以用"一企一策"的方式为客户企业提供特殊的、个性化的物流服务，满足客户的多样化需求。

（3）加强物流信息的管理

物流信息既包括伴随物流活动而发生的信息，也包括在物流活动以外发生的、对物流活动有影响的信息。如果物流企业要实现与其他企业的联盟，实现物流服务的整体化，首先要突破原先孤立静态的信息系统和数据系统，建立起动态互联的信息系统和标准化的信息系统。准确的信息、顺畅的信息传输渠道和快速反应的信息系统是提高国际物流管理水平和运作效率的重要保证。

（4）建立国际物流系统网络

国际物流系统网络，是由多个收发货的"节点"和它们之间的"连线"所构成的实物网络和与之相应的物流信息网络组合而成的。建立国际物流系统网络对于扩大国际贸易，开展与世界各国的经济技术交流，加速商品和资金的周转，减少库存和资金占压，起着至关重要的作用。

（5）提高快速反应能力

在新经济环境下，国际物流企业面临的压力主要来自客户变化多端的需求。面对客户需求变化的多样性，第三方物流企业必须建立快速反应的管理和运作系统，对客户的需求做出快速反应。如果在满足客户需求、技术升级和同业竞争等方面反应滞后，企业将在竞争中处于劣势，甚至被市场淘汰出局。

（6）以诚信为本

尽管第三方物流业务涉及的各个环节均有不同的法律规范来保障，但物流服务供需双方的合作主要还是建立在委托-代理基本框架内的协作各方的信用保证基础上的。这种信用是市场经济体系经过上百年的发展而形成的，是企业间合作、依存和发展的基石。

◆ 案例分析　　　　　顺丰公司的多元业务物流管理

顺丰诞生于广东顺德，企业负责人为王卫，注册资金1亿元。公司的发展非常迅速，从公司创立到旗下业务整合再到优化管理结构到最后成为行业领跑者，共经历了四个阶段。2016年12月12日，顺丰速运获得证监会批文获准登陆A股市场，2017年2月24日，正式更名为顺丰控股。王卫在顺丰发展过程中起到了尤为关键的作用。初期王卫采用加盟的方法扩展企业规模，通过加盟在全国迅速建立大批网点。初中期，企业向高水平服务质量、高水平管理及运营方向发展，有效避免了快递业大量同质企业在低端市场的激烈竞争。当服务水平和管理水平发展遭遇瓶颈时，顺丰决定回购加盟点，果断完成对全国网点全部的控制力回收，提升了服务品质。

首先，在发展初期，顺丰就迅速看准目标，选择IBM作为自己的合作伙伴，同时决定规划全景信息、建立统一的数据库和一组集群服务器。上述功能可以支持多个服务信息系统同时运行。

其次，顺丰实施了综合快递服务管理系统（Asura），该系统更加全面，涵盖后勤业务的所有方面，包括运输、货物接收、仓储和客户服务各方面。综合快递服务管理系统和电子地图信息系统紧密结合，成为一个新的综合作业平台。具有立体坐标定位、显示和视觉控制功能的新型综合性商务平台，为顺丰实现高效和便捷运营提供了雄厚的基础，而且通过该系统，工作人员可以清晰直观地在后台监控每个营业点的业务量，细致到车辆和人员都能监控到位，再根据实时监控运营的数据的实时报表，制定配置模式，然后及时分配资源，最后达到优化顺丰在运营过程中的结构的目的。

在2019年5月26日举行的中国国际大型数据工业展览会上，顺丰科学技术公司（顺丰快速运输集团的附属公司）介绍了大量数据智能产品、物理网络数据应用程序、数据灯塔、顺丰地图和企业大型数据解决方案等，这一举动使顺丰技术标签更为明显。这些产品已在快递物流服务供应链的各个细分部门实地应用，例如操作、储存、冷藏运输、医疗、金融、快速消费等。顺丰数据平台将大型数据、物联网、人工智能和区块链技术结合起来，有助于跨界贸易、医药、农业等多个部门的数字化、合理化和标准化。

通过数博会上顺丰科技秀出的一连串科技动作，我们已经可以感受到今天的顺丰公司已经不能被简单地定义为一家快递物流公司或金融支付公司或大数据科技公司。顺丰在快速布局快递、物流和金融业务后，在大数据方面更是加速前进。而顺丰科技化之路的急先锋就是顺丰科技公司。根据已公开的资料，顺丰科技公司基于主流开源框架体系进行自主研发和深度定制，主要是为目标企业提供一站式大数据解决方案，其中包括数据采集、数据治理、数据存储、数据计算、对数据进行分析挖掘、对数据进行可视化自助分析等功能。通过这套方案帮助企业打通业务工作底层数据、消除其中的数据孤岛，以此来增强企业的数据管理能力，实现对企业数字化转型的助力。因为在大数据时代，数据的重要性不言而喻。几乎在所有行业中数据都是无价之宝，夸张地讲，谁拥有数据谁就拥有了未来。

最近几年，快递、物流行业享受到了互联网、物联网和大数据快速发展的红利。基于快递配送的及时率和配送准确度、客户对快递员的评价和对快递员的投诉率等因素建立起的应用系统，无一步不需要数据。顺丰每天经手数百万的用户订单，若是可以对整个快递消费过程中产生的大量数据进行合理的分析利用，必将对顺丰的物流整体运营效率、客户消费体验等产生巨大的价值提升。

顺丰对标国际快递三大巨头（DHL、UPS和FedEx）。顺丰依托大数据和应用解决方案等科技手段进行"蝶变"，将此前多年积累的面向客户端的资源、经验和技术逐步转接到面向企业端的业务上，对企业经营和供应链等进行产业赋能，从而改善整个物流行业的现状。

综上所述，智慧物流是以科技为根本的。对于消费市场来说，物流是非常重要的一个环节，如同人体内的血管。而随着物流企业的发展，顺丰制订了更加智能化的方案，将传统的物流运输进行了智能化的升级，让物流变得有思想，而不是一种空想。

（资料来源　根据相关公开资料整理。）

案例思考：

1. 顺丰公司在物流管理过程中都采用了哪些物流战略？

2. 你认为顺丰公司与其他企业建立的合作关系为其带来了哪些优势和劣势，是否应该继续维持这样的关系？

💧 本章小结

国际物流战略可以从国家、地域和企业等不同的层次来进行探讨。为企业提供一个通向国际市场的通道是国家制定国际物流战略的基本目的。由于各个国家的贸易制度不尽相同，为了能够使不同的国家或地区的商品实现无障碍流动，在国际物流的发展战略上，通常的做法是实行经济特区政策，在经济特区内通过建设或扩建码头、仓库、厂房等基础设施和实行免除关税等政策，为商品的流通提供顺畅的物流条件。作为国际化企业，在开展国际物流业务时，所关心的是整个供应链上的原材料、半成品和成品的物理位移和库存控制。为了实现降低物流成本、提高物流效率的目标，需要对物流流程进行优化，包括物流计划的制订、实施和控制等。国际化企业的国际物流管理目标是对于多品种、少批量商品的JIT配送，并且能够实现缩短交货时间的目的。

国际物流的管理目标包括国际物流的标准化管理和国际物流基本业务管理。国际物流涉及不同的国家、不同的地区、不同行业的众多企业，建立一个国际物流的标准化体系，是实现物流业务国际化、效率化的基本需求。国际物流的基本业务，涵盖了进出口业务、商品检验、商品通关、国际运输、库存与仓储管理、包装与货物搬运以及物流信息处理等各个方面。

经济的全球化，对国际物流服务的需求越来越大，单一功能的物流服务已经不能满足当今国际化企业对物流服务的需求。国际物流服务逐渐从单一功能的服务转向综合性物流服务。

国际运输企业、对外贸易仓储企业、加工贸易企业、船舶代理企业、国际货运代理企业等所提供的物流服务均是功能性物流服务。船舶代理关系有长期代理、航次代理、第二委托方代理和监护代理关系等形式。船舶代理业务是一项很复杂的综合性的服务业务，涉及的范围非常广泛，如船舶进出港手续、进出口货运业务、船舶供应工作等。国际货运代理已不是传统的纯粹的代理人，这不仅因为其业务范围的拓宽，而且其服务内容也发生了很大的变化，角色的扮演已不再是单一的了，他有时作为代理人行事，有时作为当事人行事，有时两种角色兼而有之。货运代理按其责任范围的大小，原则上可分为三种情况：第一种情况，作为国际货运代理，仅对自己的错误和疏忽负责；第二种情况，作为国际货运代理，不仅对自己的错误和疏忽负责，还应使货物完好地抵达目的地，这就意味着他应承担承运人的责任和造成第三人损失时的责任；第三种情况，国际货运代理的责任取决于合同条款的规定和所选择的运输工具等。

国际第三方物流是国际综合性物流服务的主流形式。第三方物流企业与委托方企业之间是物流联盟形式。第三方物流所提供的服务形态可以分为与运营相关的服务、与管理相关的服务以及两者兼而有之的服务三种类型。国际第三方物流企业的效益主要体现为规模效益、系统协调效益、专业化效益和群体效益。要获得这些效益，第三方物流企业要以合作双赢为宗旨，以客户满意为主导，以诚信为本，提供高质量、个性化的物流服务。

在国际物流服务中，客户服务水平是衡量物流系统为客户创造时间和空间效应能力的尺度。利润最大化是确定客户服务水平的决定因素。确定合适的客户服务水平，首先要做好客户服务审查分析，制定客户服务的绩效标准和考核方法。

关键概念

自由贸易港　保税区　出口加工区　物流模数　功能性物流服务　综合性物流服务　船舶代理　国际货运代理　第三方物流

思考题

1. 国家、区域及企业的国际物流战略的内容主要包括哪些？
2. 国际物流的基本业务内容有哪些？
3. 国际物流服务的内容主要包括哪些？
4. 船舶代理关系的形式有哪些？
5. 简述船舶代理的进出口货运业务。

6.简述国际货运代理的作用和责任。

7.第三方物流具有哪些特点?

8.第三方物流企业的效益体现在哪些方面?

9.参照一些世界知名企业,分析你所了解的企业在物流活动方面存在的问题,并提出有效的国际物流战略。

第3章
国际物流网络

学习目标

- 了解各类国际物流节点及其分类
- 理解国际物流节点的功能
- 熟悉国际物流的流动路径
- 了解国际物流网络的构成
- 掌握物流网络接口无缝化的基本原理

国际物流系统通过其所联系的各个子系统发挥各自的功能：运输、仓储、装卸搬运、流通加工、商品检验、商品包装以及信息处理等，共同协力实现最低的国际物流费用和较高的顾客服务水平，从而最终达到国际物流系统整体效益最大化的目标。为达到这一目标，建立完善的国际物流网络系统十分必要。

国际商品交易后合同的签订和履行过程，就是国际物流系统的实施过程。国际物流系统在国际信息流系统的支撑之下，通过运输和仓储等作业的参与，在进出口中间商、国际运输代理和承运人的通力协助下，借助国际物流设施，共同构建起一个遍布国内外纵横交错、四通八达的物流运行网络。

3.1 国际物流网络概述

物流活动可抽象为一定时间内货物通过节点与节点之间的运输线路的流动。实体产品的物流网络在这个过程中形成，而非实体物流网络则主要包括物流信息网络。这两者相互结合，构成了完整的物流系统。实体网络和非实体网络相互影响，形成有机联系。

在现代物流业的发展中，物流网络扮演着至关重要的角色。它不仅连接国家与国家、地区与地区，还联系着企业与企业。物流网络的功能在于促进物的流动，包括实体产品和无形服务。这为全球经济的运作提供了重要支持。实体产品的物流网络主要包括货物在生产、仓储、运输、销售等环节的流动。同时，非实体物流网络则集中在物流信息的传递、处理、分析上。这两者相辅相成，协同工作，确保了物流系统的高效运作。

3.1.1　物流网络的概念与内涵

物流网络可分为广义物流网络与狭义物流网络两种。广义物流网络是从宏观角度探讨，主要包括物流基础设施网络和物流信息网络。物流基础设施网络是指全球运输网络（包括全球海运网、全球航空网等），全国性运输网络（如全国性铁路网、全国性公路网、全国性航空网等）和地区性物流网络；物流信息网络是指伴随物流基础设施网络而相应传递各类信息的通信网络，如全球性物流信息网络、全国性物流信息网络和地区性物流信息网络等。

狭义物流网络，主要是指物流企业经营活动中所涉及的物流运输网络、物流信息网络、物流客户网络。物流运输网络是指由一个物流企业的物流节点、运输路线和运输工具等组成的运输网络；物流信息网络是指一个物流企业建立的有关用户需求、市场动态、企业内部业务处理等信息共享的网络；物流客户网络是指由物流企业所服务的对象组成的一个虚拟网络，用户越多，物流用户网络越大。

一次完整的物流过程由许多运动过程和许多相对停顿的过程组成，两种不同形式运动过程或相同形式的两次运动过程中都要有暂时的停顿，而一次暂时停顿也往往联结两次不同的运动，与这种运动形式相呼应的线路与节点相互关系、相互配置以及其结构、组成、联系方式的不同，就形成了不同的物流网络。

3.1.2　国际物流物理网络的构成

国际物流的物理网络是指由不同国家之间多个收发货的"节点"和它们之间的"连线"所构成的物流抽象网络，以及与之相伴随的信息流网络的有机整体。收发货节点包括 3.2 节介绍的口岸、港口、保税区、自由贸易区等；连线包括 3.3 节介绍的各种海运航线、国际航空航线、大陆桥运输等；信息流网络则包括国内外的邮件、某些电子媒介（如电话、电传、电报以及电子数据交换等）、单据或电脑对最新库存量的记录。

国际物流的物理网络可以用图 3-1 表示。

3.1.3　国际物流信息网络

物流系统是一个多环节的复杂系统，物流系统中各环节的相互衔接是通过信息予以沟通的，基本资源的调度是通过信息共享来实现的，因此，组织物流活动必须以信息为基础。为了使物流活动正常而有规律地进行，必须保证物流信息畅通，在国际物流中，物流信息网络就是要通过现代信息技术手段使物流信息在各国不同的企业间、国际物流供需双方间共享。

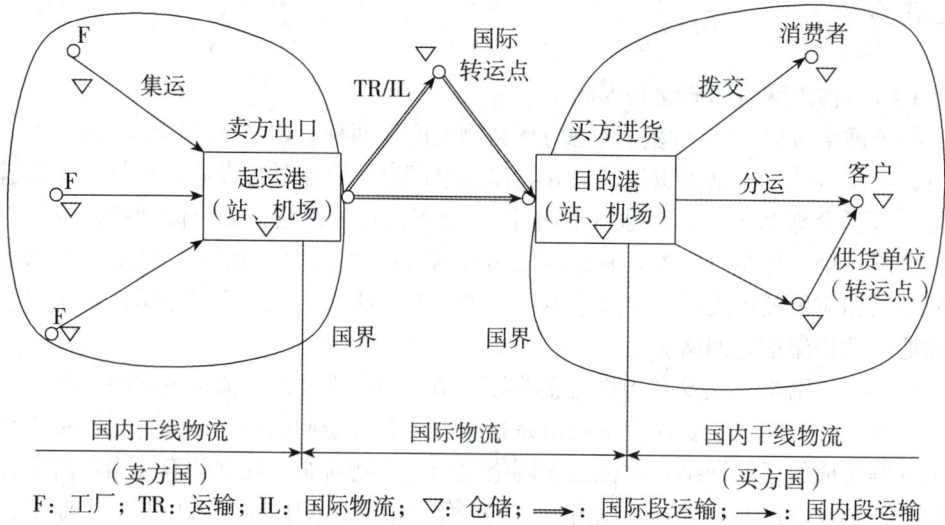

图 3-1　国际物流物理网络简图

国际物流信息网络也可理解成由"节点"和它们之间的"连线"所构成，如 3.1.2 小节中所述。

1. 国际物流信息网络是实体网络的重要支撑

信息网络是实现物流在配送体系中有效流动的基础和支撑，是物流系统中传递物流信息的通道。库存管理信息系统、用户信息系统、EDI/Internet 数据交换与传输系统、电子资金交易系统（EFT）、GPS 系统以及决策支持系统等对提高物流系统的运行效率起着关键作用。大规模多任务物流过程的优化无法再依靠传统的经验和表单来管理，必须依靠计算机软件系统以及决策系统的辅助。信息网络所能实现的多点信息的获取，提高了信息的跟踪能力，使全球供应链过程更加透明，为实时控制物流过程提供了条件。

国际物流物理网络与国际物流信息网络并非各自独立，而是密切相关的。几乎每一项物流活动都由信息支撑，物流的效率和效益取决于信息，物流服务也要依靠信息，没有信息流的国际物流系统将是一个单向的、难以调控的、半封闭式的物流系统。信息的双向反馈作用，可以使国际物流系统易于控制、协调，使其能合理高效地运转，充分地调动人力、物力、财力、设备及资源，以达到最大限度地降低国际物流总成本、提高经济效益的目的。

由于国际物流是国家间的物品运动过程，因此，有必要研究横跨各国地域的整体物流的合理化，这就要做到时刻把握国际物流的脉搏，跟踪处理。信息流的动态跟踪作用解决了这一问题。例如，在国际海运中，在国际货船离港的次日，信息流便分别向发运国和到达国传递货物海运保险申请书并制作运费报告，同时，信息流按港口类别的集装箱海运日程及时报告行踪，并预报到港地点、时间及各种服务，如果发生其他障碍和问题，信息流会立刻发出警告信息。通过这种动态跟踪的信息流，不仅可以随时掌握国际物流的行踪，而且可以实现减少损失、获取最大效益的目标。

2.信息流在国际物流中的作用

商品在国际物流体系的实体网络中准确高效地流动必须依赖及时有效的信息流的引导。具体来说，信息流在国际物流中的作用主要表现在以下几个方面：

（1）反馈与控制作用

面对不断发展变化的复杂的国际物流大系统，灵敏、正确、及时的信息反馈显得非常重要。如果信息反馈作用失灵，则国际物流系统可能会陷入混乱、瘫痪；反之，有了高效、灵敏的信息反馈，必然能指挥、协调国际物流系统，使其活跃和发达。信息反馈就是控制系统把信息输送出去又把其作用的结果返送回来，并把调整后的决策指令信息再输出，从而起到控制作用，以达到预期目的。用信息流反馈方法进行控制时，会产生两种不同的效果：如果信息的反馈使国际物流系统的运动得到发展，增加了效益，则称之为正反馈；反之，当信息的反馈造成国际物流的供给对需求的运动收敛、减少，则为负反馈。无论哪种结果，其目的都在于调节和控制，防止失控，以求国际物流的高效运转。

（2）资源性作用

信息在国际物流系统中可以被视为一种重要资源。从某种意义上说，国际物流活动可以被认为是物品资源在国际市场上的分配和竞争。进行这种活动的基本条件就是要掌握相关的各种信息，以利用现有的物品资源取得最大效益。而在实际操作中，很多不确定因素往往会给预测和决策带来很大的风险性，此时信息的替代作用十分明显，它可以替代库存物品、投资和经营资金，企业根据信息及时进行利弊权衡，以适应不断变化的动态的国际物流形势，降低风险、增加效益，这就是信息具有资源性作用的表现。

（3）支持保障作用

决策是企业最基本的管理职能，它对于复杂、多变的国际物流系统尤为重要。国际物流企业经营的范围和目标是根据各种信息，经过分析、研究、论证后才能确定和决策的，经营目标的决策确定之后，在其决策执行运转过程中还要根据各种信息不断地调整和平衡。信息的真实性和可靠度决定着国际物流企业的生死存亡，根据虚假信息做出的错误决策有可能会造成全局性的失败甚至破产。

国际物流是一个复杂的超越国界的大系统。信息流为大系统的正常运转提供经营决策的支持和保障。没有信息，国际物流这样一个多环节、多层次、多因素的各子系统相互制约的复杂大系统就无法正常运作，因为每一个子系统信息的输入和输出都是下一个子系统运行的前提和基础，也是整个大系统相互沟通、调节、运转的支持和保障，这是国际物流大系统能否有规律运行的关键。

3. 国际物流信息平台

由于国际物流市场瞬息万变，国际物流系统要求有高效率的信息网络。信息的畅通和透明使物流向更低成本、更高服务水平、更大量化、更精细化方向发展，许多重要的物流技术都是依靠信息才得以实现的，这个问题在国际物流中表现得比在国内物流中更为突出。近年来，各国在国际物流信息系统的发展建设方面均投入了大量的精力和资金，各类物流信息系统正在不断完善和发展之中。

基于Internet的国际物流信息系统的目标是：

①提高客户服务水平，即把接收的来自国外订单的商品通过合理的运输迅速、准确地送到顾客指定的地方。

②降低物流的总成本费用，即排除与物流有关的各种浪费，运用完善高效的物流系统来降低物流的总成本。

但这两个目标之间包含着相互抵消的因素，提高客户服务的水平和降低成本有一个权衡关系，大幅度提高顾客服务水平，必然会引起物流费用的上升，因此，物流信息系统既要控制物流的各种功能，又要起到使两个目标适当协调的作用。

国际物流信息平台和物流实体网络平台有机地结合起来是构建现代国际物流系统不可缺少的组成部分。IT产业的发展，给物流的信息采集、处理和利用带来了前所未有的便利，国际物流网络构造从一开始就要充分考虑到信息平台的重要性。国际物流中心实行计算机管理并与全球互联网联网，使货物运输、储存保管、集疏中转、货物配载、业务受理等功能有机结合在一起，形成一个社会化、全球化的高效物流服务系统。

国际物流涉及不同国家之间物流信息的交换共享，但就一个国家内部来说，国家层次的物流信息网络是为国内制造业者、运输公司、仓库业者等物流相关企业提供和传递必要信息的网络，帮助相关企业处理海运、陆运、空运、通关、贸易等业务。图3-2为较完整的国家层次的物流信息网络系统。

3.1.4 国际物流网络接口无缝化

经济全球化的发展必然要求全球供应链的运转更加顺畅、快捷，产品更新和库存周期要越来越短，物流的速度越来越快，因此，快速反应（Quick Response）成为现代全球供应链管理的基本要求之一，而这种要求最终体现在物流渠道的快速反应上。在一个必须经过很多环节、由不同国家和不同物流主体组成的国际物流渠道中，环节与环节、企业与企业之间往往要进行各种转换，如从轮船、飞机到汽车的转换，从托盘到集装箱的转换，从运输工具到仓库的转换等，而在各种转换中都会耗用大量的物流时间。为了实现快速反应，在国际物流网络运作中就要使这些转换尽量实现自动

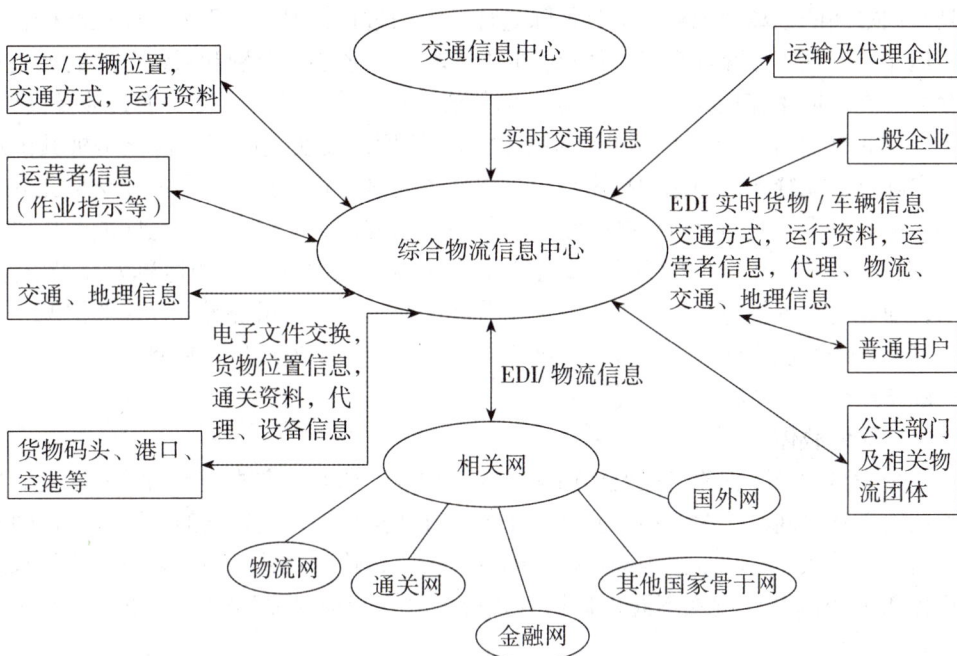

图 3-2　国家综合物流信息网络系统

化、标准化和规格化，以节省时间，而要达到这一目的则必须实现物流网络接口的无缝化。同时，在国际物流网络中，进行网络接口的无缝连接也是降低物流和供应链成本的前提条件，如果接口太多，则必然要进行许多次转换作业，这些作业又会产生大量的费用，而实行了物流网络系统的无缝对接，就可以免去许多不必要的环节和步骤。

1.接口无缝化基本原理

物流接口无缝化是指对物流网络构成要素中的流动要素、生产要素、机制要素等进行内部和外部的连接，使物流系统要素之间、物流系统之间成为无缝连接的整体。物流接口无缝化的目的是消除系统内和系统外在边界上的差异，提高系统集成度，使物流系统要素集成为一个完整的系统，实现物流系统的整体目标。

对于国际物流来说，两个具有各自边界的物流系统要素要连接的内容很多。从流动要素的角度看，就是要将流体、载体、流向、流量、流程这五个方面进行连接，尤其是包括托盘在内的载体的无缝连接更显突出。从生产要素来看，要将要素的信息、资金、机构、人员等连接起来，国际物流信息网络的畅通是实体网络正常运行的重要支撑。从物流系统的运作机制来看，要将不同国家的技术标准、运作规范、管理制度进行连接。

物流接口无缝化是一个相对的概念。物流要素在没有集成时都是独立的系统，缝隙是它们之间的距离，无缝化就是消除这种缝隙的过程，但它并不表示要从产权、组织、运作、管理等方面都高度一体化，并非不容许系统要素差别和系统要素的独立特征存在。在国际物流网络中，由于涉及的物流主体分布在不同国家，而且涉及港口、口岸、保税区等物流节点，因此，整个国际物流网络要实现高度一体化是极其困难的。实际上，无缝连接问题的提出就是假定系统要素是相对独立存在的，接口无缝只是一个最高要求，其间可以包括一个完整的渐变系列，它以保证系统之间能够传递必要的信息，形成一个共同的管道，让流体能够顺利通过各个要素的边界为起码条件。所以，前述的系统接口渐变系列中的大部分状况都可以作为系统无缝连接的情况，只是连接的紧密程度不同而已。接口是连接的条件，无缝是连接的一种要求。

2.接口无缝化方法

（1）无缝载体

一个完整的国际物流过程要运用两种或两种以上的运输方式，不同类型的运输方式和运输工具之间必然存在接口问题，比如，互相连接的不同铁路的轨距、连通的不同公路的车道数、行驶方向等都是接口问题。公路运输、铁路运输、航空运输、水路运输由于使用的基础设施不同，运输方式或工具在转换时需要建立方便转换的接口系统。

为了方便将国际物流过程中铁路、公路、航空或者水运的大批量到货配送到城市销售网点，在大城市应该修建便于进行这种作业的基础设施，比如大型集货和理货场所，这是各种运输方式都可使用的平台，在这里可以进行货物的换装换载、车辆的编组，以及市内配送等。

（2）直拨

直拨（Cross Docking）在《中华人民共和国国家标准：物流术语（GB/T 18354-2006）》中的定义是：指物品在物流环节中，不经过中间仓库或者站点，直接从一个运输工具换载到另一个运输工具的物流衔接方式。

在国际物流中，通常运用的是工厂直拨（Manufacturing Cross Docking），这是指制造出来的产品直接运到站台或者码头以供发运，而不是先运到仓库储存起来再发运。理想的状况是，产品刚一生产出来就被装车或装船——即期工厂直拨（Current Manufacturing Cross Docking）；如果办不到，最好的选择是将产品先运至车站或码头的站台或堆场，以后再发运——远期工厂直拨（Future Manufacturing Cross Docking）。

采用直拨方式就是为了避免"入库-出库-发运"这样烦琐和多余的流程，而建立一种更加简便的接口，即以站台或者配送中心为临时储存场所，在收货运输工具和发货运输工具之间建立一个快速转运、配送的平台。大型跨国公司推行的现代直拨业务除了属于一种物流业务外，还更多地将它与现代柔性制造系统、现代分销渠道系统结合在一起。

（3）接口信息及管理

接口信息需要通过接口管理信息系统进行管理。表格、单证、票据往往是跨越系统接口的信息交换工具，EDI就是专门用于管理这些跨越接口的信息的一种信息交换标准和技术。条形码也可作为一种跨越系统边界的商品识别标志，其背后的数据库在跨越边界时常有障碍，因此需要在一定范围内通过授权-共享机制共享数据库。商品物流包装上的一些通用语言、符号、代码等都可以作为接口信息来处理，当需要从一个系统的边界到另一个系统的边界时，这些信息通过接口应该能够被识别、认同，而不是每跨越一个系统边界就将这些信息推翻重新编制。

（4）接口使用与管理

物流系统接口本身的使用也要规范。在海关，国家通过商检、卫检、动植物检验检疫来控制关口，海关是一个国家或者地区与其他国家或地区的边界，海关就是一个接口，国家设立这样的接口，目的是便于控制。欧盟签订《申根协定》的国家对经过各自海关的人流、物流、信息流等放松了管制，只实行有限度的控制，这个免签协议大大加快了人流、物流、信息流经过接口的速度，如果不是物流基础设施标准和规范的不统一，欧洲大陆的人员、商品真就实现了自由流动。为了促进国际物流的发展，物流系统接口应该更加简单、标准化，而不是为了加强控制而人为设置障碍（如公路收费站），国内市场更应该向欧盟学习，力争实现"无边界化"，也就是实现一体化。

3.1.5 国际物流网络建设

国际物流网络是国际物流活动的载体，物流活动的目的就是通过物流网络将合适的货物在正确的时间运抵正确的地点，因此，国际物流的不同实体必须对网络的结构问题加以认真规划和建设。

1.国际物流网络规划

（1）物流系统的网络化

市场环境的变化以及竞争的加剧，使得物流活动逐渐成为提高客户服务水平和降低客户服务成本的有力工具。从图论的角度看，整个物流系统是由连线和节点相互连接所构成的，由此形成的物流网络就成为物流活动的载体。物流系统的网络化是将物流经营管理、物流业务、物流资源和物流信息等要素按照网络的方式在一定的市场区域进行规划、设计、实施，以实现物流系统快速反应和总成本最低等要求的过程。

正是由于物流系统的网络化，所以意欲建立物流系统的企业和实体必须对网络的结构问题加以认真规划。新建的企业需要建立物流网络系统，老企业由于业务的增长与形势的变化，也需要不断地考虑网络结构问题。对国际物流网络进行规划，就是要确定产品从供货点（出口点）到需求点（进口点）流动的结构，包括保税仓库区的数量、位置、规模及所有权，客户需求的分布以及由此决定的供应点的分布，企业在各地设置的仓库的数量、使用的运输服务的类型、能够提供的客户服务水平等。根据流经网络产品的不同，网络结构可以有多种形式、多种层次。一个企业的产品也可以有不止一个物流网络设计方案。

（2）物流网络的设计与规划

国际物流网络的设计主要建立在三个规划领域的基础之上，这三个规划领域分别是客户服务水平、选址决策和运输管理。具体来说，物流客户服务包括产品的可得性、客户从订货到收到货物的时间、货物到达时的状况以及订单履行的准确性等；选址决策则涉及各种设施的位置，在国际物流中包括生产厂、保税仓库、出口加工区、中转站以及相应的设施设备等；运输管理则需要考虑运输方式、运输批量、线路选择、交通工具的时间安排和运费等问题。这三个领域是相互关联、相互影响的，因此必须从整体出发进行规划以获得最大的利益。

从另一个角度来看，物流网络的规划问题包括两个方面：空间规划和时间规划。空间规划指对各种设施的数量、规模、平面位置的规划和设计。网络规划的时间规划问题是一个为满足客户服务目标而保持产品可得率的问题。在时间规划问题中，首要考虑的因素是客户得到产品的时间，但同时也需要在满足客户服务目标时平衡资金成本。以时间为基础的决策反过来也会影响设施的选址，空间规划和时间规划是相互影响、相互制约的，在网络规划时必须进行全盘考虑。

在应用网络模型对物流系统进行规划时通常会遇到一些复杂的问题，如运输路线和时间安排的复杂性，适宜的成本方案的确认和改进，库存和运输决策之间的相互依赖关系，客户服务水平和物流决策间的关系，整个规划问题规模庞大，因此，确定最佳的物流网络结构是一项非常复杂的工作。然而，尽管这项工作极其复杂并具有挑战性，一些大型企业特别是跨国企业还是会定期对网络进行分析，以降低成本、提高客户服务水平。

2.国际物流网络合理化建议

我国的国际物流系统网络已经具有一定的规模，为了使我国国际物流系统网络更加合理，在规划网络内建库数目、地点及规模时，都要紧密围绕着商品交易计划，乃至一个国家宏观国际贸易总体规划来进行；另外，应明确各级仓库的供应范围、分层关系及供应或收购数量，注意各层仓库间的有机衔接，诸如生产厂家仓库与各中间商仓库、港（站、机场）区仓库以及出口装运能力的配合和协同，以保证国内外物流畅通；还要考虑现代物流技术的发展，留有余地，以备将来的扩建，为发展外向型经济，扩大国际贸易，增强商品在国际市场上的竞争力，建立健全高效、畅通的国际物流体系，实现国际物流合理化和国际贸易扩大化作准备。具体来说，应该采取以下措施：

第一，合理选择和布局国内外物流网点，扩大国际贸易的范围、规模，以达到费用省、服务好、信誉高、效益高、创汇好的物流总体目标。

第二，采用先进的运输方式、运输工具和运输设施，加速进出口货物的流转。充分利用海运、多式联运方式，不断扩大集装箱运输和大陆桥运输的规模，增加物流量，扩大进出口贸易量和贸易额。

第三，缩短进出口商品的在途积压时间，包括进货在途（如进货、到货的待验和待进等）、销售在途（如销售待运、进出口口岸待运）、结算在途（如托收承付中的拖延等），以便节省时间，加速商品和资金的周转。

第四，改进运输路线，减少相向、迂回运输；改进包装，增大技术装载量，多装载货物，减少损耗。

第五，改进港口装卸作业，有条件的要扩建港口设施，合理利用泊位与船舶的停靠时间，尽可能减少港口杂费，吸引更多的买卖双方入港。

第六，改进海运配载，避免空仓或船货不相适应的状况。

第七，综合考虑国内物流运输。在出口时，有条件的要尽量采用就地就近收购、就地加工、就地包装、就地检验、直接出口的"四就一直"物流策略。

3.2　国际物流节点

3.2.1　国际物流节点定义及作用

物流节点（Nodes）是物流网络中连接物流线路的结节之处，所以又被称为物流结节点。物流节点的产生和发展，是社会分工深化和协作加强的结果。在物流过程中，包装、装卸、保管、分拣、配货、流通加工等活动都是在物流节点上完成的，而物流线路上的活动也是靠节点组织和联系的，所以，物流节点在物流系统中处于非常重要的地位，如果离开节点，物流线路上的运动必然会陷入瘫痪。根据物流节点辐射范围和影响力的大小，物流节点可分为物流枢纽、物流基地（物流园区）、物流中心和配送中心等。

国际物流节点是指那些从事与国际物流相关活动的物流业务聚集点，如口岸、港口、中间商仓库、口岸仓库、国内外中转点及流通加工配送中心和保税区等。国际贸易商品或货物通过这些仓库或物流中心的收入与发出，并在中间过程中经过必要的存放、保管，来实现国际物流创造的时间效益，克服生产与消费在时间上的分离，使国际贸易得以顺利开展和进行。

在国际物流中货物需要经过多次的运动−停顿−运动的过程，与这种运动过程相对应，国际物流网络是由执行运动使命的线路和执行停顿使命的节点两种基本元素所组成的。国际物流网络水平的高低、功能的强弱取决于网络中这两个基本元素的配置，因此，国际物流节点对优化整个国际物流网络起着十分重要的作用。在国际物流过程中，物流节点除了执行一般的物流职能之外，还越来越多地起到整合、指挥、调度、信息传输等职能作用，是整个国际物流网络的中枢。

3.2.2　国际物流节点的功能

国际物流节点通过其衔接、信息处理和组织管理作用，在企业微观服务、物流系统和社会经济中发挥着以下五个方面的主要功能：

1.衔接转换功能

国际物流节点将各个物流线路联结成一个系统的网络，使各个线路通过节点得以贯通，一条线路运送的货物在此中转到其他各条线路，这种作用被称为衔接作用。一条线路只有通过节点才能和其他多条线路实现有效的连接，因此，让线路互联是节点衔接功能的具体表现。通过节点进行衔接，可以大大减少线路的总量，如图3-3和图3-4所示。

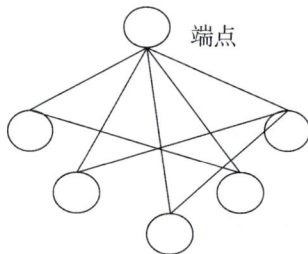

图3-3　没有节点的端点

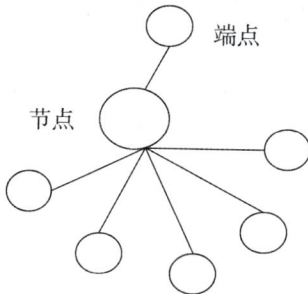

图3-4　端点通过节点

在实现衔接之后，通过节点，对海运、空运、陆运等不同运输方式以及不同线路上的不同运输批量实现有效的转换，这是国际物流节点的转换功能。

通过转换运输方式，衔接不同运输手段；通过加工，衔接干线物流及配送物流；通过储存，衔接不同时空的供应物流和需求物流；通过集装箱、托盘等集装处理，衔接"门到门"运输，使整个物流一体化。国际物流节点利用各种技术、管理方法可以有效地起到衔接转换作用，将中断变为畅通。

2.物流作业功能

物流节点通常可以完成所有的物流作业功能，例如储存、包装、配送、信息处理等。

3.物流信息功能

由于在物流节点实现了仓储、配货、包装、装卸、流通加工等物流功能的集合，使得物流节点成为物流网络规划所需信息的重要来源，可以说，国际物流节点是整个国际物流系统或与节点相衔接的物流信息的传递、收集、处理、发送的集中地，这种信息功能在现代物流系统中起着重要的作用，也是将各个复杂的物流单元联结成有机整体的重要保证。国际物流节点是国际物流信息的集散地，在国际物流系统中每一个节点都是物流信息的一个点。

在国际物流系统中，每一个节点都是一个国际物流信息点，若干个这种类型的信息点和国际物流系统的信息中心结合起来，就形成了指挥、管理、调度整个物流系统的信息网络，这是国际物流系统建立的前提条件。

4.物流管理功能

国际物流系统的管理设施和指挥机构往往集中设置在物流节点之中。一般来说，物流节点大都是集管理、指挥、调度、信息、衔接转换及货物处理为一体的物流综合运作点。整个物流系统运转的有序化和正常化，整个物流系统的效率和效益，在很大程度上都取决于物流节点管理职能实现的情况。

5.物流系统优化功能

在国际物流节点，特别是在外贸仓库和自由贸易区，可通过流通加工满足个性化需求，做到"物尽其用"；而通过集装处理，实现整个物流系统的"门到门"运输；运用配货等货物处理方法，辅之以物流信息的沟通，实现配送或准时供应等。所有这些运作都可以使整个国际物流系统得以优化。

3.2.3 国际物流节点的类型

在国际物流中，由于各个物流系统的目标和节点在网络中的地位不同，节点的作用也往往不同，而以一种功能为主，不同物流功能的集合，就形成了若干不同种类的物流节点。物流节点根据其主要功能可以分为以下四大类：

1.转运型节点

转运型节点是物流干线上的重要物流设施，是物流基础平台的主体设施之一。它是指主要承担线路的衔接功能和不同运输方式转换功能的节点，是处于运输线上的节点。铁路运输线上的货运站、编组站、车站，公路运输线上的车站、货场（站），空运线上的机场，水运线上的港口、码头，不同运输方式之间的转运站、口岸等都属于此类节点。由于这种节点处于运输线上，又以转运为主，所以货物在此类节点停滞的时间比较短。

2.储存型节点

储存型节点是以存放货物为主要功能的节点，国际货物在这种节点的停滞时间较长。从国际物流的仓库网点或从物流供应链连接点来说，如果某个仓库处于某国际物流网络之中或某仓库是某供应链的连接点，那么这个仓库就是一个节点，或者说，这个节点也就是一个仓库，两者具有相同的功能和作用。反之，如果某仓库不是供应链的连接点或不具有节点功能，则该仓库仅仅是仓库，而不是节点。在国际物流系统中，营业仓库、储备仓库、中转仓库、口岸仓库、港口仓库等均可视为节点，而不是一般的仓库。

3.流通加工型节点

流通加工型节点是以组织国际货物在系统中运动为主要职能的节点。现代物流中的物流基地、流通仓库、流通中心、配送中心等都属于此类节点。

4.综合型节点

综合型节点是指在国际物流系统中的一个节点中全面实现两种以上主要功能，并且在节点中并非独立完成各种功能，而是将若干功能有机结合于一体的集约型节点，如国际物流中心就属于此类节点。

国际物流中心是指国际物流活动中商品、物资等集散的场所。就大范围国际物流而言，某些小国家或地区可能成为物流中心，如新加坡、中国香港等就具有国际物流中心的地位，而自由贸易区、保税区、出口加工区等则具有一般意义上的物流中心的功能。就小范围而言，港口码头、保税仓库等也都可以成为物流中心。当前的国际物流中心多指政府部门和物流服务企业共同筹建的具有现代化仓库、先进分拨管理系统和计算机信息处理系统的外向型物流集散地。

综合型节点是为适应国际物流大量化和复杂化而产生的，它使国际物流更为精密准确，这种节点的合理化程度更高，是现代国际物流系统中节点发展的方向之一。

3.2.4 口岸

口岸是由国家指定对外经贸、政治、外交、科技、文化、旅游和移民等往来，并供往来人员、货物和交通工具出入国（边）境的港口、机场、车站和通道，因此，口岸是国家指定对外往来的门户。

随着社会经济的发展，口岸已不仅仅设在沿海的港口，国家在开展国际联运、国际航空、国际邮包邮件交换业务及其他有外贸、边贸活动的地方也设置了港口。此外，随着我国外向型经济由沿海逐步向沿江、沿边和内地辐射，口岸也由沿海逐渐向边境、内河和内地城市发展。除了对外开放的沿海港口之外，口岸还包括：国际航线上的飞机场，山脉国境线上对外开放的山口，国际铁路、国际公路上对外开放的火车站、汽车站，国界河流和内河上对外开放的水运港口。

1.口岸的地位和作用

口岸是国家主权的象征。口岸权是国家主权，进出境交通工具、出入境货物和人员的检查权、监护权的重要体现。口岸权包括口岸开放权、口岸关闭权、口岸管理权。其中口岸管理权包括口岸行政权，关税自主检查、检验权等。

口岸是对外开放的门户。对外开放表现为政府间或民间在政治、经济、军事、文化、资源保护、制止国际犯罪、维护世界和平等领域的广泛合作和交流。而这种国家间的交流与合作是要通过口岸得以实现的。

口岸是国际货物的枢纽，是国际往来的门户，是对外贸易货物、进出境人员及其行李物品、邮件包裹进出的通道。口岸从某种程度上讲是一种特殊的国际物流节点。许多企业都在口岸设有口岸仓库或物流中心，口岸物流是国际物流的重要组成部分。

2.口岸的分类

依据不同的分类标准，口岸可以分为不同的类别。一般情况下可以按批准开放的程度、出入国境的交通运输方式这两种分类方法进行分类。

（1）按批准开放的程度划分

按批准开放的程度划分，可将口岸分为一类口岸和二类口岸。

一类口岸是指由国务院批准开放的口岸，包括中央管理的口岸和由省、自治区、直辖市管理的部分口岸。它允许中国籍和外国籍人员、货物、物品和交通工具直接出入国（关、边）境的海（河）、空客货口岸（国家另有规定的除外）。

二类口岸是指由省级人民政府批准开放并管理的口岸。它允许中国籍人员、货物、商品和交通工具直接出入国（关、边）境的海（河）、空客货口岸，以及允许毗邻国家双边人员、货物、物品和交通工具直接出入国（关、边）境的铁路车站，界河港口和跨境公路通道。

（2）按出入国境的交通运输方式划分

按出入国境的交通运输方式划分，可将口岸分为港口口岸、陆地口岸和航空口岸。

①港口口岸，是指国家在江河湖海沿岸开设的供人员和货物出入国境及船舶往来停靠的通道，它包括港内水域及紧接水域的陆地。港内水域包括进港通道、港池和锚地。港口口岸分为海港港口口岸和内河港口口岸。内河港口是建造在河流（包括运河）、湖泊和水库内的港口，为内河船舶及其客货运输服务。

②陆地口岸，是指国家在陆地上开设的供人员和货物出入国境及陆上交通运输工具停站的通道，它包括国（边）境以及国家批准内地可以直接办理对外进出口经济贸易业务往来和人员出入境的铁路口岸和公路口岸。

③航空口岸，又称空港口岸，是指国家在开辟有国际航线的机场上开设的供人员和货物出入国境及航空器起降的通道。

在实际工作中，还经常使用边境口岸、沿海口岸、特区口岸、新开口岸等说法。这些分类虽然尚未规范化，但它们在制定口岸发展规划及各项口岸管理政策方面有一定的积极作用。

3.我国主要的口岸

近十几年来，随着我国对外经济的迅速发展，我国口岸建设也日趋先进完善。以上海港、广州港为代表的港口口岸，以满洲里、绥芬河口岸为代表的边境口岸，以北京首都国际机场、上海浦东国际机场为代表的空港口岸充分显示了我国口岸国际化的运营服务水平。我国主要的一类口岸见表3-1。

表3-1　　　　　　　　　　　　　　我国主要一类口岸

省（自治区、直辖市）	口岸类型	口岸名称
北京市	空运口岸	北京首都国际机场
天津市	水运口岸	天津港、天津渤海原油出口海面交货点
	空运口岸	天津滨海国际机场
上海市	水运口岸	上海港
	空运口岸	上海虹桥国际机场、上海浦东国际机场
重庆市	水运口岸	重庆港
	空运口岸	重庆江北国际机场
河北省	水运口岸	京唐港、秦皇岛港
山西省	空运口岸	太原武宿国际机场
内蒙古自治区	水运口岸	黑山头、室韦
	陆运口岸	满洲里（公路、铁路）、二连浩特（公路、铁路）、阿日哈沙特（公路）、珠恩嘎达布其（公路）、甘其毛道（公路）
	空运口岸	呼和浩特白塔国际机场、海拉尔东山机场
辽宁省	水运口岸	大连港、丹东港、锦州港、营口港
	陆运口岸	丹东（铁路）
	空运口岸	沈阳桃仙国际机场、大连周水子国际机场

续表

省（自治区、直辖市）	口岸类型	口岸名称
吉林省	水运口岸	白城大安港
	陆运口岸	通化集安（铁路）、白山临江（公路）、珲春（公路）、图们（铁路、公路）、开山屯（公路）、三河（公路）、南坪（公路）
	空运口岸	长春龙嘉国际机场
黑龙江省	水运口岸	哈尔滨水运口岸、虎林港、萝北港、饶河港、嘉荫港、佳木斯港、桦川港、富锦港、同江港、抚远港、黑河港、逊克港、孙吴港、呼玛港、漠河港
	陆运口岸	绥芬河（铁路、公路）、东宁（公路）、密山（公路）
	空运口岸	哈尔滨太平国际机场、齐齐哈尔三家子机场、佳木斯东郊机场
江苏省	水运口岸	南京港、南通港、连云港港、扬州港、高港、镇江港、张家港港、江阴港
	空运口岸	南京禄口国际机场
浙江省	水运口岸	宁波港、温州港、舟山港、台州海门港、温州洞头岛外轮海面交货点、舟山绿华岛外轮海面交货点、舟山黄星岛外轮海面交货点、台州大陈岛外轮海面交货点
	空运口岸	杭州萧山国际机场、宁波栎社国际机场、温州机场
安徽省	水运口岸	芜湖港、马鞍山港、铜陵港、安庆港
	空运口岸	合肥骆岗机场、黄山屯溪机场
福建省	水运口岸	福州港、福清湾松下港、厦门港、泉州港、漳州港、莆田秀屿外轮海面交货点
	空运口岸	福州长乐国际机场、厦门高崎国际机场、武夷山机场
江西省	水运口岸	九江港
	空运口岸	南昌向塘机场
湖北省	水运口岸	武汉港、黄石港
	空运口岸	武汉天河机场
山东省	水运口岸	青岛港、烟台港、威海港、日照港、岚山港、龙口港、石岛港
	空运口岸	济南遥墙国际机场、青岛流亭国际机场、烟台莱山机场
河南省	空运口岸	郑州新郑国际机场、洛阳北郊机场

续表

省（自治区、直辖市）	口岸类型	口岸名称
湖南省	水运口岸	岳阳城陵矶港
	空运口岸	长沙黄花机场
广东省	水运口岸	广州港、广州莲花山港、广州南沙港、深圳蛇口码头、赤湾码头、洞头角码头、盐田码头、深圳海沙旅游水运口岸、西冲旅游专用码头、大亚湾核电站专用码头、珠海港、珠海九洲港、珠海斗门港、汕头港、汕头南澳港、佛山港、佛山容奇港、佛山高明港、江明港、三埠港、广海港、鹤山港、新会港、湛江港、茂名水东港、惠州港、肇庆港、潮州港、中山港、东莞太平港、汕尾港、阳江港水运码头
	陆运口岸	广州流花（铁路）、广州天河（铁路）、深圳罗湖（铁路）、深圳文锦渡（公路）、深圳皇岗（公路）、深圳沙头角（公路）、珠海拱北（公路）、九佛直通车站（铁路）、佛山三水（铁路）、肇庆（铁路）、东莞常平（铁路）、河源（公路）
	空运口岸	广州白云国际机场、深圳宝安国际机场、汕头外砂机场、湛江机场、梅州机场
广西壮族自治区	水运口岸	柳州港、梧州港、花海港、北海石头埠港、钦州港、防城港、江山港、企沙港
	陆运口岸	凭祥（铁路）、凭祥友谊关（公路）、东兴（公路）、水口（公路）
	空运口岸	南宁吴圩国际机场、桂林两江国际机场、北海福成机场
海南省	水运口岸	海口港、三亚港、文昌清澜港、东方八所港、儋州洋浦港
	空运口岸	海口美兰国际机场、三亚凤凰国际机场
四川省	空运口岸	成都双流国际机场
贵州省	空运口岸	贵阳磊庄机场
云南省	水运口岸	思茅港、景洪港
	陆运口岸	畹町（公路）、瑞丽（公路）、文山天保（公路）、金水河（公路）、河口（铁路）、磨憨（公路）
	空运口岸	昆明巫家坝国际机场
西藏自治区	陆运口岸	樟木（聂拉木）（公路）、日屋（公路）、吉隆（公路）
	空运口岸	拉萨贡嘎国际机场
陕西省	空运口岸	西安咸阳国际机场

续表

省（自治区、直辖市）	口岸类型	口岸名称
甘肃省	陆运口岸	马鬃山（公路）
	空运口岸	兰州中川机场
新疆维吾尔自治区	陆运口岸	老爷庙（公路）、乌拉斯台（公路）、霍尔果斯（公路）、都拉塔（公路）、木扎尔特（公路）、巴克图（公路）、塔克什肯（公路）、红山嘴（公路）、阿黑土别克（公路）、吉木乃（公路）、吐尔尕特（公路）、红其拉甫（公路）、阿拉山口（铁路）
	空运口岸	乌鲁木齐地窝堡国际机场、喀什机场
香港特别行政区	水运口岸	维多利亚港
	空运口岸	香港新机场
澳门特别行政区	水运口岸	九澳深水港
	空运口岸	澳门国际机场
台湾省	水运口岸	基隆港、高雄港、台中港、花莲港、苏澳港、布袋港
	空运口岸	桃园中正国际机场、高雄国际机场、台北松山国际机场

4.中国电子口岸

中国电子口岸（www.chinaport.gov.cn）是一个公众数据中心和数据交换平台，依托国家电信公网，实现了市场监管、税务、海关、外汇、外贸、质检、银行等部门以及进出口企业、加工贸易企业、外贸中介服务企业、外贸货主单位的网络互联，运用现代信息技术，借助国家电信公网资源，将国家各行政管理机关分别管理的进出口业务信息流、资金流、货物流的电子底账数据集中存放到公共数据中心，实现数据的共享和交换。各个国家行政管理部门可进行跨部门、跨行业的联网数据核查，企业可以在网上办理各种进出口业务。

中国电子口岸采用了国际标准和国内自主开发的高强度密码设计，在网传加密、网络隔离保护、机房设施安全、身份认证、权限设置以及数字签名等方面采取了多重严密的安全防护措施，可以有效防黑客、防病毒、防偷窥、防抵赖。并且，该系统由政府部门直接管理，处在其严密监督下，安全也有了相应的保证。

中国电子口岸建立的意义在于：

第一，有利于降低贸易成本，提高贸易效率。货物进出口环节的所有管理操作，都有电子底账可查，都可以按照职能分工进行联网核查、核注、核销。通过电子口岸，在网上办理业务，方便企业进出，有助于企业节省时间，提高贸易效率，降低贸易成本。

第二，有利于增强管理部门的管理综合效能。企业只要与电信公网连接，就可以通过公共数据中心在网上直接向海关、国检、外汇、外贸、市场监管、税务等政府管理机关申办进出口手续，从而真正实现政府对企业的"一站式"服务。

第三，能使管理部门对进出口环节的管理更加完整和严密。管理部门实行"电子+联网核查"的新型管理模式，从根本上解决了企业业务单证的弄虚作假问题，从而有利于严厉打击走私、骗汇、骗税等违法犯罪活动，创造公平竞争的市场环境。

3.2.5 港口

港口是水陆空交通的集节点和枢纽，船舶停泊（飞机起降）、装卸货物、上下旅客、补充给养的场所，工农业产品和外贸进出口物资的集散地。港口是联系内陆腹地和海洋运输（国际航空运输）的一个天然界面，因此，港口也被认为是国际物流的一个特殊节点。

港口按所在地理位置分，有海港、河口港、河港、湖港、水库港等。按性质和用途分，有商港、军港、工业港、渔港等。本书主要阐述与国际物流相关的商港。现代商港不仅是水陆空运输的枢纽和货物集散地，而且还提供了发展转口贸易、自由港和自由贸易区的机会。

1.港口的特点

港口在国际物流中的战略性作用是由其自身的特点所决定的。

第一，港口在整个国际物流供应链上是最大量货物的集结点。国际贸易的急速增加使得港口作为海洋运输的起点和终点，无论是集装箱还是散货，远洋运输总是承担着其中最大的运量。当需要从事附加的工业、商业和技术活动时，选择在港口这样的集结点进行往往最能取得规模经济效益。

第二，港口是不同大陆之间、不同国家之间生产要素的最佳结合点。如果大陆之间、国家之间在生产要素之间存在最大的禀赋差异，要把这些生产要素以最有利的方式结合起来，港口是最合理的选址。例如，许多国家在港口地区建设出口工业，利用进口的钢铁作为原材料生产汽车和机械，可以节省大量的成本。

第三，港口往往是最重要的信息中心。对于国际物流来说，港口仍然是不同运输方式汇集的最大节点。在港口地区落户的有货主、货运代理行、船东、船舶代理行、陆上运输公司、海关、商品检验检疫机构及其他各种机构，因此，港口又是一个重要的信息中心。

2.港口的功能

在综合物流时代，港口的功能发生了很大的变化。港口分为第一代港口、第二代港口、第三代港口和第四代港口。联合国贸易和发展会议对前三代港口的定义是：

第一代港口是指20世纪50年代以前的港口，其主要功能是海陆转移。它是当时单站点运输和装卸活动的接口，主要负责运输和装卸。

第二代港口是指20世纪50年代至80年代世界经济开始复苏，功能逐步扩大的港口。港口发展成为一个服务于运输业和商业的中心。

第三代港口是指始于20世纪80年代的港口，这个阶段还在继续。港口已成为国际生产活动和经济活动的节点，即国际经贸活动的"后服务终端"。

联合国贸易与发展会议于1999年发表的《第四代港口》最早提出第四代港口的概念。第四代港口就是在前三代港口的基础上，其港口功能不断扩展提升，资源配置能力不断提高，运营管理体制机制不断创新，在业务范围、综合服务、临港经济、港城关系和区域发展等方面具有突破性表现的新生代港口。如果说第一代港口是装卸型港口，第二代港口是工业型港口，第三代港口是物流型港口，那么第四代港口就是供应链型港口。贸易港口作为海运转换其他运输方式的必要过渡点的作用逐渐减弱，作为组织国际贸易的战略要点的作用日益增强，成为综合运输链当中的一个主要环节。功能更加广泛的现代港口，将朝着全方位增值服务中心的方向发展。概括来讲，贸易港口主要具备以下五个功能：

第一，物流服务中心。港口首先应该为船舶、汽车、火车、飞机、货物、集装箱提供中转、装卸和仓储等综合物流服务。

第二，商务中心。现代港口应该为用户提供方便的运输、商贸和金融服务，如代理、保险、融资、货代、通关等。

第三，信息服务中心。现代港口不仅应该为用户提供有助于进行市场决策的信息，还要逐步建成电子数据交换（EDI）系统的增值服务网络。

第四，现代产业中心。现代港口应该发挥区位优势，发展相关产业。

第五，后援服务中心。现代港口应该提供人才培训、供应和海员服务及贸易谈判等设施，并提供舒适的生活娱乐空间，加强港城一体化的关系，优化城市功能。

这些功能的宗旨是使港口起到简化贸易和物流过程的作用，使港口在现代物流节点上尽量地减少间隔和提供最大的增值服务，巩固和提高港口在综合运输物流链中的地位和作用，使港口成为腹地经济和贸易发展的重要门户，成为地区物流的枢纽和中心。

3.世界主要港口

世界航运和港口吞吐量是世界经济的晴雨表。进入21世纪以来，世界经济强劲复苏，全球贸易额快速增长，对国际航运业特别是集装箱运输的需求强劲。近年来，全球集装箱港口呈现出"强永远强"的趋势。2018年，世界十大港口平均增长率高达3.8%。"世界十大港口"标准门槛从2013年的1 300万TEU上升到2018年的1 500万TEU。在中国经济崛起为世界制造业中心的推动下，东亚特别是中国的港口继续呈现繁荣。表3-2列出的2021—2022年世界集装箱吞吐量前10位，港口排名凸显了这些特点。

表 3-2　　　　　　2021—2022 年世界港口集装箱吞吐量前 10 名

排名	港口	2022年(万标箱)	2021年(万标箱)	增长率
1	上海 Shanghai	4 730	4 703	0.5%
2	新加坡 Singapore	3 729	3 747	−0.5%
3	宁波舟山 Ningbo Zhoushan	3 335	3 108	6.8%
4	深圳 Shenzhen	3 004	2 877	4.3%
5	青岛 Qingdao	2 567	2 371	8.3%
6	广州 Guangzhou	2 460	2 261	1.7%
7	釜山 Busan	2 207	2 978	−2.9%
8	天津 Tianjin	2 102	2 027	3.7%
9	洛杉矶/长滩港 Los Angeles/Long Beach	1 904	2 008	−5.3%
10	中国香港 Hong Kong	1 660	1 785	−7.0%

（资料来源　根据中华人民共和国交通运输部网站（www.mot.gov.cn）和中国港口权威统计网站（www.port.org.cn）资料整理。）

（1）上海港

上海港是我国内地第一大港，位于长江入海的咽喉处，黄浦江横贯其中，成为天然商港。截至 2018 年年底，上海港拥有各类泊位 1 097 个，总长度 107.23 千米，其中万吨级泊位 232 个，最大设计靠泊能力码头泊位为 30 万吨级。进出口货物包括：散煤及其制品、石油天然气及其制品、金属矿石、钢铁、矿山建筑材料、机械设备和电器、化工原料和切割产品。上海港已成为西雅图、新奥尔良、纽约、横岩、安特卫普、湛山、马赛、温哥华等的友好港口。国际航线可通达全球 140 多个国家和地区的 440 多个港口。2022 年，全球最大的集装箱港口仍然是中国上海港，吞吐量为 4 730 万 TEU，连续 13 年位居世界第一。全自动化码头是港口工业发展的新趋势。厦门、青岛等国内港口和鹿特丹等国外港口正在朝着这个方向探索。上海洋山港四期工程于 2017 年 12 月 10 日正式开港试运行，其建成和投产标志着中国港口行业在运营模式和技术应用上实现了里程碑式的跨越升级与重大变革。

（2）新加坡港

新加坡港位于新加坡的南部沿海，是亚太地区最大的转口港，港区面积达 538 万平方米。新加坡港每周有 430 艘班轮发往世界各地，共有 250 多条航线，平均每 12 分钟就有一艘船舶进出。2022 年该港集装箱吞吐量完成 3 729 万标准箱，排名世界第二。

（3）宁波舟山港

宁波舟山港进港航道水深18.2米以上，25万吨以下的船舶可以自由进出，25万吨至30万吨超大型船舶可进港。宁波舟山港依托中国最大的群岛——舟山群岛，拥有世界上罕见的港口建设条件。水深15米以上的海岸线为200.7千米，水深20米以上的海岸线为103.7千米。根据宁波舟山港公司官网信息，宁波舟山港现有生产泊位620余个，其中万吨以上大型泊位近200个，5万吨以上大型、特大型深水泊位115个。进出口货物主要包括：煤炭及其制品、石油和天然气产品、金属矿石、矿山建筑材料、化工原料等。2022年，宁波舟山港货物吞吐量为12.61亿吨，同比增长3%；宁波舟山港集装箱吞吐量3 335万TEU，同比增长7.3%，位居世界第三、全国第二，潜力巨大。

（4）深圳港

深圳港位于广东省珠江三角洲南部，包括蛇口、盐田和赤湾。它位于珠江口东岸，与香港毗邻。它是中国发展最快的港口。根据《深圳港总体规划（2035年）》，截至2022年底，深圳港已建成盐田、南山、大铲湾、大铲岛、宝安和大鹏6个港口。深圳港年货物吞吐量为2.72亿吨，集装箱吞吐量3 004万TEU，同比增长4.4%。深圳港共有泊位156个，其中万吨级以上泊位75个，特种集装箱泊位45个，客运（含邮轮）泊位24个，石油、天然气、化工泊位22个，其中最大的是22万吨的邮轮泊位。生产性码头泊位岸线全长32.93千米。目前，深圳港已开通223条国际集装箱航线，通达100多个国家和地区的300多个港口，形成了完善的航运网络。世界上许多著名的航运公司都在深圳港开通了航线。深圳港拥有国际班轮航线近100条，是内地城市中班轮航线数量最多的港口。

（5）青岛港

青岛港位于山东半岛南岸胶州湾。青岛港始建于1892年，是我国第二个外贸吨级装卸港，也是西太平洋重要的国际贸易港口和海上运输枢纽。青岛港全长28 378米，有109个港口。青岛港拥有与世界1万吨及以上深水船舶同等规模的码头，其中40万吨级矿石码头和30万吨级原油码头是世界上最大的管箱码头，可停靠19 100 TEU船舶。其中，有5万吨级船舶泊位6个，10万吨级船舶泊位6个，30万吨级船舶泊位2个。青岛港与世界100多个国家和地区的450多个港口有贸易往来，被国务院明确定位为现代化综合性港口和东北亚国际航运枢纽港。2022年，港口集装箱吞吐量突破2 567万标箱。进口原油吞吐量居中国港口首位。集装箱装卸效率和铁矿石装卸效率始终保持世界第一。目前，智能港口建设正在加快推进。青岛市已正式运营两个自动化码头，又开工建设了两个自动化码头，实现了进口集装箱设备和提单的电子交货单。干散货和日用品升级系统投入运行，实现拖轮和集疏运车辆智能调度，电子商务物流平台车辆超过10万辆。2017年5月11日，世界领先、亚洲第一个真正意义上的全自动化码头——青岛港全自动化集装箱码头一期工程投入商业运营。码头岸线2 088米，设两个泊位，设计吞吐量为520万标箱/年。2019年11月26日前，一期工程共装卸船舶1 846艘，集装箱吞吐量为28.54亿标箱，船舶准点率达100%。它是第一个超过人工终端运行效率的自动化终端。

（6）广州港

广州港是华南地区的综合性主枢纽港，国际航运可与100多个国家和地区的400多个港口通航，与国内100多个港口通航。2022年，广州港作为国际港口的地位继续巩固和提升，港口货物吞吐量和集装箱吞吐量排名实现历史性突破，均进入国内前五名和世界前六名。集装箱网络布局更加完善，外贸班轮航线总数超过200条。配备岸电设备的泊位180余个。2022年，广州港货物吞吐量为6.29亿吨，集装箱总吞吐量为2 460万TEU。其中，成品油、煤炭、金属矿砂、粮食、汽车等交通运输能力分别达到2 132万吨、8 115万吨、755万吨、2 449万吨和196万辆。

（7）釜山港

釜山港是世界第七大集装箱港口。它不仅是韩国的海、陆、空交通枢纽，也是韩国的金融和商业中心。它在韩国对外贸易中占有重要地位。目前，釜山港承担了韩国全国海运货运量的一半以上。其中集装箱货物吞吐量占韩国货物吞吐量的75%，水产品货物吞吐量占韩国货物吞吐量的42%。东亚、中远和马士基都有直达釜山港的班轮。

（8）天津港

天津港，也称天津新港，位于天津市海河入海口，是中国北方最大的综合性港口和重要的对外贸易口岸。2022年，天津港沿海泊位长度40 252米，主要规模以上码头泊位167个，其中万吨级别以上泊位120个。港口货物存吐量为54 902万吨，集装箱存吐量为2 102万TEU。

（9）洛杉矶港/长滩港

长滩港和洛杉矶港毗邻，相距不到10千米，两个港口并排位于圣佩德罗湾，拥有140条航线，连接世界各地的217个海港。其是美国跨太平洋贸易的首要门户，是美国最繁忙的集装箱海港，港口包括74英里的海滨，157个深水泊位。洛杉矶港/长滩港是美国-亚洲贸易的主要港口，港口主要出口货物为铁矿砂、煤炭、石油制品、皮革及化工品等，进口货物主要有石油、钢材、电器用品、木材、机械、塑料、服装、小汽车及玻璃等。主要贸易对象为日本、韩国、中国、泰国、墨西哥及印度尼西亚等。2022年洛杉矶港/长滩港总吞吐量为1 904万TEU。

（10）中国香港港

香港港是中国的天然港口，也是远东的航运中心。香港是中国和周边亚洲国家的枢纽。它位于经济蓬勃发展的亚太地区的中心，珠江三角洲人口众多。它也是新加坡和上海之间唯一一个全面开发的现代深水港，因此，它已成为华南所有海上贸易活动的集中地。香港港口是世界上最繁忙和效率最高的国际集装箱港口之一。它也是全球供应链中的一个主要枢纽港。由于受到全球经济下滑、码头用地不足、其他码头崛起等因素影响，2022年香港港的集装箱吞吐量被洛杉矶港/长滩港超越，全球排名一路下滑到第十位。

3.2.6　外贸仓库

外贸仓库是进出口商品的集散、储存场所，不仅要完成进出口商品保管储存的任务，还担负着商品拣选、整理、包装、备货、组装等流通加工和发运业务。在流通过程的不同环节，不同类型的仓库具有不同的特征，承担着不同的任务。

1.按仓库在流通中的主要职能分类

（1）口岸仓库

其特点是商品储存期短，周转快，规模大，面向全国。其主要职能是收储口岸和内地对外贸易业务部门的待运出口商品和进口待分拨的商品。

（2）中转仓库

其特点是大都设置在商品生产集中的地区和出运港口之间，如铁路、公路车站。其主要职能是按照商品的合理流向，收储、转运本省和外地经过口岸出口的商品。

（3）加工仓库

其特点是将出口商品储存与加工业务结合在一起。其主要职能是对某些出口商品进行必要的挑选、整理、分装、改装和适应流通需要的加工，以方便储存和适应国际市场的需要。

（4）储存仓库

其特点是商品储存期较长。其主要职能是用于储存待销出口商品、援外的储备物资、进口待分拨和出口业务需要储备的物资等。

2.按储存商品性能及技术设备分类

（1）通用仓库

通用仓库是用以储存没有特殊要求的商品的仓库。其设施、技术相对较简单，适用范围较广。

（2）专用仓库

专用仓库是专门储存易受外界环境或因其他商品影响而发生质量变化的商品的仓库。其设备或技术体现了为某类或某几类商品专业化服务的特点。

（3）特种仓库

特种仓库是用以储存具有特殊性能、要求使用特别保管设备和保管技术的商品，如危险品、易腐蚀品、石油和部分医药品等的仓库。

3.2.7 自由港或自由贸易区

自由港（Free Port）也称自由口岸。自由贸易区（Free Trade Zone）也称对外贸易区、自由区、工商业自由贸易区等。

自由港或自由贸易区都是划在关境以外，对进出口商品全部或大部分免征关税，并且准许在港内或区内开展商品自由储存、展览、拆散、改装、重新包装、整理、加工和制造等业务活动，以便于本地区的经济和对外贸易的发展，增加财政收入和外汇收入。

自由港是指全部或绝大多数外国商品可以免税进出的港口，划在一国的关税国境（即"关境"）以外。自由港依贸易管制情况分为完全自由港和有限自由港。前者对所有的进出口商品都实行免税，现今世界上已为数不多；后者仅对少数指定的出口商品征收关税或实施不同程度的贸易限制，其他商品可享受免税待遇，世界绝大部分自由港均属此类，如直布罗陀港、汉堡港、中国香港港、新加坡港、槟榔屿港、吉布提港等。

自由贸易区分为广义自由贸易区和狭义自由贸易区两种。广义的自由贸易区，通常指两个或两个以上的国家或地区，通过签订自由贸易协定，相互取消绝大部分货物的关税和非关税壁垒，取消绝大多数服务部门的市场准入限制，开放投资，从而促进商品、服务和资本、技术、人员等生产要素的自由流动，实现优势互补，促进共同发展，如北美自由贸易区（简称 NAFTA，包括美国、加拿大、墨西哥）、美洲自由贸易区（简称 FTAA，包括南北美洲的 34 国）、中欧自由贸易区（简称 CEFTA，包括波兰、匈牙利、捷克、斯洛伐克、斯洛文尼亚、罗马尼亚和保加利亚）、东盟自由贸易区（简称 AFTA，包括东盟十国）、欧盟与墨西哥自由贸易区、中国与东盟自由贸易区等。

狭义的自由贸易区，是指一个国家或单独关税区内部设立的用防栅隔离的、置于海关管辖之外的特殊经济区域，区内允许外国船舶自由进出，外国货物免税进口，取消对进口货物的配额管制，这种自由贸易区也是自由港的进一步延伸。如巴拿马科隆自由贸易区、德国汉堡自由贸易区、美国纽约 1 号对外贸易区等。

自由贸易区是国际物流中多功能的综合物流节点。各国的自由贸易区普遍豁免关税并减免其他税收。自由贸易区各种功能的发挥，促进了国际贸易的发展。自由贸易区方便商品进出、储存及整理的条件，以及可以降低产品成本并增加市场竞争能力的优惠措施，吸引了广大的投资者，极大地促进了国际贸易和国际物流的发展。

3.2.8 保税区

有些没有设立自由港或自由贸易区的国家实行保税区制度。保税区（Bonded

Area）又称保税仓库区，是海关所设置的或经海关批准注册的、受海关监督的特定地区和仓库。外国商品存入保税区内，可以暂时不缴纳进口税，如再出口，不缴纳出口税；如要运进所在国的国内市场，则须办理报关手续，缴纳进口关税。运入区内的外国商品可进行储存、包装、分类、混合、展览、加工和制造等。此外，有的保税区还允许在区内经营金融、保险、房地产、展销和旅游业务。

西方国家在保税区的仓库有的是公营的，有的是私营的；有的货物的储存期限为1个月到半年，有的期限可达3年。按照职能的不同，保税区一般可分为指定保税区、保税货棚、保税仓库、保税工厂、保税陈列场等。

我国自1990年经国务院批准设立第一个保税区——上海外高桥保税区以来，又先后建立了天津港、深圳福田、深圳沙头角、大连、广州、张家港、青岛、宁波、福州、厦门、汕头、海口、深圳盐田港和珠海等168个保税区。我国的保税区为海关监管区域，不完全等同于国外的自由贸易区（自由港）、出口加工区，对其政策的制定主要是根据中国国情。保税区是我国目前开放度最高的地区，是对我国"经济特区""经济技术开发区"的重要补充和发展，在招商引资、出口加工、国际贸易、转口贸易等方面，对带动区域经济的发展起着积极的作用。

3.2.9 出口加工区

出口加工区是指专为发展加工贸易而开辟的经济特区。出口加工区的产生和发展是国际分工的必然结果，是全球经济一体化的重要表现。自1959年爱尔兰在香农国际机场创建世界上第一个出口加工区以来，出口加工区在此后的40多年里在全球遍地开花，成为所在国或地区吸引外资最多、对外贸易最为活跃的区域，有力地促进了各个国家或地区经济的发展。

我国的出口加工区是经国务院批准、由海关监管的特殊封闭区域。2000年4月27日，国务院正式批准设立出口加工区。为有利于运作，我国将出口加工区设在已建成的经济技术开发区内，并选择若干地区进行试点。首批批准进行试点的有15个出口加工区，分布在大连、天津、北京、烟台、威海、昆山、苏州、上海松江、杭州、厦门杏林、深圳、广州、武汉、成都、吉林珲春。

截至目前，经国务院批准设立的出口加工区已达到63个，主要分布在江苏、上海、山东等沿海地区。2015年8月28日，国务院办公厅印发了《国务院办公厅关于加快海关特殊监管区域整合优化方案》（国办发〔2015〕66号，以下简称《方案》），全面系统部署海关特殊监管区域整合优化工作。《方案》提出要将符合条件的海关特殊监管区域逐步整合为综合保税区，对新设海关特殊监管区域统一命名为综合保税区。63个出口加工区中的一部分已经转型为"综合保税区"。

3.2.10　科技工业园区

20世纪80年代以来，出口加工区出现了新的发展趋势。部分出口加工区的出口加工业由劳动密集型转向技术密集型，建立新的科技型、知识型的出口加工区——科技工业园区。

科技工业园区是指在科研机构和名牌科技大学比较集中、居住环境和教育环境比较优越的大城市或城市近郊辟出一块地方，提供比出口加工区更大的租税优惠，吸引外国资金和高科技人才，研究和开发尖端技术产品，促进科技和经济发展，将智力、资金高度积聚的特定区域，是从事高科技研究，并对其成果进行测试、生产的新型开发区。世界上较为著名的科技工业园区有美国的"硅谷"、日本的"筑波科学城"及我国台湾的"新竹科学工业园区"。

3.3　国际物流连线

国际物流连线是指连接国内外众多收发货节点的运输线，如各种海运航线、铁路线、飞机航线，以及海、陆、空联合运输航线。这些网络连线是库存货物的移动（运输）轨迹的物化形式；每一对节点间有许多连线，以表示不同的运输路线、不同产品的各种运输服务；各节点表示存货流动的暂时停滞，目的是更有效地移动。国际物流连线实质上也是国际物流流动的路径，它主要包括国际远洋航线及海上通道、国际航空线、国际铁路运输线与大陆桥、国际主要输油管道等。

3.3.1　国际远洋航线及海上通道

在港湾、潮流、风向、水深及地球球面距离等自然条件的限制下，世界各地的水域中可供船舶航行的一定路径，称为航路。海上运输承运人在许多不同的航路中，根据主客观的条件，为达到最大的经济效益所选定的运营航路被通称为航线。

航线的形成主要取决于以下几个方面的因素：

第一，安全因素。它包括船舶航行的线路必须考虑到的自然界的种种现象，如风向、波浪、潮汐、水流、暗礁及流冰等。

第二，货运因素。它是指该航线沿途货运量的多寡。货运量多，航行的船舶就多，也必定是繁忙的航线。

第三，港口因素。它包括船舶途经和停靠的港口水深是否适宜，气候是否良好，航道是否宽阔，有无较好的存储装卸设备、便利的内陆交通条件、充足的燃料供应等。

第四，技术因素。它是指船舶航行时从技术上考虑选择最经济、最快速的航线航行。

除此之外，国际政治形势的变化，有关国家的经济政策、航运政策等也会对航线的选择和形成产生一定的影响。

1.海上航线的分类

海上航线从不同的角度有不同的划分方法：

（1）按照船舶经营方式不同，分为定期航线和不定期航线。

定期航线是指使用固定的船舶，以固定的船期航行于固定的线路，靠泊固定的港口，以相对固定的运价经营客货运输业务的远洋运输航线。定期航线的经营，以航线上各港口能有持续和比较稳定的往返货源为先决条件，定期航线多以班轮运输的方式运营，所以定期航线又称为班轮航线。

不定期航线，是与定期航线相对而言的，是指使用不固定的船舶，以不固定的船期，行驶不固定的线路，靠泊不固定的港口，以租船市场的运价，经营大宗、低价货物运输业务的航线。

（2）按照航程远近，可分为远洋航线、近洋航线和沿海航线。

远洋航线（Ocean Going Shipping Line），是指使用船舶（或其他水运工具）跨越大洋的运输航线，如我国各港口跨越大洋航行到欧洲、非洲、北美洲和大洋洲等地所经由的货运路线。

近洋航线（Near-Sea Shipping Line），是指本国各港到邻近国家港口间的海上运输航线。我国的近洋航线习惯上指我国东至日本海，西至马六甲海峡，南至印度尼西亚沿海，北至鄂霍茨克海的各海港间的航线。

沿海航线（Coastal Shipping Line），是指本国沿海各港口间的海上运输线路，如大连港到青岛港、天津港到厦门港等的航线。

国际贸易货物运输主要是通过远洋运输航线来完成的。

2.世界主要大洋、运河与海峡通道

（1）大洋通道

大西洋沿岸拥有世界3/4的港口，3/5的货物吞吐量，大西洋沿岸几乎都是各大洲的发达地区，贸易、货运繁忙，海运量一直居各大洋的首位，约占世界海运总量的2/3。太平洋沿岸有30多个国家和地区，拥有世界1/6的港口，货运量居世界第二位。印度洋沿岸也有30多个国家和地区，拥有世界近1/10的港口和1/6的货物吞吐量，印度洋上的货运以石油为主。北冰洋因为气候严寒，通航条件有限，其航运意义不大。

（2）运河通道

苏伊士运河，位于埃及东北部，居欧亚非三洲交通要冲，沟通地中海和红海，连接大西洋和印度洋，全长173.2千米，大大缩短了从欧洲通往印度洋和太平洋西岸各国的航程，是一条具有重要战略和经济意义的水道。其目前可通过吃水20.4米、载重25万吨的超级油轮，是最繁忙的国际运河，每年通过运河的船只达2万艘次以上。

巴拿马运河，斜贯巴拿马中部，沟通太平洋和大西洋，全长81.3千米。巴拿马运河是仅次于苏伊士运河的世界第二大通航运河，航道水深13.5~26.5米，可通行6.5万吨以下船舶，每年通过运河的船只约1.5万艘次。

基尔运河，位于德国东北部，横贯日德兰半岛，沟通波罗的海和北海，运河长98.7千米，深11.3米，可通行吃水9.4米、载重2万吨以下船舶。

（3）海峡通道

马六甲海峡，位于马来半岛和苏门答腊岛之间，是沟通太平洋和印度洋的海上交通要道。海峡包括新加坡海峡，全长约1 188千米，水深25~113米，可通过25万吨满载海轮，每年通过海峡的船只约10万艘次。

英吉利海峡，位于英法两国之间狭窄处，连同多佛尔海峡总长约600千米，水深25~55米，是连接北欧与北美的主要航道，为世界上最繁忙的水道，每年通过海峡的船舶达17.5万艘次，货运量为6亿多吨。

霍尔木兹海峡，位于阿曼半岛与伊朗之间，西接波斯湾，东连阿曼湾，全长约150千米，水深70米以上，多年来每天都有几百艘油轮经此开出，将原油运往日本、西欧和美国等地，在国际航运中占有重要地位，成为一条闻名的"石油海峡"。

此外，较重要的海峡还有地中海通往大西洋唯一的通道——直布罗陀海峡，沟通印度洋、亚丁湾和红海的重要水道——曼德海峡，黑海与地中海之间的唯一通道——黑海海峡等。

3.世界主要大洋航线

国际大洋航线是指贯通一个或数个大洋的航线，它包括太平洋航线、大西洋航线、印度洋航线、北冰洋航线以及通过巴拿马运河或苏伊士运河的航线等，又称远洋航线。目前国际大洋航线密如蛛网，其中主要有以下几条：

（1）太平洋航线

该航线可细分为：远东—北美西海岸航线，远东—加勒比、北美东海岸航线，远东—南美西海岸航线，远东—东南亚航线，远东—澳大利亚、新西兰航线，澳大利亚、新西兰—北美东西海岸航线。

（2）大西洋航线

该航线可分为：西北欧—北美东海岸航线，西北欧、北美东海岸—加勒比航线，西北欧、北美东海岸—地中海—苏伊士运河—亚太航线，西北欧、地中海—南美东海岸航线，西北欧、北美东海岸—好望角—远东航线，南美东海岸—好望角—远东航线。

（3）印度洋航线

该航线可分为：波斯湾—好望角—西欧、北美航线，波斯湾—东南亚—日本航线，波斯湾—苏伊士运河—地中海—西欧、北美航线。

除了以上三条油运线以外，印度洋上的其他航线还有：远东—东南亚—东非航线，远东—东南亚、地中海—西北欧航线，远东—东南亚—好望角—西非、南美航线，澳大利亚、新西兰—地中海—西北欧航线，印度洋北部地区—欧洲航线。

4.世界集装箱海运航线

目前，世界海运集装箱航线主要有：远东—北美航线（北太平洋航线），北美—欧洲、地中海航线（北大西洋航线），欧洲、地中海—远东航线（印度洋航线），远东—澳大利亚航线，澳大利亚、新西兰—北美航线，欧洲、地中海—西非、南非航线。

5.我国主要的海运航线

我国的海运航线可分为近洋航线和远洋航线。

（1）近洋航线

①港澳线：到中国香港港、中国澳门港。

②新马线：到新加坡港、马来西亚的巴生港（Port Kelang）、槟城港（Penang）和马六甲港（Malacca）等港。

③暹罗湾线，又可称为越南、柬埔寨、泰国线：到越南海防港、柬埔寨的磅逊港和泰国的曼谷港等港。

④科伦坡、孟加拉湾线：到斯里兰卡的科伦坡港、缅甸的仰光港、孟加拉国的吉大港和印度东海岸的加尔各答港等港。

⑤菲律宾线：到菲律宾的马尼拉港。

⑥印度尼西亚线：到爪哇岛的雅加达港、三宝垄港等。

⑦澳大利亚、新西兰线：到澳大利亚的悉尼港、墨尔本港、布里斯班港和新西兰的奥克兰港、惠灵顿港。

⑧巴布亚新几内亚线：到巴布亚新几内亚的莱城港、莫尔兹比港等。

⑨日本线：到日本九州岛的门司和本州岛的神户港、大阪港、名古屋港、横滨港和川崎港等。

⑩韩国线：到釜山港、仁川港等。

⑪波斯湾线：到巴基斯坦的卡拉奇港；伊朗的阿巴斯港、霍拉姆沙赫尔港；伊拉克的巴士拉港；科威特的科威特港；沙特阿拉伯的达曼港。

（2）远洋航线

①地中海线：到地中海东部黎巴嫩的贝鲁特港、的黎波里港；以色列的海法港、阿什杜德港；叙利亚的拉塔基亚港；地中海南部埃及的塞得港、亚历山大港；突尼斯的突尼斯港；阿尔及利亚的阿尔及尔、奥兰港；地中海北部意大利的热那亚港；法

国的马赛港；西班牙的巴塞罗那港和塞浦路斯的利马索尔港等港口。

②西北欧线：到比利时的安特卫普港；荷兰的鹿特丹港；德国的汉堡港、不来梅港；法国的勒弗尔港；英国的伦敦港、利物浦港；丹麦的哥本哈根港；挪威的奥斯陆港；瑞典的斯德哥尔摩港和歌德堡港；芬兰的赫尔辛基港等。

③美国、加拿大线：到加拿大西海岸温哥华港；加拿大东岸蒙特利尔港、多伦多港；美国西岸西雅图港、波特兰港、旧金山港、洛杉矶港；美国东岸纽约港、波士顿港、费城港、巴尔的摩港、波特兰港和美国墨西哥湾的莫比尔港、新奥尔良港、休斯敦港等港口。其中美国墨西哥湾各港也属美国东海岸航线。

④南美洲西岸线：到秘鲁的卡亚俄；智利的阿里卡及伊基克港、瓦尔帕莱索港、安托法加斯塔港等港口。

3.3.2 国际航空线路

1.国际航空站

在世界各大洲主要国家的首都和重要城市均设有航空站。

亚洲：北京、上海、香港、东京、马尼拉、新加坡、曼谷、仰光、加尔各答、孟买、卡拉奇、德黑兰、贝鲁特。

北美洲：华盛顿、纽约、芝加哥、亚特兰大、洛杉矶、旧金山、西雅图、蒙特利尔、温哥华。

欧洲：伦敦、巴黎、法兰克福、苏黎世、罗马、维也纳、柏林、哥本哈根、雅典、华沙、莫斯科、布加勒斯特。

非洲：开罗、喀土穆、内罗毕、约翰内斯堡、拉各斯、达喀尔、阿尔及尔、布拉柴维尔。

拉丁美洲：墨西哥城、加拉加斯、里约热内卢、布宜诺斯艾利斯、圣地亚哥、利马。

2.世界主要航空线

（1）西欧—北美的北大西洋航空线。

该航线为当今世界最繁忙的航空线，主要往返于西欧的巴黎、伦敦、法兰克福与北美的纽约、芝加哥、蒙特利尔等机场。

（2）西欧—中东—远东航空线。

该航线连接西欧各主要机场至远东的香港、北京、东京等各机场。途经的主要航空站有雅典、开罗、德黑兰、卡拉奇、新德里、曼谷和新加坡等。

（3）远东—北美的北太平洋航线。

这是世界又一重要航空线。它由香港、东京和北京等重要国际机场，经过北太平洋上空到达北美西海岸的温哥华、西雅图、旧金山、洛杉矶等重要国际机场，再连接北美大陆其他航空中心。太平洋上的火努鲁鲁（檀香山）、阿拉斯加的安克雷奇国际机场是该航线的重要中间加油站。

除以上三条最繁忙的国际航空线外，重要的航空线还有：北美—澳、新航空线；西欧—东南亚—澳、新航空线；远东—澳、新航空线；北美—南美航空线；西欧—南美航空线等。

3.3.3　国际铁路运输与大陆桥

1.国际货运中的主要铁路干线

（1）西伯利亚大铁路

西伯利亚大铁路东起符拉迪沃斯托克，途经伯力、赤塔、伊尔库茨克、新西伯利亚、鄂木斯克、车里雅宾斯克、古比雪夫，止于莫斯科，全长9 300多千米，又向远东延伸至纳霍德卡和东方港。该线东连朝鲜和中国，西接北欧、中欧、西欧各国，再由莫斯科往南可接伊朗。我国与俄罗斯、东欧国家及伊朗之间的贸易，主要依赖此干线。

（2）加拿大连接东西两大洋的铁路

①鲁珀特港—埃德蒙顿—温尼伯—魁北克（加拿大国家铁路）。

②温哥华—卡尔加里—温尼伯—散德贝—蒙特利尔—圣约翰—哈利法克斯（加拿大太平洋大铁路）。

（3）美国连接东西两大洋的铁路

①西雅图—斯波坎—俾斯麦—圣保罗—芝加哥—底特律（北太平洋铁路）。

②洛杉矶—阿尔布开克—堪萨斯城—圣路易斯—辛辛那提—华盛顿—巴尔的摩（圣菲铁路）。

③洛杉矶—图森—埃尔帕索—休斯敦—新奥尔良（南太平洋铁路）。

④旧金山—奥格登—奥马哈—芝加哥—匹兹堡—费城—纽约（联合太平洋铁路）。

（4）中东—欧洲铁路

从伊拉克的巴士拉，向西经巴格达、摩苏尔，叙利亚的穆斯林米亚，土耳其的阿达纳、科尼亚、厄斯基色希尔到博斯普鲁斯海峡东岸的于斯屈达尔，过博斯普鲁斯大桥至伊斯坦布尔，接巴尔干铁路，向西经索菲亚、贝尔格莱德、布达佩斯至维也纳，连接中、西欧铁路网。

2.大陆桥与小陆桥

大陆桥（Land Bridge）是指把海与海连接起来的横贯大陆的铁路。大陆桥运输则是利用大陆桥进行国际集装箱海陆联运的一种运输方式。被广泛使用的大陆桥有西伯利亚大陆桥、新亚欧大陆桥和北美大陆桥（包括美国大陆桥和加拿大大陆桥）。

（1）西伯利亚大陆桥（Siberian Land Bridge）

西伯利亚大陆桥把太平洋远东地区与波罗的海、黑海沿岸及西欧大西洋沿岸连接起来，是世界最长的大陆桥。目前，这条大陆桥运输路线的西端已从英国延伸到了包括西欧、中欧、东欧、南欧、北欧的整个欧洲大陆和中东各国，东端则延伸到了韩国、菲律宾、中国内地和香港地区。从西欧到远东，经大陆桥的路程为13 000千米，比海上经好望角的航线缩短约1/2的路程，比经苏伊士运河的航线缩短约1/3的路程，时间上可缩短约35天。

我国从1980年开办大陆桥运输业务以来，主要采用的路线是铁路—铁路的路线，即从中国内地各站把货物运至中俄边境满洲里/后贝加尔，进入俄罗斯，或运至中蒙边境二连浩特/扎门乌德进入蒙古国，经蒙俄边境站苏赫巴托/纳乌斯基进入俄罗斯，再经西伯利亚铁路运至白俄罗斯西部边境站，后再转欧洲铁路运至欧洲各地或从俄罗斯运至伊朗。

（2）新亚欧大陆桥（A-E. Land Bridge）

新亚欧大陆桥东起中国连云港，经陇海线、兰新线，接北疆铁路，出阿拉山口，最终抵达荷兰鹿特丹，全长约10 800千米，途经中国、哈萨克斯坦、俄罗斯、白俄罗斯、波兰、德国、荷兰等国，辐射30多个国家和地区。新亚欧大陆桥为亚欧联运提供了一条便捷、快速和可靠的运输通道，能更好地促进世界经济与技术的交流与合作。

（3）美国大陆桥（U.S. Land Bridge）

美国大陆桥是北美大陆桥的组成部分，是最早开辟的从远东到欧洲水陆联运线路中的第一条大陆桥，后因东部港口和铁路拥挤，货到后往往很难及时换装，反而抵消了大陆桥运输所节省的时间。目前大陆桥运输基本陷于停顿状态，但在大陆桥运输过程中，却又形成了小陆桥和微型陆桥运输方式。

（4）加拿大大陆桥

该大陆桥的运输路线是：从日本海运至温哥华或西雅图港口后，换装并利用加拿大铁路横跨北美大陆至蒙特利尔，再换装海运至欧洲各港。

（5）美国小陆桥（U.S. Mini-Land Bridge）

美国小陆桥运输比大陆桥的海—陆—海运输缩短了一段海上运输，成为海—陆或陆—海形式。如远东到美国东部大西洋沿岸或美国南部墨西哥湾沿岸的货运，即可由远东装船运至美国西海岸，转装铁路（公路）专列运至东部大西洋或南部墨西哥湾沿岸，然后经内陆运输运至目的地。

（6）美国微型陆桥（U.S. Micro-Land Bridge）

微型陆桥比小陆桥更缩短了一段运输距离，它只用了部分陆桥，所以又称半陆桥（Semi-Land Bridge）运输。如远东至美国内陆城市的货物，采用微型陆桥运输，就是把货物装船运至美国西部太平洋沿岸，换装铁路（公路）集装箱专列直接运至美国内陆城市。微型陆桥比小陆桥的优越性更大，它既缩短了时间，又节省了运费，近年来发展迅速。

3.3.4 国际主要输油管道

世界管道运输分布很不均匀，主要集中在北美和欧洲，美国、俄罗斯等国家的管道运输最为发达。1993年美国就已经有输油管道31.93万千米，原油运输量达9亿多吨，周转量达到8 299亿吨千米，占国内货物总周转量的约20%。截至2004年，美国全国的输油管道已达320万千米以上，担负全国66%的原油、汽油和其他成品油的运输任务。世界管道技术以美国最为先进，1997年其在高纬度严寒地区修建的横贯阿拉斯加的原油管道正式输油，引起世人瞩目。苏联时期输油管道建设也发展很快，20世纪50年代，苏联共有管道7 700千米，以后以每年6 000~7 000千米的速度递增。目前，独联体地区的管道总长仍居世界前列。

除美国和独联体地区外，加拿大、西欧、中东等国家和地区管道网也很发达。加拿大的输油管道网络把落基山东麓产油区与消费区连接起来，并与美国的管道网连通。西欧的北海油田建成了一批高压大口径管道（直径1 016毫米），成为世界上油气管道建设的热点地区之一。中东地区的输油管道最初主要是自伊拉克、沙特阿拉伯至叙利亚和黎巴嫩地中海港口的管线；另外，伊拉克于1977年还敷设了以土耳其杰伊汉港为终点的新管线，成为向西欧供应石油的中东战略原油管道；沙特阿拉伯也在1981年建成了自波斯湾横越国境中部至红海岸延布港的输油系统；而中东地区由伊朗经巴基斯坦至印度（加尔各答）的输气管道正在建设中。

目前，有关国际输油管道建设的数据还在持续更新中。

案例分析　　　　　　　　　　　互联网+港口物流时代

"5G+智能港口"项目基于5G、AI等技术的创新应用，实现港口自动驾驶和5G远程控制，改变了天津港货物运输和装卸的方式，实现了港口作业流程自动化、智慧化，显著提升了港口的运行效率和安全生产能力，降低了能耗，大大提升了港口的竞争力。

天津港位于渤海湾西段，连接东北亚与中西亚，是京津冀的海上门户，也是海上丝绸之路的重要支点。1860年对外开埠，成为通商口岸，1952年修建后重新开港，百年间，天津港经历了从"浅水小港"到"国际大港"的蜕变。

目前，全球港口98%以上的集装箱码头都是传统人工操作，属于典型的劳动密集型产业——人工作业劳动强度大，但效率越来越难以匹配码头发展需求，如何在传统集装箱码头基础上进行技术升级改造，实现全流程无人自动化作业，是摆在全球港口面前的一道世界性难题。

作为世界十大港口之一的天津港，年集装箱吞吐量达2 000万标准箱，从业人员超2万，也面临着同样的挑战。

2020年，天津港、华为和中国移动联合成立5G+智能港口专项组，依据业务场景，利用5G网络超大带宽、超低延时、广覆盖、高可靠性的优势，并结合AI、云计算、物联网等新ICT技术，创造性推出车路协同超L4级的无人自动驾驶和5G远程控制方案，助力码头自动化，提升港口运转效率的同时降低整体作业能耗，让港口运营更安全。

1.首创码头云控自动驾驶，攻克世界港口难题

实现码头自动化，最重要的是水平运输的自动化。该项目首创码头云控自动驾驶解决方案，基于5G自动驾驶技术、高精地图在云端构建动态业务地图，汇聚从生产系统中获取到的实时泊位、岸桥、场桥等作业数据信息，以及无人驾驶平板车实时的动态数据信息，基于云端创新的区间路径+速度动态规划算法，实现多车动态路径规划和速度引导，保障多车协同作业时行车轨迹的确定性和安全性，有效解决港口司机短缺、疲劳驾驶等问题，实现车辆智能调度，优化车辆运行效率，提升码头运转效率，降低安全风险。

2021年10月17日，全球首个"智慧零碳"码头——天津港北疆港区C段智能化集装箱码头正式投产运营，旨在打造以全新模式引领世界港口智能化升级和低碳发展的中国范例。通过5G、北斗、人工智能泛在应用，率先实现水平布局集装箱码头全流程自动化作业"完整版"。

"智慧零碳"码头较同等岸线传统自动化集装箱码头投资减少30%，减少集装箱作业倒运环节50%，降低能耗17%以上；较同规模传统集装箱码头人员减少60%；实现绿电功能100%自给自足。

2.打造全新一代港口"智慧大脑"

传统场桥、岸桥作业条件艰苦，对人力要求极高。司机室高30米，需司机频繁爬高、精力高度集中去操控设备，因此，容易产生疲劳，存在安全隐患。该项目基于5G创新应用，建设智能调度中心，港口中控室实现5G远程控制，将人力解放出来。操作人员坐在中控室就可以基于5G回传的高清视频信息和设备状态信息对场桥、岸桥进行远程操控，发送指令，驱动场桥、岸桥自动运行起升、小车、大车等，实现远程开展装卸集装箱作业。1名操作员可操控6~8台场桥，不再需要人机一一对应。

智能调度中心不仅提高作业效率，减少作业事故，还极大解放了人力，改善司机的作业环境。5G远程控制，大幅提升了港口龙门吊的综合作业效率，降低了设备运行与维护成本。此外，对比其他远控技术，5G可实现堆场全覆盖，利用5G的大带宽、低时延可实现龙门吊远程控制场景中监控视频回传，PLC可靠通信，可大幅降低港口自动化改造门槛和投入，成为港口自动化改造经济、高效的首选。

"智能水平运输管理系统"可以协同码头生产操作系统（TOS）、场桥、岸桥、智能水平运输机器人（ART）、自动锁站、自动充电桩等关键资源，自动得出最优装卸方案并指挥各台设备，实现全局调度最优，在水平岸线码头里，有效管理了迄今为止最大规模的无人驾驶车队，目前达到了76辆。

未来，华为将继续携手天津港、中国移动和全球合作伙伴，积极探索5G+港口的智能应用，激发港口澎湃活力，为全球港口智慧化贡献"天津港方案"，助力更多港口进行自动化、智能化的持续升级，打造"智慧、绿色、安全"的智慧港口标杆。

（资料来源　根据相关公开资料整理。）

案例思考：

1.什么是物流节点？

2.天津港港口发展有何特点？

3.国际港口的发展经历了哪些阶段？有何特点？

本章小结

国际物流网络是由执行停顿使命的节点和执行运动使命的线路两种基本元素组成的。线路和节点相互联系、相对配置，组成了不同的国际物流网络。国际物流网络的水平高低、功能强弱取决于网络中这两个基本元素的配置。国际物流节点是指那些从事与国际物流相关活动的物流节点，主要分为转运型节点、储存型节点、流通型节点和综合型节点。口岸、港口、保税区、出口加工、自由贸易区是国内物流所不具有的特殊节点，这些节点在国际物流中发挥着重要的作用。国际物流连线实质上是国际物流流动的路径，它主要包括国际远洋航线及海上通道、国际航空线、国际铁路运输线与大陆桥、国际主要输油管道等。国际物流网络是由物理网络、与之相伴随的信息网络组成的有机整体，国际物流物理网络与国际物流信息网络并非各自独立，它们之间是密切相关的。

建立和完善国际物流网络应注意紧密围绕商品交易计划乃至一个国家的国际贸易宏观总体规划，明确各节点的供应范围、分层关系及供应或收购数量，注意各层节点间的有机衔接，优化运输路线，同时考虑现代物流技术的发展，留有余地，以备将来的扩建。

关键概念

物流节点 口岸 港口 外贸仓库 自由贸易区 保税区 出口加工区 物流网络（广义、狭义） 国际物流信息网络 物流接口无缝化

思考题

1.国际物流节点如何实现物流系统优化功能？

2.国际物流节点根据其功能可以分为哪几类？

3.国际物流港口应具备哪些功能？

4.世界上主要的大洋航线包括哪几条？

5.列举目前世界上主要的大陆桥。

6.结合图3-3分析国际物流网络的构成。

7.信息流在国际物流中具有哪些作用？

8.如何理解物流接口无缝化原理？

9.进行国际物流网络的规划建设应注意哪些问题？

第4章

国际货物运输

💧 **学习目标**

• 理解国际货物运输的意义和特点
• 了解国际货物运输的组织机构和运输方式
• 熟悉各种运输方式的业务程序及货运单证
• 掌握各种运输费用的计算方法

4.1 国际货物运输概述

当谈及运输时，我们可以将其分为旅客运输和货物运输两大类。在货物运输方面，可按地域划分为国内货物运输和国际货物运输两个主要部分。国际货物运输是利用各种运力、运输手段和工具，通过不同国家和地区之间的空间位置转移，实现货物的顺利流通。

国际货物运输根据运送货物的性质可分为国际贸易货物运输和非国际贸易货物运输两大类。在这两者中，国际贸易货物运输占据主导地位，而非国际贸易货物运输，如展览品、行李物品、办公用品、援外物资等，仅占较小比重。因此，国际货物运输通常也被称为国际贸易运输。

本书所讨论的国际货物运输，特指国际贸易货物运输。作为国际商品流通中不可或缺的基本环节，国际货物运输是国际物流的重要组成部分，更是国际物流活动的核心。其关键作用体现在为国际贸易商品的流通提供了高效、可靠的物流服务，有力支持了全球化贸易的持续发展。

4.1.1 国际货物运输的作用与意义

国际贸易货物运输是国家与国家、国家与地区之间进行的商品运输。商品运输的发展是随着商品生产和交换的兴起而逐渐形成的。在商品经济条件下，生产与消费之间存在空间上的矛盾，即生产和消费在空间上相互分离，存在产销空间距离。为了解决这一矛盾，必须通过商品运输实现商品在空间位置上的转移，消除产销空间距离。

商品运输因此被认为是一项至关重要的经济活动，在国际贸易和国际物流中发挥着重要作用。

首先，国际货物运输是国际贸易实现的关键保障。

国际贸易涉及广泛的商品流通和交换，货物在空间上流通范围广泛，地域辽阔，因此国际货物运输成为实现国际贸易不可或缺的基本环节。在具体的国际贸易交易中，商品成交后，通过商品运输按照约定的时间、地点和条件将商品交给对方是贸易全过程的最后一步。缺乏运输环节，国际贸易将无法进行。

尤其在当前激烈的国际市场竞争中，交易双方对于交货时间、运送速度和运输费用等都极为重视。快速、及时、安全、优质的货物运输不仅保证按时交货、完成交易，还有助于占领市场、扩大销售渠道、赢得信誉。

其次，国际货物运输有助于促进国际贸易的发展。

随着经济的发展，生产规模不断扩大，产品种类增加，需要不断寻求更多和更广泛的市场。国际货物运输为世界各国之间的贸易、技术交流和国际市场形成提供了前提条件。随着国际运输业的发展，运输工具的现代化、运输体系结构的完善以及国际运输管理水平的提高，开拓更广阔的国际市场成为可能，同时提高了运输效率，加快了货物运输速度，促进了国际贸易的发展。

再次，国际货物运输是国际物流的核心活动。

国际物流是根据国际贸易需求在不同国家之间发生的物流，即各种进出口商品在国家间的物质实体转移。运输和储存是国际物流的两大核心功能，而"物"的转移始终离不开位置的移动。运输在国际物流中占据着重要地位，直接影响国际物流的速度和效益，甚至在很多情况下成为国际物流的代名词。

最后，国际货物运输是国际贸易的组成部分，也是降低国际物流成本的重要因素。

在国际贸易中，商品交易价格中包含着商品的运价。商品运价和生产价格一样受到国际市场供求关系的变化影响，直接影响国际贸易商品价格的波动。国际货物运输的对象是国际贸易商品，通过提供运输服务、进行无形贸易，为国家创汇，因此，国际货物运输也是一种无形的国际贸易。在国际物流费用中，运输费用占据很大比重，约占50%，因此，降低运输费用直接影响国际物流成本的降低。

4.1.2　国际货物运输的特点

与国内货物运输相比，国际货物运输具有以下几个方面的主要特点：

第一，国际货物运输是一项政策性很强的涉外活动。

国际货物运输作为国际贸易的组成部分，在组织货物运输过程中，需要经常同国外发生联系，这种联系不仅是经济上、业务上的联系，还会涉及国际政治问题。同时国际政治、经济形势的变化也会直接或间接地影响到国际货物运输。所以，国际货物运输既是一项经济工作，又是一项政策性很强的涉外活动。

第二，国际货物运输路线长、中间环节多。

国际货物运输进行的是国家与国家、国家与地区之间的商品和货物的运输，其运输距离比国内货物运输距离要长得多。由于运输距离长，在运输过程中需要采用各种运输方式，使用不同的运输工具，经过多次装卸搬运，这使得商品交接、转运和换装等运输中间环节较多。

第三，国际货物运输涉及的部门多，运输过程复杂多变。

货物在国家间的运输过程中需要涉及国内外许多不同的部门，要与不同国家和地区的货主、中间代理人、交通运输部门、商检机构、保险公司、银行、海关等各个部门、方方面面打交道。同时，由于各个国家和地区的政治、经济、法律、金融、货币制度不同，政策法令规定不一，贸易运输习惯和经营上的做法也有很大的差异，这些都增加了运输组织的难度和运输过程的不确定性。而国际政治风云的变幻，经济形势的变化和各种自然灾害都会对国际货物运输产生影响，所以，国际货物运输又是一项复杂多变的运输组织工作。

第四，国际货物运输时间性强，风险较大。

在国际市场上，出口商品的竞争十分激烈，商品价格瞬息万变，要在竞争中取胜，不仅要求商品本身的质量好，而且要求上市的速度快。就进口商品而言，大多是国内建设和生产所急需的商品，若运输迟缓，到货速度慢，就会影响生产的进度和重点建设的按期完成。所以，国际货物运输的时间性很强。在贸易合同中，货物的装运期和交货期都被列为合同的条件条款，如果违反了这些条件，即构成根本性的违约，因此，能否按时装运进出口商品也是关系到能否重合同、守信用的大问题。

由于国际货物运输距离长、中间环节多，涉及面广，情况复杂多变，时间性强，因此其风险也比较大。针对国际货物运输风险大的特点，为了转嫁运输过程的风险损失，在国际货物运输中，对各种进出口货物和运输工具，都需要办理运输保险。

4.1.3 国际货物运输的组织机构

国际货物运输是实现进出口商品在不同国家和地区之间空间位置转移的过程。完成此过程的有关各方包括货物所有者、国际运输的参与者和运输服务的提供者，因此，国际货物运输的组织机构和关系方主要由以下三大部分组成：

（1）交通运输部门

交通运输部门是指专门经营海上、铁路、公路、航空等客货运输业务的企业和部门，如船公司、铁路和公路运输公司、航空公司等。这些交通运输部门拥有大量的交通运输工具，掌管着各种交通设施和设备，其主要任务是为社会提供运输服务，在国际运输关系中是以承运人的身份出现的，是国际货物运输的实际承担者。

（2）外贸部门或进出口商

外贸部门或进出口商是指专门经营进出口商品业务的部门或企业，如各专业进出口公司和其他拥有进出口权的企业或部门等。这些外贸企业为了履行国际贸易合同，必须负责办理进出口商品运输手续，在国际货物运输中他们被统称为货主，是国际货物运输中的托运人或收货人。

（3）运输代理人

运输代理人是接受委托人的委托，在合法授权的范围内，代办各种运输业务并按提供的劳务收取报酬（如代理费、佣金）的人。

随着国际贸易的发展，国际运输领域不断扩大，运输业务日益繁杂，手续越来越多，从而使得任何一个承运人或货主都很难亲自去办理每一项具体的运输业务，许多业务和手续需要委托代理人代为办理。针对这种需求，在国际运输领域中专门从事运输代理业务的代理行和代理人便应运而生。根据代理业务性质和代理业务范围的不同，运输代理可以分为货运代理、船务代理、租船代理和咨询代理等。随着国际贸易和国际货物运输的发展，国际运输代理已经成为世界性的行业，其业务涉及国际运输领域的各个环节，是国际货物运输不可缺少的重要组成部分。

4.1.4　国际货物运输方式

国家间的货物运输涉及多种运输方式和工具，以满足不同需求。我国的国际货物运输主要包括海洋运输、铁路运输、航空运输、邮政运输、公路运输以及以集装箱为媒介的国际多式联合运输。

海洋运输是最主要的国际货物运输方式，占国际贸易总运量的2/3以上，以及我国进出口商品的60%~70%。根据船舶经营方式的不同，海洋运输可分为班轮运输和租船运输两种形式。

国际货物陆上运输分为铁路运输和公路运输。铁路运输包括国内铁路货物运输和国际铁路货物联运两个部分。航空运输则是一种快捷高效的货物运输方式，随着航空运输事业的发展，货运量不断增加。

邮政运输是由邮政部门作为货运代理人提供的服务，主要通过各种运输方式，尤其是航空运输来完成。而国际多式联合运输则是将两种或两种以上的单一运输方式组合起来，实现各种运输方式的相互衔接，是一种现代化的新型运输方式，具有许多优势。

不同的运输方式适用于不同类型的货物，因此在国际货物运输中，选择适当的运输方式应考虑货物的性质、特点以及对运输条件的要求。为了有效管理国际物流，必须全面了解国际托运人提供的运输选择。

4.2 国际海洋运输

4.2.1 国际海上货物运输基础知识

海上运输作为一种历史悠久的国际贸易运输方式，在全球商品交换中扮演着至关重要的角色。由于地球表面70%以上是海洋，这种地理条件决定了海上运输在国际贸易运输中的战略性地位。我国拥有长达18 000千米以上的海岸线，以及良好的海湾和优越的建港条件。天然河流超过40多万千米，加上沿海众多终年不冻的良好港口，还有长江等沿岸开放的港口，使我国具备了极为优越的进行海上运输的条件。海上运输方式除了受益于这些地理条件外，还具备多方面的优点，从而使其成为国际贸易运输中最重要的运输方式。

海洋航运业在全球贸易实现中扮演着关键的角色。全球有超过5万艘商船，注册在150多个国家，由100多万名几乎来自每个国家的海员操作。在全球经济中，商船业务每年创造的货运收入估计超过3 800亿美元，货物运输量超过77亿吨。海运行业主要因其能够运输所有重型货物而在世界贸易中承担了90%的运输量（按重量计算，如图4-1所示）。现代船舶是技术先进、价值高的资产：大型船舶的资本成本超过1亿美元，马士基航运公司购买的最新集装箱船的建造成本估计为1.9亿美元。

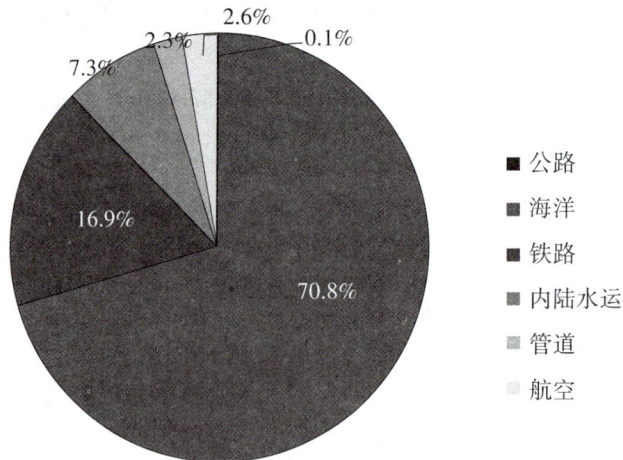

图4-1 国际货物运输构成情况（以百万公吨计）

1.国际海上货物运输的特点

（1）运输量大，通过能力强

海上运输船舶的载运能力远远高于铁路和公路运输货车的载运能力。随着科学技术的进步和造船业的发展，海上运输船舶逐渐向着专业化、高速化和大型化的方向发展，目前超巨型油轮的载运量已达60万吨以上，巨型集装箱船的载箱能力已达10 000标准箱以上。此外，海上运输利用海上天然航道，四通八达，不像铁路和公路运输那样要受到道路和轨道条件的限制，通过能力很强。

（2）单位运输成本低

海上运输主要利用天然水域和航道，除了在港口建设和船舶的购置方面需要花费一定的投资外，在水域和航道建设方面几乎不需要花费投资。加之船舶的能源消耗量较低、载运量大、具有规模效益等原因，海上运输成为各种运输方式中运输成本最低的一种。

（3）对货物的适应能力强

海上运输货船能够适应固体、液体和气体等多种货物运输的需要。各种专业化运输船舶如油船、液化气船和集装箱船等的产生为国际贸易货物采用海运的方式提供了条件。同时，海船货舱容积大，可装载体积大、分量重的货物，对于超长、超大、超重货物的运输也有很强的适应性。

（4）运输连续性差，风险较大

海上运输受自然条件尤其是季节、气候条件的影响很大，如河流航道冬季结冰和港口封冻、枯水期水位变低，都会影响船舶的正常航行。同时，在国际海上货物运输中，船舶长时间地在远离海岸的海洋上航行，海洋环境复杂，气象多变，随时都有可能遭遇狂风巨浪、暴雨、雷电、海啸、浮冰等自然灾害的袭击，遇险的可能性较大。与其他运输方式相比，海上运输的准确性、连续性和安全性相对较差。

（5）运输速度慢

船舶体积大，受水流的阻力大，行驶的速度慢，加之运输中换装、交接等中间环节多，所以运输的速度较慢。由于海上运输的距离长，因此运输时间长。

（6）不能提供门到门服务

海洋货物运输受到航道和港口的限制，可及性差，一般需要陆路运输方式的配合，或者需要通过国际多式联运的方式完成货物的运输。

2.海上货物运输船舶

（1）海上货船的种类

船舶是海上运输的工具。海上货物运输船舶的种类有很多，按照其用途不同可以分为干货船和液体船两大类。

干货船根据所装货物和船舶结构、设备的不同，可以分为杂货船、干散货船、冷藏船、木材船、集装箱船、滚装船和载驳船等。

液体船主要是用来装运液体货物的船舶。根据所装货物种类的不同，又可分为油船和液化天然气船。

（2）船舶吨位

船舶吨位是船舶大小的计量单位，分为重量吨位和容积吨位两种。

①船舶的重量吨位

船舶的重量吨位是表示船舶重量的计量单位，包括排水量吨位和载重吨位两种。

排水量吨位是船舶在水中所排开水的吨数，也就是船舶自身重量的吨数。根据船舶装载状态的不同，排水量吨位又分为空船排水量、满载排水量和实际排水量三种。

空船排水量又称轻排水量，是船舶在空载时的排水量，包括船舶本身、船员和必要的给养物品的重量，是船舶最小限度的重量。

满载排水量又称重排水量，是船舶在装货和载客后吃水达到最高载重线时的排水量，是船舶最大限度的重量。

实际排水量，是船舶各个航次装货、载客后的排水量。

船舶排水量的计算公式如下：

$$排水量（长吨）= \frac{船长 \times 船宽 \times 船舶吃水 \times 方模系数（立方英尺）}{35（海水）\times 36（淡水）（立方英尺）}$$

$$排水量（公吨）= \frac{船长 \times 船宽 \times 船舶吃水 \times 方模系数（立方米）}{0.9756（海水）或（淡水）（立方米）}$$

公式中的"船舶吃水"是指由船舶龙骨最底部至水平线间的距离，也就是船体在水面以下的深度。"方模系数"是指船舶入水部分的体积与一有同等的长、宽、深的长方体体积的比率。方模系数因船型不同而有所不同，一般为0.3~0.85不等。

载重吨位是船舶的载重量单位，代表船舶的载重能力。载重吨位可分为船舶总载重吨和净载重吨。

总载重吨是指船舶根据载重线标记规定所能装载的最大限度的重量，是船舶所载运的货物、船上所需的淡水、燃料和其他储备物品重量的总和。

总载重吨=满载排水量−空船排水量

净载重吨是指船舶所能装载货物的最大限度的重量，又称载货重吨，是从船舶总载重量中减去船舶所需储备的燃料、淡水和其他储备品的重量所得的差数。

②船舶的容积吨位

船舶的容积吨位又称注册吨位，是表示船舶容积的单位。这种吨位是各海运国家为船舶注册而规定的一种以吨为单位的计算和丈量方法，以100立方英尺或2.83立方米为1注册吨。容积吨位分为容积总吨和容积净吨两种。

容积总吨又称注册总吨，是将船舶甲板以上及甲板以下所有围壁空间的容积总和，按100立方英尺或2.83立方米为1注册吨的标准所折合的吨数。容积净吨又称注册净吨，是将船舶可供装货和载客的容积，按100立方英尺或2.83立方米为1注册吨的标准所折合的吨数。

（3）船舶载重线

船舶载重线是船舶满载时的最大吃水线，以载重线标志的形式绘制在船舶左右两侧船舷中央，以此来限制船舶的最大吃水，确保船货和人员运输的安全。

船舶载重线标志包括甲板线、载重线圆盘和各条载重线，如图4-2所示。

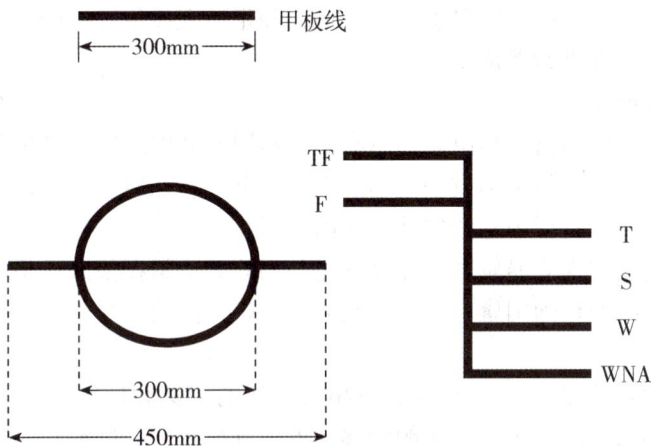

图4-2　船舶载重线标志

图4-2中各条载重线的含义为：

TF：热带淡水载重线。船舶航行于热带地区淡水中时，最大吃水线不得超过此线。

F：淡水载重线。

T：热带海水载重线。

S：夏季海水载重线。此线与载重线圆盘上的水平直线处于同一高度。

W：冬季海水载重线。

WNA：北大西洋冬季载重线。船长在100.5米以下的船舶，在冬季月份航行经过北大西洋（北纬36°以北）时，最大吃水线不得超过此线。

我国船舶检验局对上述各条载重线，分别以汉语拼音首字母为符号，即以"RQ""Q""R""X""D""BDD"代替"TF""F""T""S""W""WNA"。

在租船业务中，期租船的租金习惯上按船的夏季海水载重线的载重吨来计算。

（4）船级

船级是表示船舶技术状况的一种指标。凡是注册总吨在100吨以上的海运船舶，必须在某船级社或船舶检验机构监督之下进行监造。每艘船建造完毕后，由船级社或船舶检验机构对船体、船上机器设备、吃水标志等项目和性能进行鉴定，发给船级证书。船级证书的有效期限一般为4年，4年期限届满后，要重新予以鉴定。

船级社亦称船级协会，是专门从事核定船级工作的行业组织。世界上比较著名的船级社有：英国劳埃德船级社（LR），德国劳埃德船级社（GL），挪威船级社（NV），法国船级社（BV），日本海事协会（NK），美国航运局（AB）等。其中英国劳埃德船级社是世界上历史最悠久、规模最大的船级社。中国船级社是中国唯一从事船舶入级检验业务的专业机构。

船舶入级的作用在于保证船舶安全航行，有利于国家对船舶进行技术监督，促进船舶技术管理水平的提高，同时也可为托运人和租船人择优选择船只以及保险公司决定船、货保险费率提供参考依据。

（5）船籍和船旗

船籍，即船舶的国籍，是由船舶所有人向本国或外国的船舶管理部门办理所有权登记而获得的。一旦取得本国或登记国的国籍证书，船舶便正式具备了相应的身份。

船旗则是商船在航行中悬挂的其所属国的国旗，同时也是船舶国籍的象征。按照国际法规定，商船被视为船旗国的浮动领土，因此无论是在公海还是其他国海域中航行，船舶必须悬挂船籍国国旗。船舶有义务遵守船籍国的法律规定，并受到船籍国法律的保护。

在第二次世界大战后，一些海运业相对发达的国家和地区，如美国、希腊、日本、中国香港和韩国的船东，将船舶转移到外国进行登记。这种在外国登记、悬挂登记国国旗，并在国际航运市场上运营的船舶被称为"方便国旗船"。这种做法使船东能够逃避国家的高税收和军事征用，自主制定运价而不受政府管制。此外，方便国旗船还能自由处理船舶和运用外汇，雇用外国船员而支付较低工资，以及降低船舶标准，从而节省维修费用，降低运营成本，增强船舶的竞争能力。

值得注意的是，一些国家和地区，如利比里亚、塞浦路斯、巴拿马、新加坡、巴哈马和百慕大，公开允许外国船舶在其登记，通过收取登记费用为本国（地区）增加外汇收入。因此，方便国旗船至今仍然广泛存在。

（6）船舶的主要文件

船舶文件是证明船舶所有权、性能、技术状况和运营必备条件的各种文件的总称。船舶只有通过法律登记和技术鉴定并取得各类有关的文件证书后，才能参加运营。从事国际航行的船舶必须具备的船舶文件证书主要有以下7种：

①船舶国籍证书（Certificate of Nationality）。

②船舶所有权证书（Certificate of Ownership）。

③船舶船级证书（Certificate of Classification）。

④船舶吨位证书（Tonnage Certificate）。

⑤船舶载重线证书（Certificate of Load Line）。

⑥船员名册（Crew List）。

⑦航行日志（Log Book）。

此外，还有轮机日志、卫生日志和无线电日志等。

（7）航速

航速以"节"表示。船舶的航速依船型不同而不同，其中，干散货船和邮轮的航速较慢，一般为13~17节（1节=1海里/小时=1.852千米/小时）；集装箱船的航速较快，目前最快的集装箱船航速可达24.5节。客船的航速也较快。

4.2.2 班轮运输

国际海运的经营方式可分为两大类：一类是定期船运输，即班轮运输；另一类是不定期船运输，又称租船运输。

班轮运输（Liner Transport）是指船舶在固定的航线上和港口间按事先公布的船期表往返航行，并按事先公布的运费率收取运费的一种船舶经营方式。班轮按照预先制定的时间表和确定的停靠港进行定期航行。一个预定航程可能只包括两个港口（例如，从巴西的桑托斯港，到美国的迈阿密港，然后返回），或者，更常见的是，世界上一个地区的一系列港口（例如，德国的不来梅港、荷兰的鹿特丹港、英国的费利克斯托港）到另一个港口（如美国的波士顿港、巴尔的摩港、巴哈马的拿骚港）。相当多的班轮遵循世界航线（RTW）的时间表，东行或西行，通过巴拿马运河或苏伊士运河。

班轮有很多种类型，其中很多都适合特定的航线，它们的大小和设备取决于它们访问的港口和它们运输的特定类型的货物。班轮是普通的承运人，因为他们向任何将按预定的运费率支付运费的托运人提供服务。

1.班轮运输的特点

（1）班轮运输具有四固定的特点，即在运输中有固定的航线、固定的港口、固定的航行时间和相对固定的运费费率。

（2）班轮承运货物品种、数量比较灵活，特别有利于一般杂货和小额贸易货物运输。运输中对于船舶停靠的港口，不论货物数量多少，一般都可以接受托运。

（3）手续简便，方便货主托运。承托双方的权利、义务、责任和豁免以船公司签发的提单条款为依据，装船前货主和承运人之间不需要签署书面运输合同，一般采取在码头仓库交接货物的方式，为货主提供了更加便利的条件。

（4）运价内包括货物的装卸费用，货物的装卸、配载由承运人负责，承托双方不计算滞期费和速遣费。

2.班轮运费的计算

班轮运费是班轮运输中承运人根据运输契约完成货物运输后向托运人收取的报

酬。班轮运价是计算班轮运费的单价或费率。影响班轮运价的主要因素有运输成本、货物的价值和特性、运输量与运输距离、航线和港口的条件以及航运市场的结构和竞争状况等。

（1）班轮运费的构成

班轮运费由基本运费和附加运费两部分组成。基本运费是对任何一种托运的货物必须计收的运费，是根据航线上的各基本港之间进行运输的平均费用水平而向普通货物收取的费用，构成全程运费中应收取运费的主要部分。附加运费是在收取基本运费的基础上，根据运输中发生的特殊情况和需求而额外收取的一部分费用。

班轮基本运费的计算标准有以下几种：

①按货物的毛重计收，在运价表中用字母"W"表示。

②按货物的体积（或尺码吨）计收，在运价表中用字母"M"表示。

③按商品的价格计收，在运价表中用"Ad.Val."表示，即按该种商品FOB价的一定百分比计收运费。由于运费是根据商品的价格确定的，所以其又被称为从价运费。

④按货物的毛重、体积或价格收费，由船方选择其中收费最高的一种计收运费，在运价表中用"W/M"或"W/M or Ad.Val."表示。

⑤在货物的毛重和体积中选择计收较高运费外，还要加收从价运费，在运价表中用"W/M plus Ad.Val."表示。

⑥按货物的件数计收运费。

⑦对于大宗低价值货物，采取由船、货双方临时协商议定运价的办法计收运费。

在运价表中，计算单位为运费吨，包括重量吨和体积吨两种。不同国家或地区采用不同的单位制，但大部分国家都趋向于采用国际单位制，即以1公吨为1重量吨，以1立方米为1尺码吨。英国和某些欧洲国家的船公司仍用1长吨作为1重量吨，以40立方英尺作为1尺码吨，因此，在计算运费时，如果商品的重量和体积单位与运价表中的重量、体积单位不符，就要进行换算。

在班轮运输中，如果遇到意外或特殊情况，产生了对运输服务的特殊需求，从而导致班轮公司的运输成本增加，为了使增加的运输成本得到一定的补偿，需要在班轮基本运费的基础上额外加收一部分费用，这些额外加收的运费就是班轮运费的附加费。班轮运费附加费的种类繁多，主要有：

①超重附加费。这是当一件商品的毛重超过规定重量时所增收的附加运费。超重货物在装卸、配载等方面会增加额外的劳动和费用，所以船公司要加收超重附加费。

②超长附加费。这是当一件货物的长度超过规定标准时所增收的附加运费。与货物超重一样，超长货物在装卸、配载时也会增加额外的劳动和费用，所以船公司要加收超长附加费。

③转船附加费。对于运往非基本港口的货物，需要在中途某个港口换装另一运输船舶转运至目的港，为此船方加收的附加费称为转船附加费。

④直航附加费。对于运往非基本港口的货物，当运输的货量达到一定的标准时，船方可以安排直航卸货，为此而加收的附加费是直航附加费。直航附加费一般比转船附加费低。

⑤选卸附加费，又称选港附加费。由于买卖双方贸易上的原因，有些货物在办理托运时尚不能确定具体的卸货港，需要在预先选定的两个或两个以上的卸货港中进行选择，为此而加收的费用称为选卸附加费。

⑥变更卸货港附加费。这是由于收货人、交货地变更或清关问题等原因，货物在装船后需要变更卸货港，不在提单上原定的卸货港卸货而增收的费用。

⑦港口附加费。这是指由于一些港口设备差、装卸效率低、费用高而增加了船舶运输成本，船方为了弥补损失所加收的费用。

⑧港口拥挤附加费。港口拥挤附加费是由于港口拥挤，船舶需要长时间等候泊位，为弥补船期损失而收取的费用。该项附加费是一种临时性的附加费，变动性较大。

⑨绕航附加费。由于某种原因，船舶不能按正常航线而必须绕道航行，从而增加了运输成本，为此而加收的费用称为绕航附加费。绕航附加费也是一项临时性的附加费。

⑩燃油附加费。这是由于燃油价格上涨，船舶的燃油费用支出超过了原核定的运输成本中的燃油费用，承运人在不调整原运价的前提下，为补偿燃油费用的增加而收取的附加费。燃油附加费是临时性附加费，当燃油价格回落后，此项附加费会随之调整或取消。

⑪货币贬值附加费。这是由于国际金融市场汇率发生变动，计收运费的货币贬值，承运人的实际收入减少，为了弥补所受的损失而加收的附加费。

班轮运费附加费的项目种类有很多，除了上述主要的附加费之外，还有一些其他的附加费，如冰冻附加费、熏蒸附加费、洗舱费等。班轮运费附加费的计算方法主要有两种：一种是按每运费吨若干金额计收；另一种是按基本运费的一定百分比收取。

（2）班轮运费的计算方法

①班轮运费计算公式

根据班轮运费的构成，其计算公式为：

$$F = F_b + \sum_{i=1}^{n} S_i$$

式中：F为班轮总运费；F_b为班轮基本运费；S_i为第i项运费附加费；n为运费附加费的项数。

②班轮运费的计算步骤

•查明货物名称、重量、体积、装卸港口，是否需要转船或要求直航，以及卸货港的选择等。

•根据货物名称从有关运价表中查出该货物的运价等级和计费标准。

•查找所属航线的等级费率表，确定该等级货物的基本费率。

•查出各项应收附加费的计费办法及费率。

•将各项数据代入班轮运费的计算公式进行计算。

3.班轮运输的货运程序及货运单证

班轮运输的货运程序是从承运人揽货和托运人订舱开始的。

揽货是船公司为使自己所经营的船舶在载重量和载货舱容积两方面均得到充分利用，以取得最佳的经济效益，通过各种途径从货主那里争取货源的行为。为此，船公司要在所经营的班轮航线的各挂靠港口及货源腹地通过自己的营业机构或代理人与货主建立业务关系；在报纸、杂志上刊登船期表，以便于货主办理订舱和托运手续；通过与货主、无船公共承运人或货运代理人等签订货物运输合同或揽货协议来争取货源。

订舱是托运人向班轮公司申请货物运输，承运人对这种申请给予承诺的行为。在国际贸易中，以CIF或CFR价格成交的货物，由出口商安排货物运输，所以订舱工作多数是在装货港或货物输出地由出口商办理。以FOB价格条件成交的货物，则由进口商办理货物运输，因此订舱工作就可能是在货物的卸货地或输入地由进口商办理。

办理订舱时，托运人应向船公司或其在装运港的代理人提出货物装运申请，递交托运单（Booking Note，B/N）。托运单是托运人根据买卖合同和信用证的有关内容向承运人或其代理人办理货物运输的书面凭证。承运人接受承运后在托运单上签章确认，然后发给托运人装货联单。此时承运人与托运人之间对货物运输的相互关系即告建立。

装货联单，也称下货纸，是接受了托运申请的船公司签发给托运人的、要求船长接受单上记载的货物，并将货物装船承运的凭证。目前我国各个港口使用的装货联单的组成不尽相同，但主要是由三联组成。第一联为留底联，用以编制载货清单。第二联为装货单（Shipping Order，S/O），是托运人向海关办理货物出口报关的单证，只有海关在此单上加盖放行图章后，货物才准许装船出口，所以装货单又常称为"关单"。第三联为收货单（Mates Receipt，M/R），是指某一票货物装上船后，由船上的大副签署给托运人的作为证明船方已收到该票货物并已装上船的凭证，所以，收货单又称为"大副收据"或"大副收单"。装货联单填妥后，经船公司审核无误签章留底后，将装货单和收货单交还给托运人，至此，即表示船公司已确认了托运人的订舱。

订舱后，托运人持装货单及有关单证向海关办理货物出口报关、验货放行手续，海关在装货单上加盖放行图章后，货物即可准予装船出口。

　　船公司接受货主订舱后，根据装货单联中的留底联，将全船待运货物按目的港和货物性质归类，依航次靠港顺序排列编制全船装载货物的汇总清单——装货清单（Loading List，L/L）。装货清单的内容包括船名、装货单号码、件数、包装、毛重、估计立方米及特种货物对运输的要求或注意事项的说明等。装货清单既是大副编制积载计划的主要依据，又是供现场理货人员进行理货、港口安排驳运、进出库场以及掌握托运人备货和货物集中情况等的业务单证。当发生增加或取消货载情况时，船方会及时编制"加载清单"（Additional Cargo List）或"取消清单"（Cancelled Cargo List）并及时分送各有关方。

　　大副根据装货清单编制货物积载计划，交代理人分送理货、装卸公司等按计划装船。货物积载计划是在出口货物装船之前对货物装船的顺序和货物在船上的装载位置等情况做出安排的详细计划，用以指导有关方面安排泊位、货物出舱、下驳、搬运等工作。由于这个计划是以图表的形式来表示的，即用图表的形式表示货物在船舱内的装载情况，形象具体地显示每一票货物在船舱内的位置，所以该计划也叫积载图（Stowage Plan）。在货物装船以前，大副是根据装货清单上记载的货物资料制订货物积载计划，但在实际装船过程中，往往会因为各种客观原因使得装货的实际情况与计划安排有出入，因此，在每一票货物装船后，应重新标出货物在舱内的实际装载位置，最后绘制一份准确的"货物积载图"。

　　在办妥订舱和报关手续后，托运人应向船方交货，进行货物装船。在集装箱班轮运输中，由于班轮公司基本上都是以CY/CY作为货物的交接方式，所以集装箱货物的装船工作都由班轮公司负责。在杂货班轮运输中，由于运输货物的种类繁多、包装各异，为了提高装船效率，加速船舶周转，减少货损货差现象，对于普通货物的交接装船通常采用由班轮公司在各装货港指定装船代理人，由装船代理人在各装货港的指定地点接受托运人的交货，办理交接手续后，将货物集中整理，并按次序进行装船的形式，即所谓的"仓库收货，集中装船"的形式。对于特殊货物，如危险品、鲜活货、贵重货物、重大件货物等，通常采用由托运人将货物直接送到船边的形式，即采取现装或直接装船的形式。

　　当每一票货物全部装上船后，现场理货人员即核对理货计数单的数字，在装货单上签注实装数量、装船位置、装船日期并签名，再由理货长审查并签字，然后随同收货单一起交船上大副。船上大副审核属实后在装货单和收货单上签字，留下装货单，将收货单退还给理货长转交托运人。大副在签署收货单时，会认真检查装船货物的外表状况、货物标志、货物数量等情况，如果货物外表状况不良，标志不清，货物有水渍、油渍或污渍等情况，或者货物数量短缺、损坏时，大副会将这些情况记载在收货单上，这种在收货单上记载有关货物外表状况不良或有缺陷的情况说明称为"批注"

（Remark）。有大副批注的收货单称为"不清洁收货单"，而收货单又是托运人向船公司换取提单的凭证，所以，不清洁收货单会转嫁到提单上，产生不清洁提单。

托运人取得收货单后，即可凭收货单要求船公司签发提单。在预付运费的情况下，托运人付清运费后，船公司签发已装船提单。提单具有货物收据、物权凭证和运输合同业已存在的证明功能，是班轮运输中最重要的单证之一。托运人取得提单后，持提单及有关单证到议付银行结汇，取得货款。议付银行将提单及有关单证邮寄给开证银行。

货物装船完毕后，船公司编制出口载货清单。载货清单（Manifest，M/F）亦称"舱单"，是在货物装船完毕后，根据大副收据或提单编制的一份按卸货港顺序逐票列明全船实际载运货物的汇总清单。载货清单是国际航运实践中一份非常重要的通用单证，既是船舶办理报关手续的单证，是海关对进出口船舶所载货物进出国境进行监督管理的单证，又是港口及理货机构安排卸货的单证之一。在我国，载货清单还是出口企业在办理货物出口后申请退税、海关据以办理出口退税手续的单证之一，因此在船舶装货完毕离港前，载货清单送船长签字后向海关办理船舶出口手续，并留下数份载货清单随船同行，以备中途挂港和到达卸货港时办理进口报关手续时使用。进口货物的收货人在办理货物进口报关手续时，载货清单也是海关办理验放手续的单证之一。

船公司在卸货港的代理人接到船舶抵港电报后，通知收货人船舶到港日期，做好提货准备。收货人接到付款通知后到开证银行付清货款取回提单。

卸货港船公司的代理人根据装货港船公司的代理人寄来的货运单证，编制进口载货清单及有关船舶进口报关和卸货所需要的单证，约定装卸公司、理货公司，联系安排泊位，做好接船及卸货准备。

船舶抵港后，船公司在卸货港的代理人随即办理船舶进口手续，船舶靠泊后开始卸货。

卸货采用驳船作业时，使用过驳清单（Boat Note）。过驳清单是根据卸货时的理货单证编制的，作为证明货物交接和表明所交货物实际情况的单证。由收货人、卸货公司、驳船经营人等收取货物的一方与船方共同签字确认。当一票货物所卸下的数量与载货清单上所记载的数量不符，发生溢卸或短卸时，由理货员编制货物溢短单（Overlanded & Shortlanded Cargo List），并且由船方和有关方（收货人、仓库等）共同签字确认。卸货完毕，理货员根据卸货过程中发现的货物破损、水湿、水渍、渗漏、霉烂、生锈、弯曲变形等情况编制货物残损单（Broken & Damaged Cargo List），以证明货物残损情况。货物残损单也必须经船方签字确认。以上三种单据是收货人向船公司提出损害赔偿要求的证明材料，也是船公司处理收货人索赔要求的原始资料和依据。

　　收货人持正本提单向船公司在卸货港的代理人办理提货手续，付清应付的费用后，换取代理人签发的提货单（Delivery Order，D/O）。提货单亦称小提单，是收货人凭以提取货物的单证。提货单的性质与提单的性质完全不同，它只是船公司指令装卸公司或码头仓库向收货人交付货物的凭证，不具备流通和其他作用，因此在提货单上一般记有"禁止流通"的字样。

　　收货人办理货物进口手续、支付进口关税后，持提货单到码头仓库或船边提取货物。

　　4.海运单据

　　（1）海运提单

　　海运提单（Bill of Lading，B/L）是指用以证明海上货物运输合同和货物已经由承运人接管或者装船，以及承运人保证据以交付货物的单证。海运提单在国际班轮运输中既是一份重要的业务单证，又是一份重要的法律文件，所以，提单是国际海上货物运输中最具特色的运输单据。提单是一种物权凭证，各国法律和有关国际公约都认定提单是货物所有权的凭证。持有人可据以提取货物，也可凭它向银行押汇，还可在载货船到达目的港之前进行转让也就是说，谁拥有提单，谁就拥有物权。

　　根据海运提单的性质，按照法律的规定，海运提单具有三项主要的功能：

　　第一，作为证明货物已由承运人接管或已装船的收据。

　　第二，作为海上货物运输合同的证明。

　　第三，作为承运人凭以交付货物的物权凭证。

　　随着国际贸易的发展，国际海上货物运输中所遇到的海运提单的种类也越来越多，从不同的角度可以对提单进行以下分类：

　　根据货物是否已装船，可分为已装船提单和备运提单。前者指货物已装船后签发的提单，后者指承运人已接管货物并准备装运时所签发的提单。在贸易合同中，为了保障收货人自身的利益，一般要求卖方提供已装船提单，因该提单有船名和装船日期，对收货人按时收货有保障。

　　根据提单上对货物外表状况有无不良批注，可分为清洁提单和不清洁提单。国际贸易结算中，银行为安全起见只受理清洁提单，即承运人未在提单上批注货物外表状况有何不良情况。

　　根据提单抬头不同，可以分为记名提单、不记名提单和指示提单。记名提单在收货人栏内列明收货人名称，这种提单只能由该收货人提货，不能作任何形式的转让。不记名提单是在提单上不列明收货人名称的提单，谁持有提单，谁就可凭提单向承运人提取货物。指示提单在收货人一栏内应填明"指示"字样，经过背书可以转让。指示提单有利于资金的周转，在国际贸易中应用广泛。此外，根据运输方式的不同，提单可分为直达提单、转船提单、联运提单和多式联运提单；根据内容繁简不同，可分为全式提单和简式提单；根据运费支付方式不同，可分为运费预付提单和运费到付提单。

（2）海运单

海运单是证明海上运输合同和货物由承运人接管或装船，以及承运人保证据以将货物交付给单证所载明的收货人的一种不可流通的单证，因此又称为不可转让海运提单。

海运单不是物权凭证，因此不可以转让。收货人不凭海运单提货，而是凭到货通知投货，因此海运单收货人栏应该填写实际收货人的名称和地址，以便使货物到港及时通知收货人。海运单能够方便进口商及时提货，简化手续，节约费用，还可以在一定程度上减少用假单据进行诈骗的现象。

（3）电子提单

随着 EDI 在国际贸易中不断完善和发展，为了提高国际航运业务效率，电子提单应运而生。所谓电子提单，是指一种利用 EDI 系统对运输途中的货物支配权进行转让的程序。EDI 系统利用计算机网络，使用专用密码进行信息交换，通告货物支配权转移。

传统的纸质提单是张物权凭证，货物权利的转移必须通过提单持有人的背书，而电子提单的转移是利用 EDI 系统通过计算机进行的，因此它具有货物支配权的转移速度快，便于收货人提货，高度保密的特点，可以控制、监视提单内容，以防止托运人涂改提单，欺骗收货人和银行。

提单作为航运界广泛采用的运输单证，其发展经历了漫长的历程。早在中世纪，提单首次出现时，并没有专门针对提单的法律规定。第一次世界大战结束后，为了消除由于缺乏统一提单法律制度而对国际航运和贸易带来的不良影响，促进航运业的繁荣，欧美主要海运国家于 1924 年 8 月在布鲁塞尔签署了第一部有关提单的国际公约——《统一提单的若干法律规定的国际公约》（General Rules of Law Relating to Bills of Lading）。由于该公约最初是在海牙起草的，因此又被称为《海牙规则》（The Hague Rules），该公约于 1931 年生效。迄今为止，《海牙规则》已成为全球最为广泛使用的国际公约之一。

尽管《海牙规则》在国际海上货物运输中占据着重要地位，但由于当时船东的强大势力，该公约不可避免地偏向于承运人，引起了货运方的批评。第二次世界大战结束后，随着殖民地和半殖民地国家的独立、第三世界国家经济的发展以及海运技术的现代化，对修改《海牙规则》的呼声逐渐增加。国际海事委员会在 1968 年 2 月在布鲁塞尔召开了外交会议，代表了 53 个国家和地区，制定了《关于修改统一提单若干法律规定的国际公约的议定书》，简称《1968 年布鲁塞尔议定书》。鉴于代表们在会议期间访问了中古时期著名的《维斯比海法》的发源地维斯比城，该公约又被称为《维斯比规则》（The Visby Rules）。该议定书不能独立使用，必须与《海牙规则》结合使用，因此合称为《海牙-维斯比规则》，《维斯比规则》于1977年6月23日生效。

然而，《维斯比规则》只是对《海牙规则》中某些条款做了一些修订和补充，并没有解决《海牙规则》中存在的实质性问题，所以那些代表货方利益的国家（地区），尤其是发展中国家（地区）对此并不满意。经过多年的努力，1978年联合国汉堡会议讨论通过《1978年联合国海上货物运输公约》，由于该公约在汉堡制定，所以又称为《汉堡规则》（The Hamburg Rules）。《汉堡规则》对《海牙规则》进行了全面、实质性的修改，扩大了承运人的责任范围，对货方和承运人的权益作了较为公平合理的调整，该国际公约于1992年11月起生效。

从《海牙规则》到《汉堡规则》，有关提单的国际公约在内容上发生了质的变化，对当事各方利益的保护更加合理，也适应了不断发展的航运技术的要求。三个国际公约实质上的区别主要在于：

①承运人的责任基础不同。

②承运人的最高责任赔偿限额不同。

③对货物的定义不同。

④公约适用范围不同。

⑤承运人的责任期限不同。

⑥诉讼时效不同。

⑦对承运人延迟交货责任的规定不同等。

1993年7月1日，经第七届全国人民代表大会常务委员会会议审议通过的《中华人民共和国海商法》（以下简称《海商法》）正式生效，这是我国第一部在海上运输和船舶方面的专门立法，它从我国的国情出发，以我国四十多年来的海上运输和经贸实践为基础，并充分考虑到国际海运立法中追求统一的趋势，广泛吸收了目前国际通行的国际公约和惯例的规定，是一部比较成熟的立法。我国的《海商法》内容十分丰富，其中有关提单的部分主要遵循了《海牙-维斯比规则》的精神，如关于承运人适航责任，妥善和谨慎管理货物的责任，不做不合理绕航责任以及承运人免责、责任限制的规定与《海牙-维斯比规则》相一致；同时又合理地吸取了《汉堡规则》中的合理部分，如承运人责任期间、活动物和甲板货运输以及货物延迟交付等事项，这从世界范围来看是个创新。

4.2.3　租船运输

租船运输，又称不定期船运输，是相对于班轮运输的另一种海上货物运输方式。在租船运输中，既没有固定的船舶班期，也没有固定的航线和挂靠港，而是按照货源和货主对于货物运输的要求，安排船舶航行计划，组织货物运输。不定期货船与班轮不同，它可以在不定期货船需要的任何时间和地点作业。他们不按规定的时间表操作，而是前往承包船只（租船）的公司想要运送货物的地方。由于它们的运作方式，不定期货船通常一次只能为一个出口商或进口商装载一种货物，因此，大多数不定期货船专为一种类型的货物设计，即使它们运载几种干货物或几种等级的石油产品。一个可能的类比是，不定期船是出租汽车，而定期船是公共汽车。

1.租船运输的特点

作为与班轮运输不同的船舶经营方式，租船运输具有以下的特点：

（1）租船运输一般是整船洽租，并以运输价值较低的大宗散装货物为主，单位运输成本较低。大宗货物如谷物、油类、矿石、煤炭、木材、砂糖、化肥、磷灰土及水泥等，一般适合整船装运。这类货物本身的价值较低，运输量较大，对运输费用的承受能力也相对较低，班轮运输无法提供足够、适宜的舱位，也不可能以过低的运费来承运大宗货物。为了适应大宗货物运输的需求，各种专用船舶和多用船舶相继建成，并投入租船市场，如油船、散货船和矿砂船等。同时，船舶吨位也不断提高，通过"规模经营"降低了运输成本。

（2）租船运输没有固定的航线、固定的装卸港口、固定的费率和固定的船期，而是根据租船人的需要和船东的可能，由双方洽商运输条件，以租船合同的形式加以规定。

（3）通过租船经纪人洽谈成交租船业务。租船运输与班轮运输的又一区别是：班轮运输中是由船务代理和货运代理为承运人和托运人促成运输合同；而租船运输中一般是由出租人和承租人分别委托船东经纪人（Owner's Broker）和租船代理人（Chartering Agent）洽谈租船业务。租船经纪人以佣金作为劳务报酬，依靠广博的专业知识、丰富的实务经验以及广泛的业务联系渠道，在偌大的国际航运市场上为出租人揽收合适的货源或为承租人提供合适的船舶。

（4）租船运输中承租人和船舶所有人之间的权利和义务是通过双方签订的租船合同来确定的。合同双方无论就专业知识，还是议价实力而言，都处于同等地位，因此，没有必要像班轮运输那样，通过制定国际公约或订立国内法去强制规定双方的责任和义务。租船合同的签订具有法律认可的订约自由。换言之，合同双方完全可以凭借其谈判实力，在船舶合同中订立保护自己利益的条款。

（5）租船运输中，船舶港口使用费、货物装卸费、船舶延期费用等的承担和支付按租船合同的规定由船舶所有人或承租人负担，而班轮运输中船舶一切正常运营支出均由船方负担。

2.租船方式

租船运输方式依承租人的不同需求分为定程租船、定期租船、光船租船、包运租船和航次租船五种，最常用的是前三种，下面将着重介绍这三种。

（1）定程租船

定程租船（Voyage Charter）也称"航次租船"，是以航程为基础的租船方式，即由船舶所有人向承租人提供船舶或船舶部分舱位，在指定的港口之间进行单向或往返的一个或几个航次用以运输指定货物的租船运输方式。在这种租船方式下，船方必须按租船合同规定的航程完成货物运输任务，并负责船舶的经营管理以及在航行中的一切费用开支，租船人则须按约定支付运费。

定程租船的特点是：船舶的经营管理由船方负责；规定运输的航线和装运货物的种类、名称、数量以及装卸港口；船租双方的权利和义务以定程租船合同为依据；在租船合同中对装卸货物的时间加以规定，船租双方计算滞期费和速遣费。

定程租船按运输形式可以分为以下几种：

①单程租船，也称单航次租船，即所租的船舶只装运一个航次的货物，船舶所有人负责将指定的货物从起运港运往目的港，货物在目的港卸货后，租船合同即告终止。

②来回程租船，也称往返航次租船，是船舶所有人提供船舶完成一个往返航次的租船方式。

③连续单程租船，也称连续单航次租船，是船舶所有人提供船舶在同一去向的航线上连续完成数个单航次运输的租船方式。

④包运合同租船。这种租船方式是船舶所有人在约定的期限内派若干条船，将规定的一批货物，按同样的租船条件，由甲地运到乙地，而对航程次数不作具体规定的租船方式。

（2）定期租船

定期租船（Time Charter）又称"期租船"，是指由船舶所有人将特定的船舶，按照租船合同的约定，在约定的期间内租给承租人使用的一种租船方式。在规定的期间内船舶由租船人自行调度和经营管理，向船舶出租人支付租金。定期租船的租期根据租船人的实际需要由双方约定，短则几个月，长则几年或更久。

定期租船的特点是：租赁期间船舶的经营管理由租船人负责；船方负责船舶的维护、修理和机器的正常运转；不规定船舶的航线和装卸港口，只规定船舶的航行区域，除特别规定外，可以装运各种合法货物；船租双方的权利与义务以定期租船合同为准；在合同中不规定装卸期限或装卸率，船租双方不计算滞期费和速遣费。

（3）光船租船

光船租船（Bare Boat Charter）也称船壳租船，也是定期租船的一种，不过这种租船方式下船舶所有人没有承揽运输的责任，它实际上是一种财产租赁的方式。在租期内，船舶所有人只提供一艘空船给租船人使用，船舶配备船员、运营管理、供应以及一切固定或变动的运营费用都由租船人负责。船舶所有人在租期内除了收取租金外，对船舶和其经营不再承担任何责任和费用。

3. 租船合同

租船合同是船舶出租人和租船人按照契约自由的原则达成的协议，依照此协议船舶出租人将船舶全部或部分提供给租船人使用，租船人向船舶出租人支付一定的报酬（运费或租金）。租船合同是海上运输合同的一种。

（1）租船合同范本

租船是通过船舶所有人与租船人签订租船合同来实现和约定法律责任的，租船合同的签订是一项细致而严密的工作，为了各自的利益，船租双方在谈判中要对租船合同的条款进行仔细斟酌、反复推敲，必然造成长久的交易磋商过程，产生大量的通信费用。为了简化订租手续，节约签租时间和费用，同时也为了维护自己的利益，国际上一些航运垄断组织、大型船公司和大宗货物贸易商会，根据各自的特点，结合货物的种类、运输航线等，预先编制了可供船租双方选用的租船合同范本，其中列出了合同的主要条款作为洽谈合同的基本意向，在租船交易中可以选择适用的租船合同范本作为参考基础。

租船合同范本的种类有很多，目前在国际航运市场中被采用较多、比较具有影响力的标准租船合同格式主要有三类。

第一类，定程租船方面的合同。

①杂货租船合同。

例如，标准杂货定程租船合同（Uniform General Charter），简称为"金康合同"（GENCON），以及斯堪的纳维亚航次租船合同，简称为"斯堪康合同"（SCANCON）。

②煤炭租船运输合同。

例如，威尔士煤炭租船合同和普尔煤炭航次租船合同。

③谷物运输租船合同。

例如，谷物泊位租船合同、北美谷物航次租船合同、澳大利亚谷物租船合同、太平洋沿岸谷物租船合同。

④矿石租船运输合同。

例如，C（矿石）租船合同和铁矿石租船合同。

⑤液体货物运输租船合同。

例如，油轮航次租船合同、气体航次租船合同和化学品航次租船合同。

除此之外，还有"古巴食糖租船合同""北美化肥航次租船合同"和"波罗的海木材船租船合同"等。

第二类，定期租船方面的合同。

①纽约土产交易所定期租船合同（Time Charter New York Produce Exchange）

其简称为土产格式（NYPE Form），是美国纽约土产交易所制定的定期租船合同的标准格式，现行的是1993年修订版，代码为"NYPE93"。

②波尔的姆统一定期租船合同（BALTIME Uniform Time Charter Party）

其简称波尔的姆（BALTIME），由波罗的海国际航运协会于1909年制定，并由英国航运公会认可，现行的是1974年修订版。

③中租期租船合同（SINO TIME，1980）

该合同格式由中国租船公司制定，是专门用于中国租船公司从国外期租船使用的租船合同标准格式。

第三类，光船租船合同的标准格式。

例如，光船租船A式合同（BARECON A，1974）和光船租船B式合同（BARECON B，1974）。前者是由波罗的海国际航运公会制定的光船租船合同标准格式，后者是由波罗的海国际航运公会制定、专门用于抵押贷款新造船舶的光船租船合同的标准格式。

（2）定程租船合同的主要条款

定程租船合同的主要条款有：

①合同当事人

租船合同的当事人是指对租船合同的履行承担责任的人。定程租船合同的当事人应该是船舶所有人和承租人，因此在定程租船合同中必须要列明船舶所有人和租船人的名称、地址和主要营业所的地址。

②船舶概况

船舶概况说明是合同的条件条款，主要包括：

•船名。船名是合同的重要条件之一，必须正确无误。在船舶出租期间船东不得随意更换船名，否则就属于违约。为了船东经营上的便利，可在合同中列明两艘船，由船东选择其中之一，或者在合同中写明"或其代替船""或其姊妹船"，以赋予船东更换船舶的权利。但是，船东指定的替代船舶的状况应与原约定的船舶相符。替代船舶一经选定，船东应及时通知租船人，并不得再次更换。

•船旗。船旗也是合同的重要条件，在合同履行期间，船东不得擅自变更船舶国籍或变换船旗，否则即属违约。

•船级。船级是船舶检验机关认定的船舶技术状态的指标，是合同的条件条款，如果违约，承租人可以解除合同。

•船舶的吨位。船舶的吨位既是表示船舶大小和装载货物数量的基本资料，也是港口费用、运河通行费、代理费、吨税等征收的基本参数，所以，在租船合同中要记明船舶的登记吨位和载重吨位。由于在缔结定程租船合同时，船舶所有人对本航次实际可以装载货物的数量难以定出确切的数字，因此，在定程租船合同中通常只规定一个装载货物的大概数量和可增减的百分比。

③受载期与解约日

受载期是在租船合同中规定船舶到达约定的装货港，并做好装货准备的期限。解约日是船舶到达合同规定的装货港，并做好装货准备的最后一天。如果受载期是以"某月某日至某月某日"的形式规定，解约日就是这段时间的最后一天；如果受载期是以具体规定某一天的形式表示的，解约日通常会定在这一天之后的10至20天之内的某一天。

④装货港和卸货港

在定程租船合同中，对装货港和卸货港的规定一般有两种：一种是列明装货港和卸货港名称；另一种是不具体列明港口名称，只规定一个大致的范围，由租船人选择。为了保证船舶进出港口和在港内装卸作业的安全，装卸港口必须是安全港口。安全港口或安全泊位是指一个港口或泊位能使船舶在抵达、进港、在港停泊和离港的整个相关期内，在未出现某些非常事件的情况下，不会处于运用了良好的航海技术和船艺仍不能避免的危险中。关于安全港口的责任归属问题，一般的原则是谁对港口的选择有最大的决定权，谁就要对该港的安全负责。

⑤货物

对于运输货物的品名、种类和包装，在定程租船合同中，除了具体列明一种货物外，有时为了租船人在贸易上的便利，可以规定几种货物或某一类货物，由租船人选择其中的一种或几种，甚至还可以规定为装运合法货物。但在这种情况下，船东一般会要求在合同中增加"危险品除外"的附加条款。此外，还要在合同中明确规定货物的包装类型。

关于货物数量的规定方法，一般有两种：第一种，采用"伸缩条款"，即满舱满载某种货物××吨，船方选择百分之几的伸缩；第二种，采用"最高最低条款"，即满舱满载某种货物不超过多少吨、不少于多少吨，由船方选择。若在租船合同中采用上述方法规定货物数量，船舶具体的装载数量应由船长在装货之前以书面形式通知租船人，即"宣载"。船长宣布的载重量必须在合同规定的范围之内，而且，宣载量一经确定，就不能再做修改。如果租船人提供货物的数量达不到宣载量，则应向船东支付亏舱运费。

⑥运费

运费是租船人使用船东的船舶而付给船东的报酬。收取运费对船东来说是整个租船合同中最重要的内容，运费条款也是合同条款之一。

•运费的计收方法。在定程租船合同中，采用的运费计收方法通常有两种：一种是规定一个运费费率，用运费费率乘以货物数量就得出运费的金额。货物数量的计算标准有两个:一是按装入量计算;二是按卸出量计算。多数货物的装入量大于卸出量,但也有些货物,如磷灰石和木材等的卸出量大于装入量,因此当合同采用此种方法计算运费时,必须明确按哪种标准确定货物数量,以避免争议。另一种运费的计收方法是整船包价运费,即合同中不规定运费费率,而是规定整船的运费,不论实际装货数量是多少,租船人都按确定的包价运费支付。

•运费的支付方式。运费的支付方式有预付和到付两种。在实际租船业务中,预付运费已成为习惯做法。预付运费规定的预付时间有:装货完毕时支付、签发提单时支付和装货完毕后若干天支付等。而且在租船合同中,一般都会写明"不论船货是否灭失,运费概不退还"。运费到付时,支付时间的规定有三种情况:船舶到达卸货港支付、卸货完毕时支付和交付货物后支付。

⑦装卸费用的划分

在定程租船合同中,对装卸费用划分的规定一般有下列几种:

•班轮条款(Liner Terms,或 Gross Terms),是指由船东负责雇用装卸工人,并负担货物的装卸费用。

•船东不负担装卸费用(Free In and Out,FIO),简称 FIO 条款,是指由租船人负担货物的装卸费用。为了明确理舱、平舱费用也由租船人负担,需采用 FIOST(Free In and Out,Stowed and Trimmed)条款。

•船东不负担装货费用(Free In,FI),简称 FI 条款,是指船东不负担装货费用。但如果船东不负担装货费用,但要负担卸货费用,可用"FILO(Free In,Liner Out)"条款,这是 FI 条款的变形。

•船东不负担卸货费用(Free Out,FO),简称 FO 条款。根据这一条款,装货费由船东负担,卸货费由租船人负担。有时为更明确地表达船东负担装货费用、不负担卸货费用,可用"LIFO(Liner In,Free Out)"条款,这是 FO 条款的变形。

租船人在与船东商洽决定装卸费用负担条款时,应注意与贸易合同价格条件相衔接。

⑧装卸时间

在定程租船运输中,船舶的时间损失是由船东承担的,因此船东总是希望尽量缩短每个航次的时间,以提高船舶的运营效率。装卸时间是整个航次时间的重要组成部分,涉及当事人双方的利益,需要在合同中加以明确。

如果在租船合同中没有规定装卸时间,那么就按港口习惯尽快装卸。船舶所有人不得向租船人收取任何滞期费,除非租船人在装卸过程中有过失并因该过失导致了船期的延误。同样,租船人也不得向船舶所有人要求任何速遣费。

若在定程租船合同中规定装卸时间,有关装卸时间的规定方法通常有以下几种:

•规定装货若干日(小时)和卸货若干日(小时)。

• 规定装货和卸货共若干日（小时）。

• 规定每日装货和卸货若干吨。

• 规定每日每舱口装货和卸货若干吨。

当装卸时间按"日"计算时，对"日"的定义在合同中应该加以明确。在定程租船合同中，对"日"的表示有以下几种：

• 连续日，即从开始装卸计时起，时钟连续走过24小时为1日，时间上不作任何扣除。

• 工作日，指按港口习惯工作时间计算装卸时间，非工作时间不计入装卸时间。

• 累计8小时工作日，指不管港口习惯的工作时间如何，都以累计进行装卸作业8小时为1个工作日。

• 累计24小时工作日，指不管港口习惯的工作时间如何，都以累计进行装卸作业24小时为1个工作日。

• 好天气工作日。这里所指的"好天气"是有特定含义的，即只要不影响货物正常装卸作业的天气都算是好天气。该种工作日是指除了星期天和法定假日不算装卸时间之外，因天气不良不能进行装卸作业的时间也不计入装卸时间。

• 连续24小时好天气工作日，指在好天气工作日中昼夜连续作业24小时算作1日。

在计算装卸时间时，除了对装卸时间"日"的选择外，还会涉及许多细节问题，例如使用的星期天及节假日是否计入装卸时间，装卸时间是否可以合并计算，在开始装卸时间以前进行装卸作业的时间是否计入装卸时间，装卸时间从何时算起和算到何时为止等，这些细节问题都要在合同中写明，以免在执行合同时发生争议。

⑨滞期费和速遣费

滞期费是指并非由于船东的原因使租船人未能在合同规定的装卸时间之内完成装卸作业，对因此产生的船期延误，按合同的规定向船东支付的费用。

滞期费是按船舶滞期时间乘以合同规定的滞期费率计算的。滞期时间的计算有两种方法：一种是"滞期时间连续计算"（一旦滞期始终滞期），即进入了滞期以后该扣除的星期天、节假日及坏天气不能进行作业的时间就不再扣除，而是按自然日有一天算一天，所有的时间均作为滞期时间；另一种是"滞期时间非连续计算"，也叫"按同样的日"计算，即滞期时间与装卸时间一样计算，该扣除的时间同样扣除。

速遣费是在合同规定的装卸时间届满之前，租船人提前完成装卸作业，使船舶可以提前离港并使船东节省在港费用和获得船期利益，船东按合同的规定向租船人支付的奖金。

速遣费按船舶速遣时间乘以合同规定的速遣费率计算。速遣时间的计算也有两种方法：一种是"按节省的全部工作时间计算"，即在计算速遣时间时对星期天、节假日全部扣除，不作为速遣时间；另一种是"按节省的全部时间计算"，即用合同规定的装卸时间减去实际使用的装卸时间，星期天、节假日也作为速遣时间计算。

（3）定期租船合同的主要条款

定期租船合同的主要条款有：

①船舶说明条款

船舶说明条款主要包括两部分内容：一部分是船名、船期、建造年月、船舶吨位、吃水等方面的内容，其规定和作用与定程租船合同基本相同；另一部分是有关航速和耗油量等方面的规定，这是定期租船合同不同于定程租船合同的重要内容。

在定期租船方式下，船舶的时间损失由租船人承担，而且租船人负担船舶的燃料费用，因此航速和燃油消耗量直接关系到租船人在船舶运营期间内的成本和经济效益，船东有义务提供符合合同规定的航速和燃油消耗量的船舶。在 BALTIME 和 NYPE93 中对这一内容的规定相差不大，基本含义为船舶在满载、良好天气、风力不超过蒲氏××级，能够达到航速大约××节，消耗大约××吨燃油。

②租期

租期是租船人租用船舶的期限，在定期租船合同中对租期一般有以下几种规定方法：

•默示伸缩性规定。如"约1年"或"约9个月"等，即便合同双方没有在租期前加上大约的字样，法庭在解释时仍然会"默示地"给予一个伸缩期限。

•明示伸缩性规定，即在规定租期的同时，规定伸缩期及其选择权，如"租期1年，25天伸缩，由租船人选择"，即租期为1年，由租船人选择提前或顺延25天，但这25天是租船的极限，不得超出。

•订明租期的最长和最短期限，如"最短3个月，最长9个月"。这里的最长、最短的期限是严格的，一天都不得超出（最长期限），一天也不能减少（最短的期限），否则租船人属于违约。

③交船

交船是船东在合同规定的时间和地点，将合同中指定的船舶交给租船人使用，交船是定期租船合同履行的开始。在实际交船之前，船东应将预期交船的时间或确切交船的时间通知租船人，使其做好接船准备和货运安排。如果船舶所有人没有在合同约定的时间内进行交船，租船人有权取消合同并提出赔偿要求。

④还船

还船是在合同约定的租期届满时，租船人将船舶交还给船舶所有人的行为。

还船与交船一样，在合同中对还船日期、地点、条件等加以明确规定。原则上租船人应该在租船期限届满时还船，但是，在实践中很少有船舶最后一个航次结束日恰好与租期届满之日相吻合的情况，因此常常会延迟还船或提前还船，这主要取决于租船人使用船舶进行最后一个航次的结束时间。在实际还船之前，租船人应将具体还船的港口和大致时间通知船舶所有人。

还船地点一般规定为某一特定港口或地点，或者规定某一范围内的某一港口或地点由租船人选择，也有规定引航员离船的时间为还船时间等方式。

租船人还船时船舶所有人必须接受船上的剩油，并按当地的市场油价结算后支付给租船人。此外还要求所还船舶应处于与交船时同样良好的状态，正常磨损除外，因此，如果船舶有损坏，租船人应在还船之前进行修复，否则，租船人不但要负责船舶的修理费，还要赔偿船舶所有人在修船期间所遭受的一切经济损失。

⑤租金支付

在定期租船方式下，租船人必须准时、足额支付租金，否则有可能导致船东撤船。租金的准时支付以付到为准，即按合同规定付到船东手里或者付到船东指定的收款银行和账户。

租船人只有在以下三种情况下才可以停付租金：

- 合同规定在该种原因下可以停付租金的，如停租条款中规定的事项。
- 由于船东方面的原因造成的船舶时间损失。
- 船舶灭失。

在少数几种情况下，租船人可以抵减和扣除租金，如船长借支，上期租金多付，代垫款项、佣金和利息等，而除上述合法扣除项目外，租船人的任何非法扣除和少付，都可能导致船东撤船。

在租船人违反支付租金义务的情况下，船东如欲行使撤船的权利，则必须在合理的时间之内，而且必须明确通知租船人及船长，撤船应是终局性的。

⑥停租

停租是指在租期内，由于约定的原因，致使租船人不能按合同的规定使用船舶。在停止使用船舶期间，租船人可以停付租金。停租不以船东或其雇员的过失或疏忽为前提条件。

⑦转租条款

在定期租船合同中大多规定租船人有权转租船舶。在进行船舶转租时，原租船人和第二租船人之间签订转租合同，但转租合同对原合同中的出租人不发生任何效力，原出租人与转租承租人之间没有直接的租船合同关系。

4.2.4　海上货物运输事故的处理

1.海上货物运输事故的种类和原因

海运货运事故按照货运事故的性质和损失程度划分，其种类及主要原因见表4-1。

表4-1	海运货运事故的种类和原因		
事故种类		主要原因	
货差		标志不清、误装、误卸、理货错误等	
货损	全部损失	船只沉没、搁浅、触礁、碰撞、火灾、爆炸、失踪、偷窃、政府行为、海盗、战争、拘留、货物被扣等	
	部分损失	灭失	偷窃、抛海、遗失、落海等
		内容短缺	包装不良或破损、偷窃、泄露、蒸发等
		淡水水湿	雨雪天装卸货物、消防救火过程中的水湿、舱内管系泄漏等
		海水水湿	海上风浪，船体破损，压载舱漏水等
		汗湿	通风不良、衬垫或隔离不当、积载不当等
		污染	不适当的混载、衬垫或隔离不充分等
		虫蛀、鼠咬	驱虫、灭鼠不充分、舱内清扫、消毒不充分、对货物检查不严致虫、鼠被带入舱内等
		锈蚀	潮湿、海水溅湿、不适当的混载等
		腐烂、变质	易腐货物未按要求积载的位置装载，未按要求控制舱内温度，湿度过高，换气通风不充分，冷藏装置故障等
		混票	标志不清、隔离不充分、积载不当等
		焦损	自燃、火灾、漏电等
		烧损	温度过高、换气通风过度、货物本身的性质

国际海洋气候多变、风险多样，是造成海运货运事故的主要原因之一。除了表4-1中所列的原因外，还有原装货物数量不足、货物品质与合同不符、货物包装不够、水尺计量不准、海上欺诈等原因，可能造成损失。

2.海上货物运输事故及责任划分

国际海上货物运输的时间性强，地域广阔，涉及的部门和作业环节众多，运输单证复杂，运输环境条件多变，因此，在国际海上货物运输过程中就有可能发生货物的灭失或损坏，即发生货损货差事故。

货运事故按照货物损失的程度划分，可分为全部损失和部分损失，这种划分方法主要是用于保险业务，这是由保险、赔付的方式决定的。按照事故的性质划分，货运事故可分为货损和货差，这种划分方法则适用于海运货物纠纷的处理，如作为索赔、理赔的计算依据。货损是指被运输的货物在运输过程中受到了某种程度的损害，以致不能保持其原状，或使其失去某些功能乃至不能被利用，即货物失去了部分或全部的价值。而货差则是指所运输的货物在不同的交接环节上出现了数量上的不一致，即交接的货物数量少于贸易合同或提单上注明的数量。

就货运事故的责任人而言，货运事故又可以分为承运人的责任事故、托运人的责任事故、第三方的责任事故和不可抗力造成的事故等。不同的事故当事人的责任划分是：

（1）托运人的责任

不论是租船运输还是班轮运输，在托运人根据合同将货物交付给承运人之前所发生的一切货损、货差事故均由托运人负责。当货物交付承运人，处于承运人监管下时，托运人也要对由于其自身原因或过失造成的货损、货差负责。

（2）承运人的责任

货物在承运人监管过程中所发生的货损、货差事故，除由于托运人的原因和不可抗力的原因导致的之外，原则上都由承运人承担责任。承运人对货物的监管过程不仅仅指货物在船积载阶段，也包括待装船和待提货阶段，这要由运输合同的条款约定来决定。

承运人或代其签发提单的人，发现或者有合理的根据怀疑提单记载的货物状况与实际接受的货物不符，可以在提单上批注，说明不符之处、怀疑的根据或者说明无法核对。经过批注的提单称为不清洁提单，对于不清洁提单，承运人可以在批注的范围内对收货人免除责任。

（3）第三方的责任

货物在运输过程中，仅处于承运人或托运人的监管之下，因此，对于货运事故，尽管确定了是第三方的责任，承运人或托运人还是不能免责。只不过是在承运人与托运人解决完了货损、货差的赔偿问题后，再根据事故的责任，来确定追究第三方的责任。

第三方的责任一般是指因港口企业、陆路及水路运输企业、第三方船舶以及仓储企业等的原因和过失造成损坏和差错的责任。如何向第三方索赔，要根据货损、货差发生的时间和地点而定。

为了确定运输事故的责任方，重要的一点是首先明确运输事故发生的阶段，各种货运单证都是划分承运方、托运方以及其他第三方责任的必要证据。要根据事故的直接或间接原因确定责任。总之，事故的责任划分，应以货物在谁的有效控制下为基准，而且对于任何货损、货差事故，首先要解决托运人与承运人之间的赔偿问题，然后才是解决承运人或托运人与第三方之间的追偿问题。

3.海上货物运输的索赔与理赔

索赔是货主对因货运事故造成的损失向承运人或船舶所有人提出赔偿要求的行为。理赔则是承运人或船舶所有人对因其责任造成的货运事故造成的损失进行赔偿的行为。索赔和理赔是一项政策性强、涉及面广的重要工作，直接影响国家的信誉和企业的利益。根据国家的有关政策，参照国际惯例，以运输合同为依据，认真做好调查研究，正确处理运输索赔和理赔，具有重要的意义。

（1）索赔的原则

海上运输事故的处理是从索赔开始的，进行索赔时应坚持实事求是、有理有据、合情合理、区别对待、讲求实效的原则。

实事求是是指应根据事故发生的实际情况，分析造成事故的原因，确定事故责任人及其责任范围。

有理有据是指在提出索赔时，应掌握造成货运事故的有力证据，依据合同的有关条款，参照有关的国际惯例，有依据地提出索赔。

合情合理就是根据事故发生的事实，准确地确定损失程度和金额，合理地确定责任方应承担的责任，根据不同情况，采取不同的解决方式和方法，必要时可做些让步，使事故合理、尽早地得以解决。

区别对待是指根据我国对外的国别政策和业务上的需要，对不同的对象采取不同方法区别对待，处理索赔事件。

讲求实效是指在索赔中注重实际效果，既要考虑国家利益，也要考虑政治关系；既要考虑当前利益，也要考虑长远利益。对于已不可能得到的赔偿不应长期纠缠在法律诉讼之中浪费时间和财力；对于能收回的部分损失，也不应为等待全额而放弃。

（2）索赔的条件

一项合理的索赔，必须具备以下条件：

①索赔人具有索赔权。

提出货物索赔的人原则上是货物所有人或是提单上记载的收货人或合法的持有人。但是，根据收货人提出的"权益转让证书"也可以由有代位求偿权的货运代理人或其他有关当事人提出索赔。货物的保险人也可以是货运事故的索赔人。

②责任方必须负有实际赔偿责任。

收货人作为索赔方提出的索赔应是承运人免责范围之外的，或属于保险人承保责任范围内的，或贸易合同规定由卖方承担的责任。

③索赔额必须是合理的。

合理的索赔金额应以货损实际程度为基础。

④在规定的期限内提出索赔。

索赔必须在规定的期限，即"索赔时效"内提出，时效过后，索赔人提出的索赔就很难得到赔偿。

（3）索赔的依据和单证

租船合同和提单是处理索赔和理赔的主要依据，它们都有专门的条款用来规定租船人和船东、托运人与承运人之间的关系以及各自的权利、义务和责任、豁免等事项。在班轮运输中，虽然各船公司的提单形式不同，条款多少不等，但一般都是参照国际上通用的《海牙规则》的条款拟定的。在租船运输中，原则上是按照租船合同条款来处理索赔与理赔工作的，但仍不能背离《海牙规则》的基本精神，因此，要处理好索赔和理赔工作，必须很好地掌握和研究《海牙规则》。

索赔人在提出索赔时，应首先承担其收到的货物并不是在提单上所记载的状态下接受的举证责任。作为举证的手段和方式，索赔人要出具索赔单证，以便证明货损的原因、种类、损失程度和货损的责任。海运货损索赔中使用的主要单证有：

①索赔申请书。

这是索赔人正式向承运人提出索赔要求的书面文件。

②索赔清单。

索赔人应根据损失的程度和造成损失的原因，确定对外索赔的比例，按 CIF 价格计算损失金额，编制索赔清单，如果商业发票上是 FOB 价格，而按 CIF 价格索赔，还应提供运费和保险费收据。

③提单正本或影印本。

提单既是承运人接受货物的收据，也是将货物交付给收货人的凭证，还是确定承运人与收货人之间责任的证明。所以，提单是收货人提出索赔的主要单证。

④卸货港理货单或货物溢短单、残损单等卸货单证。

这些单证是证明货损或货差发生在船舶运输过程中的重要单证。如果这些卸货单证上批注了货损货差情况，并经船舶大副签字认可，而在收货单上又未做出同样的批注，就证明了这些货损、货差是发生在运输途中的。

⑤货物残损检验报告。

在货物受损的原因不明或不易区别，或无法判定货物的受损程度时，可以请具有公证资格的检验机构对货物进行检验。在这种情况下，索赔时必须提供检验机构检验后出具的"货物残损检验证书"。

⑥商业发票。

商业发票是贸易中由卖方开出的一种商业票据，是计算索赔金额的主要依据。必要时应加附装箱单或磅码单。

⑦费用单证。

这是向船方索赔修理、整理货物费用的证明文件。

⑧其他单证。

必要时还必须提供火灾鉴定报告、卫生或动植物检验证明、权益转让证书等。

总之，由于索赔案件的性质、内容不同，所需的索赔单证和资料也就不同，对于索赔时提供的资料和单证并没有统一的规定，但索赔的资料和单证必须齐全、准确，内容要相互衔接、一致，不能自相矛盾。

（4）索赔的一般程序

处理索赔案件的程序和手续，因承运货物的船舶经营方式不同而有所区别。索赔的一般程序为：

第一步，发出索赔通知。货运事故发生后，第一发现人负有报告的责任。如在船舶运输途中发生时，船长有责任发表海事声明；收货人提货时发现货损货差时，应将货损货差的事实以书面的形式通知承运人或承运人在卸货港的代理人，声明保留索赔的权利，否则承运人可免除责任。

第二步，提交索赔申请书和索赔单证。索赔申请书和索赔单证是索赔人向承运人正式要求赔偿的书面文件，提交后意味着正式提出了索赔要求，因此，如果索赔方仅仅是发出了货损通知，而没有递交索赔申请书并出具有关的货运单证，则可被解释为没有提出正式的索赔要求，承运人就不会受理货损货差的索赔，即不会进行理赔。

第三步，办理索赔手续。采用班轮运输或定程租船运输发生货损货差时，凡出口货物由国外收货人（或提单持有人和货物承保人）直接向承运人办理索赔。凡进口货物，一般情况下由货运代理人代表有关进出口公司以货方的名义向承运人办理索赔。

由外运公司定期租船运输的货物，不论出口或进口，均由外运公司办理索赔。

从法律的角度讲，索赔可以通过当事人双方的协调、协商，或通过非法律机关的第三人的调停予以解决。但是在调解、协商无效，解决问题无望的情况下，索赔人可通过法律的手段解决，即提起诉讼。《海牙规则》规定的诉讼时效期限为一年。我国《海商法》规定"就海上货物运输向承运人要求赔偿的请求权，时效期为一年，自承运人交付或者应当交付货物之日起计算"。

除协商不成可以提起诉讼外，在一定条件下还可以通过仲裁的手段解决纠纷。目前我国调整仲裁的法律主要是1995年实施的《中华人民共和国仲裁法》。我国目前的海事仲裁机构是中国海事仲裁委员会。

4.3　国际铁路运输

铁路运输是现代运输业的主要运输方式之一。与其他运输方式相比，铁路运输具有运输速度快、载运量大、安全可靠、运输成本低、运输准确性和连续性强等方面的特点。在我国的对外贸易中，无论是出口货物还是进口货物的运输，一般都要通过铁路运输这一环节，如果仅以进出口货运量来计算，铁路运输承担的货运量是仅次于海上运输而居第二位的，可见铁路运输在我国的对外贸易运输中起着重要的作用。

我国对外贸易铁路运输包括国际铁路货物联运和对香港地区的铁路货物运输两大部分。国际铁路货物联运通过铁路将货物联运至国际目的地，发挥了铁路在国际贸易物流链中的关键作用。同时，对香港地区的铁路货物运输也是我国内地与香港贸易往来中的关键一环，促进了两地之间的经济合作。

4.3.1　国际铁路货物联运

国际铁路货物联运是指货物在两个或两个以上国家铁路运送中，使用一份运送票据，并以连带责任办理货物的全程运送，在由一个国家的铁路向另一个国家的铁路移交货物时，无须发货人和收货人参加的运输方式。

1.国际铁路货物联运发展概况

国际铁路货物联运开始于19世纪后半期的欧洲，当时欧洲国家之间开办了国际铁路货物联运。1890年欧洲各国外交代表在瑞士首都伯尔尼举行会议，制定了《国际铁路货物运送规则》，即《伯尔尼公约》，该公约自1893年1月1日起实行，并经过多次修订，在1934年伯尔尼会议上经过修改后改称为《国际铁路货物运送公约》，简称为《国际货约》，并于1938年10月1日起开始实行。最新资料显示，参加该公约的有包括欧洲、亚洲和北非的共五十几个国家。

第二次世界大战以后，国际形势发生了很大的变化，随着世界经济和国际贸易的发展，国际铁路货物联运的范围也不断扩大。

1951年11月出于发展国际铁路货物联运的需要，当时的苏联、阿尔巴尼亚和已经参加《国际货约》的保加利亚、匈牙利、罗马尼亚、波兰、捷克斯洛伐克和民主德国等八国签订了《国际铁路货物联运协定》，简称为《国际货协》，开始办理国与国之间的货物联运。1954年1月，中国、朝鲜和蒙古参加了《国际货协》，越南于1956年6月也参加了这一协定，至此共有12个国家参加了《国际货协》。1990年10月3日，由于德国的统一，民主德国退出了《国际货协》。后来随着东欧形势的变化，匈牙利、捷克等国也于1991年1月1日起退出了《国际货协》，但铁路联运业务并未终止，原《国际货协》的运作制度仍被沿用。

在美国，2011年铁路运输的货运吨位为2.84万亿吨公里（1.73万亿吨英里），占全美长途运输吨位的40%以上。多式联运货运的增长占了几乎40%的车辆运输总量，总拖车或集装箱略低于1 200万辆。虽然没有关于北美国内国际货运的数据，但很可能其百分比是相似的。相比之下，欧洲铁路中只有一小部分采取联运方式，很大一部分货物是用传统的铁路车厢运输的，每一节车厢都是为自己特定的目的而设计的。澳大利亚的大部分货物运输是由矿石和谷物组成的长途运输。在加拿大，2011年的3 110亿FTKs中，70%是铁路，30%是公路，其具有基本相同的特征：矿石和谷物从很远的地方运到出口港口。

欧洲的铁路基础设施目前仍主要集中在客运领域，而货运方面相对被忽视，投资相对较少，特别是在旨在促进多式联运货运的铁路车辆和设施方面。此外，由于欧洲铁路系统普遍采用电气化，因此在所有铁路上都存在悬挂式的电力线（架空电力线）。这导致欧洲多式联运货物必须使用单层的火车车厢进行运输。在欧洲，通常采用20~25节车厢的非常短的列车，主要是由于客运列车相对较短，并且已经为客运列车设计了相应的信号设备。相反，在美国，大部分铁路基础设施没有电气化，而是经过改装以适应双层车厢。美国的货运列车通常由三四个火车头组成，车厢多达100节。这两种不同的做法反映了欧美两地在铁路基础设施发展和货运方面的不同重点和技术选择。欧洲注重客运，而美国更加注重货运的效率和容量。

2.国际铁路货物联运的基本条件

（1）国际铁路货物联运的范围

①参加《国际货约（协）》和未参加《国际货约（协）》但采用《国际货约（协）》规定的铁路间的货物运送。发货人在发站用《国际货约（协）》的运单办理，铁路从发站以一份运送票据负责将货物运至最终到站交付给收货人。

②未参加《国际货约（协）》铁路间的货物运送。发货人在发站使用《国际货约（协）》运送票据将货物办理至参加《国际货约（协）》的最后一个过境铁路的出口国境站，由该国境站站长或发货人、收货人委托的收转人转运至最终到站。

③通过过境铁路港口站的货物运送。从参加《国际货约（协）》铁路的国家通过参加《国际货约（协）》的过境铁路港口向其他国家（不论这些国家的铁路是否参加《国际货约（协）》）运送货物或向相反方向运送货物时，用《国际货约（协）》的运送票据只能办理至过境铁路港口站止或者从这个站起开始办理，由港口站的收转人办理转发送。

（2）国际铁路货物联运办理的业务种类

国际铁路货物联运办理的业务种类分为整车、零担和大吨位集装箱三种。

①整车，是指按一份运单托运的、按其种类或体积需要使用单独车辆装运的货物。

②零担，是指按一份运单托运的、重量不超过5 000千克、按其种类或体积不需要使用单独车辆运送的货物。但如果有关铁路间另有商定条件，也可不适用《国际货约（协）》整车和零担货物的规定。

③大吨位集装箱，是指按一份运单托运的、用大吨位集装箱运送的货物或空的大吨位集装箱。

3.国际铁路联运进出口货物运输

（1）国际铁路联运出口货物运输

①国际铁路货物联运出口运输条款

我国通过国际铁路货物联运对外出口的货物多数是以CPT或CIP条件成交的，也有一部分是以FCA条件成交的。三种国际联运条款介绍如下：

•CPT 条款。CPT 是 Carriage Paid to （…Named Place of Destination）的缩写，意思是"运费付至（……指定目的地）"，是指卖方向其指定的承运人交货，支付将货物运至目的地的运费，并办理出口清关手续。买方则承担货物交承运人或第一承运人之后的一切风险和其他费用。

•CIP 条款。CIP 是 Carriage and Insurance Paid to （…Named Place of Destination）的缩写，意思是"运费和保险费付至（……指定目的地）"，是指卖方向其指定的承运人交货，支付将货物运至目的地的运费，并办理出口清关手续，办理货物运输保险，支付保险费用。买方则承担货物交承运人或第一承运人之后的一切风险和其他费用。CIP 术语只要求卖方投保最低限度的保险险别。

•FCA 条款。FCA 是 Free Carrier （…Named Place）的缩写，意思是"货物交承运人（……指定地点）"，是指卖方只要将货物在指定的地点交给买方指定的承运人，并办理了出口清关手续，即完成交货。

为了顺利执行合同中规定的国际铁路货物联运条款，避免合同当事人在执行合同时发生争议，在贸易合同中应注意以下几点：

第一，交货条款要明确具体。在贸易合同中除了写明上述贸易术语外，交货地点一定要明确具体，不能含糊不清，不可以写"某某国""欧洲主要城市""内陆城市"等。

第二，允许分批装运。由于国际铁路货物联运计划等方面的原因，对于某些成交数量较大的货物，在合同中应规定"在合同交货期内允许分批装运"。

第三，规定结汇条件。国际铁路货物联运的出口货物，是凭国际铁路货物联运的运单对外结汇的。在合同中应规定"凭国际货协运单结汇"。

第四，避免信用证双到期。在 CPT 和 CIP 条件下，我国的出口货物应由我国的卖方负责装车发运，为了防止某些时候因联运计划未能获得批准而造成不能履行合同，可以经双方当事人商定在贸易合同中订明"信用证须列明如不能按期装运，则信用证装运期和结汇期间均可自动展延"。

②国际铁路联运出口货物运输业务

国际铁路联运出口货物运输业务主要包括国际铁路联运出口货物运输计划的编制、国际铁路联运出口货物的托运与承运、国际铁路联运出口货物在国境站的交接和交付等。

•国际铁路联运出口货物运输计划的编制

国际铁路联运出口货物凡是以整车发运的，必须要有经铁路部门批准的月度、旬度和每日的运输计划，因此各外贸发货单位在签订了贸易合同后，应积极备货，并按铁路部门的规定编制运输计划。发运零担货物不需要编制运输计划，但发货人必须事先向铁路发车站办理托运手续。

在各种铁路运输计划中，以月度运输计划最为重要，执行得最严格。月度运输计划是各外贸发货单位在每月7日前填写下月的"月度运输计划表"，报送铁路车站、铁路分局和铁路局，铁路局将运输计划汇总后上报国家铁路局，经批准后在每月24日下达到铁路分局、铁路车站，当日即通知到发货人。运输中如果遇到特殊情况而发生计划变更和计划外要车时，发货人应向铁路部门提出变更计划和计划外要车计划，铁路部门核准后下达执行。铁路月度运输计划只能变更一次，计划外要车计划不办理变更。铁路月度运输计划批准后，各外贸发货单位还要在此基础上编制旬度和日装车计划，以作为月度运输计划的具体执行计划。

•国际铁路联运出口货物的托运与承运

国际铁路联运出口货物托运和承运的一般程序是：

第一步，发货人在办理货物托运时，应向铁路车站提交铁路货物运单，以此作为货物托运的书面申请。

第二步，铁路车站接到运单后，进行认真审核，检查运单上的各项内容是否正确、齐全。如果发运的是整车货物，车站还应检查是否有批准的月度、旬度运输计划和日要车计划。如确认可以承运，应予以签证，在运单上写明货物进入车站的日期和装车日期，表示铁路已受理托运。

第三步，发货人应按签证指定的日期将货物搬入车站或指定的货位。铁路车站根据运单上的记载查对实货，确认其符合国际通行的有关铁路运输规章制度规定后，车站方可接受货物。

第四步，整车货物在装车完毕后，发车站在运单上加盖承运日期戳，即为承运。零担货物是发车站将发货人托运的货物连同货物运单一同接受完毕，在货物运单上加盖承运日期戳时，即表示货物业已承运。

托运、承运完毕，铁路运单作为运输合同即开始生效，铁路按《国际货约（协）》的规定对货物负保管、装车并运送到指定目的地的一切责任。

•国际铁路联运出口货物的运输单证

国际铁路联运出口货物的运输单证分为两类：一类是国际铁路货物联运运单；另一类是运单的添附文件。

国际铁路货物联运运单是参加国际铁路货物联运的铁路与发货人、收货人之间缔结的运输合同，规定了参加联运的各国铁路和发货人、收货人之间在货物运送上的权利、义务和责任，对承运人和货主都具有法律效力。

国际铁路货物联运运单由五联组成：第一联，运单正本；第二联，运行报单；第三联，运单副本；第四联，货物交付单；第五联，货物到达通知单。

经国际铁路联运的出口货物，在运输中要履行海关检查、商品检验等法定手续，这些方面的运输单证也是必不可少的，如出口货物明细单、出口货物报关单、出口外汇核销单，根据货物性质的需要还可能包括出口许可证、品质证明书、检验证、卫生检疫证、动植物检验检疫证、装箱单、磅码单、化验单、产地证明和发运清单等有关单证，这些单证视合同的规定和货物的不同要求而定。这些单证都是运单的添附文件。发货人办理托运时记入运单"发货人添附的文件"栏内，交给承运人，牢固地附在运单上，随货物同行。

•国际铁路联运出口货物在国境站的交接

在相邻国家铁路的终点，办理从一国铁路向另一国铁路移交或接收货物和车辆的车站称为国境站。我国国境站除设有一般铁路车站应有的机构外，还设有国际联运货物交接所、海关、国家出入境检验检疫所、边防检查站以及中国对外贸易运输（集团）总公司所属的分支机构等单位。

国境站除了办理一般铁路车站的业务外，还办理国际铁路货物联运的有关业务，内容包括国际铁路联运货物、车辆和列车与邻国铁路的交接，货物的换装或更换轮对，运送票据、文件的翻译及货物运送费用的计算与复核等。

出口货物在国境站交接的一般程序是：

第一步，出口国境站的货运调度根据国内前方站列车到达预报，通知国际联运交接所和海关做好接车准备。

第二步，出口货物列车进站后，铁路会同海关接车，并将列车随带的运送票据送交接所处理，货物及列车接受海关的监管和检查。

第三步，国际联运交接所实行联合办公，由铁路、海关、外运公司等单位参加，并按照业务分工实行流水作业，协同工作。铁路主要负责整理、翻译、运送票据，编制货物和车辆交接单，以此作为向邻国铁路办理货物和车辆交接的原始凭证；外运公司主要负责审核货运单证，纠正出口货物单证差错，处理错发错运事故；海关则根据申报，经查验单、证、货相符，符合国家法令及政策规定的，即准予解除监管，验关放行。

第四步，由双方铁路具体办理货物和车辆的交接手续，并签署交接证件。

联运出口货物在国境站的交接方式可分为凭铅封交接和按实物交接两种方式。凭铅封交接的货物，根据铅封的站名、号码或发货人简称进行交接，由双方铁路凭完整铅封办理货物交接手续。按实物交接可分为只按货物重量交接、只按货物件数交接和按货物现状交接三种方式。

联运出口货物在国境站换装交接时，如发现货物短少、残损、污染、湿损、被盗等事故，国境站外运分公司应会同铁路查明原因，分清责任，分别加以处理。如果是由于铁路原因造成的货物残损短缺，要提请铁路编制商务记录，并由铁路负责整修。整修所需包装物料由国境站外运分公司根据需要与可能协助解决，但费用由铁路承担。如果是发货人的原因造成的事故，在国境站条件允许的情况下，由国境站的外运分公司组织加工整修，但需由发货人提供包装物料，负担所有的费用和损失。因技术条件限制，无法在国境站加工整修的货物，应由发货人到国境站指导，或将货物返回发货人处进行处理。

（2）国际铁路联运进口货物运输

我国国内有关订货及运输部门对联运进口货物的运输组织工作主要包括：联运进口货物在发运前编制运输标志；审核联运进口货物的运输条件；向国境站外运分公司寄送贸易合同资料；联运进口货物在国境站的交接与分拨；进口货物的交付以及运到逾期的计算等。

①联运进口货物运输标志的编制

运输标志又称唛头（Mark），是由一些具有特定含义的字母和数字组成的，一般印制在货物外包装上。按我国的规定，联运进口货物在订货工作开始之前，由商务部统一编制向国外订货的代号，作为收货人的唛头，各进出口公司按照统一规定的收货人唛头对外签订合同。

②审核联运进口货物的运输条件

联运进口货物的运输条件是合同不可缺少的重要内容，因此必须认真审核，使之符合国际联运和国内铁路运输的有关规章。审核联运进口货物运输条件的主要内容包括：收货人唛头是否正确；商品品名是否准确具体；货物的性质和包装是否符合到站的办理种别；包装是否符合有关规定等。

③向国境站外运分公司寄送贸易合同资料

贸易合同资料是国境站外运分公司核放货物的重要依据，因此，各进出口公司在签订贸易合同后，要及时将一份合同中文抄本寄给货物进出口口岸的外运分公司。寄送的贸易合同资料包括合同的中文抄本和附件、补充书、协议书、变更申请书、更改书和有关确认函电等。

④联运进口货物在国境站的交接与分拨

联运进口货物的交接程序与出口货物的交接程序基本相同。具体做法是：进口国境站有关单位根据货车到达预报和确报做好检查准备工作。货车到达后，铁路与海关协同接车，然后两国国境站交接所根据交接单进行货物和车辆的现场交接。我国进口国境站交接所通过内部联合办公完成单据核放和货物报关工作。之后，铁路负责将货物调往换装线，进行换装作业，并按照流向编组向国内发运。

进口货物抵达国境站后，只有在单、证、票、货完全相符的情况下才能核放货物。如果发生合同资料与随车单证不符、单证与货物不符、有票无货或有货无票、货物错经国境站、货物混装、短于或超过合同规定的数量、货物因不符合《国际货约（协）》规定遭铁路拒收等货运事故时，国境站的外运分公司应根据事故原因进行处理：对于属于铁路责任造成的情况，应联系铁路进行处理；对于属于发货人责任造成的情况，应根据合同资料和相关规定认真细致地检查货物，确有可靠依据的可以进行纠正，否则应联系有关公司进行处理。

经过国际铁路联运的进口货物中的小额订货、合装货物和混装货物，通常以国境站的外运分公司作为收货人。因此，在双方国境站完成货物交接手续后，国境站的外运分公司应及时从铁路提取货物，进行开箱分拨，并按合同制作有关运输单证，重新向铁路办理托运手续。在分运货物时，要确保货物包装牢固，单货相符，并办清海关申报手续。

⑤货物运到逾期的计算

铁路承运货物后，应在最短的时间内将货物运送至最终到站。货物从发站至到站所允许的最大限度的运送时间，称为货物运到期限。货物运到期限由发送期间、运送期间和特殊作业时间三部分组成。

•发送期间。不论是慢运货物、快运货物，还是随旅客列车挂运的整车或大吨位集装箱货物，一律为一天（昼夜）时间。发送期间的时间由发送铁路和到达铁路平分。

•运送期间。按每一参加运送的铁路分别计算：

慢运整车或大吨位集装箱货物每200运价千米为一天（昼夜）；零担货物每150运价千米为一天（昼夜）。

快运整车或大吨位集装箱货物每320运价千米为一天（昼夜）；零担货物每200运价千米为一天（昼夜）。

随旅客列车挂运的整车或大吨位集装箱货物每420运价千米为一天（昼夜）。

•特殊作业时间，即在国境站换装、更换轮渡或用轮渡运送车辆时，无论哪种货物的运输，一律延长两天（昼夜）。

运送超限货物时，运到期限按算出的整天数延长百分之百。

以上货物运到期限，应从承运货物的次日零时起开始计算，不足一天按一天计算。如果承运的货物在发送之前需预先保管，运到期限则从货物指定装车的次日零时起开始计算。

货物实际运送天数超过规定的运到期限天数，即为该批货物运到逾期。如果货物运到逾期，造成逾期的铁路则应按该铁路收取运费的一定百分比向收货人支付逾期罚款。

逾期罚款的计算公式如下：

$$逾期百分率=\frac{实际运送天数 - 按规定计算运到期限天数}{按规定计算运到期限天数}×100\%$$

逾期罚款=逾期铁路运费×罚款率

《国际货协》规定的逾期罚款率为：

逾期不超过总运到期限1/10时，为运费的6%。

逾期超过总运到期限1/10，但不超过2/10时，为运费的12%。

逾期超过总运到期限2/10，但不超过3/10时，为运费的18%。

逾期超过总运到期限3/10，但不超过4/10时，为运费的24%。

逾期超过总运到期限4/10时，为运费的30%。

自铁路通知货物到达且可以将货物移交给收货人处理时起，一昼夜内如收货人未将货物领出，即失去领取运到逾期罚款的权利。

4.3.2　对香港地区的铁路货物运输

对香港地区的铁路运输，既不同于国际铁路货物联运，也不同于一般的国内铁路货物运输，而是一种特殊的运输方式，其运输全过程由两部分组成，一部分是内地铁路运输，另一部分是港段铁路运输，发货人凭各地外运分公司签发的"承运货物收据"向银行办理结汇。

1. 对香港地区铁路货物运输的特点

对香港地区的铁路运输是按国内铁路运输办理的，但由于内地铁路与香港铁路不办理直通联运，因此又形成了较特殊的运输方式：发货人按国内货物运输方式向铁路办理货物托运至深圳北站，收货人为深圳外运分公司。货物运到深圳北站后，深圳外运分公司作为各外贸发货单位的代理与铁路办理租车手续，支付租车费，办理货车过轨去香港。货车过轨后，由香港中旅货运有限公司作为深圳外运分公司在港段的代理在港段重新起票，办理货物托运至九龙。

由此可见，对香港地区铁路运输的特点是"租车方式，两票运输"。国际铁路货物联运是以联运运单作为运输合同，铁路作为承运人负责全程运输，发货人以运单副本作为结汇凭证。但在对香港地区的铁路运输中，由于国内铁路部门与香港九龙铁路方没有货运直接通车运输协议，各地铁路发往香港的货物不能一票直达香港，银行不同意以国内的铁路运单作为对外结汇的凭证，为了解决各外贸公司结汇的问题，由各地外运分公司以运输承运人的身份向外贸单位提供经深圳中转香港的"承运货物收据"，发货人以此作为向银行办理结汇的凭证。

2. 对香港地区铁路货物运输的一般程序

对香港地区的铁路货物运输包括以下步骤：

第一步，发货地的外运分公司或外贸公司向当地的铁路部门办理从发货地到深圳北站的国内铁路货物运输的托运手续，填写国内铁路货物运单。

第二步，发货地的外运分公司或外贸公司委托深圳外运分公司办理接货、报关、查验、过轨等中转运输手续。如发货地具备报关条件，也可在发货地报关。

第三步，深圳外运分公司接到铁路的到车预报后，对事先分类编制的有关运输单证加以核对，并抄送香港中旅货运有限公司以备接车。

第四步，货车到达深圳北站后，深圳外运分公司与铁路进行票据交接。如单证齐全无误，则向铁路编制过轨计划；如单证不全，或者有差错，则向铁路编制留站计划。准备过轨的货车，由深圳外运分公司将出口货物报关单或监管货物的关封连同货物运单送海关申报。经海关审查无误，则会同联检单位对过轨货车进行联检，联检通过后，海关即可放行。

第五步，香港中旅货运有限公司向港段海关报关，并在罗湖车站向九广铁路公司办理托运手续，港段铁路将过轨货车运到九龙车站交香港中旅货运有限公司卸货后交收货人。

3.对香港地区铁路货物运输的主要单证

对香港地区铁路货物运输的主要单证有：

（1）国内铁路货物运单

国内铁路货物运单是发货人办理从发货站至深圳北站间货物运输时所需填写的运输票据，具有运输合同的性质。

（2）供港货物委托书

供港货物委托书是发货人向深圳外运分公司和香港中旅货运有限公司办理委托货物转运、报关、接货等运输业务手续的依据，也是向发货人核算运输费用的凭证。

（3）出口货物报关单

出口货物报关单是出口货物的必备单证，也是发货人向海关申报货物出口的凭证。

（4）起运电报

为了使深圳口岸和驻港机构及时做好接运准备，发货人应在货物装车后24小时内向深圳外运分公司拍发起运电报，如在广州附近装车，应以电话通知深圳外运分公司。

（5）承运货物收据

由各地的外运分公司以运输承运人的身份签发的经深圳中转香港的"承运货物收据"是外贸公司向银行结汇的依据和香港收货人提货的凭证。

4.4　国际航空货物运输

航空运输作为一种现代化的货物运输方式，相较于其他运输方式具有许多突出的优点。其主要特点包括运输速度快、环节简化、运输质量高、空间跨度大、运输安全可靠，且能够减少包装、保险和银行利息等费用。然而，航空运输也存在一些局限性，如较高的运输费用、有限的运载工具舱容，难以满足大件货物或大批量货物运输需求，以及容易受到恶劣气候的影响。

　　航空运输主要适用于小批量、高价值和对运输时间有特殊要求的商品。随着高新技术的不断应用和发展，产品趋向于薄、轻、小、短，具有更高的价值含量。在国际贸易中，交易双方对运输的及时性、可靠性和运输速度的重视不断增加，航空运输因此在市场上拥有更为广阔的发展前景。

4.4.1　国际航空货物运输组织

1.国际民用航空组织

　　国际民用航空组织（International Civil Aviation Organization，ICAO）是各国政府之间组成的国际航空运输机构，也是联合国所属的专门机构之一。该组织成立于1947年5月13日，总部设在加拿大蒙特利尔，截至2011年已经有191个缔约方。我国1974年正式加入该组织，也是理事国之一。

2.国际航空运输协会

　　国际航空运输协会（International Air Transport Association，IATA，简称国际航协），是各国航空运输企业之间的联合组织。国际航协于1944年4月在古巴哈瓦那成立，总部设在加拿大蒙特利尔，执行总部设在瑞士日内瓦。其会员必须是具有国际民用航空组织的成员方颁发的定期航班运输许可证的航空公司。目前，中国内地有13家航空公司参加国际航协，成为其正式的会员。

3.国际货运代理协会

　　国际货运代理协会（International Federation of Freight Forwarders Association，FIATA，简称菲亚塔）的名称来源于法语。该协会是国际货运代理人的行业组织，成立于1926年5月31日，总部位于瑞士苏黎世。该组织的成立旨在解决由于国际货运代理业务不断发展而产生的问题，保障和提高国际货物运输代理在全球范围内的利益，并提高货运代理服务的质量。

　　国际货运代理协会的会员不仅限于国际货运代理行业，还包括报关行、船舶代理、仓储、包装、卡车集中托运等运输企业。协会的会员分为一般会员、团体会员、联系会员、名誉会员四类。该组织是世界范围内运输领域最大的非政府、非营利性组织之一，其各类成员的分布几乎涉及世界70%以上的国家。中国对外贸易运输总公司作为国家级（团体）会员于1985年加入该组织。此外，中国国际货运代理协会成立于2000年9月，次年作为团体会员加入了FIATA。

4.4.2　国际航空货物运输方式

1.班机运输

　　班机是指在固定航线上定期航行的航班。班机运输一般有固定的航线、始发站、途经站和到达站。

班机运输可以分为客运航班和货运航班两种。在国际贸易中,由于经由航空运输的货运量有限,所以班机运输以客运航班为主,通常采用客货混合型飞机,在搭乘旅客的同时也承揽小批量货物的运输业务。

由于班机运输有固定的航线、固定的航期,并在一定时间内有相对固定的收费标准,便于货主掌握货物的起运和到达时间,核算运输成本,使合同的履行较有保障,因此成为多数进出口商首选的航空运输方式。但班机运输大部分使用的是客货混合型飞机,受到飞机舱位的限制,不能满足大批量货物及时运输的要求,而且在不同季节同一航线客运量的变化,也会直接影响货物装载的数量。

2.包机运输

当运输货物批量较大时,包机运输就成为重要的航空货物运输方式。包机运输分为整架包机和部分包机。

整架包机是航空公司或包机代理公司按照合同中双方事先约定的条件和运价,将整架飞机租给租机人,从一个或几个航空港装运货物至指定目的地的运输方式。部分包机则是指由几家航空货运代理公司或发货人联合包租一架飞机,或者是由包机代理公司把一架飞机的舱位分别卖给几家航空货运代理公司的货物运输方式。这种包机方式适合于运送一吨以上但货运量不足整机的货物。虽然运费比班机运费低,但运输时间较长。

3.集中托运

集中托运是指航空货运代理公司将若干批单独发运的货物组成一整批,向航空公司办理托运,使用一份航空总运单集中发运到同一目的站,由航空货运代理公司在目的地指定的代理收货,再根据航空货代公司签发的航空分运单分拨给各实际收货人的航空货物运输方式。集中托运是航空货物运输中采用的最普遍的一种运输方式,也是航空货运代理的主要业务之一。

4.陆空陆联运

陆空陆联运有三种方式:第一种是火车-飞机-汽车联运(Train-Air-Truck),称为TAT运输;第二种是火车-飞机联运(Train-Air),称为TA运输;第三种是汽车-飞机联运(Truck-Air),也称为TA运输。这种运输方式的优点是运输速度快,运输费用较低,因此,从20世纪70年代开始,我国每年有几百吨货物采用此种方式经由香港陆空联运出口。

5.航空快递

航空快递又称为航空快件、航空快运和航空速递,是由专门经营该项业务的航空货运公司与航空公司合作,派专人以最快的速度,在货主、机场、用户之间传递急件的运输服务业务,是目前国际航空运输中速度最快的运输方式。其运送对象多为急需的药品和医疗器械、贵重物品、图纸资料、货样、单证和书报杂志等小件物品。

航空快递的业务方式有三种:

第一种，门/桌到门/桌（Door/Desk to Door/Desk）。这种运输方式是发货人发货时电话通知航空快递公司，快递公司派人上门取货，将所收到的货物集中在一起，根据目的地进行分拣、整理、制单、报关、托运，发往世界各地。货物到达目的地后，再由到达地的快递分公司办理清关、提货手续，并将货物送至收货人手中。这种服务形式是航空快递公司的主要业务，也是航空速递中采用最多的服务形式。

第二种，门/桌到机场（Door/Desk to Airport）。这种运输方式与前一种相比区别在于，快件到达目的地机场后不是由快递公司办理清关、提货手续并送达收件人，而是由快递公司通知收件人自己办理相关手续。与前一种服务形式相比，此种形式对于客户来讲不太方便。

第三种，专人派送。这种服务方式是由快递公司指派专人携带快件在最短时间将快件直接送到收货人手中。这是一种特殊服务，收费较高，一般很少采用。

4.4.3　航空进出口货物运输

1.航空进口货物运输

进口货物的航空运输可以通过空运代理办理，其业务程序是：

（1）货物在国外发货之前，进口单位应将合同副本或订单以及其他有关单证送交进口空港所在地的空运代理，作为委托报关、接货的依据。

（2）货物到达后，空运代理接到航空公司的到货通知后，应从机场或航空公司营业处取单（航空运单第三联正本）。

（3）空运代理取回运单后应与合同副本或订单进行核对，核对无误后，应立即填制"进口货物报关单"，并附上必要的单证向设在空港的海关办理报关。

（4）海关审单通过后，空运代理应按海关出具的税单缴纳关税及其他有关费用，然后凭交费收据将所有报关单据送海关放行部，海关对无须验货的货物直接在航空运单上盖章放行；对于需要验货的货物，查验无误后放行；对于单货不符的由海关扣留，另行处理。

（5）海关放行后，属于当地货物的应立即送交货主；如为外地货物，应立即通知货主到口岸提取或按事先的委托送货上门；对需办理转运的货物，如不能就地报关，应填制"海关转运单"并附有关单据交海关制作"关封"随货转运；如一张运单上有两个或两个以上的收货人，空运代理应按照合同或分拨单进行分拨与分交。

（6）提货时如发现货物短少、残损等情况，空运代理应向航空公司索取商务记录，交货主向航空公司索赔，也可接受货主委托代办索赔。如提货时外表包装完好，但内部货物的质量或数量有问题，应由货主向商检部门申请检验出证并向国外发货人交涉赔偿。

2.航空出口货物运输

航空出口货物运输也可以通过空运代理办理，其业务程序是：

（1）发货人发货时，首先需要填写委托书，以此作为货主委托代理承办航空货运出口的依据。航空货运代理公司根据委托书的要求办理出口手续，并据以结算费用。

（2）航空货运代理公司与出口单位（发货人）就出口货物运输事宜达成意向后，可以向发货人提供所代理的有关航空公司的"国际货物托运书"。国际货物托运书是托运人用于委托承运人或其代理人填开航空运单的一种表单，由托运人自己填写。

（3）出口货物备妥之后，由航空货运代理公司安排运输工具取货或由发货人将货物送交到指定地点。在接收货物时，空运代理将货物与单证进行核对，接货与接单同时完成。接收的单据主要包括：国际货物托运书、出口货物报关单、发票、装箱单、出口许可证、商检证、外汇核销单等。

（4）凭报关单据办理货物出口报关手续。海关验收完货物，在报关单上加盖验收章后，缮制航空运单，包括总运单和分运单。托运的货物，如果是直接发给国外收货人的单票托运货物，填开航空公司运单（总运单）。如果货物属于以国外代理人为收货人的集中托运货物，必须先为每票货物填开航空公司的分运单，然后再填开航空公司的总运单，以便国外代理人对总运单下的各票货物进行分拨。

（5）航空货运代理公司持缮制完的航空运单到海关报关放行，然后将盖有海关放行章的运单与货物一起交给航空公司。航空公司验收单货无误后，在交接单上签字，将货物存入出口仓库，单据交吨控部门，以备配舱、发运。

（6）货物起运后，发货人凭航空运单办理结汇。

4.4.4　航空运单

航空运单由托运人或者以托运人的名义填制，是托运人和承运人之间在承运人的航线上运输货物所订立的运输契约的凭证，是航空运输中最重要的货运文件。

1.航空运单的性质和作用

航空运单在性质上与海运提单有很大的不同，但却与铁路运单的性质相似：它是承托双方的运输合同，其内容对于双方均具有约束力；航空运单不可转让，持有航空运单也并不能说明可以对货物要求所有权。

航空运单的作用有以下几个方面：

（1）是承运人与托运人之间缔结运输契约的凭证。

（2）是承运人接收货物的证明文件。

（3）是运费结算凭证和运费收据。

（4）是国际进出口货物办理报关的必备单证。

（5）可作为保险证书。

（6）是承运人组织货物运输的依据。

（7）是收货人核收货物的依据。

2.航空运单的种类

航空运单主要分为两大类：

（1）航空总运单（Master Air Waybill，MAWB）

凡是由航空公司签发的航空运单称为航空总运单。航空总运单是航空公司据以办理货物运输和交付的依据，每一批航空运输货物都有自己相对应的航空总运单。

（2）航空分运单（House Air Waybill，HAWB）

在集中托运的情况下，除了航空公司签发航空总运单外，集中托运人还要签发航空分运单，集中托运人在办理集中托运业务时签发的航空运单被称为航空分运单。

航空分运单是集中托运人与托运人之间的货物运输合同，而航空总运单是航空公司与集中托运人之间的货物运输合同，货主与航空公司之间没有直接的契约关系。同时，由于在起运地货物由集中托运人交给航空公司，在目的地由集中托运人或其代理从航空公司处提取货物后，再转交给收货人，所以，货主与航空公司之间也没有直接的货物交接关系。

4.4.5　国际航空货物运费的计算

航空运价，是承运人对所运输的每一单位重量（或体积）的货物所收取的自始发地机场至目的地机场的航空运输费用。航空运费是航空公司将一票货物自始发地机场运至目的地机场所应收取的航空运输费用，该费用依据每票货物所适用的运价和货物的计费重量计算而得。

1.计费重量的确定

计费重量是指据以计算运费的重量。

航空公司规定，实重货物以货物的实际毛重作为计费重量。所谓实重货物，是指每6 000立方厘米或366立方英寸体积的货物重量超过1千克，或者每166立方英寸体积货物的重量超过1磅的货物。计费重量的最小单位是0.5千克，重量不足0.5千克时按0.5千克计算；超过0.5千克不足1千克时，按1千克计算。如果货物的重量以磅表示，货物重量不足1磅时按1磅计算。

轻泡货物以体积重量作为计费重量。轻泡货物是指每6 000立方厘米或366立方英寸体积的货物重量不足1千克，或者每166立方英寸体积货物的重量不足1磅的货物。体积重量是将货物体积以6 000立方厘米或366立方英寸折算为1千克，或者166立方英寸的体积折算为1磅后得出的重量。

在集中托运时，一批货物由几件不同的货物组成，有实重货物，也有轻泡货物时，计费重量则采取整批货物的总毛重和总体积重量之中择大的原则确定。

2.航空货物运价

航空货物运价，简称航空运价，是承运人为货物航空运输所收取的报酬。它只是货物从始发机场至到达机场的运价，不包括提货、报关、仓储等其他费用。航空货物运费计算主要由两个关键要素决定，即物品适用的运价与物品的计费重量。航空运价一般是按货物的实际重量（千克）和体积重量（以366立方英寸体积折合1千克）两者之中较高者为准。各国主要以国际航空运输协会（IATA）运价手册，来制定各航线的货运价格，见表4-2。

表4-2　　　　　　　　　国际航协（IATA）运价划分

IATA运价	公布直达运价 （Published Through Rates）	普通货物运价（General Cargo Rate）
		等级货物运价（Commodity Cassifcation Rate）
		特种货物运价（Specific Commodity Rate）
		集装货物运价（Unit Load Device Rate）
	非公布直达运价 （Un-Published Through Rates）	比例运价（Construction Rate）
		分段相加运价（Combination of Rates and Charges）

此外，各航空公司都规定有起码运费（Minimum Charges）。起码运费是航空公司办理一批货物所能接受的最低运费，是航空公司在考虑运输即使很小的一批货物也会产生的固定费用后制定的。如果承运人收取的运费低于起码运费，就不能弥补运送成本，因此，航空公司规定无论所运送的货物适用哪一种航空 运价，所计算出来的运费总额都不得低于起码运费。如果计算出的数值低于起码运费，则以起码运费计收，另有规定除外。

主要的航空货物运价有三类：

（1）普通货物运价

普通货物运价，也叫一般货物运价，是指除了等级货物运价和指定商品运价以外的适合于普通货物运输的运价。普通货物运价根据货物重量的不同，分为若干个重量等级分界点运价，以量大价低为原则。

（2）特种商品运价

特种商品运价也称指定商品运价，是指适用于自规定的始发地至规定的目的地运输特定品名货物的运价。特种商品运价低于相应的普通货物运价，从其性质上讲，该种运价是一种优惠运价，其目的在于向客户提供具有竞争性的运价，以吸引更多的客户采用航空运输的方式，使航空公司的运力得到更充分的利用。

（3）等级货物运价

等级货物运价是指在规定的业务区或业务区之间运输特别指定的等级货物的运价。等级货物运价是在普通货物运价基础上增加或减少一定的百分比。

适用于等级货物运价的货物有：

• 活动物、装活动物的集装箱和笼子。

• 贵重货物。

• 尸体或骨灰。

• 书报杂志类货物。

• 作为货物运输的行李。

前三项是在普通货物运价的基础上增加一定百分比；后两项是在普通运价的基础上减少一定百分比。

3.起码运费

起码运费也叫最低运费，是指一票货物自始发地机场至目的地机场航空运费的最低限额，也是航空公司办理一批货物所能接受的最低运费。货物按其适用的航空运价与其计费重量计算所得的航空运费低于起码运费时，应按起码运费额收费。

4.有关航空运价和运费的其他规定

各种不同的航空运价和费用都有下列共同点：

（1）航空运价是指从一机场到另一机场的运价，而且只适用于单一方向。

（2）航空运价通常使用当地货币公布。

（3）运价一般以千克或磅为计算单位。

（4）航空运单中的运价是出具运单之日所适用的运价。

（5）航空运费不包括其他额外费用，如提货、报关、交接和仓储费用。

4.5　国际集装箱运输

4.5.1　集装箱运输的基本概念

1.集装箱的定义

集装箱（Container）又称"货箱"或"货柜"，是一种具有一定强度和刚度的大型载货容器。国际标准化组织根据集装箱在装卸、堆放和运输过程中的安全需要，规定了作为一种运输工具的货物集装箱应具备的基本条件：

（1）能长期地反复使用，具有足够的强度。

（2）途中转运不用移动箱内货物，可以直接换装。

（3）可以进行快速装卸，并可以从一种运输工具直接方便地换装到另一种运输工具。

（4）便于货物的装满与卸空。

（5）具有1立方米（35.32立方英尺）以上的内容积。

2.集装箱的种类

集装箱按其用途不同，可分为：杂货集装箱；散货集装箱；冷藏集装箱；敞顶集装箱；框架集装箱；牲畜集装箱；罐式集装箱；汽车集装箱。

为了便于计算集装箱数量，在国际上是以20英尺集装箱作为换算标准箱，用TEU（Twenty-Foot Equivalent Unit）表示，以此作为集装箱船载箱量、港口集装箱吞吐量、集装箱保有量等的计量单位。

3.集装箱运输的优越性

集装箱运输是一种现代化的货物运输方式，与传统的货物运输方式相比具有以下的优越性：

（1）提高装卸效率，降低劳动强度。

（2）简化货运手续，加速货物周转，缩短运输时间。

（3）减少货损货差，保证运输安全，提高货物运输质量。

（4）节约货物包装费用，促进包装标准化。

4.集装箱运输的缺点

集装箱的一些缺点也限制集装箱在更广的范围中应用：

（1）自重大，无效运输、无效装载比重大。

（2）集装箱造价高，物流中分摊成本高。

（3）集装箱返空困难。

4.5.2　集装箱货物运输

1.集装箱货物的装箱方式、交接方式和交接地点

（1）集装箱货物的装箱方式

集装箱货物的装箱方式根据装箱数量和方式可以分为整箱和拼箱两种：

①整箱（Full Container Load，FCL），是指当货主的货物可以装满一个或几个集装箱时，自行装箱计数，填写装箱单，以箱为单位托运的货物装箱方式。这种装箱方式，除了有些大的货主自己置备有集装箱外，一般都是向承运人或集装箱租赁公司租用。

②拼箱（Less Than Container Load，LCL），是指承运人或代理人接受货主托运的数量不足整箱的小票货物后，根据货类性质和目的地进行分类整理，将不同货主运往同一目的地的货物拼装成箱的装箱方式。

（2）集装箱货物的交接方式

集装箱货物的两种装箱方式，产生了四种交接方式：

①整箱交、整箱接（FCL/FCL）。货主在工厂或仓库将装满货的整箱交给承运人，收货人在目的地以同样的整箱接货，承运人以整箱为单位负责交接。

②整箱交、拆箱接（FCL/LCL）。货主在工厂或仓库将装满货的整箱交给承运人，承运人将集装箱货物运到目的地集装箱货运站或内陆转运站拆箱之后，交给收货人。

③拼箱交、整箱接（LCL/FCL）。货主将不足整箱的小票托运货物在集装箱货运站或内陆转运站交给承运人，承运人拼箱后运到目的地，以整箱方式向收货人交货。

④拼箱交、拆箱接（LCL/LCL）。货主将不足整箱的小票托运货物在集装箱货运站或内陆转运站交给承运人，承运人拼箱后运到目的地集装箱货运站或内陆转运站，拆箱后交给收货人。

（3）集装箱货物的交接地点

集装箱货物的交接地点主要有发货人或收货人的工厂、仓库、集装箱堆场和集装箱货运站等。

集装箱堆场（Container Yard，CY），是交接和保管空箱和重箱的场所，也是集装箱换装运输工具的场所。

集装箱货运站（Container Freight Station，CFS），是拼箱货交接和保管的场所，也是拼箱货装箱和拆箱的场所。

集装箱运输中货物交接地点的组合形式有：

①门到门（Door to Door）交接。集装箱运输经营人由发货人的工厂或仓库接收货物，负责将货物运至收货人的工厂或仓库交付。

②门到场（Door to CY）交接。集装箱运输经营人在发货人的工厂或仓库接收货物，将货物运至目的地集装箱堆场，向收货人交付。

③门到站（Door to CFS）交接。集装箱运输经营人在发货人的工厂或仓库接收货物，将货物运至目的地集装箱货运站或其在内陆地区的转运站，经拆箱后向各收货人交货。

④场到门（CY to Door）交接。集装箱运输经营人将集装箱货物从起运地或装箱港的集装箱堆场运至收货人的工厂或仓库交货。

⑤场到场（CY to CY）交接。集装箱运输经营人将集装箱货物从起运地或装箱港的集装箱堆场运至目的地或卸货港的集装箱堆场向收货人交货。

⑥场到站（CY to CFS）交接。集装箱运输经营人将集装箱货物从起运地或装箱港的集装箱堆场运至目的地集装箱货运站或其在内陆地区的转运站，经拆箱后向各收货人交货。

⑦站到门（CFS to Door）交接。集装箱运输经营人在装货港码头的集装箱货运站

或其在内陆地区的集装箱货运站经拼箱后，将货物运至收货人的工厂或仓库交货。

⑧站到场（CFS to CY）交接。集装箱运输经营人在装货港码头的集装箱货运站或其在内陆地区的集装箱货运站经拼箱后，将货物运至目的地集装箱堆场向收货人交货。

⑨站到站（CFS to CFS）交接。集装箱运输经营人在装货港码头的集装箱货运站或其在内陆地区的集装箱货运站经拼箱后，将货物运至目的地集装箱货运站或其在内陆地区的转运站，经拆箱后向各收货人交货。

集装箱交接方式和交接地点的对应关系见表4-3。

表4-3　　　　　　　　　　集装箱交接方式和交接地点的对应关系

交接方式	交接地点
FCL-FCL	任何地点，但通常是CY-CY
LCL-LCL	通常是CFS-CFS，也可能是CFS-Door，Door-Door，Doo-CFS
FCL-LCL	通常是CY-CFS，也可能是Door-CFS，CFS-CFS
LCL-FCL	通常是CFS-CY，也可能是Door-CFS，CY-CFS，CFS-CFS

2.集装箱运输的关系人

在集装箱运输中涉及的有关方面包括：

（1）货主，是集装箱货物运输中的托运人或收货人。

（2）集装箱货物运输的实际承运人，包括经营集装箱运输业务的船公司、联营公司、公路集装箱运输公司、航空集装箱运输公司等。

（3）无船公共承运人，是在集装箱运输中经营集装箱货物的揽货、装箱、拆箱、内陆运输及中转站或内陆站业务，但不掌握运输工具的专业机构。在实际承运人和货主之间起着桥梁的作用。

（4）集装箱租赁公司，是专门经营集装箱出租业务的公司，也是集装箱运输中不可缺少的组成部分。

（5）拆箱、保管等业务的部门和场所，受货主或承运人及其代理人的委托提供各种集装箱运输服务。

（6）联运保赔协会，是一种由船公司互保的保险组织，对集装箱运输中可能遭受到的一切损害进行全面统一保险。这是集装箱运输发展起来后产生的一种新的保险组织。

3.集装箱货运程序

（1）集装箱运输出口程序

集装箱运输出口的业务流程为：

①出口公司根据贸易合同的装运期，向船公司或其代理人办理订舱手续。

②船公司确认订舱后，签发场站收据，分送集装箱堆场或集装箱货运站，据以安

排空箱和办理货运手续。

③整箱货需要的空箱，由船公司送交发货人或由发货人领取。拼箱货所需的空箱由集装箱货运站领取。

④发货人收到空箱后，自行装箱，按箱填写装箱单，将装好的整箱送交集装箱堆场，集装箱堆场根据订舱单和装箱单进行验收，核对无误后在场站收据上盖章签收。集装箱货运站根据订舱单核收货物，核对无误后签署场站收据，对接收的货物进行分类整理后，进行拼装。

⑤发货人凭场站收据向船公司或其代理换取提单。如果信用证规定需要已装船提单，则应在集装箱装船后换取已装船提单，然后向银行结汇。

⑥承运人编制船舶积载计划，组织装船、发运。

（2）集装箱运输进口程序

集装箱运输进口的业务流程为：

①代理人接受委托。在建立了长期代理关系的情况下，委托人往往会把代理人及其联系方式写在合同的一些条款中。这样，国外发货人在履行合约有关运输部分时会直接与代理人联系，有助于提高工作效率和避免联系脱节的现象发生。

②做好接货准备，并将单证分别送交运输代理、集装箱堆场和货运站。如果货物以FOB价格条件成交，进口方需要租船订舱，国际货代公司接受收货人委托后，与国外代理或船公司联系订舱事宜，要求国外代理联络发货人做好始发港的装运工作，提供已装船信息并发预告。

③国际货代公司应及时与船公司或其代理联系查询货物到港日期，在得到确切抵港消息的24小时内制作进口到货通知传真给货主，使其做好接货准备，并于船舶到港后发出到货通知。

④收货人按到货通知持正本提单向船公司或其代理换取提货单，船公司或其代理核对提单无误后，签发提货单。根据国家有关法律、法规的规定，必须办理完进口货物的验放手续后收货人才能提取货物，因此，必须及时办理有关报检、报关等手续。

⑤收货人凭提货单及进口许可证到集装箱堆场或货运站办理提箱或提货手续。集装箱堆场根据提货单向收货人交箱，并与货方代表办理设备（集装箱）交接单手续；集装箱货运站拆箱后凭提货单向收货人交货。

4.5.3 集装箱货物运费的计算

在此仅介绍集装箱班轮运费的计算方法。

集装箱班轮运费的计算原则与杂货班轮运费的计算原则基本相似，但也有其自身的特点。班轮运费包括基本运费（Basic Freight Rate）和附加运费（Surcharge of additional）两部分。基本运费是对任何一种托运货物计收的运费；附加运费则是根据货物种类或不同的服务内容，视不同情况而加收的运费，可以说是在特殊情况下或在临时发生某些事件的情况下而加收的运费。附加运费可以按每计费吨（或计费单位）加收，也可按基本运费（或其他规定）的一定比例计收。集装箱班轮基本运费的计算方法有两种：

1. 采用与计算普通杂货班轮基本运费相同的方法

对具体的航线按货物的等级和不同的计费标准来计算基本运费。在采用这种计算方法时，由于集装箱货物的装箱方式不同，因而在拼箱货和整箱货两种运费计算方法上也有所不同。

拼箱货的运费计算与普通杂货班轮运费的计算方法相同；整箱货的运费计算却有"最低运费"和"最高运费"的规定。

最低运费是在货物由托运人自行装箱时，如果箱内所装货物没有达到规定的最低装箱标准，即没有达到规定的最低运费吨时，按最低运费吨和箱中所装等级最高货物的运费率计算全箱的运费。托运人应支付亏箱的运费。

最高运费是在集装箱运输中，为鼓励托运人采用整箱装运货物，并能最大限度地利用集装箱内容积，而采用的一种运费计算方法。最高运费吨仅适用于以体积吨作为计费单位的货物，而不适用于按重量吨计算运费的货物。这种运费计算方法是为各种规格和类型的集装箱规定一个按集装箱内容积折算的最高运费吨，如20英尺的干货集装箱的最高运费吨为31立方米，40英尺的干货集装箱的最高运费吨为67立方米。在计算运费时，如果托运人没有提供计算整箱货运费所需的基本资料时，即按最高运费吨和箱内运价等级最高的货物的运价计收全箱运费。若只提供了部分货物的资料时，已有资料的货物运费按实际运费吨和此类货物的等级费率计算；缺乏资料的货物的运费，则以最高运费吨与已知运费吨的差作为运费吨，以所剩货物中运价等级最高的货物的运价为标准，计算所剩货物的运费，两部分运费之和则为该箱货物的运费。如果装箱货物的体积超过了规定的最高运费吨时，超过的部分免收运费。免收运费的货物应从运价等级最低的货物算起。

2. 实行包箱费率

集装箱包箱费率是指对单位集装箱收取的运费。集装箱包箱费率有两种：一种是商品包箱费率，即对具体航线按货物等级及箱型、尺寸规定收取的整箱运费。另一种是均一包箱费率（Freight All Kinds，FAK），即仅按箱型、尺寸，而不考虑货物的种类规定收取的整箱运费。采用包箱费率计算集装箱基本运费时，用规定的包箱费率乘以集装箱的箱数即可。

集装箱班轮运输的附加费也与杂货班轮运输的附加费相似。但是在实际工作中，有时会将基本运费和运费附加费合并在一起，以包干费的形式计收，此时的运价称为包干费率，又称"全包价"。实践中，经常有一些需要特殊处理的货物及需要加靠非基本港或转船接运的货物需要运输；即使基本港之间的运输，也因为基本港的自然条件管理规定、经营方式等情况不同而导致货物运输成本的差异。这些都会使船公司在运营中支付相应的费用。为了使这些增加的开支得到一定的补偿，就需要在基本运费的基础上在计算全程运费时计收一定的追加额。这一追加额就是班轮运费的另一组成部附加运费。

附加运费主要有以下几种：燃油附加费（Bunker Adjustment Factor，BAF）、货币贬值附加费（Currency Adjustment Factor，CAF）、港口附加费（Port Additional）、港口拥挤附加费（Port Congestion Surcharge，PCS）、转船附加费（Transshipment Additional）、超长附加费（Long Length Additional）、超重附加费（Heavy Lift Additional）、直航附加费（Direct Additional）、选港附加费（Optional Surcharge）、洗舱附加费（Cozening Fee）、变更卸货港附加费（Alteration of Discharging Port Additional）、绕航附加费（Deviation Surcharge）。

件杂货班轮运费是由基本运费和附加运费组成的，其计算公式为：

$$F = F_b + \sum S$$

式中：F表示运费总额；F_b表示基本运费；S表示某一项附加费。

基本运费是所运商品的计费吨（重量吨或容积吨）与基本运价（费率）的乘积，即：

$$F_b = fQ$$

式中：f表示基本运价；Q表示计费吨。

附加运费是各项附加费的总和。各项附加费均按基本运费的一定百分比计算时，附加费的总额用公式表示为：

$$\sum S = (S_1 + S_2 + \cdots + S_n) \cdot F_b = (S_1 + S_2 + \cdots + S_n) fQ$$

式中：$S_1, S_2, \cdots, S_n$分别为某一项附加费费率（百分比）。

因此，运费总额的计算公式为：

$$F = F_b + \sum S = fQ + (S_1 + S_2 + \cdots + S_n) fQ$$

4.6 国际多式联合运输

国际多式联合运输，简称国际多式联运，是一种新型的运输方式，其发展源于集装箱运输，是国际货物运输中发展较快的一种综合连贯运输方式。该模式以集装箱为核心，将海上运输、铁路运输、公路运输、航空运输和内河运输等传统的单一运输方式有机结合，形成一体，通过有效的协同利用，构建连贯的运输过程，以实现国家间的货物运输和空间转移。

国际多式联运在20世纪60年代末期首次在美国出现,随后快速在美洲、欧洲、亚洲等广大地区得到推广。其受到贸易界的热烈欢迎,迅速成为实现门到门运输的有效途径,并有效发挥各种运输工具的优势,提高整体运输效率。这一模式的成功实践为全球货物流通提供了更为便捷、高效的选择。

4.6.1 国际多式联运的基本概念

1. 国际多式联运的概念及特征

《联合国国际多式联运公约》中对国际多式联运作了明确的定义:"国际多式联运是按照国际多式联运合同,以至少两种不同的运输方式,由国际多式联运经营人将货物从一国境内接收货物的地点运至另一国境内指定交付货物的地点。"按照上述定义,国际多式联运应具备以下条件:

(1)必须要有一个国际多式联运合同,以明确承、托双方的权利、义务和豁免关系。

(2)必须使用一份包括全程的国际多式联运单据。

(3)必须是至少两种不同运输方式的连贯运输。

(4)必须是国家间的货物运输。

(5)必须由一个国际多式联运经营人对全程运输负总责。

(6)必须是全程单一的运费费率。

2. 国际多式联运的优越性

国际多式联运的优越性主要表现在以下几个方面:

(1)责任统一,手续简便

在国际多式联运方式下,不论全程运输距离有多远,不论需要使用多少不同的运输工具,也不论途中要经过多少次转换,一切运输事宜均由国际多式联运经营人统一负责办理。货主只要办理一次托运手续,签订一份国际多式联运合同,支付一笔全程单一运费,取得一份联运单据,就由国际多式联运经营人履行全部责任。由于责任明确、统一,一旦发生问题,也只需找国际多式联运经营人就可以解决问题。

(2)减少中间环节,缩短运输时间,减少货损货差,保证运输质量

国际多式联运通常是以集装箱为媒介的直达连贯运输,货物从发货人仓库装箱验关铅封后直接运到收货人仓库交货,中途无须拆箱倒载,省去了很多中间环节。即使运输过程中必须经多次换装,也因使用机械装卸,不触及箱内货物,货损货差和被盗丢失短少事故大为减少,从而较好地保证了货物安全和货运质量。此外,由于是连贯运输,各个运输环节和运输方式之间密切配合,衔接紧密,货物所到之处,中转迅速及时,缩短了在途停留的时间,因此加快了运输速度,缩短了货运时间。

（3）节省运杂费，降低运输成本，加速货物周转，减少利息支出

国际多式联运是实现门到门运输的有效方式。对货主来说，货物装箱或装上第一程运输工具后就可以凭国际多式联运经营人签发的联运单据向银行议付结汇，一般可提前7~10天结汇，从而减少了利息开支。采用集装箱运输，可以节省货物包装和保险费用。此外，国际多式联运全程使用的是一份联运单据和单一运费，这就大大简化了制单和结算手续，节省了大量人力、物力，尤其便于货方事先核算运输成本，选择合理运输路线。

（4）提高运输管理水平，实现运输合理化

对于区段运输而言，由于各种运输方式的经营人各自为政、自成体系，因而其经营业务范围受到限制，货运量相应也有限。而一旦由不同的运输经营人共同参与多式联运，经营的范围可以大大扩展，同时可以最大限度地发挥其现有设备的作用，选择最佳运输线路组织合理化运输。

4.6.2　国际多式联运的业务程序

国际多式联运的一般业务程序主要包括以下环节：

（1）接受托运申请，订立国际多式联运合同

国际多式联运经营人根据货主提出的托运申请和自己的运输路线等情况，决定是否接受货主的申请，如果接受，在双方协商有关事项后，发货人或其代理人填写场站收据，国际多式联运经营人在对其编号和盖章后留下货物托运联，将其他单联交还给发货人或其代理人，证明国际多式联运经营人接受了委托申请，国际多式联运合同已经订立并开始执行。

（2）空箱的发放、提取

国际多式联运中使用的集装箱一般应由经营人提供。如果双方协议由发货人自行装箱，则国际多式联运经营人应签发提箱单或者将租箱公司或分运人签发的提箱单交给发货人或其代理人，到指定的堆场提箱，准备装货。如果是拼箱货，则由国际多式联运经营人将所用空箱调运至接收货物的集装箱货运站，做好装箱准备。

（3）出口报关

出口报关事项一般应由发货人或其代理人办理，也可委托国际多式联运经营人代为办理。若联运从港口开始，则在港口报关；若从内陆地区开始，应在附近的内陆地海关办理报关。

（4）货物装箱及交接

由发货人自行装箱的货物，在发货人或其代理人领回空箱后，在海关人员的监管下组织装箱、加封，填写装箱单，将货物运至规定的地点。国际多式联运经营人验收

后在场站收据正本上签章，并将其交给发货人或其代理人。

拼箱货物的发货人应负责将货物送到指定的集装箱货运站，由货运站按国际多式联运经营人的指示装箱。国际多式联运经营人在货运站验收货物后在场站收据上签章，并将其交给发货人或其代理人。

（5）订舱及安排货物运送

国际多式联运合同订立之后，经营人应制订该合同涉及的集装箱货物的运输计划，并按照运输计划确定各区段的运输工具，与选定的各实际承运人订立各区段的分运合同。

（6）办理货物运输保险

发货人自行办理货物运输保险，或者由发货人承担费用，由国际多式联运经营人作为代理代办。货物运输保险可以是保全程，也可以分段投保。国际多式联运经营人则应投保货物责任险和集装箱保险。

（7）签发国际多式联运提单，组织完成货物的全程运输

国际多式联运经营人的代表收取货物后，经营人应向发货人签发国际多式联运提单，在签发提单之前，应向发货人收取全部应付运费。

在接收货物后，国际多式联运经营人要组织各区段实际承运人、各派出机构及代表共同协调工作，完成全程中各区段的运输和各区段之间的衔接工作。

（8）货物运输过程中的海关业务

货物运输过程中的海关业务主要包括货物及集装箱进口国的通关手续，进口国内陆段保税（海关监管）运输手续及结关等内容。如果陆上运输要通过其他国家海关和内陆运输线路时，还应包括这些国家海关的通关及保税运输手续。这些涉及海关的手续一般多由国际多式联运经营人的派出机构或代理办理，也可由各区段的实际承运人作为国际多式联运经营人的代表代为办理，由此产生的全部费用应由发货人或收货人承担。

（9）货物到达交付

货物运至目的地后，由目的地的代理通知收货人提货。收货人付清全部费用后，国际多式联运经营人收回提单签发提货单（交货记录），收货人凭提货单到指定的地点提取货物。如果是整箱货，收货人要在将货物取出后，将集装箱运回指定的堆场，运输合同即告终止。

（10）货物事故处理

如果运输过程中发生了货物灭失、损害和运输延误，无论是否能确定损害发生的区段，发（收）货人均可向多式联运经营人提出索赔。多式联运经营人根据提单条款及双方协议确定责任，并做出赔偿。如果确知事故发生的区段和实际责任者，多式联运经营人则可向其进一步索赔。不能确定事故发生的区段时，一般按在海运段发生处

理。如果已对货物及责任投保，则存在要求保险公司赔偿和向保险公司进一步追索的问题。如果受损人和责任人之间不能取得一致意见，则需通过在诉讼时效内提起诉讼和仲裁来解决。

4.6.3　国际多式联运经营人

1.国际多式联运经营人的性质

国际多式联运经营人既不是发货人的代理或代表，也不是参加联运的承运人的代理或代表，而是国际多式联运的当事人，是一个独立的法律实体。对于货主来说，他是货物的承运人，而对于分承运人来说，他又是货物的托运人。他一方面同货主签订国际多式联运合同，另一方面又与分承运人以托运人的身份签订各段运输合同，所以具有双重身份。在国际多式联运方式下，根据合同规定，国际多式联运经营人始终是货物运输的总承运人，对货物负有全程运输的责任。

2.国际多式联运经营人的类型

国际多式联运经营人可以分成以船舶运输为主的国际多式联运经营人和无船国际多式联运经营人两大类。

（1）以船舶运输为主的国际多式联运经营人

这类国际多式联运经营人在利用自己拥有的船舶提供港至港服务的同时，将他们的服务扩展到陆上运输甚至空运在内的门到门服务。在一般情况下，他们可能不从事公路、铁路、航空货物运输，而是通过与相关承运人订立分合同来安排相关的运输。此外，他们也可能不拥有场站设施，而是与相关场站经营人订立装卸与仓储合同来安排相关的装卸与仓储服务。

（2）无船国际多式联运经营人

根据是否拥有运输工具和场站设施，无船国际多式联运经营人可分成以下三种：

①承运人型。

这类国际多式联运经营人不拥有运输船舶，但却拥有汽车、火车或飞机等运输工具，他们与货主签订联运合同后，除了利用自己拥有的运输工具完成某些区段的实际运输外，对于自己不拥有或不经营的运输区段则需要通过与相关的承运人订立分包合同来实现该区段的运输。与以船舶运输为主的国际多式联运经营人一样，这类国际多式联运经营人既是契约承运人又是某个或某几个区段的实际承运人。

②场站经营型。

这类国际多式联运经营人拥有货运站、堆场、仓库等场站设施，他们在与货主订立国际多式联运合同后，除了利用自己拥有的场站设施完成装卸、仓储服务外，还需要与相关的各种运输方式的承运人订立分合同，由这些承运人来完成货物运输。

③代理人型。

这类国际多式联运经营人不拥有任何运输工具和场站设施，需要通过与相关的承运人、场站经营人订立分合同来履行他们与货主订立的国际多式联运合同。

3.国际多式联运经营人的责任范围

国际多式联运经营人的责任期间是从接收货物时起到交付货物时为止。在此期间内，对货主负全程运输责任，但在责任范围和赔偿限额方面，根据目前国际上的做法，可以分为以下三种类型：

（1）统一责任制

统一责任制是指国际多式联运经营人对货主负不分区段的运输的统一原则责任，即货物的灭失和损失，包括隐蔽损失（即损失发生的区段不明），不论发生在哪个区段，国际多式联运经营人按一个统一原则负责，并一律按一个约定的限额赔偿。

（2）分段责任制

分段责任制又称网状责任制，即国际多式联运经营人的责任范围以各区段运输原有责任为限，如海上运输按《海牙规则》，航空区段按《华沙条约》办理。在不适用国际法时，则按相应的国内法办理。赔偿也是分别按区段的国际法或国内法规定的限额赔付。对不明区段货物隐蔽损失，或作为海上区段，按《海牙规则》办理，或按双方约定的一个原则办理。

（3）修正统一责任制

修正统一责任制，是介于上述两种责任制之间的责任制，又称混合责任制，即在责任范围方面与统一责任制相同，而在赔偿方面则与分段责任制相同。

💧**案例分析**　　　　　　"**互联网+物流**"的多式联运

京铁云平台是以资源共享为依托的综合协同平台。以拥抱所有货源、串联所有运力、服务所有客户为宗旨，以集成线上数据，整合线下资源，推进多式联运一单制运输为手段，以发展门到门全程物流和"外集内配、绿色联运"新型物流为主营业务，以大数据运用深挖数据价值、探索发展数字经济，实现"天网+地网"的融合发展。

京铁云智慧物流平台（以下简称云平台）利用AI、VR、大数据分析、云计算、物联网、区块链等多种信息技术手段，以铁路资源为依托，联合公路、海运、仓储等区域多方物流资源，为客户提供多式联运、仓储、装卸等全程物流解决方案。由云平台串联"业务流+数据流"，实现云平台订单全生命周期管理，为客户提供"一次提报，全程无忧"的发运新体验。

客户在PC端或APP端提出全程物流需求，云平台通过大数据算法，将货源池、运力池、仓储池进行匹配优化，自动设计不同的运输方式组合，以及多种运到时限、物流价格的方案供客户自行选择，满足客户不同的运输需求。

云平台利用GPS、北斗导航、无线视频传输等技术，对多式联运全物流过程进行全程监控，实现货物、车辆全流程可视化。云平台通过PC端、APP端将物流作业中各个环节产生的信息进行实时采集、分析、传递，并向客户提供物流状态查询、物流过程跟踪、物流客户关系管理、物流决策支持等服务，并对多式联运订单进行全生命周期管理。客户可以随时随地掌握订单进展情况。关键物流环节还可根据需求直接推送到客户的手机中。云平台将铁路列车轨迹、公路车辆北斗轨迹、海运船次轨迹数据进行串联，在地图中形成多式联运整体运输轨迹，客户在PC端和APP端均可查询多式联运订单的物流轨迹。

云平台为客户提供全程物流追踪服务的同时，还可通过对历史订单物流信息进行大数据分析，利用算法进行数据预测，为客户预测多式联运订单全程时效和分运输方式时效。云平台可实现已完成的物流事件随时调阅查询，正在进行的物流事件实时提醒，未来发生的物流事件大数据预测，全面优化客户多式联运发运体验。

云平台对多式联运的物流和信息流进行全方位的管控，以图示化的方式展现每笔订单状态，便于运营管理人员更集中、更直观地掌握云平台多式联运订单状态，及时掌握异常订单情况，提高平台运营管理效率。云平台按货物品类进行专业物流板块化管理，目前划分为多个板块，结合运营人员和管理人员日常管理需求，建立业务板块数据中台，盯控运输过程，实时分析掌控各板块业务运营状态。

云平台可自动将合同-订单-利润数据关联，自动生成财务数据，系统完成每笔订单的毛利和财务分析，实现合同自动提取、业务自动匹配、财务自动生成。订单一次提报，全程无人为因素干预，实现管理链条真实、透明、可控。云平台服务于公司经营决策，变定向决策为数据决策，提升决策的科学性。

云平台提供订单数据自定义多维度分析，可以按照不同的条件进行分析，如收发货人、订单状态、时间周期等共10项数据维度。根据数据分析需求随意组合分析订单数据内容，提高物流统计分析效率。云平台可根据需求自动生成业务类、财务类和经营分析类报表，为企业提供智能化大数据分析。

云平台通过系统多维应用，内部数据积累、外部数据对接，逐步形成货源池、运力池、仓储池、资金池、诚信池、信息池六大资源池，依托铁路资源优势，掌握铁路物流环节所有数据。对外与政府、行业、大型企业、第三方物流企业数据平台对接，获取企业、个人、公路、海运等数据。通过常态化运营，积累客户、物流、资金数据，逐步壮大自身数据池，形成云平台独立完整的数据库，充分提升平台服务与数据价值。

客户线下多式联运物流组织通常面临物流方案不优化、结合部效率低、跨区域运力难以串联衔接等痛点。云平台充分发挥数据库优势，调用资源池等海量数据，为客户设计最优多式联运方案，包含仓储、装卸等物流环节，服务企业供应链管理。

在多式联运过程中，利用数据算法合理匹配运力、装卸、仓储等资源，压缩结合部时间损耗，畅通各个物流环节的信息，提高结合部运输组织效率，为客户降本提效。此外，云平台还利用大数据分析为客户提供个性化行为管理和淡旺季分析等。通过平台互联、规模化经营、减少客户用工岗位等手段，为客户降低综合物流成本。通过技术和服务，持续在多式联运链条中挖潜提效，推动多式联运业务功能更强、服务更优，成为支撑云平台发展的强引擎。

云平台利用大数据、云计算等技术，调动六大池数据，通过数据分类、聚类分析、清洗等手段，为客户对物流通道能力、竞争环境、物流供给与匹配、物流资源优化等方面进行数据分析，有助于客户调整经营决策策略，降低生产和物流成本。

云平台在探索数据分析的基础上也融入硬件数据采集和数据处理设备，利用移动互联技术将智能手机作为物流信息采集的重要工具，应用于平台重点物流环节。此外，在货源企业、铁路发到站、收货企业等场景使用专业信息采集硬件设备，利用边缘计算、AI、无线视频传输等技术提高重点物流环节数据采集效率。

云平台通过常态化运营，持续应用积累自身数据，形成庞大的数据库，进而逐步探索数据库应用。通过新技术和数据分析应用，可以了解以铁路为主导的多式联运的市场规律、发展情况，为宏观产业政策制定、物流市场分析、企业运营提供科学决策依据。根据大数据分析，提供物流指数、产品供需指数等，进而为政府部门提供可靠的市场监管数据。

云平台通过技术创新和服务创新打造多式联运物流生态圈。以发运新体验引领运输需求持续扩大。加快人、货、车、场等全要素全过程高效匹配，提供全企业、全运输方式物流服务。秉承共享理念，融合全社会物流资源，实现以铁路为主导的全链条多维度服务。未来将持续对数据进行深入挖掘，让数据"连起来、跑起来、用起来"，深化数据智慧化应用，打造出更具个性化、专业化、系统化的高端物流需求信息交流、资源共享、大数据应用的云平台，全面融入以物流为基础的国产化大数据信息产业，服务铁路行业科技化、现代化转型发展，进入智慧物流的新生态。

（资料来源　根据相关公开资料整理。）

案例思考：

1．信息技术的进步对多式联运有哪些促进作用？可能遇到的挑战是什么？

2．信息流对"互联网+物流"的主要作用体现在哪些方面？

3．如果你是货主，如何评价京铁云平台的服务？

本章小结

国际货物运输，就是借助于各种运力，利用各种运输手段和工具，实现其在不同国家和地区之间的空间位置上的转移。国际货物运输是国际物流的核心活动，对于促进国际贸易的发展和降低国际物流成本具有重要的作用。与国内货物运输相比，国际货物运输具有运输路线长，中间环节多，涉及的部门多，运输过程复杂多变，时间性强，风险较大的特点。

国际货物运输的组织机构和关系方主要由交通运输部门、外贸部门或进出口商以及运输代理人三大部分组成。根据使用运输工具的不同，国际货物运输可以分为海洋运输、铁路运输、航空运输、邮政运输、公路运输和以集装箱为媒介的国际多式联合运输等。

海洋运输是国际货物运输中最主要的运输方式，按照船舶经营方式的不同，分为班轮运输和租船运输两种形式。这两种运输方式在运输对象、经营方式、业务处理和运费计算方法上都有很大的区别。班轮运输适用于价值较高的杂件货物运输，具有"四定"的特点，海运提单是海上运输中的运输单证。租船运输适用于大宗散装货物的运输，有定程租船、定期租船和光船租船三种租船方式，船、租双方通过签订租船合同对双方的权利、义务做出明确规定。

国际铁路运输也是国际物流的一种主要的运输方式。我国对外贸易铁路运输包括国际铁路货物联运和对香港地区的国内铁路运输。航空运输是一种现代化的货物运输方式，具有运输速度快、环节少、质量高、安全、准确等突出的优点，有班机运输、包机运输、集中托运、陆空联运、航空速递等多种运输形式。集装箱运输是以集装箱作为运输单位进行货物运输的现代化运输方式。国际多式联运则是在集装箱运输的基础上产生并发展起来的一种综合连贯运输方式。国际多式联运以集装箱为媒介，把海上运输、铁路运输、公路运输、航空运输和内河运输等传统单一的运输方式有机结合起来，组成一体加以有效结合利用，构成一种连贯的运输过程，来完成国际运输，实现货物的空间转移。

各种运输方式各具特点，适应不同条件的货物运输的需要，从事国际物流工作的人员应全面掌握和了解各种运输方式的特点、业务流程、运输单证及其作用以及各种运输费用的计算方法和有关规定。

💧 关键概念

国际货物运输　班轮运输　海运提单　定程租船　定期租船　滞期费　速遣费　国际铁路货物联运　国际多式联运

💧 思考题

1. 简述国际货物运输的意义及其特点。
2. 简述国际货物运输的组织机构。
3. 班轮运输与租船运输各有何特点？
4. 简述海运提单的性质和作用。
5. 定程租船、定期租船、光船租船三种租船方式有何区别？
6. 何谓国际铁路货物联运？如何办理国际铁路货物联运业务？
7. 国际航空货物运输的方式有哪些？各有何特点？
8. 集装箱货物的装箱方式、交接方式和交接地点有哪几种？
9. 国际多式联运应具备哪些条件？国际多式联运经营人有何性质？国际多式联运经营人的责任范围如何划分？

第5章

国际货物运输保险

💧 **学习目标**

• 了解国际货物运输保险在国际物流中的重要作用
• 理解国际货物运输保险的险别及其条款
• 掌握国际货物运输保险金额和保险费用的计算方法
• 了解投保流程及保险索赔实务等内容

5.1　国际货物运输保险概述

国际物流中最为复杂的问题之一便是国际货物运输保险。这一主题不仅难以理解，还涉及大量专业术语，尤其是在海运货物保险领域。这个领域存在一些悠久的传统和观念，其中一些在很长一段时间内本质上没有改变，可以用英国的方式或美国的方式来解释。

把货物运到国外充满了风险。保险公司必须在知情的情况下接受这些风险，或者将风险转移给他人。本章首先介绍目前的国际保险中使用的一些术语，然后解释国际货物运输的风险并介绍可行的策略应对这些风险，最后得出更加详细的海洋运输货物保险的政策。商业信用保险则是一种可供选择的保险方式，以覆盖国际贸易中另一种重大风险：进口商在公开账户交易中违约的可能性。

早在14世纪，地中海沿岸各国的贸易中就出现了承保天灾、火灾、抛弃、禁令、捕捉等内容的保险。

中华人民共和国成立后，我国建立了国家保险机构——中国人民保险公司（PICC），办理包括国际货物运输保险和其他涉外保险在内的保险业务。改革开放以来，随着经济的不断发展，对外贸易的不断扩大，我国的保险业也得到了快速的发展，现已初步形成了以国有保险公司和股份制保险公司为主体，中外保险公司并存，多家保险公司竞争的市场竞争新格局。

5.1.1 国际货物运输保险的含义、性质及原则

从法律角度看，保险是一种补偿契约行为，即被保险人向保险人提供一定的对价（保险费），保险人则对被保险人将来可能遭受的承保范围内的损失负赔偿责任。

国际货物运输保险是指被保险人（买方或卖方）向保险人（保险公司）按一定的金额投保一定的险别，并交纳保险费；保险人承保后，对于被保险货物在运输途中遭遇承保责任范围内的风险而遭受的损失给予经济补偿。

国际货物运输保险具有复杂性。被保险人最重要的目的是确保为货物选择的保险范围是托运人（无论是出口商还是进口商）所喜欢的保险范围。公司投保不当的事实往往在发生损失后才被发现。这主要是由于保险货物在国际运输时所投保险种的特殊性造成的。

国际货物运输保险具有特殊性。国内保险单与国际货物保险单之间存在着许多不同之处。这是由几个因素造成的：

①保险选项的数量相当可观。目前至少有六种不同的标准保险单，其具体条款也各不相同。

②《国际贸易术语解释通则》有一定的误导性。虽然 CIF（成本、保险费加运费）和 CIP（运费和保险费付至）都提到了保险，但它们只提到最基本的保险范围，这对许多货物来说是不够的。

③运营商提供的覆盖范围非常有限。根据各种国际公约，承运人提供的保险范围很基本，限额很低，在许多情况下可以免除责任，因此，国际物流经理应该熟悉所有保险特性和这一领域的词汇，以便做出最好的决定。

保险的基本原则是投保人（被保险人）和保险人签订保险合同、履行各自义务，以及办理索赔和理赔工作所必须遵守的基本原则。与国际物流有密切关系的保险原则主要有：最大诚信原则、近因原则、可保利益原则、损失补偿原则以及代位追偿原则。

1.最大诚信原则

最大诚信原则作为海上货物运输保险合同的基本原则不仅贯穿于订立合同之前或之时，而且贯穿于履行合同的全过程。它不仅要求被保险人尽量保证最大诚信，也要求保险人尽量保证最大诚信。依据该原则，保险合同当事人均须分别履行以下有关义务：

（1）如实告知

这是指被保险人应于订立合同之前将其所知道的一切重要情况告诉保险人，"重要情况"是指被保险人知道或在通常业务中应当知道的有关影响保险人据以确定保险费率或者确定是否同意承保的情况。保险人知道或在通常业务中应当知道的情况，保

险人没有询问的，被保险人无须告知。关于被保险人违反告知义务的后果，各国有两种不同的立法规定：一是保险人有权解除合同；二是保险合同无效。

我国的规定如下：在被保险人故意违反告知义务时，保险人有权解约，对解约前发生的损失不负责赔偿，并不退还保险费。在非故意（即过失）的情况下，保险人既可以解约，也可以要求相应增加保险费。保险人若解约，对解约前发生的损失应负赔偿责任，若未告知的情况对保险事故的发生有严重影响的，保险人对解约前发生的损失不负赔偿责任，但须退还保险费。

（2）履行保证

履行保证即约定保证，是指被保险人允诺某项作为或不作为，或者满足某项条件，或者确定某项事实的存在或不存在。保证可分为明示保证和默示保证。明示保证是必须在保险合同或保险单的参考文件中载明的保证，如船名保证、开航日期保证等。被保险人如果违反了明示保证，保险人可根据情况加收保险费而继续履行合同或解除合同。默示保证是不在合同中载明的，但已为合同双方所熟知的事实，订立合同时，双方均默认有关保证的存在，如船舶适航保证等。被保险人违反默认保证，将使合同无法履行，保险人即可解除合同。

（3）依法经营

保险公司除须依法成立和接受有关部门的监督外，更重要的是必须严格依法经营。依法经营是保险公司遵守最大诚信原则的具体体现。

（4）明确说明

明确说明即保险人对其责任免除事项应向被保险人明确说明，未明确说明的，该条款不产生效力。

2.近因原则

近因原则即判断损失的主要原因，是确定某项原因与损失是否具有最直接的因果关系的标准，也是确定保险人对保险标的的损失是否负保险责任以及负何种保险责任的一条重要依据。保险中的"近因"是指造成损失的最主要的、最有效的、最有影响的原因，而不一定是指时间上或空间上最接近损失的原因。近因原则是指保险人只对承保风险与保险标的损失之间有直接因果关系的损失负赔偿责任，而对非由保单承保的风险造成的损失则不承担赔偿责任。它对保险理赔工作中的判定责任、履行义务和减少争议都有重要的意义。

3.可保利益原则

可保利益原则是指被保险人对保险标的所具有的某种合法的利益关系。被保险人必须对保险标的具有可保利益，其损失才能得到赔偿。在其他保险中，投保人或被保险人在合同订立时，被保险人可以不具有可保利益，但在货物出险时，被保险人必须具有可保利益才能获得赔偿。因为货运保险单是可以背书转让的，在保险合同订立时，保险单的最后持有者可能还没有取得对其所购货物的所有利益。可保利益可以表现为现有利益、期待利益或责任利益。

4.损失补偿原则

损失补偿原则是指在保险事故发生使保险人遭受损失时，保险人必须在责任范围内对被保险人所遭受的实际损失进行补偿。其具体内容包括以下几个方面：

（1）及时赔偿

前提是被保险人及时通知保险人并提供全部证据和材料，否则，保险人可以不负赔偿责任。如果保险人未能在法定期限内履行赔付义务，除支付赔偿金外，还应当赔偿被保险人因此遭受的其他损失。

（2）全部赔偿

这是对被保险人因保险事故造成的损失的全部赔偿，不包括被保险人为防止或减少损失而支付的必要的合理费用。

（3）赔偿实际损失

由于保险合同是一种补偿合同，因此，被保险人获得的保险赔偿不得超过其实际损失。全部赔偿与赔偿实际损失虽然都以保险金额为限，但前者强调的是"不得少赔"，而后者则强调"不得多赔"，因为少赔和多赔都与赔偿原则不相吻合。保险人只有按照全部赔偿和赔偿实际损失原则给予赔偿，才能真正使被保险人恢复到损失发生前的经济状况，因此，在不足额保险的情况下，保险人按比例赔偿，在超额保险和重复保险的情况下，保险人只赔偿实际损失。

5.代位追偿原则

根据保险的赔偿原则，保险是对被保险人遭受的实际损失进行补偿。当保险标的发生了保险承保责任范围内的灾害事故，而这一保险事故又是由保险人和被保险人以外的第三者承担责任时，为了防止被保险人在取得保险赔款后，又重复从第三者责任方取得赔偿，获得额外利益，在保险赔偿原则的基础上又产生了代位追偿原则，其目的就是限制被保险人获得双重补偿。

所以，代位追偿原则是指保险人在赔付被保险人之后被保险人应把保险标的损失的追偿权利转让给保险人使保险人取代被保险人地位以被保险人的名义向第三者进行追偿。由于国际物流货物运输保险一般都是定值保险，保险人已按保险金额赔付，保险人行使代位追偿所得多少已同被保险人无关，即使追偿所得超过原赔偿金额，超过部分仍归保险人所有。

保险标的的损失要构成代位追偿，须具备以下两个条件：第一，损失必须是第三者因疏忽或过失产生的侵权行为或违约行为造成的，而且根据法律的规定或双方在合同中的约定，第三者对这种损失负有赔偿责任；第二，第三者的这种侵权或违约行为又是保险合同中的保险责任。如果第三者的侵权或违约行为不属于保险承保的责任范围，就不符合保险上的代位追偿的条件。

5.1.2 国际货物运输保险词汇

以下是保险使用与风险相关的精确术语，在使用这些术语制定风险管理策略之前，理解这些术语是有意义的。

1.平均水平

平均水平是指货主在远洋运输中所遭受的损失。它还可以进一步分为单独海损或共同海损。①共同海损（General Average）是指载货船舶在海上遭遇灾害事故或特殊情况，威胁到船、货的共同安全，船方为了解除这种威胁，维护船、货的共同安全，有意识地采取合理措施所做出的某些特殊牺牲或支出的额外费用。共同海损的牺牲和费用应由船方、货主及运费收入方按最后获救价值，由所有的获益方共同按比例分摊，这就是共同海损的分摊（G.A.Contribution）。可见，共同海损涉及各方的利害关系。②单独海损（Particular Average）是指除共同海损以外的部分损失。这种损失仅仅属于特定方面的特定利益方，并不涉及其他货主和船方，因此，该损失仅由各受损者单独负担。

2.冲突

冲突是指船长或船员对船舶或货物造成损害的不服从或故意不当行为。

3.危险

危险是指造成损失的事件。例如，火灾、碰撞和洪水都是危险的。

4.风险

风险是指增加危险的可能性从而增加损失的情况。例如，一场风暴会增加水损坏的可能性，训练不佳的船员也会增加不当装载的可能性。

5.抛弃

抛弃是指把船的一部分货物（或飞机的燃料）扔到海里以减轻船的重量的行为。这样做的目的是拯救船舶、剩余的货物和船员。

6.投机风险

投机风险是指损失的机会或概率以及获利的机会或概率。其按性质可分为三类：①纯风险。它是指损失的机会或可能性。纯风险可以投保（即转移给保险公司）。②客观的风险。损失的概率可以精确计算，因为有足够的经验数据（火灾导致住宅全部损失的概率），或者因为已经建立了一个良好的数学模型。③主观风险。个人或公司对损失的感知风险。这种看法是否正确，只能通过计算客观风险来解决。心理学研究表明，个体管理者经常低估具有高实际概率的风险发生的概率，高估具有低实际概率的风险发生的概率。

5.1.3 国际货物运输保险的承保范围

国际货物运输保险因运输方式不同可分为海洋货物运输保险、陆上货物运输保险、航空货物运输保险和邮包货物运输保险。在这些货物运输保险中，起源最早、历史最悠久的是海洋货物运输保险，后来才陆续开办了陆运、空运、邮运货物保险。尽管在各种运输方式的货物保险中保险公司承保的责任有所不同，但所保障的范围却是相似的。此外，对货物在运输过程中遭受的各种风险和损失，各国保险公司并不是都予以承保，也不是一切损失都予以补偿。为了明确责任，各保险公司对其承保的各类风险及对风险所造成的各种损失的赔偿责任都有明确的规定。此处以海洋货物运输保险的承保范围来说明国际货物运输保险的承保范围。

1. 国际运输面临的风险

国际货物在运输途中时，面对大量的风险，因为它们是由多个运营商参与前程运输（出口国）、主要运输（国际航行）和转运（进口国）。随着行程中航段的增加，风险会增加，国际运输面临的风险要比国内运输多得多。货物也因为从一种运输方式转移到另一种运输方式而面临更多的风险，因此其处理次数要比国内运输的次数多很多。

国际货物运输的风险关系到保险范围，同时也会影响公司出口产品的包装方式和集装箱包装方式。海运公司和空运公司运输的货物都有特定的风险，而且它们都面临被盗的风险。海洋货物运输保险的承保人主要承保两类风险：海上风险和外来风险。

（1）海上风险

海上风险又称海难，是指船舶在海上航行中发生的或货物在海上运输中发生的风险，包括自然灾害和意外事故。自然灾害是指由于自然异常变化所造成的人力不可抗拒的灾害，如恶劣气候、雷电、海啸、地震、洪水等。意外事故是指突发的或不可抗拒的原因造成的事故，如搁浅、触礁、沉没、破船、碰撞、失踪等。

在保险业中，对上述灾害及事故解释如下：

恶劣气候是指由于海上发生的飓风、大浪引起船体、机器设备的损坏继而引起货物相互挤压、碰撞而导致破碎、凹瘪等损失。

搁浅是指在意外情况下发生的船体搁置于海底或海滩的状态。需要注意的是，由于规律性的潮涨潮落造成的船底触及浅滩或滩床，则属自然现象，不在保险"搁浅"事故之列。

触礁是指船体触及海中的海礁和岩石等所造成的意外事故，包括船只与沉船的"残骸"相触所造成的意外事故。

沉没是指船体的全部或大部分已沉入水中，失去继续航行的能力。若船体部分浸入水中，或海水渗入舱内，但船只还能继续航行，则不属于沉没。

　　破船是指船舶在航行或停泊时遭遇暴风雨造成船体破裂，使船只搁浅、触礁、沉没等。

　　碰撞是指船只与其他船只或固定的、流动的固体猛烈相撞，如同码头、桥梁、灯标等相撞。

　　失踪是指船舶在航运中失去联络达到一定时间仍音讯全无。"一定时间"一般在4~6个月之间。

　　需要指出的是，按照国际保险市场的一般解释，海上风险并不局限于海上发生的灾害和事故，那些与海上航行有关的发生在陆上或海陆、海河或与驳船相连接处的灾害和事故，如地震、洪水、火灾、爆炸、海轮与驳船或码头相撞，也属于海上风险。

　　（2）外来风险

　　外来风险是指由海上风险以外的其他外来原因引起的风险。保险业所说的外来原因是指事先难以预料的、致使货物受损的某些外部因素。需要注意的是，货物由于自身内部缺陷和自然属性而引起的自然损耗或变质等属于必然损失。这种损失被称为非事故性损耗，而不属于外来风险范围。

　　外来风险又可以分为一般外来风险和特殊外来风险两种。一般外来风险是指使被保险货物在运输途中遭受损失的一般外来原因，如偷窃、雨淋、短量、沾污、渗漏、破碎、串味、受潮、受热、发霉、锈损、钩损等均为一般外来风险。特殊外来风险是指导致被保险货物损失的国家政策、法令、行政措施、军事事件等特殊风险，如交货不到、战争、罢工等。

　　2.海洋货物运输保险人承保的损失

　　海上损失可分为海损和其他损失。保险人承保的损失一般是海损。按各国保险业习惯，与海洋连接的陆上和内河运输中所发生的损坏或灭失也属海损。运输途中被保险货物本身遭到损坏或灭失的损失，按其损失程度可以分为全部损失和部分损失，其中部分损失又可以分为共同海损和单独海损。

　　（1）全部损失

　　全部损失（All Loss）是指整批或不可分割的一批被保险货物在运输途中全部遭受损失。全部损失又分为实际全损和推定全损。

　　实际全损（Actual Total Loss）是指该批被保险货物在运输途中完全灭失，或者受到严重损坏完全失去原有的形体、效用，或者不能再归被保险人所拥有。如载货船舶失踪半年后仍没有获得其消息的，视为实际全损。

　　被保险货物在遭受实际全损时，被保险人可按投保金额获得保险公司的全部损失赔偿。

　　推定全损（Constructive Total Loss）是指被保险货物在海运中遭受承保风险后，虽然尚未达到完全灭失的程度，但进行施救、整理和修理的费用及加上继续运至目的地的费用，将超过货物抵达目的地的货价或保险价值。

被保险货物发生推定全损时，被保险人可以要求保险公司按部分损失赔偿，也可以要求保险公司按全部损失赔偿。如果要求按全部损失赔偿，被保险人必须向保险公司发出委付通知（或称委付申请）。所谓"委付"就是被保险人表示愿意将保险标的的一切权利和义务转给保险公司，并要求保险公司按全部损失赔偿的一种行为。委付必须经保险公司同意后方能生效，但是保险公司应当在合理的时间内将接受或不接受委付的决定通知被保险人。委付一经保险公司接受，不得撤回。

（2）部分损失

部分损失（Partial Loss）是指被保险货物的部分毁损或灭失，即没有达到全部损失的程度。其按性质可分为共同海损和单独海损。

构成共同海损是有条件的，这些条件包括：

①危险必须是真实存在或不可避免的，而且是危及船、货共同安全的。任何主观臆测可能发生危险而采取的措施都不能视为共同海损，若风险仅危及船或仅危及货物，共同海损均不能成立。

②所做的特殊牺牲和支出的额外费用，必须是为共同安全而采取主动的、有意识行为的结果，而不是意外损失。

③所采取的措施和所造成的损失必须是合理的、有效的。

④共同海损必须是非常情况下的损失。

共同海损和单独海损虽然都属于部分损失，但二者存在区别，主要表现在：

①造成海损的原因不同，即单独海损是承保风险直接导致的货物损失，而共同海损则是为了共同安全，人为有意识地采取措施所造成的损失。

②损失的构成不同，即单独海损一般是指货物本身的损失，不包括费用损失，而共同海损既包括货物损失，又包括因采取必要措施而引起的费用损失。

③对损失的承担不同，即单独海损由受损方自行承担，而共同海损则由受益各方按获救财产价值的大小按比例分摊。

3.海洋货物运输保险人承保的费用

被保险货物遭遇保险责任范围内的风险，除了货物本身遭受损失之外，还会产生为营救被保险货物而支出费用的损失，这种费用保险人也应予以赔偿。

（1）施救费用。

施救费用（Sue and Labor Charges）是指被保险货物在遭受保险责任范围内的自然灾害和意外事故时，被保险人（或其代理人、受雇人、保险单受让人）为抢救被保险货物、防止损失继续扩大所支付的合理费用。保险人对这种施救费用负责赔偿，但赔偿金额不得超过保险合同所载明的保险金额。

（2）救助费用。

救助费用（Salvage Charges）是指被保险货物遭受保险承保责任范围内的灾害事故时，由保险人和被保险人以外的无契约关系的第三者采取救助措施，救助成功，被救方付给施救的第三者的报酬。救助费用应由保险人负责赔付。保险人在赔付该费用时，必须要求救助成功。在国际保险业中，一般称之为"无效果–无报酬"。

（3）特别费用。

特别费用（Special Charges）是指运输工具遭遇海难后在避难港由于卸货所引起的损失以及在中途港、避难港由于卸货、存仓及运送货物所产生的费用。这类费用也属于保险人的赔付范围。

（4）额外费用。

额外费用（Extra Charges）是指在发生货损后为确定损失的原因以判定是否属于保险责任及其损失程度而支付的费用，诸如检验费用、拍卖遭损货物的销售费用等。保险人仅是在保险财产确有损失、赔案确实成立的情况下，才对此项费用负责。额外费用不得加在被保险货物的损失金额内以达到或超过免赔率（额），但若是根据保险人的指示而进行的检验所产生的费用，则不论损失是否达到了免赔率，保险人都予以负责。

5.2　我国海洋运输货物保险

由于国际货物运输主要以海洋运输为主，海洋运输货物保险在国际货物运输保险中占有特别重要的地位。中国人民保险公司根据我国保险业务的实际情况，并参照国际保险市场的惯例，分别制定了涵盖海洋、陆上、航空、邮包等运输方式的货物运输保险条款及各种附加条款，总称《中国保险条款》（China Insurance Clauses，CIC）。我国海运货物保险险别包括基本险和附加险，基本险可以独立投保；附加险则不能独立投保，只有在投保某一基本险的基础上才能加保。

5.2.1　基本险

1.基本险的责任范围

按照中国人民保险公司1981年1月1日修订的《海洋运输货物保险条款》的规定，海洋运输货物保险的基本险险别分为：

（1）平安险（Free from Particular Average，FPA），按英文原意是指"单独海损不赔"，我们的习惯叫法为"平安险"。实际上，保险人在承保这种险时，除了对全损和共同海损负责外，对意外事故造成的单独海损以及货物装卸时的部分损失也负责。

（2）水渍险（With Average or With Particular Average，WA or WPA），英文含义是

"单独海损包括在内"。其承保责任范围，除包括平安险的各项责任外，还负责被保险货物由于恶劣气候、雷电、海啸、地震、洪水等自然灾害所造成的部分损失。

（3）一切险（All Risks，AR）的责任范围，除包括平安险和水渍险的各项责任外，还负责被保险货物在运输途中由于一般外来风险所造成的全部或部分损失。

这三种险别保险公司承保的范围见表5-1。

表5-1　　　　　　　**海洋运输货物保险的基本险别及保险公司承保的范围**

基本险			
风险	平安险	水渍险	一切险
海上风险	①被保险货物在运输过程中，由于自然灾害造成整批货物的全部损失或推定全损。若被保险货物用驳船运往或运离海轮，每一驳船所装货物可视为一整批 ②由于运输工具遭受意外事故造成货物全部或部分损失 ③在运输工具已经发生意外事故的情况下，货物在此前后又在海上遭受自然灾害落海造成的全部损失 ④在装卸或转运时，由于一件或数件货物落海造成的全部或部分损失 ⑤被保险人对遭受保险承保责任范围内损失的货物采取抢救、防止或减少货损的措施而支付的合理费用，但这笔费用以不超过该批被救货物的保险金额为限 ⑥运输工具遭难后，在避难港由于卸货所引起的损失以及在中途港、避难港由于卸货、存仓以及运送货物所产生的特别费用 ⑦共同海损的牺牲、分摊和救助费用 ⑧运输合同订有"船舶互撞责任条款"，根据该条款规定应由货方偿还船方的损失		
			⑨被保险货物由于自然灾害造成的其他部分损失
一般外来风险			⑩被保险货物在运输途中由于一般外来原因（如偷窃、雨淋、渗漏、碰损、破碎、串味、受潮受热、钩损等）所造成的全部或部分损失

由表5-1可见，险别不同，保险范围责任不同。一切险的保险范围和责任比平安险、水渍险大，保险费率也相应比较高。

2.基本险的除外责任

投保人在关注承保范围之余，也不可忽视基本险不予承保的一些除外责任。中国海运货物保险的除外责任有下列五项：

（1）被保险人的故意行为或过失所造成的损失。

（2）属于发货人责任所引起的损失。

（3）在保险责任开始前，被保险货物已经存在的品质不良或数量不足所引起的损失。

（4）被保险货物的自然损耗、本质缺陷、特性以及市场跌落、运输延迟所引起的损失和费用。

（5）战争险和罢工险条款规定的责任范围及其除外责任。

3.基本险的责任起讫

基本险的责任起讫是指保险公司承保责任时间的开始和终止。根据国际保险市场的习惯做法，中国人民保险公司的《海洋运输货物保险条款》规定的基本险保险责任起讫期限遵照"仓到仓"条款（Warehouse to Warehouse Clause，W/W Clause），即保险公司的保险责任自被保险货物运离保险单所载明的起运地仓库或储存处开始运输时生效，包括正常运输过程中的海上、陆上、内河和驳船运输在内，直至该项货物到达保险单所载明的目的地收货人的最后仓库或储存处所位置，如未抵达上述仓库或储存处所，则以被保险货物在最后卸载港全部卸离海轮后满60天为限。如在上述60天内被保险货物需要转运到非保险单所载明的目的地时，则于该项货物开始转运时终止。此外，罢工险也采用"仓至仓"条款。

由于被保险人无法控制的运输延迟、绕道、被迫卸货、重行装载、转载或承运人运用运输契约赋予的权限所作的任何航海上的变更或终止运输契约，致使被保险货物运到非保险单所载明目的地时，在被保险人及时将获知的情况通知保险人，并在必要时加交保险费的情况下，本保险仍继续有效，保险责任按下列规定终止：

（1）被保险货物如在非保险单所载明的目的地出售，保险责任至交货时为止，但不论任何情况，均以被保险货物在卸载港全部卸离海轮后满60天为止。

（2）被保险货物如在上述60天期限内继续运往保险单所载原目的地或其他目的地时，保险责任仍按上述条款的规定终止。

4.被保险人的义务

被保险人应按照以下规定的应尽义务办理有关事宜，如因未履行规定的义务而影响保险公司利益，有关损失保险公司拒赔。

（1）当被保险货物运抵保险单所载目的地以后，被保险人应及时提货，当发现被保险货物遭受任何损失时，应立即向保险单上所载明的检验、理赔代理申请检验。如果发现保险货物整件短少或有明显残损痕迹，应立即向承运人、受托人或有关方面索取货损货差证明，如果货损货差是由于承运人、受托人或其他有关方面的责任所造成的，应以书面方式向他们提出索赔，必要时还需取得延长时效的认证。

（2）对遭遇承保责任内危险的货物，应迅速采取合理的抢救措施，防止或减少货物损失。

（3）在向保险人索赔时，保险人必须提供相关的单据。如涉及第三者责任还须附上向责任方追偿的有关单据。

（4）如遇航程变更或发现保险单所载明的货物、船名或航程有遗漏或错误，被保险人应在获悉后立即通知保险人并在必要时加交保险费，本保险才继续生效。

（5）在获悉有关运输契约中"船舶互撞责任"条款的实际责任后，应及时通知保险人。

5.索赔期限

依据《中国保险条款》的解释，保险索赔时效从被保险货物在最后目的地全部卸离运输工具时起算最多不超过两年。

5.2.2　附加险

在海运保险业务中，进出口商除了投保货物的基本险，还可以根据货物的特点和实际需要，酌情选择若干适当的附加险。《中国保险条款》中的附加险有一般附加险和特殊附加险两大类。伦敦保险业协会海运货物保险条款中恶意损害险属于附加险，战争险和罢工险可以作为附加险，在需要时也可作独立险别投保。

1.一般附加险

一般外来风险所造成的全部或者部分损失，不能单独投保，而只能在投保平安险或水渍险的基础上，根据货物的特性和需要来加保一种或若干种附加险。由于一般附加险已包括在一切险中，故在投保一切险时，不存在再加保一般附加险的问题。一般附加险共有11个险别：

（1）偷窃、提货不着险（Theft Pilferage and Non-delivery，TPND）

其对被保险货物因偷窃行为所致的损失和整件提货不着等损失，负责按保险价值赔偿。

（2）淡水雨淋险（Fresh Water and/or Rain Damage，FWRD）

其对直接遭受雨淋、雪融或其他来源的淡水所致的货物损失负责赔偿。其他来源的淡水包括船上淡水舱、水管漏水以及舱汗等。

（3）短量险（Risk of Shortage in Weight）

其承保被保险货物数量不足和实际重量短缺的损失，但不包括正常损耗。

（4）渗漏险（Risk of Leakage）

其承保流质、半流质的液体物质和油类物质等货物在运输途中因容器损坏而引起的渗漏损失，或用液体储藏的货物因液体的渗漏而引起货物的腐败、变质等损失。

（5）混杂、沾污险（Risk of Intermixture and Contamination）

其承保被保险货物在运输过程中混进杂质所造成的损失，以及被保险货物因为和其他物质接触而被沾污所造成的损失。

（6）碰损、破碎险（Risk of Clash and Breakage）

碰损是指机械设备等货物在运输途中，因为受到震动、颠簸、挤压而造成货物本身的损失；破损是指易碎性货物在运输途中由于装卸野蛮、粗鲁、运输工具颠簸造成货物本身的破碎、断碎的损失。这些损失由保险公司负责赔偿。

（7）串味险（Risk of Odors）

其承保被保险货物和其他异味货物混装，而使其品质受到损害的损失，主要适用于食品、中药材、化妆品原料等货物。

（8）受潮受热险（Sweating and Heating Risk）

其承保被保险货物在运输途中因气候突变或因船上通风设备失灵致使船舱水汽凝结、发潮、发热所造成的损失。

（9）钩损险（Hook Damage Risk）

其承保被保险货物在装卸过程中因为使用手钩、吊钩等工具所造成的损失和对其进行修补或调换所支付的费用。

（10）包装破裂险（Breakage of Packing Risk）

其承保被保险货物在运输过程中因装运或装卸不慎，致使包装破裂所造成的短少、沾污等损失。

（11）锈损险（Risk of Rust）

其承保被保险货物在运输过程中因生锈造成的损失。但这种损失必须在保险期内发生，否则保险公司不负责任。

2.特殊附加险

特殊附加险承保特殊外来风险所造成的全部或部分损失。特殊附加险不包括在任何基本险中，必须另行加保才能获得保障。特殊附加险共有8个险别：

（1）罢工险（Strike Risk）

其对被保险货物由于罢工、工人被迫停工或参加工潮、暴动等人员的行为或任何人的恶意行为所造成的直接损失，以及上述行为或行动所引起的共同海损的牺牲、分摊和救助费用负责赔偿。但对于在罢工期间由于劳动力短缺或不能使用劳动力所造成的被保险货物的损失，包括因罢工而引起的动力或燃料缺乏使冷藏机停止工作所致的冷藏货物的损失，以及无劳动力搬运货物，使货物堆积在码头淋湿受损，不负赔偿责任。罢工险对保险责任期间的规定与其他海运货物保险险别一样，采取"仓至仓"条款。按国际惯例，已投保战争险后另加保罢工险，不另增收保险费。如仅要求加保罢工险，则按战争险费率收费。

（2）战争险（War Risk）

根据中国人民保险公司《海洋运输货物战争险条款》，战争险负责赔偿直接由于战争、类似战争行为和敌对行为、武装冲突或海盗行为所致的损失，以及由此而引起的捕获、拘留、扣留所造成的损失。其还负责各种常规武器（包括水雷、鱼雷、炸弹）所致的损失以及由上述责任范围而引起的共同海损的牺牲、分摊和救助费用，但对使用原子或热核武器所造成的损失和费用不负赔偿责任。战争险的保险责任期间是以水上危险为限（岸到岸），即自货物在起运港装上海轮或驳船时开始，直到到达目的港卸离海轮或驳船时为止。如果不卸离海轮或驳船，则从海轮到达目的港的当日午夜起算满15天保险责任自行终止。如果在中途港转船，不论货物是否在当地卸货，保险责任以海轮到达该港口或卸货地点的当日午夜起算满15天为止，其后再装上续运海轮时，保险人仍继续负责。

（3）交货不到险（Failure to Deliver Risk）

对不论任何原因，从被保险货物装上船舶开始，不能在预定抵达目的地的日期起6个月内交货的，保险公司按全损赔偿。

（4）进口关税险（Import Duty Risk）

当货物遭受保险责任范围以内的损失，而海关仍要求被保险人按完好货物价值完税时，保险公司对损失部分货物的进口关税负责赔偿。

（5）舱面险（On Deck Risk）

对存放舱面的被保险货物，除按保险单所载条款负责外，还承保货物被抛弃或被风浪冲击落水的损失。保险公司对普通集装箱装在舱面视同舱内货物承保，货主不必加保舱面险。

（6）拒收险（Rejection Risk）

在对被保险货物具备有效进口许可证的情况下，在进口港被进口国政府或有关方面拒绝进口或没收，保险公司按货物的保险价值负责赔偿。

（7）黄曲霉素险（Aflatoxin Risk）

对被保险货物因所含黄曲霉素超过进口国的限制标准，被拒绝进口、没收或强制改变用途而遭受的损失负责赔偿

（8）出口货物到香港（包括九龙）或澳门存仓火险责任扩展条款（Fire Risk Extension Clause for Storage of Cargo at Destination Hong Kong，Including Kowloon，or Macao）

被保险货物运抵目的港香港（包括九龙）或澳门卸离运输工具后，若直接存放于保险单载明的过户银行所指定的仓库，本保险对存仓火险的责任至银行收回押款解除货物的权益为止，或运输险责任终止时满30天为止。

被保险人不论已经投保何种基本险别，均可以另行加保有关的特殊附加险。根据《国际贸易术语解释通则®2020》的规定，在CIP和CIF项下，如果买方要求并负担费用，卖方应当在可能的情况下加保战争、罢工、暴动和民变险。

5.2.3 专门保险险别

在我国海洋运输货物保险险种中，还有专门的海洋运输冷藏货物保险，散装桐油保险，活牲畜、家禽运输保险。这三个险种也属于基本险。

1.海洋运输冷藏货物保险

根据中国人民保险公司1981年1月1日修订的《海洋运输冷藏货物保险条款》的

规定，海洋运输冷藏货物保险（Ocean Marine Insurance（Frozen Products））险别分为冷藏险（Risks for Frozen Products）和冷藏一切险（All Risks for Frozen Products）两种。

冷藏险的责任范围，除负责水渍险承保的责任外，还负责赔偿由于冷藏机器停止工作连续达24小时以上所造成的被保险货物的腐败或损失。

冷藏一切险的责任范围，除包括冷藏险的各项责任外，还包括赔偿被保险货物在运输过程中由于一般外来原因所造成的腐败或损失。

海洋运输冷藏货物保险的除外责任，除包括上述海洋运输货物保险的除外责任外，对下列损失也不负责任：被保险货物在运输过程中的任何阶段，因未存放在有冷藏设备的仓库或运输工具中，或辅助运输工具没有隔温设备所造成的腐烂损失，以及在保险责任开始时被保险货物因未保持良好状态，包括整理加工和包装不妥、冷冻不合格及肉食骨头变质引起的腐败和损失。

海洋运输冷藏货物保险的责任期间与海洋运输货物三种基本险的责任期间基本相同。但是，货物到达保险单所载明的最后目的港，如在30天内卸离海轮，并将货物存入岸上冷藏仓库后，保险责任继续有效，但以货物全部卸离海轮时起算满10天为限。在上述期限内货物一经移出冷藏仓库，保险责任即告终止。如果货物卸离海轮后不存入冷藏仓库，保险责任至卸离海轮时终止。

2.散装桐油保险

根据中国人民保险公司1981年1月1日修订的《海洋运输散装桐油保险条款》的规定，海洋运输散装桐油保险（Marine Insurance（Woodoil Bulk））是保险公司承保不论何种原因造成的被保险散装桐油的短少、渗漏、沾污或变质的损失。

海洋运输散装桐油保险的责任期间也采用"仓至仓"条款，但是，如果被保险散装桐油运抵目的港不及时卸载，则自海轮抵达目的港时起满15天，保险责任即行终止。

3.活牲畜、家禽运输保险

根据中国人民保险公司《活牲畜、家禽的海上、陆上、航空运输保险条款》规定，活牲畜、家禽运输保险（Livestock & Poultry Insurance）是保险公司对于活牲畜、家禽在运输途中的死亡负责赔偿。对于下列原因造成的死亡，则不负赔偿责任：在保险责任开始前，被保险牲畜、家禽健康状况不好，或被保险活牲畜、家禽因怀仔、防疫注射或接种所致的死亡，或因传染病、患病，经管理层命令屠杀或因缺乏饲料而导致的死亡，或由于被禁止进出口或因检验不符所引起的死亡。

活牲畜、家禽运输保险责任期间是自被保险活牲畜、家禽装上运输工具时开始直至目的地卸离运输工具为止。如不卸离运输工具，最长的保险责任期限从运输工具抵达目的地当日午夜起算15天为限，但是在保险有效的整个运输过程中被保险活牲畜、家禽必须被妥善装运、专人管理，否则保险公司不负赔偿责任。

5.3　我国陆运、空运与邮包运输货物保险

陆运、空运与邮包运输货物保险是在海运货物保险的基础上发展起来的。由于陆运、空运和邮包运输与海运相比，导致货物损失的风险种类不同，因此它们与海运保险的险别及承保责任范围也存在一些差异。

根据中国人民保险公司的《中国保险条款》，适用于陆上、航空和邮政包裹运输的险别主要有如表5-2所示的几种。

表5-2　　　　　　　　　　　　**适用于陆上、航空和邮政包裹运输的险别**

类别	基本险别	附加险别
陆上运输货物保险	陆运险、陆运一切险、陆上运输冷藏货物险	陆上运输货物战争险（火车）
航空运输货物保险	航空运输险、航空运输一切险	航空运输货物战争险
邮包运输货物保险	邮包险、邮包一切险	邮包战争险

5.3.1　陆上运输货物保险

根据中国人民保险公司1981年1月1日修订的《陆上运输货物保险条款》（Overland Transportation Cargo Insurance Clauses）的规定，陆上运输货物的基本险别有陆运险和陆运一切险两种。此外，还有专门保险——陆上运输冷藏货物险，以及附加险——陆上运输货物战争险（火车）等。

1.陆上运输险的责任范围

陆上运输险的责任范围包括被保险货物在运输途中遭受暴风、雷电、洪水、地震等自然灾害；或由于运输工具遭受碰撞、倾覆、出轨；或因在驳运过程中驳运工具遭受搁浅、触礁、沉没、碰撞；或由于遭受隧道坍塌、崖崩或失火、爆炸等意外事故所造成的全部或部分损失；被保险人对遭受承保责任内危险的货物采取抢救、防止或减少货损的措施而支付的合理费用，但以不超过该批被救货物的保险金额为限。

2.陆运险与陆运一切险

陆运险（Overland Transportation Risks）的承保范围大致相当于海运货物保险条款中的水渍险。保险公司承保被保险货物在运输途中遭受暴风、雷电、洪水、地震等自然灾害，或由于陆上运输工具（主要是指火车、汽车）遭受碰撞、倾覆、出轨或在驳运过程中因驳运工具遭受搁浅、触礁、沉没、碰撞，或由于隧道坍塌、崖崩或火

灾、爆炸等意外事故所造成的全部或部分损失。此外，被保险人对遭受承保责任范围内风险的货物采取抢救、防止或减少货损的措施而支付的合理费用，保险公司也负责赔偿，但以不超过该批被救货物的保险金额为限。

陆运一切险（Overland Transportation All Risks）的承保责任范围与海洋运输货物保险条款中的"一切险"相似。保险公司除承担上述陆运险的赔偿责任外，还负责被保险货物在运输途中由于外来原因造成的短少、短量、偷窃、渗漏、碰损、破碎、钩损、雨淋、生锈、受潮、受热、发霉、串味、沾污等全部或部分损失。

陆运险和陆运一切险的责任范围仅以火车和汽车运输为限。其除外责任与海洋运输货物保险的除外责任相同。

陆运险和陆运一切险的责任期间也采用"仓至仓"条款。若被保险货物在运抵最后卸载的车站满60天后，仍未进入收货人的最后仓库，则保险责任即告终止。

3.陆上运输冷藏货物险

陆上运输冷藏货物险（Overland Transportation Insurance（Frozen Products Risks））是陆上运输货物险中的一项专门保险。其保险责任除陆运险的范围之外，还包括赔偿由于冷藏机器或隔温设备在运输途中损坏所造成的被保险货物解冻腐坏的损失。但是，由于战争、罢工、运输延迟，或由于在保险责任开始时包装不妥、冷冻不合格所致的被保险货物的腐坏或损失，则在保险责任之外。陆上运输冷藏货物险的责任期间是从起运地冷藏库装入运输工具开始运输时生效，直到货物到达目的地收货人仓库为止，但最长保险责任的有效期限以被保险货物到达目的地车站后10天为限。

陆上运输冷藏货物险的索赔时效为从被保险货物在最后目的地全部卸离车辆起计算，最多不超过2年。

被保险人在向保险人索赔时，必须提供下列单证：保险单正本、提单、发票、装箱单、磅码单、货损货差证明、检验报告及索赔清单。如涉及第三者责任，还必须提供向责任方追偿的有关函电及其他必要单证或文件。

4.陆上运输货物战争险（火车）

陆上运输货物战争险（火车）（Overland Transportation Cargo War Risks（By Train））是陆运货物保险的特殊附加险，只有在投保了陆运基本险的基础上方可加保该险种，目前，仅限于火车运输可以加保。该险种承保在火车运输途中由于战争、类似战争和敌对行为、武装冲突所致的损失，以及各种常规武器所致的货物损失。但是，由于敌对行为使用原子或热核武器所造成的损失和费用，以及由于执政者、当权者或其他武装集团的扣押、拘留引起的承保运程的丧失和挫折而造成的损失，保险公司不负赔偿责任。

陆上运输货物战争险的责任期间与海运战争险相似，即自被保险货物装上保险单所载明的起运地火车时开始，到卸离保险单所载明的目的地火车时为止。若被保险货物不卸离火车，则以火车到达目的地的当日午夜起算满48小时为止；如在运输中途转车，不论货物在当地卸载与否，保险责任以火车到达该中途站的当日午夜起计算满10天为止。陆上运输货物保险的附加险除战争险之外，还可加保罢工险。罢工险的承保范围与海洋运输货物罢工险的责任范围相同。

5.3.2 航空运输货物保险

根据中国人民保险公司1981年1月1日修订的《航空运输货物保险条款》（Air Transportation Cargo Insurance Clauses）的规定，航空运输货物保险的基本险别分为航空运输险和航空运输一切险。此外，还有一种附加险，即航空运输货物战争险。

1. 航空运输险与航空运输一切险

航空运输险（Air Transportation Risks）的承保责任范围与海运货物水渍险大体相同。保险公司承保的被保险货物在运输途中遭受雷电、水灾、爆炸，或由于飞机遭受恶劣气候或其他危险事故而被抛弃，或由于飞机遭受碰撞、倾覆、坠落或失踪等自然灾害、意外事故所造成的全损或部分损失，对在保险责任范围内的事故所采取的抢救、防止或减少货损的措施而支付的合理费用也负责赔偿，但以不超过被救货物的保险金额为限。

航空运输一切险（Air Transportation All Risks）的承保责任范围除包括上述航空运输险的全部责任外，还包括对被保险货物在运输途中由于一般外来原因（含被偷窃、短少等）所造成损失的全部或部分责任。

航空运输险和航空运输一切险的除外责任与海洋运输货物险的除外责任大致相同。其责任期间也采用"仓至仓"条款。若货物运达目的地而未运抵收货人仓库或储存处，则被保险货物在最后卸载地卸离飞机后满30天，保险责任即告终止。

2. 航空运输货物战争险

航空运输货物战争险是航空运输货物险的一种附加险，是投保人在投保了航空运输险或航空运输一切险的基础上加保的一种险别。加保该险后，保险公司负责赔偿由于战争、类似战争行为、敌对行为或武装冲突，以及各种常规武器和炸弹所造成的货物损失，但不包括由原子或热核武器所造成的损失。

航空运输货物战争险的责任期间是从被保险货物在起运地装上飞机时开始，直到到达目的地卸离飞机时止。若货物不卸离飞机，则以飞机抵达目的地当日午夜起算满15天为止。

航空运输货物保险的附加险除战争险外，还可加保罢工险，罢工险的责任范围与海洋运输罢工险的责任范围相同。

3. 除外责任

航空运输货物战争险对下列损失，不负赔偿责任：

（1）被保险人的故意行为或过失所造成的损失。

（2）属于发货人责任所引起的损失。

（3）保险责任开始前，被保险货物已存在的品质不良或数量短差所造成的损失。

（4）被保险货物的自然损耗、本质缺陷、特性以及市价跌落、运输延迟所引起的损失或费用。

（5）中国人民保险公司航空运输货物战争险条款和货物运输罢工险条款规定的责任范围和除外责任。

4.被保人的义务

被保险人应按照以下规定的应尽义务办理有关事项，如因未履行规定的义务而影响本公司利益时，本公司对有关损失有权拒绝赔偿。

（1）当被保险货物运抵保险单所载目的地以后，被保险人应及时提货，当发现被保险货物遭受任何损失，应立即向保险单上所载明的检验、理赔代理人申请检验，如发现被保险货物整件短少或有明显残损痕迹应立即向承运人、受托人或有关当局索取货损货差证明，如果货损货差是由于承运人、受托人或其他有关方面的责任所造成的，应以书面方式向他们提出索赔。必要时还须取得延长时效的认证。

（2）对遭受承保责任内危险的货物，应迅速采取合理的抢救措施，防止或减少货物损失。

（3）在向保险人索赔时，必须提供下列单证：保险单正本、提单、发票、装箱单、磅码单、货损货差证明、检验报告及索赔清单，如涉及第三者责任还须提供向责任方追偿的有关函电及其他必要单证或文件。

5.索赔期限

航空运输货物战争险索赔时效，从被保险货物在最后卸载地卸离飞机后起计算，最多不超过2年。

5.3.3　邮包运输货物保险

根据中国人民保险公司1981年1月1日修订的《邮包保险条款》（Parcel Post Insurance Clauses）的规定，邮包运输货物保险的基本险别分为邮包险和邮包一切险两种。此外，还有一种附加险，即邮包战争险。由于邮包运输可以采用海、陆、空三种运输方式，因此邮包运输保险责任兼顾了海、陆、空三种运输工具的特征。

1.邮包险与邮包一切险

邮包险（Parcel Post Risks）的承保责任范围是：被保险邮包在运输途中，由于遭受恶劣气候、雷电、流冰、海啸、地震、洪水等自然灾害或由于运输工具搁浅、触礁、沉没、碰撞、出轨、坠落、失踪，或由于失火和爆炸等意外事故所造成的全部或部分损失。此外，邮包险还负责赔付被保险人对遭受承保责任范围内危险的邮包采取抢救、防止或减少货损的措施而支付的合理费用，但以不超过该批被救邮包的保险金额为限。

邮包一切险（Parcel Post All Risks）的承保范围除包括上述邮包险的全部责任外，还包括赔偿被保险邮包在运输途中由于外来原因所致的全部或部分损失。

邮包险和邮包一切险的保险责任起讫时间是自被保险邮包离开保险单所载明的起运地点、寄件人的处所运往邮局时开始，直至该项邮包运达保险单所载明的目的地邮局，或自邮局发出通知书给收货人当日午夜起算满15天为止，但在此期限内邮包一经递交至收件人的处所，保险责任即告终止。

2.邮包战争险

邮包战争险（Parcel Post War Risks）是邮政运输保险的一种附加险。只有在投保了邮包险或邮包一切险的基础上经过投保人与保险公司协商方可加保。

加保邮包战争险后，保险公司负责赔偿被保险邮包在运输过程中直接由于战争、类似战争行为和敌对行为、武装冲突或海盗行为以及各种常规武器包括水雷、鱼雷、炸弹所造成的损失。此外，保险公司还负责赔偿在遭受以上承保责任范围内危险引起的共同海损的牺牲、分摊和救助费用，但保险公司不承担因使用原子或热核武器所造成的损失和费用的赔偿。

邮包战争险的保险责任是自被保险邮包经邮局收讫后由储存处所开始运送时生效，直至该邮包运达保险单所载明的目的地邮局送交收件人为止。

必须指出的是，在附加险方面，除战争险外，海洋运输货物保险中的一般附加险和特殊附加险险别及条款均适用于陆、空、邮运输货物保险。

5.4 伦敦保险协会海运货物保险条款

英国的保险业拥有悠久的历史。1884年，英国伦敦保险协会成立，1912年该协会制定了《协会货物条款》，之后进行了多次修订，最终于1963年定稿。为了适应第二次世界大战后世界经济的发展和航运、保险业的新情况，1981年，该协会进行了大规模修订，并于1982年起正式使用新条款。

由于英国在保险业的历史影响，伦敦保险协会所制定的《协会货物条款》（Institute Cargo Clauses，ICC）是国际货物保险中运用最广泛的条款。据统计，目前世界上大约有2/3以上的国家（地区）在海洋保险业务方面直接采用该条款。在我国按CIF或CIP条件成交的出口交易中，国外商人若要求按伦敦保险协会货物险条款投保，我国出口企业和保险公司一般都会接受。

《协会货物条款》共有六种险别，它们是：ICC（A）险、ICC（B）险、ICC（C）

险、战争险、罢工险和恶意损害险。其中，ICC（A）险承保责任范围最为广泛，类似于我国的一切险；ICC（B）险的承保责任范围小于ICC（A）险；ICC（C）险的承保责任范围最小，类似于我国的平安险。

5.4.1　伦敦保险协会海运货物保险条款的险别

1. ICC（A）险（Institute Cargo Clause A，ICC（A））

（1）ICC（A）险的承保风险

按规定，ICC（A）险的承保风险采取"一切风险减除外责任"的方式确定，即除了"除外责任"项下所列的风险保险人不予赔偿外，其他风险均负责赔偿。

（2）ICC（A）险的除外责任

①一般除外责任。下列损失或费用不赔：

• 被保险人故意的不法行为所造成的损失和费用。

• 保险标的物的自然渗漏，重量或容量的自然损耗或自然磨损。

• 由于保险标的物的包装不足或不当所造成的损失或费用。

• 由于保险标的物本质缺陷或特性所造成的损失或费用。

• 直接由于延迟引起的损失或费用，即延迟是由于承保的风险所引起的（共同海损项下支付的费用除外）。

• 由于船舶所有人、经理人、租船人或经营人破产或不履行债务所造成的损失或费用。

• 由于使用任何原子或热核武器所引起的损失或费用。

②不适航不适运除外责任。下列原因造成的损失或费用不赔：

• 船舶、运输工具、集装箱或大型海运箱不适宜安全运载保险标的物，如果保险标的物在装载时，被保险人或其受雇人知道这种不适航不适运情况。

• 保险人放弃提出任何关于船舶违反适航或适运条件将保险标的物运往目的地的默示保证权利。除非被保险人或其受雇人知道这种不适航或不适运情况。

③战争除外责任。下列原因造成的损失或费用不赔：

• 战争、内乱、叛乱、造反或由此引起的内乱，或针对交战国的任何敌对行为。

• 捕获、拘留、禁制、扣押（海盗行为除外）以及这种行动的后果或这方面的企图。

• 遗弃的水雷、鱼雷、炸弹或其他遗弃的战争武器。

④罢工除外责任。下列原因造成的损失或费用不赔：

• 罢工者、被迫停工工人或参与工潮、暴动或民变的人员。

• 罢工、被迫停工、工潮、暴动或民变。

• 任何恐怖主义者或任何出于政治目的采取的行动。

2. ICC（B）险（Institute Cargo Clause B，ICC（B））

ICC（B）险是采用"列明风险"的方式，即在列明风险条款内明确列出保险人负责赔偿的所有风险，当灭失或损失属于列明风险中的任何一种时，保险人负责赔偿。

（1）ICC（B）险的承保风险

①火灾、爆炸；②船舶或驳船触礁、搁浅、沉没或倾覆；③陆上运输工具倾覆或出轨；④船舶、驳船或运输工具同水以外的外界物体碰撞；⑤在避难港卸货；⑥地震、火山爆发、雷电；⑦共同海损牺牲；⑧抛货；⑨浪击落海；⑩海水、湖水或河水进入船舶、驳船、运输工具、集装箱、大型海运箱或贮存处所；货物在装卸时落海或摔落造成整件的全损。

（2）ICC（B）险的除外责任

ICC（B）险的除外责任与ICC（A）险的除外责任基本相同，有下列两点区别：

①ICC（A）险除对被保险人的故意不法行为所造成的损失、费用不负赔偿责任外，对于被保险人之外的任何人或数人故意损害或破坏标的物或其他任何部分的损害负赔偿责任，即ICC（A）险对恶意损害风险要负责赔偿。但ICC（B）险对此均不负赔偿责任。

②ICC（A）险将海盗行为列入风险范围，而ICC（B）险对海盗行为不负赔偿责任。

3. ICC（C）险（Institute Cargo Clause C，ICC（C））

ICC（C）险也是采用"列明风险"的方式，其承保风险要比前两者小得多，它只承保"重大意外事故"，而不承保"自然灾害及非重大意外事故"。

（1）ICC（C）险的承保风险

①火灾、爆炸；②船舶或驳船触礁、搁浅、沉没或倾覆；③陆上运输工具的倾覆或出轨；④船舶、驳船或运输工具同水以外的任何物体碰撞；⑤在避难港卸货；⑥共同海损的牺牲；⑦抛货。

（2）ICC（C）险的除外责任

ICC（C）险的除外责任与ICC（B）的除外责任完全相同。

4. 协会战争险条款（货物）（Institute War Clause，Cargo）与除外责任

协会战争险的承保风险与我国现行的海运战争险条款相似。但在除外责任方面，保险人对由于非敌对行为（如使用原子武器等）所造成的灭失或损害必须负责。

5. 协会罢工险条款（货物）（Institute Strike Clause，Cargo）与除外责任

协会罢工险的承保风险范围如上述战争险一样，与我国现行海运货物保险中的罢工险条款基本一致。但在"一般除外责任"中增加了"航程挫折"条款，目的在于限制被保险人对由于罢工而造成的额外费用（如存仓费、重新装船费等）提出赔

偿要求。

6.恶意损害险条款（Malicious Damage Clause）

恶意损害险承保被保险人以外的其他人（如船长、船员）的故意破坏行动（如沉船、纵火等）所导致的被保险货物的灭失或损害。但恶意损害如果是出于政治动机的人为行动，则不属于恶意损害险承保范围。

上述六种险别中，ICC（A）险、ICC（B）险、ICC（C）险是主险，可单独投保。战争险和罢工险仍为特殊附加险性质，但其具有独立的结构和完整的内容，因此亦可作为独立的险别进行投保。而恶意损害险只是一个附加险，不能作为独立的险别进行投保，它只包括在ICC（A）险的承保范围之内，因此，在投保ICC（B）险、ICC（C）险时，若有需要可加保恶意损害险。

5.4.2 ICC保险条款的保险责任期间

ICC保险条款的保险责任期间也按"仓至仓"条款的规定办理。按照运输条款的规定，保险责任是从离开保险单所指定的起运地仓库时开始，直至货物运到保险单所指定的目的地的最后仓库为止，或以交到保险单所指定的目的地或目的地以前的其他仓库为止，或以货物在最后卸货港全部卸离海轮后满60天为止。上述几种情况以首先出现者为准。若货物卸离海轮后不到60天已运到仓库，保险的责任亦告终止；但如果在货物卸离海轮后满60天，货物尚未运到仓库，保险人也不再负责。如果在上述60天期限届满之前，货物需要转往保险单规定的目的地以外的其他目的地，则从转运起运时起，保险责任即告终止。

按照运输契约终止条款的规定，如果由于被保险人无法控制的运输延迟、绕航、被迫卸货、转载或承运人运用运输合同所赋予的权限所做出的任何航程变更，致使货物在保险单规定交到目的地的日期以前航程即告终止，则在被保险人立即通知保险人，并在需要时加交保险费的情况下，保险人仍继续负责，直至货物在该港埠出售及交付时为止，但最长不得超过货物到达该港口或地点满60天的期限，以先发生者为准。若在上述60天期限内，货物需运往保险单所载的目的地或其他目的地，则保险人的责任按运输条款的规定终止。

战争险的责任期间，是从货物装上海轮时开始，到货物在最后卸货港卸离海轮时止；或从海轮到达最后卸货港当天午夜起算满15天为止。以上两种情况以先发生者为准。如果海轮抵达中途港口准备卸货转运，则从抵达中途港当天午夜起算满15天为止，但从货物装上续运海轮时起，保险再度生效。

由此可见，我国的《海洋运输货物保险条款》的一切险、水渍险和平安险的保障范围分别与《协会货物条款》中的ICC（A）险、ICC（B）险、ICC（C）险相当，但《协会货物条款》比我国《海洋运输货物保险条款》的结构更为完整，便于投保人区分各险别的承保内容的差距，选择合适的险种。

5.5　中英海洋货物运输保险条款对比

中国人民保险公司海洋货物运输保险条款（CIC）与英国伦敦保险协会货物运输保险条款（ICC）之间在保险责任范围、保险责任期限以及索赔条款等方面均存在不同。

1. 保险责任范围的比较

（1）CIC一切险与ICC（A）条款承保范围的比较

CIC一切险条款采用的是列明风险的方式规定责任范围，而ICC（A）采用"一切风险除外责任"的方式规定责任范围。

（2）CIC水渍险与ICC（B）条款承保范围的比较

①CIC水渍险条款对海水造成的货物损失负责，但对淡水水损原则上按附加险处理；ICC（B）负责承保海水、河水、湖水进入船舶、驳船、集装箱等运输工具所致的货物水损。

②CIC水渍险对浪击落海的损失不负责，浪击落海的责任在特别附加险"舱面险"的承保范围里；ICC（B）对浪击落海的损失负责。

（3）CIC平安险与ICC（C）条款责任范围的比较

①CIC平安险承保自然灾害所导致的货物的全部损失，虽已明确指出自然灾害造成的部分损失不赔，但对在运输工具已经发生意外事故的情况下，货物在此前后又在海上遭受自然灾害所造成的部分损失则负责赔偿；而ICC（C）中对自然灾害和一般性的意外事故均未列入责任范围，即对自然灾害如"地震、火山爆发、雷电"以及一般性的意外事故如"海水、湖水或河水进入船舶、驳船、运输工具、集装箱、大型海运箱或存储处"所致的损失（无论是全部损失还是部分损失）都是不予赔偿的。

②CIC平安险负责承保装卸时所造成的一件或数件或整件货物落海而致的全部或部分损失；而ICC（C）险不承保货物装卸（避难港除外）时所造成的损失。

2. 保险责任期限的比较

CIC条款在"责任起讫"与"被保险人义务"等条款中对保险期限做出了一些规定；ICC在运送、运输终止以及航程变更等条款中对保险期限做出了相应规定。CIC对航程变更的规定较为合理；ICC对保险期限的开始和终止的规定比较具体。

3. 索赔条款的比较

（1）续运费用条款。ICC保险条款第12条规定，一旦发生航程中途终止的情况，被保险人要迅速通知保险人并要求其承诺补偿将货物运抵目的地所支出的费用；CIC未对续运费用做出任何规定。

（2）推定全损条款。ICC保险条款第13条规定，提醒被保险人，推定全损的构成须按照英国的法律及惯例；CIC条款没有相关规定。

（3）ICC条款中对索赔的时效问题没有做出明确规定；而CIC条款则规定了两年的索赔时效，从被保险货物在最后卸载港全部卸离船舶后开始计算。

5.6　我国进出口货物运输保险实务

办理国际货物运输保险，几乎是每一单出口业务都要做的事情，但要办得既稳妥又经济却不容易。由于实际操作中情况千差万别，因此，如何灵活运用保险、规避出口货物运输中的风险，是技巧性很强的专业工作，其中涉及保险险种的选择、投保手续的办理、事后索赔等诸多繁杂事项。

5.6.1　投保

1.投保险别的选择

投保人在投保时首先要选择投保的险别，保险公司承担的保险责任也是以险别为依据的，因为不同的险别所承保的责任范围并不相同，其保险费率也不相同。在我国海运货物保险条款三种主险中，平安险的责任范围最小，水渍险次之，一切险最大。其中一切险是最常用的一个险种，买家开立的信用证也多是要求出口方投保一切险。投保一切险最方便，因为它的责任范围包括了平安险、水渍险和11种一般附加险，投保人不必费心思去考虑选择什么附加险。但是，往往最方便的服务需要付出的代价也最大。就保险费率而言，水渍险的费率约相当于一切险的1/2，平安险约相当于一切险的1/3，因此，投保人在选择投保的险别时，应该根据运输货物的实际情况予以全面衡量，既要顾及所选择的险别能为被保险货物提供充分的保险保障，又要注意到保险费用的节省，避免不必要的保险费支出。要做到这一点，首先要对自己所面临的风险做出评估，甄别哪种风险最大、最可能发生，并结合不同险种的保险费率来加以权衡，因此，选择保险险别时应考虑以下几个要素：

（1）货物的种类、性质和特点

不同种类的货物，由于其性质和特点不同，在运输时即使遭遇同一风险事故，所致的损失后果往往也并不相同，因此，投保人在投保时应充分考虑货物的性质和特点，选择适当的险别。按不同货物的特点选择保险人提供的特定的或专门的保险条款进行投保，以求得到充分保障。

（2）货物的包装情况

货物的包装方式会直接影响到货物的完好情况。散装货物在装卸时容易发生短量损失，散装的豆类等还可能因混入杂质而受损。包装货物也会因包装材料的不同而可能遭受不同的损失，因此，投保人应根据不同包装方式的特点选择适当的险别。对于因货物包装不足或不当，以致不能适应国际货物运输的一般要求而使货物遭受的损失，属于发货人责任，保险人一般不予赔偿。

（3）货物的用途与价值

货物的用途各有不同。一般而言，食品、化妆品及药品等与人的身体、生命息息相关的商品，由于其用途的特殊性，一旦发生污染或变质损失，就会丧失全部使用价值，因此，在投保时应尽量考虑怎样能得到充分全面的保障。货物价值的高低对投保险别的选择也有影响。对于古玩、珠宝及贵重工艺品之类的商品，由于价值很高，而且一旦损坏对其价值影响很大，应投保一切险。而对于矿石、矿砂等建材类商品，因价格低廉，也不易受损，故海运一般仅需在平安险的基础上加保短量险即可；陆运则可投保陆运一切险另加保短量险。

（4）运输方式、运输工具、运输路线、运输季节和港口（车站）

货物通过不同运输方式、采用不同的运输工具进行运输，途中可能遭遇的风险并不相同，可供选择的险别也因运输方式而各异。所以应根据不同的运输方式和运输工具选择适用的保险险别。运输路线的长短和货物的损失也有一定的关系，一般而言，路线越长，货物在运输途中可能遇到的风险越多；反之越少。另外，运输过程中经过的区域的地理位置、气候状况及政治形势等也会对货物的安全运输产生影响。经过的区域如果政局动荡，或正发生内战，货物遭受意外损失的可能性自然会增加。此外，货物如果不是直接运输，需要中途转道、搬运等操作，也使人为损坏的风险增加。其他如运输季节不同、装卸货港口条件的差异等都会给运输货物带来不同的风险和损失。另外，目标市场不同，费率亦不同，出口商在核算保险成本时就不能"一刀切"，因此，综合考虑运输货物的各种情况非常重要，这样既可节省保费，又能较全面地提高风险保障程度。

2.保险金额的确定和保险费的计算

（1）保险金额的确定

保险金额是保险公司（承保人、保险人）承担赔偿或给付保险责任的最高限额，也是保险公司计算保险费的基础。保险金额由投保人根据保险价值在投保时向保险公司申报，即由保险人与被保险人约定，保险金额不得超过保险价值。保险价值一般包括货价、运费、保险费以及预期利润等。

在国际货物买卖中，凡按照CIF、CIP等由卖方负责投保的贸易术语达成的合同，一般买卖双方约定保险金额，而且保险金额通常为在发票金额的基础上增加一定的百分比，即所谓的"保险加成率"，这部分增加的金额就是买方进行这笔交易所支出的费用和预期利润。如果合同未作约定，根据《国际贸易术语解释通则®2020》，最低保险金额为合同规定的价款加成10%（即110%），并以合同货币投保。在我国的出口业务中，保险金额一般也是按CIF加成10%计算的，如果国外商人要求按照较高的金额投保，其保险费差额是由外国买方承担，而保险公司也同意承保，则我方也可以接受。值得注意的是，在签订贸易合同时不可盲目接受太高的加成率，以防止保险金额过大，引发道德风险。

保险金额的计算公式如下：

保险金额=CIF（或CIP）×（1+投保加成率）

保险金额既然以CIF（或CIP）价格为基础计算，如果对外报价为CFR或FOB等，应先把CFR或FOB等转化为CIF（或CIP）价格再计算保险金额。

若将CFR价格换算为CIF（或CIP）价格，应利用以下公式：

$$CIF（或CIP）=\frac{CFR}{1-(1+加成率)\times 保险费率}$$

若将FOB价格换算为CIF（或CIP）价格，应利用以下公式：

$$CIF（或CIP）=\frac{FOB+F}{1-(1+加成率)\times 保险费率}$$

在进口业务中，贸易合同中采用的贸易术语决定了应由何方办理货运保险。如采用CIF术语，应由出口商办理保险，进口商应事先在合同中确定保险金额。如采用的是CFR、CPT、FCA或FOB等术语，应由进口商自行办理保险，此时保险金额的计算同样要以CIF或CIP价为基础，按实际需要进行加成后确定。如进口商事先在预约保险合同中议定了平均运费和平均保险费率，则保险金额计算公式为：

FOB进口货物：

$$保险金额=\frac{FOB\times(1+平均运费率)}{1-平均保险费率}$$

CFR进口货物：

$$保险金额=\frac{CFR}{1-平均保险费率}$$

（2）保险费的计算

保险费是根据保险金额和保险费率来计算的，其中保险费率是保险公司在货物损失率和赔付率基础上制定的。商品、运输路线、运输工具和险别不同，保险费率也不同。

我国出口货物保险费率分为"一般货物费率"和"指明货物加费费率"两大类。凡是未列入后者列表的货物，均属于前者的范围。凡属于后者列表的货物，如果投保一切险，计算保险费时，应先查出"一般货物费率"，然后再加上"指明货物加费费率"。

保险公司收取保险费的计算方法是：

保险费=保险金额×保险费率

3.投保业务手续

在我国的对外贸易中，各种保险承保的对象和具体内容不同，办理手续的具体细节和所需的单证也有所不同。现就出口货物保险手续和进口货物保险手续的要求分别介绍如下：

（1）出口投保业务手续

进出口货物运输保险应由买方还是卖方办理投保手续，主要取决于贸易合同中采用的贸易术语。如我国出口货物时，若采用FOB、FAS、FCA、CFR、CPT、EXW术语，则投保手续由国外买方办理；若采用CIF、CIP、DES术语，则由我国出口企业办理投保手续。

①投保人根据出口合同或信用证规定，在备妥货物并确定装运日期和运输工具后，按保险公司规定的格式逐笔填制保险单，向保险公司投保，业务量大的外贸公司为简化手续、节省时间，保险单也可以用发票、出口货物明细单的副本代替，在这些单据上加填与投保有关的必要事项。

②保险公司以投保单为凭证出具保险单，保险单是接受保险的正式凭证。

③投保人在保险公司出具保险单后，如需更改险别、运输工具、航程、保险期限以及保险金额等，必须向保险公司提出申请，保险公司应出立批单，附在保险单上作为保险单的一部分。

④投保人按规定交纳保险费。

⑤被保险货物抵达目的地后，如发生承保责任范围内的损失，可由国外收货人凭保险单等有关凭证向保险公司或其代理人索赔。

（2）进口投保业务手续

我国的进口货物，除CIF合同应由卖方办理保险外，FOB和CFR合同项下的进口货物，均须由国内买方办理投保。投保的方式有以下两种：

①订立预约保险合同。对在一定时期内要分批装运进口的货物，为了简化保险手续，并防止进口货物在国外装运后因信息传达不及时而发生漏保或来不及办理投保等情况，我国的进口公司可同保险公司签订进口货物预约保险合同，并由保险公司签发预约保险单证。该合同明确规定：凡属该合同进口的货物，保险人负有自动承保的责任。各进口公司对每批进口货物无须填制投保单，只需在获悉所投保的货物在国外某港口装运时，将装运情况通知保险人。通知的内容包括装运货物的船名、货物名称和数量、货物价值和保险金额等。如被保险人要求对依据预约保险合同分批装运的货物签发保险单证，保险人应当照办。如分批装运分别签发的保险单证内容与预约保险单证的内容不一致时，应以分别签发的保险单证为准。

②逐笔办理投保。在采用这种投保方式时，货主必须在接到国外的发货通知后，

立即向保险公司索取并填写"进口货物国际运输预约起运通知书"送交保险公司。此项通知书经保险公司盖章即完成了投保手续。根据《中华人民共和国海商法》第234条的规定，被保险人应当在合同订立之后立即支付保险费；在被保险人支付保险费前，保险人可以拒绝签发保险单证。

4. 保险费的支付

英国1906年《海上保险法》第52、第53、第54条对支付保险费的时间、责任等做了规定。除保险单另有规定外，被保险人或其经纪人支付保险费和保险人签发保险单的条件是对等的，保险人可以在收到保险费前不签发保险单。《中华人民共和国海商法》第234条也有类似的规定。

由于海洋运输货物保险合同一般都是通过保险经纪人订立的，保险经纪人直接与保险人打交道，所以在合同订立时往往并不同时收取保险费，而是在双方都方便的时候才收取保险费。当被保险人通过保险经纪人与保险人签订保险合同时，该经纪人收到的保险费在没有欺诈行为的情况下，应视为保险人已收到被保险人的保险费。如果投保人独自与保险人订立保险合同，就要求投保人在合同订立时就交纳保险费。

5. 保险费的退费

如果保险的性质在承保后发生变化，保险人承担的责任可能大大减少，在此情况下，被保险人有权从保险人处得到所交保险费全部或部分的返还，这种返还称为保险费退费。保险费退费大体上可以分为两种情况：承保落空退费和协议退费。

（1）承保落空退费

海洋运输货物保险合同和其他经济合同一样，都存在着合同的对价。在海洋运输货物保险合同中，被保险人获得损害赔偿的对价就是交纳保险费，而保险人为了收取保险费，其对价是承诺对被保险人遭受的特定损害进行赔偿。有时由于某种原因，保险人并未承担与所收保险费相应的风险责任，这种情况叫作承保落空。出现了这种情况时，根据英国1906年的《海上保险法》的规定，在被保险人不存在欺诈的情况下，保险费应退还被保险人。因承保落空而产生退费的有以下五种情况：

①因风险从未开始而退费。

②因解除合同而退费。

③因无可保利益而退费。

④因重复保险而退费。

⑤因超额保险而退费。

（2）协议退费

在海洋运输货物保险合同中，双方常常在一些条款中约定，在保险期间，某项或某些事件发生时，保险人按一定的方式退还一定的保险费，同时解除或部分解除承保的责任，这种情况就是协议退费。协议退费有以下五种情况：

①承保的风险有所改善。

②保险船舶的船级社或船级有所改变。

③保险船舶的所有人、船旗等发生变更。

④保险双方同意注销保险合同。

⑤停泊退费。

5.6.2　取得保险单证

保险单证是保险人与被保险人订立保险合同的证明文件，它反映了保险人与被保险人之间的权利和义务关系，也是保险人的承保证明书。当发生保险责任范围内的损失时，它又是保险索赔和理赔的主要依据。

1.保险单

保险单（Insurance Policy）又称大保单，是保险人在保险合同成立后签发的正式凭证，是保险契约成立的证明。这是一种标准形式的保险契约，包括保险单据的所有条款，能发挥独立完整的法律效力，在国际贸易业务中使用得最为广泛。

2.保险凭证

保险凭证（Insurance Certificate）又称小保单，指在保险凭证上不印保险条款，实际上是一种简化的保险单，它是依据保险人签发的"预约保险单"而开立的。由于保险凭证与保险单具有同等效力，因此，《UCP600》第28条d款中也明确表示可以接受保险单代替预约保险项下的保险凭证或声明书。

3.预约保险单

预约保险单（Open Policy）是保险人与被保险人预签的一份长期性的货物运输保险合同，主要规定了承保货物的范围、险别、费率、责任、赔款处理等项目，凡属合同中约定的运输货物，在合同有效期内自动承保。订立这种合同的目的是简化保险手续，同时使货物一经装运就取得避免损失的保障。在实际业务中，预约保险单适用于我国自国外进口的货物。凡属预约保险单规定范围内的进口货物，一经起运，我国保险公司即自动按预约保险单订立的条件承保。但被保险人在获悉每批货物装运时，应及时将装运通知书送交保险公司，并按约定办法交纳保险费，即完成投保手续。事先订立预保合同，可以防止因漏保或迟保而造成无法弥补的损失，因为货物在未投保前出险，再向保险公司投保，照例不能被接受，当发生损失时，就得不到保险赔偿。在我国，预约保险单仅适用于以FOB或CIF条件成交的进口货物以及出口展览品和小卖品的保险业务。

4.联合凭证

联合凭证（Combined Certificate）是一种将发票和保险单相结合的，比保险凭证更为简化的保险单据。保险公司将承保的险别、保险金额以及保险编号加注在投保人的发票上，并加盖印戳，其他项目均以发票上列明的为准。其一般只适用于有约定的双方。这种简化凭证大大节省人力，目前在对我国港澳地区的贸易业务中也已大量使用。

5. 批单

保险单出立后，投保人如需要补充或变更其内容时，可根据保险公司的规定，向保险公司提出申请，经同意后即另出一种凭证，注明更改或补充的内容，这种凭证即称为批单。保险单一经批改，保险公司即按批改后的内容承担责任。其批改内容如涉及保险金额增加和保险责任范围扩大，保险公司只有在证实货物未发生出险事故的情况下才同意办理。批单原则上必须粘贴在保险单上，并加盖骑缝章，作为保险单不可分割的一部分。

6. 暂保单

暂保单（Cover Note）是保险经纪人与被保险人提前签订的一种临时性保险文件，是保险单或保险凭证未正式出立之前表示即将签订保险契约的证明，通常用于以 FOB 价或 CFR 价成交的贸易场合。由于在暂保单签发后和正式保险单出立前这段时间，货物的安全并无可靠保障，因此，《UCP600》第 28 条 c 款规定：暂保单将不被接受。

5.6.3　保险索赔

保险索赔是指进口货物在保险责任有效期内发生属于保险责任范围内的损失，被保险人按照保险单的有关规定向保险公司提出赔偿要求。在索赔工作中，被保险人应做好三项工作：①立即向保险公司发出损失通知；②采取合理的施救、补偿措施；③备妥索赔单证。

1. 保险索赔的具体情况

保险索赔可分为以下两种情况：出口货物受损索赔和进口货物受损索赔。

当出口货物遭受损失时，对方（进口方）可向保险单所载明的国外理赔代理人提出索赔申请。中国人民保险公司在世界各主要港口和城市均设有委托国外检验代理人和理赔代理人两种机构。前者负责检验货物损失，收货人取得检验报告后，附同其他单证，自行向出单公司索赔；后者可在授权的一定金额内，直接处理索赔案，就地给付赔款。

进口方在向国外的理赔代理人提出索赔时，要同时提供下列单证：①保险单或保险凭证正本；②运输契约；③发票；④装箱单；⑤向承运人等第三者责任方请求赔偿的函电或其他单证，以及证明被保险人已经履行了应办的追偿手续等的文件；⑥由国外保险代理人或由国外第三者公证机构出具的检验报告；⑦海事报告（海事造成的货物损失，一般均由保险公司赔付，船方不承担责任）；⑧货损货差证明；⑨索赔清单等。

　　当进口货物遭受损失时，我国进口方也可向保险公司提出索赔申请。如果进口货物运抵我国港口、机场或内地后发现有残损短缺，应立即通知当地保险公司，会同当地国家商检部门联合进行检验。若经确定属于保险责任范围的损失，则由当地保险公司出具"进口货物残短检验报告"。同时，对于国外发货人、承运人、港务局、铁路或其他第三者所造成的货损事故责任，只要由收货人办妥向上述责任方的追偿手续，保险公司即予赔偿。但对于属于国外发货人的有关质量、规格责任问题，根据保险公司条款规定，保险公司不负赔偿责任，而应由收货人请国家商检机构出具公证检验书，然后由收货单位通过外贸公司向发货人提出索赔。

　　进口货物收货人向保险公司提出索赔时，要提交下列单证：①进口发票；②提单或进出口货物到货通知书、运单；③在最后目的地卸货记录及磅码单。

　　若损失涉及发货人责任，必须提供订货合同。如有发货人保函和船方批注，也应一并提供。若损失涉及船方责任，必须提供卸货港口理货签证。如有船方批注，也一并提供。凡涉及发货人或船方责任，还必须由国家商检部门进行鉴定出证，若涉及港口装卸及内陆、内河或铁路运输方责任，必须提供责任方出具的货运记录（商务记录）及联检报告等。

　　收货人向保险公司办理索赔，可按下列程序进行：海运进口货物的损失，向卸货港保险公司索赔；空运进口货物的损失，向国际运单上注明的目的地保险公司索赔；邮运进口货物的损失，向国际包裹单上注明的目的地保险公司索赔；陆运进口货物的损失，向国际铁路运单上注明的目的地保险公司索赔。

　　被保险人在办妥上述有关索赔手续和提供齐全的单证后，即可等待保险公司审定责任，给付赔款。在我国，保险公司赔款方式有两种：一是直接赔付给收货单位；二是集中赔付给各有关外贸公司，再由各外贸公司与各订货单位进行结算。

　　2.索赔工作应注意的问题

　　在出口或进口的索赔工作中，下列问题必须特别注意：

　　（1）对受损失的货物采取积极措施进行施救。被保险货物受损后，被保险人除了应及时通知保险公司或保险公司的代理人请求对受损货物进行联合检验之外，还应会同保险公司或其他代理人对受损货物采取必要的施救措施，以防止损失的扩大，不能因为货物已被保险而不管不问。根据各国保险法令或保险条款的规定，如果被保险人没有采取必要的措施以致损失扩大，则这部分继续扩大的损失，保险人不负赔偿责任。另外，对于受损货物的转售、修理、改变用途等，被保险人也负有处理的义务。被保险人在对受损货物进行上述转售、修理、改变用途等工作之前，必须通知保险公司或征得保险公司的同意。

　　（2）如果涉及第三者责任，虽然赔款一般先由保险人赔付，但被保险人应首先向责任方提出异议，以保留追偿权利。被保险人或其代理人在提取货物时，如果发现被保险货物的包装有明显的受损痕迹，或者整件短少，或者散装货物已经残损等情况，除需要通知保险公司，向保险公司报损之外，还应立即向承运人、受托人以及海关、港务局等索取货损货差证明。当这些货损货差涉及承运人、码头、装卸公司等方面的责任时，还应立即以书面形式向他们提出索赔，保留追偿权利，有时还要申请延长索赔时效。因为，按照运输合同及有关运输部门的规定，如果收货人不在当时提出异议索赔，即视为所交货物完好，事后就不能再行提出索赔。保险公司为了维护本身的利益，对于丧失追偿权利部分的损失是可以拒绝赔偿的。

3. 索赔的时效

中国保险条款的索赔时效为两年，自保险事故发生之日起计算，超过规定的时间，保险公司就不再受理，因此，被保险人一旦获悉或发现货物遭受损失应立即通知保险公司，因为一经通知，即说明索赔行为已开始，从而可不受索赔时效的限制。

4. 委付

委付是在推定全损的情况下，保险公司与被保险人办理赔偿的一种办法。货物受损后，被保险人向保险公司提出委付通知，将保险标的残余部分的所有权转移给保险公司，保险公司同意后，向被保险人支付全部保险金额，否则，保险公司就认为被保险人准备保留标的残余部分的所有权，只给予部分损失的赔偿。

5. 代位追偿权

代位追偿权是指保险人在赔偿保险损失后，有权取得被保险人的地位，在赔偿金范围内以保险人的名义对第三者追偿或收取共同海损的分摊价款。

6. 免赔率

免赔率是指保险人对于被保险货物在运输途中发生的货损货差，在一定比率内不负赔偿责任。这是因为，有些货物由于其本身的特点或装运作业中的操作，必然会发生损失，属正常现象，所以保险公司不负责赔偿。

5.6.4 赔偿金额的计算

对损失赔偿金额的计算，应按全损、部分损失（单独海损与共同海损）等不同情况，采取不同的计算方法。

1. 对全损赔偿的计算

进出口货物运输保险通常都是定值保险。被保险货物遭受全部损失（实际全损或推定全损）时，保险公司均以保险单载明的保险金额为准，给予全额赔付。

如保险合同是不定值的，那么发生保险责任范围内的实际全损或推定全损时，必须按实际价值作为赔款计算的依据。如果出险时货物的实际价值高于保险金额，保险公司可按保险金额赔付；如实际价值低于保险金额，则按实际价值赔付。

2.对单独海损的计算

（1）数量损失的计算

被保险货物发生部分货物灭失或数量（重量）短少时，以灭失或损失的数量（重量）占被保险货物总量之比乘以保险金额计算赔款。公式如下：

$$赔款金额=\frac{损失的数量（重量）}{保险货物总量}\times保险金额$$

（2）质量损失的计算

被保险货物遭受质量损失时，应先确定货物完好的价值和受损的价值，计算出贬值率，以此乘以保险金额，即可得出赔款金额。

完好价值和受损价值，一般以货物运抵目的地检验时的市场价格为准。如受损货物在中途处理不再运往目的地，则可按处理地的市价为准。处理地或目的地市价，一般是指当地批发价格。其计算公式如下：

$$赔款金额=\frac{受损后价值}{货物完好价值}\times保险金额$$

在实际业务中，如果一时难以确定当地市价，经协商也可按发票价值计算。其计算公式为：

$$赔款金额=\frac{按发票价值计算的损失额}{发票金额}\times保险金额$$

另外，按照《中华人民共和国海商法》第219条的规定，在不定值保险条件下，货物保险价值按起运地发票价值加运费和保险费的总和（即CIF价值）计算，因此，其赔款金额可按以下公式计算：

$$赔款金额=\frac{按CIF价值计算的损失额}{CIF价值}\times保险金额$$

（3）有关费用的损失

受损货物在处理时支付的出售费用，一般只要在保险金额限度内，均可加入损失之内由保险人补偿。其计算公式为：

$$赔款金额=\frac{货物损失的价值 + 出售费用}{货物完好价值}\times保险金额$$

至于被保险人或其受让人为防止或减少损失而支付的合理施救费用及为确定保险事故的性质及程度而支出的合理费用等，均可在保险标的的损失赔偿之外另行支付，但赔偿金额以不超过其保险金额为限。

3.共同海损牺牲和分摊的计算

按《中华人民共和国海商法》第203条的规定，共同海损理算适用合同约定的理算规则（如《约克·安特卫普规则》《北京理算规则》等），如合同没有约定，适用

《中华人民共和国海商法》第10章即共同海损章的有关规定。

对船舶、货物及运费共同海损牺牲金额的计算方法，《中华人民共和国海商法》第10章的规定主要如下：

船舶：按照实际支付的修理费用减除合理的以新换旧的扣减额计算；如船舶发生实际全损或修理费用超过修复后的船舶价值的，按照船舶在完好状态下的估计价值减除不属于共同海损的损坏物估计的修理费和船舶受损后的价值余额计算。

货物：货物灭失的，按照货物在装船时的价值加保险费及运费，减除由于牺牲无须支付的运费计算。货物部分损坏，在就损坏程度达成协议前售出的，按照货物在装船时的价值加保险费加运费，与出售货物净得的差额计算。

运费：按照货物遭受牺牲所造成的运费的损失金额，减除为取得这笔运费本应支付但由于牺牲无须支付的营运费用计算。

除上述三项外，在航行中为维护共同安全而支付的合理费用，如对遇难船进行救助以及驶往避难港等费用，都可以引入共同海损之内。

共同海损牺牲的费用，应由船方、货方和运费收入方三个主要利益方按比例分摊。分摊的共同海损应该是实际遭受的合理损失，而且未损方和受损方均需按比例分摊，以求公允。确定共同海损的损失额后，应先计算各方的分摊价值（Contributory Value），然后再据以计算各项的分摊额。

所谓共同海损分摊价值，是指因共同海损措施而受益的财产在抵达目的港时的价值。对于船舶、货物及运费共同海损分摊价值的计算，《中华人民共和国海商法》第10章第119条的规定如下：

船舶：按照船舶在航程终止时的完好价值，减除不属于共同海损的损失金额计算；或者按照船舶在航程终止时的实际价值，加上共同海损牺牲的金额计算。

货物：按照货物在装船时的价值加保险费加运费，减除不属于共同海损的损失金额和承运人承担风险的运费计算。货物在抵达目的港之前售出的，按照出售净得金额，加上共同海损牺牲的金额计算。

运费：按照承运人承担风险并于航程终止时有权收取的运费，减除为取得该项运费而在共同海损事故发生后，为完成本次航程所支付的营运费用，加上共同海损牺牲的金额计算。

值得注意的是，船方、货方及运费方的共同海损分摊额与保险公司的赔偿金额是两回事，保险人对共同海损的赔偿是以保险单上所载保险金额为依据的。如果共同海损分摊价值等于或低于保险金额，保险公司可予全部赔偿；如果共同海损分摊价值高于保险金额，保险公司只按两者的比例进行赔偿，其差额由船、货各方自己负责。

共同海损理算是一项比较复杂和费时的工作，船方在理算完成之前，要求货主在提货前办理承担分摊共同海损的担保手续，否则船方对货物可行使留置权。此项担保手续，货主可请保险人以出具保函方式履行。中国人民保险公司出具的"共同海损分摊担保函"就是保险人保证负责应分摊额的证明文件。如被保险货物作为共同海损牺牲而损失，被保险人可向保险人先行要求赔偿然后将向船方获取共同海损补偿的权利转让给保险人行使。

船舶如在航行途中发生共同海损，船方在宣布中止航程，并将货物另行换船续运到原目的地时，要求货主签订"不可分割协议"，协议规定各有关方同意按船货不分离的同样权利和义务原则处理，即要求货主保证积极分摊可能由船东以后拒付的属于共同海损性质的费用。遇此情况，被保险人可请保险人代为签署。

5.7　买卖合同中的保险条款

保险条款是国际货物买卖合同的重要组成部分之一，其具体内容是与贸易术语有密切关系的，如合同中规定：Insurance is to be covered by the Sellers for 110% of invoice value against ALL Risks and War Risk as per Ocean Marine Cargo Clause of the People's Insurance Company of China dated Jan.1，1981。这是在贸易术语条件为 CIF 时规定的"由卖方负责，to be covered by the Sellers"；保险条款的选择，如"按1981年1月1日中国人民保险公司条款负责，as per Ocean Marine Cargo Clause of the People's Insurance Company of China dated Jan.1，1981"；保险险别的确定，如"投保一切险，against ALL Risks"；以及保险金额的确定，如"发票总值110%，110% of invoice value"这四个方面的内容。其中 CIC 指《中国保险条款》，是中国人民保险公司制定的海洋、陆上、航空、邮包运输方式的货物运输保险条款以及适用于上述各种运输方式货物保险的各种附加险条款的总称。

买卖合同中议定保险条款时应注意以下问题：

（1）明确按什么保险条款进行投保，是按 CIC 条款还是 ICC 条款，或者其他保险条款投保。

（2）明确投保险别，是投保平安险、水渍险，还是一切险，若需加保某一种或某几种附加险也应一并写明。

（3）明确由何方负责投保。若系 FOB 或 CFR 合同应明确由买方负责投保，若系 CIF 或 CIP 合同应明确由卖方负责投保。

（4）明确投保加成率。若超过10%，由此而产生的超额保险费应由买方负担。

（5）保险单的签单日期不能迟于装运期。若货物在装运以后才签订保险合同，则货物运离装运地仓库到装运前的一段时间保险公司不承担保险责任。

（6）明确保险单据形式。合同中明确规定投保人应提交的保险单据，如保险单、保险凭证、联合凭证和预约保险单等。

（7）保险币种应与发票币种一致，以规避汇率风险。

案例分析　　　　货物保险利益纠纷

一、案情介绍

原告是沈阳××集团公司（以下简称原告），被告是中国××保险股份有限公司（以下简称被告）。原告作为卖方，根据日本客户的订单，于某年8月向日本通过烟台海运公司发运一批配重铁。贸易合同规定为CIF日本神户，合同标的之价款为9 000美元，付款条件为T/T付款。同年8月18日，原告向被告投保海上货物运输险，承保险别为ICC（A）险。同年8月19日，上述货物被装进集装箱后运至大连港，装船时，集装箱箱底突然脱落，三件配重铁从集装箱内落下摔在船甲板上，发生全损。日本客户在得知货物发生全损后，以货物不能满足合同的要求为理由，拒付货款。原告根据保险单向被告索赔保险赔偿金，而被告认为不应当赔偿，因此成讼。

二、本案的争议焦点

本案的事实较为清楚。原告作为被保险人，依据保险合同索赔，货损发生在保险人责任期间，货损的原因为集装箱箱底脱落造成货物全损。本案的焦点在法律方面，具体为：

（1）原告是否具有诉讼主体资格？

（2）本案货损原因是否属于保险人的除外责任？

三、法院判决的意见

经过法庭调查，法院查明原被告之间的保险合同依法成立有效，货损发生在保险人的责任期间，被保险人交纳了保险费。法院认为，原告虽然已将保险单背书，并不能以此视为该保险单已实际转让。贸易合同中所订立的价格条款为CIF日本神户，是贸易双方对贸易合同的约定，仅对买卖双方具有约束力，被告作为保险人无权引用；法院还认为，根据ICC（A）险，只有存在被保险人对货损具有蓄意恶行或私谋的情况下，被告才能免责。基于上述理由，法院没有采信被告的答辩意见，判决被告（保险公司）应当承担对原告的保险赔偿责任。

四、保险利益与货物所有权及货物风险的关系

本案可以被认为是典型案例，是因为在本案中，货物刚好是在越过船舷后发生损害，根据通则关于风险转移的规定，卖方承担货物进入装运船舱之前丢失或损坏的风险。因此，在本案中，货损的风险应当由买方承担。这也是本案被告的主要观点之一，被告称由于货损的风险已经转移至买方，卖方（原告）已无风险且保险单已经背书转让，原告已不再享有保险利益，也就不再享有诉权。

被告为支持其观点还进行了详细的论述：

所有权与索赔权（保险权益）是可以分离的，保险权益的转移不以所有权的转移为条件。

（1）所有权是对财产的占有、使用、收益和处分等的权利，所有权与这些具体的权利内容的分离不仅在理论上被认为可行，在实践上也屡见不鲜。比如，所有权和使用权的分离，所有权和占有权的分离等，都足以说明持有所有权的主体并不一定具有占有、使用、收益和处分权。

（2）保险利益作为独立于所有权之外的权利，不仅不依赖于所有权而产生，也不必然由所有权人持有，特别是货物运输保险合同可以背书转让的规定更加明确地确定了保险权益是不依附所有权的存在的这一特性。

（3）所有权未发生转移，但由于货物的风险已经转移，保险单被背书，则保险合同已经转移。

总之，因为卖方不再具有保险利益，故无权向保险人索赔。

本案涉及保险的基本原则——保险利益原则，因此显得很重要。被告的观点是否能站得住脚，值得推敲；希望通过对本案的分析，能对此类典型的货损保险索赔，在法律上找到正确处理的方法。

鉴于目前各国国内法对国际贸易中货物所有权的转移的规定分歧较大，因此国际公约中对此问题并未作明确的规定，但总的原则是如果合同当事人在合同中约定了所有权的转移时间，就依照合同规定，即当事人意思自治原则；如果当事人在合同中没有约定，则参照相关国际惯例的规定。作为国际惯例，《华沙-牛津规则》中规定，在合同当事人没有明确约定货物所有权何时转移时，提单的转让被视为所有权的转移。也就是说，在CIF合同中，货物的所有权既不是在订立合同时转移，也不是在交货的时候转移，而是在卖方把代表货物所有权的单据，一般指提单，交给买方的时候才转移于买方。虽然《华沙-牛津规则》是针对CIF合同制定的，但一般认为这项原则也可以适用于卖方有提供提单义务的其他合同。

对于国际贸易中货物风险的转移，《联合国国际货物买卖合同公约》有较明确的规定，该公约规定，双方当事人可以在合同中约定货物风险转移的时间，双方当事人在合同中约定的效力高于公约的规定。根据公约的规定，双方当事人可以在合同中使用某种国际贸易术语（如FOB、CIF等）或以其他方法规定货物损失的风险转移时间。

保险利益原则源于保险合同的本质特性，即保险合同作为赔偿合同，是为了赔偿被保险人实际遭受的损失，保险利益原则是海上保险合同的首要法律原则"赔偿原则"的必然要求。我国《保险法》明确规定，投保人对保险标的应当具有保险利益。投保人对保险标的不具有保险利益的，保险合同无效。英国1906年《海上保险法》规定，保险利益是指被保险人对海上冒险或任何可保财产的法律关系，因可保财产之安全或适时到达目的地而受益，因其毁损或发生责任而受害。简而言之，保险利益是法律上认可的经济利益关系。结合保险利益原则和赔偿原则，任何有效的海上保险索赔必须同时满足下述两个基本要件：在损失发生时，被保险人对保险标的具有某种法律上所承认的利益；该利益遭受了该保险合同所承保的风险。

就海上货物保险而言，保险利益取决于货物所有权和/或风险的转移。如果货物的所有权与风险没有分离，那么一般只有货物所有权人对货物有保险利益，或者说在货物所有权没有转移给买方之前，买方对货物没有保险利益。在保险业发展的初期，保险利益与保险标的之所有权密切相连，也就是说享有所有权，就当然具有保险利益，这也与当时的航海实践是相一致的，当时船东和船上所载货物的货主经常是一个人，货物买卖是货主（也是船东）将货物从某地运往另一地点，然后在另一地点进行买卖，因此所有权和风险没有必要分离。

后来，随着国际贸易的发展，出现了各种贸易条款，如CIF和FOB等，根据贸易条款的规定，买方要对未取得货物所有权时的货物风险承担责任，为解决上述问题，保险法也增加了相应规定，即在货物所有权转移前，如果风险发生了转移，买方因承担了货物损失的风险责任而具有保险利益。

但非常明显，随即产生了一个法律问题，即当货物风险发生转移，而货物所有权并未发生转移时，是货物所有人与承担货物风险的买方同时对货物具有保险利益，还是保险利益已经发生了转移，即只有承担货物风险的买方具有货物保险利益，而货物所有人虽然享有所有权，此时却对货物不享有保险利益？此问题事关货物损害后的保险赔偿中确定谁有权索赔，因此至关重要。

（资料来源　根据相关公开资料整理。）

案例思考：

1．判断投保人对货物是否具有保险利益的依据是什么？

2．投保人有哪些办法可以避免保险利益无效的情况发生？

本章小结

国际货物运输保险按运输方式不同可分为海洋货物运输保险、陆上货物运输保险、航空货物运输保险和邮包货物运输保险，其中海洋货物运输保险发展最早。海洋货物运输保险主要承保海上风险和外来风险，其承保的损失可分为全部损失和部分损失。在被保险货物遭遇保险责任范围内的风险时，除了使货物本身遭受损失之外，还会产生为营救被保险货物而支出的施救费用、救助费用、特别费用和额外费用等损失，这些费用也在保险公司的承保范围内。

按照中国人民保险公司1981年1月1日修订的《海洋运输货物保险条款》的规定，海洋运输货物保险的险别有基本险、附加险和专门险3类。其中基本险险别分为平安险、水渍险和一切险；附加险有一般附加险（如偷窃、提货不着险，淡水雨淋险，短量险，渗漏、混杂、沾污险，碰损、破碎险等11种险别）和特殊附加险（如罢工险、战争险、交货不到险、进口关税险、黄曲霉素险等8种险别）；专门保险有海洋运输冷藏货物保险、散装桐油保险和活牲畜、家禽运输保险3种。

除海运货物保险外，陆运、空运与邮包运输货物保险也在海运货物保险的基础上发展起来了。根据中国人民保险公司《中国保险条款》，我国陆运保险险别主要有陆运险、陆运一切险、陆运冷藏货物险和陆运货物战争险；航空运输保险险别主要有航空运输险、航空运输一切险和航运货物战争险；邮包运输货物保险主要有邮包险、邮包一切险和邮包战争险。

英国的保险业具有悠久的历史，英国伦敦保险协会的《协会货物条款》在世界保险业界具有举足轻重的地位，目前世界上有2/3以上的国家（地区）在海上保险业务方面直接采用该条款。《协会货物条款》共有6种险别，它们是：ICC（A）险、ICC（B）险、ICC（C）险、战争险、罢工险和恶意损害险。《协会货物条款》中的ICC（A）险、ICC（B）险、ICC（C）险与我国的《海洋运输货物保险条款》的一切险、水渍险和平安险的保障范围分别相当。

为抵御风险，投保人在投保时首先要根据货物运输、包装、品质、目的港等具体情况选择投保的险别。根据合同条款的贸易术语确定保险金额并计算、交纳保费，取得保险单证。在发生保险合同承保范围内的损失时，被保险人要就损失情况及时通知保险公司，进行索赔。

投保人投保时是基于合同中的保险条款进行投保的，因此在订立合同保险条款时应明确适用的条款、投保的险别、费用的承担、投保加成率、保险单据形式等问题，订好保险合同。

关键概念

国际货物运输保险　海上风险　外来风险　全部损失　推定全损　共同海损　单独海损　保险金额　保险单　保险凭证　预约保险单　免赔率　代位追偿权　委付　仓至仓条款

💧 **思考题**

1. 我国海运货物保险有哪些基本险？其承保的责任范围是哪些？

2. 我国陆运货物保险的基本险与海运货物保险的基本险主要有哪些不同？

3. 什么是共同海损？它与单独海损有何区别？

4. 请用实例说明施救费用与救助费用的不同之处。

5. 什么是预约保险？预约保险对被保险人有何好处？

6. 投保人对保险险别的选择一般应考虑哪些因素？

7. 对于被保险货物的数量损失和质量损失应如何计算赔偿金额？

8. 我方按CIF或CIP贸易术语对外成交，一般应怎样确定保险金额？

第6章

国际货物储存

学习目标

- 掌握仓储的基本概念及含义
- 了解仓储的功能及仓储的不同种类
- 理解国际仓储在国际物流中的作用
- 了解国际货物仓储业务的运作过程
- 掌握保税仓库的相关知识

储存（Storing）是包含库存和储备在内的一种广泛的经济现象，对于不论什么原因形成停滞的物资，也不论是什么种类的物资，在没有进入生产加工、消费、运输等活动之前或在这些活动结束之后，总是要存放起来，这就是储存。储存不一定在仓库中，可能是在任何位置，也有可能永远进入不了再生产和消费领域。本章所讲的储存是指物品在仓库中的储存，这种仓库中的储存简称为仓储。

国际贸易仓储工作同国际贸易运输一样，都是对外贸易及国际物流不可缺少的环节，国际贸易仓储在各国的国民经济中，在国际生产、分配、交换、消费过程中，在一国范围和世界范围的商品生产和商品流通过程中，都具有重要的地位和作用。

6.1　仓储概述

仓储是任何物流系统中不可或缺的组成部分，其在以最低总成本提供满意客户服务方面发挥着关键作用。仓储系统被视为连接生产者与客户之间的主要纽带，扮演着协调、存储和分配商品的重要角色。

6.1.1　仓储的概念

"仓"通常指仓库，是存放物品的场所和建筑物，具有存放和保护物品的功能；而"储"表示收存以备使用，具有收存、保管、交付使用的意思，当涉及有形物品时也称为储存。因此，仓储即是在特定场所储存物品的行为。

仓储指储存人保管存货人交付的仓储物，存货人支付仓储费用的一种仓储经营方法。这一仓储保管工作在国际货运和现代物流中扮演着关键的角色。缺乏仓储保管，就难以解决生产集中与消费分散、生产季节性与消费常年性等矛盾。仓储保管具有责任重大、专业性强、时间性强的特点，是确保商品供应链畅通的不可或缺环节。

仓储的对象可以是生产资料，也可以是生活资料，但必须是实物产品。仓储活动通常涵盖三个基本环节：入库验收、在库管理和出库复核。入库验收是仓储活动的起点，用于划定仓库或运输部门的责任边界。一旦商品入库，仓库即承担保管和养护商品的责任。若商品有短少、缺失，或在合理储存期内由于保管不善而发生损坏，仓库应负赔偿责任。出库复核则是仓储工作的最后一个环节，对出库商品进行仔细核查以确保准确无误地完成交付。

总体而言，仓储是物流系统中至关重要的组成部分，通过它的环节，实现了从商品生产到最终用户手中的流通和交付，为商品的安全保管和高效流通提供了必要支持。

6.1.2　仓储活动的意义和性质

1.仓储活动的意义

商品的仓储活动是由商品生产和商品消费之间的客观矛盾决定的，由于两者在时间上、空间上以及品种和数量等方面的不同步，因此商品从生产领域向消费领域转移过程中一般要经过商品的仓储阶段。

（1）仓储活动是社会再生产过程顺利进行的必要条件

仓储克服了生产与消费地理上的分离。社会化生产的规律决定了生产与消费的矛盾不是逐渐缩小的而是逐渐扩大的。随着商品生产的发展，不但需要运输的商品品种、数量在增加，而且平均运输的距离也不断增加。商品仓储活动的重要意义之一就是通过仓储活动平衡运输的负荷。

仓储衔接生产与消费时间上的背离。商品的生产和消费之间有一定的时间间隔，形成了商品的暂时停滞。商品在流通领域中的这段暂时的停滞过程，形成了商品的仓储。同时，许多商品在最终销售之前要进行挑选、整理、分类、组配等工作，这样便有一定量的商品停留在这段时间内，也形成了商品的仓储。

仓储调节生产与消费方式上的差别。生产与消费的矛盾还表现在品种与数量方面，商品的仓储活动不是简单地把生产和消费直接联系起来，而是经过一个复杂的组织过程，在品种和数量上进行调整。只有经过一系列调整之后，才能使遍及全国各地的零售商店向消费者提供品种、规格、花色齐全的商品。

（2）仓储活动是保持物资原有使用价值和合理使用物资的重要手段

商品在生产之后到消费之前，由于本身的性质、所处的环境等因素，都有可能使其在数量上减少、质量上降低，因此，必须进行科学管理，加强对商品的养护，搞好仓储活动，以保护好处于暂时停滞状态的物资的使用价值。同时，在商品仓储过程中，努力做到流向合理，加快商品流转速度，注意商品的合理分配，合理供料，使有限的商品能及时发挥最大的效用。

（3）搞好仓储活动是提高经济效益的有效途径

仓储活动必然要消耗一定的物化劳动和活劳动，但由于这些劳动不能创造使用价值，因此在保证商品使用价值得到有效保护，有利于社会再生产顺利进行的前提下，费用支出越少越好。搞好商品的仓储活动，可以减少商品在仓储过程中的物质耗损和劳动消耗，可以加速商品的流通和资金的周转，从而节省费用支出，降低物流成本，开拓"第三利润源泉"，提高社会和企业的经济效益。

2.仓储活动的性质

仓储活动的性质在这里是指生产性和非生产性而言。总体说来，仓储活动是生产性的。

（1）仓储活动是社会再生产过程中不可缺少的一环

任何产品的使用价值只有在消费中才能实现，而产品从脱离生产到进入消费，一般情况下都要经过运输和仓储。所以，商品的仓储和运输一样，都是社会再生产过程的中间环节。

（2）仓储活动具有生产三要素

商品仓储活动同其他物质生产活动一样，具有生产三要素，即劳动力——仓库作业人员，劳动资料——各种仓库设施，劳动对象——储存保管的物质，三者缺一不可。商品仓储活动就是仓库作业人员借助于仓储设施，对商品进行收发保管的过程。

（3）仓储活动的生产特殊性

商品仓储活动具有生产性质，但与一般物质生产活动相比又有不同的地方。

仓储活动消耗的物化劳动和活劳动不改变劳动对象的功能、性质和使用价值，只是保持和延续其使用价值。

仓储活动的产品无实物形态却有实际内容，即仓储劳务。所谓劳务，是指劳动消耗，要追加到商品的价值中去，追加数量的多少取决于仓储活动的社会必要劳动量。

商品经过储存保管使用价值不变，但其价值增加。这是因为商品仓储活动的一切劳动消耗都要追加到商品的价值中去。

此外，作为商品仓储活动的产品——仓储实务，其生产过程和消费过程是同时进行的，既不能储存也不能积累。

6.1.3　仓储的功能

仓储通过改变物的时间状态、克服产需之间的时间及地理差异，获得更好的效用。仓储系统有四个重要功能：存储功能、物品搬运功能、信息传递功能、增值功能。仓储的典型职能和流程可如图6-1所示。

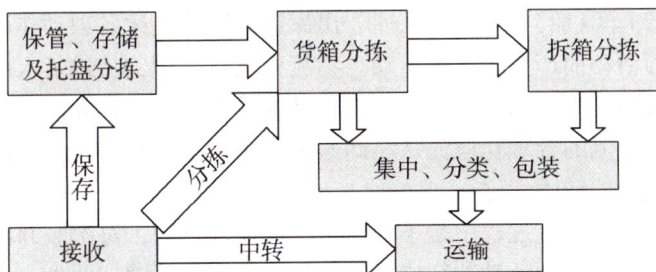

图6-1　仓储的典型职能和流程

1.存储功能

仓储系统的设计应围绕着保管、集中、拆装和混装等主要功能展开。

（1）保管

保管是一种静止的状态，即时速为零的运输，保管产生时间效益。保管的主要功能就是在供应和需求之间进行时间调整。此外，生产或收获的产品，若产出多少就销售多少，当商品产出的数量与销售的数量不一致时，如果没有保管，可能导致市场价格的波动。通过保管，可以控制供应，防止过量供应导致价格下跌，也可以保持供应的稳定性，防止市场价格的大幅波动。因此，保管不仅提高了时间效益，使得产品可以在需要的时候随时提取，同时也在调整价格方面发挥了重要作用。这种调整时间和价格的双重功能使得保管成为物流系统中不可或缺的环节，对于供需平衡和市场稳定具有关键性的影响。

（2）集中

运输的结构会影响到仓储设施的使用。如果货物供应来源较多，建立货物集中地的方法就更经济一些，这样可以将零星货物集中成较大批量的运输单位，扩大运输批量，从而降低总的运输成本。

（3）拆装

在仓储期间进行拆装，与进行集中运输正好相反。以低费率大批量运输的货物运进仓库后，再根据客户的需要以小批量送到客户手中。

（4）混装

在仓储期间进行产品混装，可以带来运输中的经济效益。如果没有这样的混装点，就要直接在生产地履行客户订单，由于货运量小，导致运输费率偏高。通过混装点则可以将各部分生产的零部件通过大批量运输集中到一个地点，然后根据订单组合零部件，再将混装后的货物运送到客户手中。

2.物品搬运功能

在同一地域范围内如仓库内部，装卸是指改变物的存放、支撑状态的活动，而改变物的空间位置的活动称为搬运，两者合称为装卸搬运。装卸搬运活动的基本内容包括装车（船）、卸车（船）、堆垛、入库、出库以及连接上述各项动作的短程输送，是随运输和保管等活动而产生的必要活动。物流作业过程中，从进货入库开始，经储存保管、拣货、流通加工、出库、卡车装载直到配送到客户，装卸搬运作业所占的比重非常高，因此，物流的合理化应先从装卸搬运系统着手，装卸搬运系统是实现物流中心或仓库效率化的关键因素之一。

装卸搬运活动在物流过程中是不断出现和反复进行的，每次装卸活动花费的时间长短各不相同，所以此项活动往往成为决定物流速度的关键。此外，进行装卸搬运操作时，往往需要接触货物，因此该项活动是在物流过程中造成货物破损、散失、损耗、混合等损失和差错的主要环节。由此可见，装卸搬运活动是影响物流效率、决定物流技术经济效果的重要环节。

3.信息传递功能

信息传递功能与存储、搬运功能同时产生。管理者通过掌握及时和准确的信息有效地控制仓储活动。有关存货水平、产量水平（仓库流动的货物数量）、存货地点、进货和出货运输、客户数据、设施空间利用情况、人事等信息，对于仓储运作经营的成败至关重要。越来越多的企业通过运用电子数据交换（EDI）、互联网以及条形码等技术来提高信息传递的速度和准确性。

4.增值功能

除了经济利益和服务利益外，仓库还必须根据不同客户的特定需求提供增值服务，以保持其竞争能力。

最普遍的增值服务之一涉及包装。通常情况下，产品往往以散装或未标记的形式装运到仓库，因此这些存货在仓库中基本上没有差异。然而，一旦收到客户订单，仓库经营者就必须按照客户的要求对产品进行定制和包装。因此，即使产品在仓库存放时没有变化，客户实际上收到的是经过定制和包装的产品。由于满足个别客户需求所需的安全库存较少，制造商可以减少库存，并相应地降低市场预测和生产计划的复杂性。

仓库还可以执行生产活动，延迟产品的专业化，并优化产品的特点。有时，在仓库进行装配可以纠正生产中的问题。例如，将汽车引擎运送到仓库，如果发现汽化器有质量问题，就可以在仓库更换，而不必将每个装置都退回到引擎厂。在这种情况下，仓库成为生产的最后阶段。

此外，增值服务还可能包括对产品进行温控，如水果和蔬菜。通过调整储存温度，仓库经营者可以提前或延迟香蕉的成熟过程。这些产品可以根据市场状况进行"按需成熟"。

6.1.4　仓储的种类

仓储的本质都是对物品进行储藏和保管，但经营主体、仓储对象、仓储功能、储存物品的处理方式的不同使得不同的仓储活动具有不同的特性。

1.按经营主体分类

（1）自有仓库仓储（自营仓储）

企业自营仓储包括生产企业和流通企业的自营仓储。自营仓储的优点在于能更大程度地控制仓储业务活动，可以按照企业要求的产品特点对仓库进行设计和布局，具有灵活性。长期仓储时，自有仓储的成本低于公共仓储，为企业树立良好形象，给客户一种企业长期持续经营的良好印象。自营仓储的缺点在于需长期占用一部分资金，而且自有仓库是一项长期、有风险的投资，不能根据仓储空间、客户需求、市场战略的实际需要及时地调节，具有一定的局限性。

（2）租赁公共仓储

公共仓储式企业租赁为一般公众提供公共仓库储存的营业性服务。其优点在于企业不需要花费资本投资，即可满足企业在库存高峰时大量额外的储存需求，还可以避免管理上的困难。公共仓储的规模效益带来的货主仓储成本的降低，使客户企业的经营活动更加灵活。采用公共仓储的缺点在于由于公共仓库储存了不同种类的货物，为了避免受其他商品的影响，必须对货物进行保护性包装，增加了包装成本。此外，在控制库存方面，使用公共仓库比使用自有仓库承担的风险更大。

（3）第三方仓储（Third-Party Warehousing）或合同仓储（Contract Warehousing）

所谓合同仓储，是指企业将物流活动转包给外部公司，由外部公司为企业提供物流综合服务。第三方仓储不同于一般公共仓储。第三方仓储公司能够提供专业化的高效、经济和准确的分销服务，从本质上说，第三方仓储表现为生产厂商和仓储企业之间的伙伴关系，为客户提供专门的物流服务，包括存储、卸货、拼箱、订货分类、现货库存、在途混合、库存控制、运输安排、信息和客户要求的其他服务，因此，第三方仓储不仅提供存储服务，而且还可为客户提供一整套物流服务。通过利用第三方仓储服务，客户企业可以将物流活动转包出去，以集中精力进行生产和销售。合同仓储的优势在于：便于企业提高资源利用率；便于企业合理利用资金扩大市场；便于企业降低耗费在货物运输上的成本。

2.按仓储对象分类

（1）普通物品仓储

普通物品仓储是指不需要特殊保管条件的物品的仓储。一般的生产物资、生活用品、普通工具等杂货类物品，不需要针对货物设置特殊的保管条件，采取无特殊装备的通用仓库或货场存放货物。

（2）特殊物品仓储

特殊物品仓储是指在保管中对有特殊要求和需要满足特殊条件的物品的仓储。如危险物品仓储、冷库仓储、粮食仓储等。特殊物品仓储一般为专用仓储，按照物品的物理、化学、生物特性，以及法律法规进行仓库建设和实施业务管理。

3.按仓储功能分类

（1）储存仓储

储存仓储是指对物品进行较长时期存放的仓储。储存仓储的物品较为单一，品种少，数量较多。由于物品储存的时间长，此类仓储应特别注重对储存品的质量保管。

（2）物流中心仓储

物流中心仓储是以物流管理为目的的仓储活动，是为了实现有效的物流管理，对物流的过程、数量、方向进行控制，以实现物流时间价值的环节，一般在经济区域的中心、交通较为便利、储存成本较低的地方进行。物流中心仓储品种较少，进库批量大，按批量分批出库，物品进出库吞吐能力强。

（3）配送仓储

配送仓储是商品在配送交付消费者之前所进行的短期仓储，一般在商品的消费经济区内进行，以便迅速地送达消费者和销售者。配送仓储物品品种繁多、批量少，需要一定量进货、分批少量出库操作，为了支持销售往往需要进行拆包、分拣、组配等作业，并注重对物品存量的控制。

4.按储存物品的处理方式分类

（1）保管式仓储

保管式仓储是对被保管物品以保持原样不变的方式进行的仓储，也称为纯仓储。被保管物品除了发生自然损耗和自然减量外，数量、质量、件数不发生变化。保管式仓储又可分为仓储物独立保管式仓储和将同类仓储物混合在一起的混藏式仓储。

（2）加工式仓储

加工式仓储是保管方根据存货方的要求在仓储期间对被保管物品进行一定加工的仓储方式。保管人根据委托人的要求对被保管物品的外观、形状、成分构成、尺度等进行加工，使储存物品发生委托人所希望的变化。

（3）消费式仓储

消费式仓储是保管方在接受被保管物品时，同时接受被保管物品的所有权，保管人在仓储期间有权对仓储物品行使所有权，仓储期满，保管人将相同种类、品种和数量的替代物交还给委托人所进行的仓储。消费式仓储特别适合于保管期较短（如农产品）、市场供应（价格）变化较大的商品的长期存放，具有一定的商品保值和增值功能。

运输依赖于允许货物流通的基础设施。然而，同样重要的是要认识到，当货物等待下一个运输选择可用时，它往往是静止的，因此，托运人获得关于货物将在中途停留的地点的仓储基础设施的信息是很重要的。精明的国际物流经理会试图确定货物将被保存的条件，然后将确定他们是否正确地被包装，或者他们是否需要通过不同的路途运输。在许多情况下，托运人也将使用公共仓库进行储存，以便向客户交付货物，而不必诉诸国际运输。这使公司能够通过交付货物与更短的交货期提供更好的客户服务。

实际上我们难以评价一个国家的仓储基础设施，因为没有关于公共仓库的供应情况和质量的一般资料来源，因此，那些正在考虑使用公共仓库为其客户服务的公司，最好计划对考虑的位置进行实际访问，因为公共仓库管理中使用的标准可能与预期的标准有很大不同。

6.1.5　仓储组织与管理

仓储管理简单来说就是对仓库及仓库内储存的物品所进行的管理，是仓储机构为了充分利用所拥有的仓储资源、提供高效的仓储服务所进行的计划、组织、控制和协调过程。具体来说，仓储管理包括仓储资源的获得、经营决策、商务管理、作业管理、仓储保管、安全保管、人事劳动管理、经济管理等一系列管理工作。

1.仓储管理的地位和作用

仓储管理的地位和作用可以从宏观和微观两个方面来论述。

（1）宏观方面

良好的仓储管理的作用不仅表现在它是社会再生产过程得以顺利进行的必要条件，是保存物资原有使用价值的必要环节，而且还表现在它是促进资源合理利用和配置的重要手段。在实际经济生活中，常出现的情况是，同类产品在一些行业和企业呆滞，长期闲置不用，而在另一些行业和企业却表现出短缺，使得开工不足，影响生产，除了产品结构方面的原因外，物资流通体制不合理和库存管理水平滞后也是重要原因之一。从技术角度来看，现有的仓储理论能够解决库存的合理数量问题，为合理利用资源提供了可能。合理的仓储管理可以通过优化库存水平、加强物资流通、降低滞销率等手段，实现资源的平衡配置。通过及时调整库存，确保物资能够迅速流向需要的地方，避免了资源浪费和资金占用的问题。仓储管理的先进技术和方法还能够通过信息化手段，提高库存管理的精准性和灵活性，更好地适应市场的变化。

（2）微观方面

良好的仓储管理不仅保证了企业生产过程获得及时、准确、质量完好的物资供应，而且有利于企业通过占有较少的流动资金，降低产品成本，提高经济效益和竞争力。仓储管理的一项重要职能是保证企业获得稳定的原材料、零配件供应；另外，库存过多，不仅造成物资积压，增加了保管费用，而且过多占用流动资金，当流动资金以库存品的形式存在时，它既不产生利润也不产生利息，积压物资实质上就是积压资金，而仓储管理水平的高低在很大程度上决定了企业库存资金占资金总额比重的大小，通过有效的仓储管理，企业可以实现对库存资金的灵活运用，避免过多占用资金，降低库存持有成本。这不仅有助于提高企业的盈利水平，还有助于提高企业的竞争力。同时，在企业产成品的成本构成中，物料成本占很大比重，对这部分成本进行控制与管理也是仓储管理的职能之一。

2.仓储管理的任务

仓储管理的任务是由仓储管理的地位与作用决定的，其具体任务有以下几个方面：

（1）仓储资源配置的最大化

配置仓储资源应以所配置的资源能够获得最大效益为原则，包括依据竞争优势选择仓储地址；根据市场供求关系进行仓储的建设；以生产差别决定仓储专业化分工和确定仓储功能，并以所确定的功能决定仓储布局；根据实际需要决定设备配置等。通过挖潜、革新、改造，不断增强仓储储存能力，提高作业效率。

（2）以高效率、低成本为原则组织仓储生产

仓储生产包括货物入仓、堆存、出仓、验收、理货交接，在仓储期间的保管照料、质量维护、安全防护等。仓储管理必须遵循高效、低耗的原则，在上述各个环节采用先进的机械设备、保管技术、有效的管理手段，实现仓储快进、快出，提高仓储利用率。物料成本是企业产品成本的重要组成部分，降低物料成本对提高企业经济效益具有重要意义。仓储管理中的经济批量法、运输路线的线性规划法等方法都被实践证明是对降低物料成本行之有效的方法。此外，仓储管理还必须对各种物品的储备量进行正确的规划，以保证其合理的储存数量，减少占用的流动资金和节约储存保管费用。

（3）重视职工培训，提高职工业务水平

仓储管理本身是对"物"的管理，但这种管理又是由人来实现的。只有具有较高素质的劳动者与现代机器设备相结合，才能充分发挥这些设备的作用。机器要由人来操纵，各种科学的管理方法要由人来组织、实施，提高职工队伍的业务技术水平，是提高仓储管理整体水平的必要条件，也是改善仓储管理的重要任务之一。应通过不断

的、系统的培训，严格的考核，保证每个员工熟练掌握其从事劳动岗位应知、应会的操作技能、管理技术和理论知识，跟上技术和知识的发展并不断更新；应明确岗位的工作制度、操作规程和岗位所承担的责任。

（4）确保仓库和储存物品的安全

防止火灾和盗窃，保证仓库和储存物资不受损坏，是仓储管理的重要任务。一切物品均应存入合适的仓库，并制定严格的安全防护制度；仓库消防系统要有专人负责，使之始终处于正常状态，以确保仓库和储存物品的安全。

3.仓储管理的内容

仓储管理的对象是一切库存物品，管理的手段既有经济的又有技术的，具体包括以下几个方面：

（1）仓库的选址和建筑

其主要包括仓库的选址原则、仓库建筑面积的确定、一些特定的产品需要的特定的仓库建筑材料、库内运输道路与作业路线的布置等。

（2）仓库机械作业的选择与配置

其包括根据仓库作业特点和储存物品的种类以及物理化特性，选择适当的机械设备和确定配备的数量，对机械设备进行合理使用与管理等。

（3）仓库的业务管理

其包括储存物品入库前的验收，入库物品的存放，在库物品的保管保养和发放出库等业务活动的管理。

（4）仓库的库存管理

其主要指根据企业生产、销售等需求状况，储存合理数量的物品，既不至于因为储存数量过少而导致生产和销售活动的中断而发生损失，又不至于因为储存数量过多而占用大量的资金和产生高额的费用。

此外，仓库业务考核，新技术、新方法在仓储管理中的运用，仓库安全与消防等问题，也是仓储管理所涉及的内容。

4.仓储组织及其活动内容

仓储组织就是按照预定的目标，将仓库作业人员与仓库储存手段有效地结合起来，完成仓库作业过程各环节的职责，为商品流通提供良好的储存实务。合理进行仓储组织的目标就是实现仓储活动的"快进、快出、多储存、保管好、费用省"，也就是按照仓储活动的客观要求和仓储管理的需要，把与仓储直接有关的部门、环节、人和物尽可能地合理组织搭配起来，使他们的工作协调、有效地进行，加速商品在仓库中的周转，合理地使用人力、物力，以取得最大的经济效益。

仓储组织活动从整个仓储活动这个宏观角度来看，具体包括作业过程的空间组织和时间组织。

仓储作业过程的空间组织就是正确确定仓储作业的路线，保证商品在空间上的最短运动路线和仓库空间的有效利用，通过仓储作业场地的合理布置和作业班组的合理划分来实现。在确定作业路线时，应根据物品仓储的特点，使储存物品在作业过程中径直前进，避免往返运转。

仓储作业过程的时间组织就是通过各个环节作业时间的合理安排和衔接，保证作业的连续进行。前者要求时间的最大节省，后者要求作业的连续进行，尽可能消除或减少作业过程中的停顿或等待时间。商品仓储作业的时间主要取决于供货合同的规定，但仓储活动的各环节是否合理，同样也影响着时间，特别是急需商品，各道工序的结合方式直接影响作业时间。作业过程的时间组织是一个比较复杂的问题，为此，仓储作业过程的时间组织应综合考虑各方面的条件和可能，合理组织和安排。

6.1.6　国际货物仓储的特点与作用

随着国际贸易的发展，加强国际货物仓储管理成为缩短国际贸易商品流通时间、节约流通费用的重要手段。国际仓储是指各种运输方式转换的临时库存和为原材料、半成品和产成品提供储存与管理服务。国际货物仓储业务是由于国际商品交换的产生和发展而发展起来的，它主要是在各国国际物流中心仓库、保税仓库、海关监管仓库、港口堆场进行。由于进出口商品的种类繁多，货物性质不同，因而对仓储作业的要求也就不同。

1.国际货物仓储的货物来源

国际货物仓储的货物来源有三：一是用于出口的国内货物；二是满足国内需要的进口货物；三是进口暂存保税仓库的货物。

2.国际货物仓储的特点

（1）主要以集装箱货物的存储为主

随着国际集装箱运输的发展，国际物流中集装箱运输的地位越来越重要，绝大多数货物都是通过集装箱运输来实现国际物流。作为国际物流的中转站、集疏中心的港口，存储的货物主要是集装箱以及装在或准备装入集装箱的货物。因此，国际货物仓储主要是以集装箱货物为主。

（2）理论仓储量取决于进出口贸易量，实际仓储量则取决于出口贸易量

国际货物仓储业的服务对象主要是进出口贸易，这和国内货物仓储服务于国内生产有明显的区别。又因进口商品大多采取就港直拨的方式运往全国各地，因此进口商品卸船后进入仓库储存再等待外调的现象已经大幅度减少。

（3）订货前置期延长

如果企业从国外供应商处采购原材料和零部件，采购合同的执行期会比较长，这

个周期可能包括必要的贸易手续、单证办理时间、海关和检验程序等。贸易手续、海关和检验程序可能因为国家的政策而变得难以预测。比如中国出口稀土产品，因为政府加强了稀土出口的管制，出口许可的申请和审查时间延长了，出口检验由抽检变成全检。

（4）长时间的运输过程会增加在途库存，多环节的转运可能增加货物损失的风险

在途库存存在高度的不确定性，这是暂时脱离企业直接管控的库存财产，企业把在途库存纳入财产管理范畴，却难以掌握这部分财产的真实状态，比如它们何时能够到达，安全到达的货物数量和质量如何等。

（5）货物的运输方式也影响在途库存和货损。

海运的速度慢，时间长，货损风险大，从而产生较高的在途库存和货损。多式联运可以降低转运的货损风险

3.国际货物仓储的作用

国际货物仓储不仅仅是为了满足货主继续运输的需要，而且对货主在生产、交换、流通、消费等综合物流环节产生作用；高质量、高效率的仓储对保障国际物流的质量和效率起着关键作用。

（1）降低运输成本，提高运输效率。

（2）进行产品整合。

（3）支持企业的销售服务。

（4）调节供应和需求。

6.1.7 国际货物仓储管理的基本原则

国际货物仓储管理是现代国际物流管理的重要环节，是指国际物流企业为了充分利用自己所拥有的仓储资源，提供高效的仓储服务所进行的计划、组织、控制和协调的过程。国际仓储管理的基本原则有以下三个：

1.坚持效率原则

国际货物仓储效率主要包括：作业效率——出入库时间和装卸时间；仓容利用率——多存储；货物周转率——周转快；破损率、差错率——保管好。

2.坚持经济效益原则

国际物流企业的仓储经营收入构成主要有：货物进出库装卸费；货物存储的仓租费；进行货物挑选、分拣、整理、包装等的费用；集装箱作业费；铁路专用线或码头费等。

利润=经营收入（最大化）-经营成本（最小化）-税金

3.坚持服务原则

国际货物仓储服务的好坏直接影响到企业的经济效益和企业在国际上的声誉。仓

储活动本身就是向社会提供服务产品、实现服务定位，如提供服务、改善服务、提高服务质量，要在经营成本和服务水平间寻找平衡，不能因降低经营成本而降低了服务水平。为此，国际物流企业在国际货物仓储管理中要做好以下几项工作：

（1）合理规划仓储设施。

（2）合理选择仓储设施设备。

（3）严格控制进出商品的质量。

（4）认真保管在库商品。

（5）保证仓库高效运作。

（6）降低仓储运营成本。

（7）确保仓库运行安全。

6.2　国际货物仓储业务

仓储在国际物流过程中占有重要地位。在物流过程中，储存是以改变物的时间状态为目的的活动，通过克服产需之间的时间差异而获得更好的效用。仓储在国际物流中的功能不仅局限于简单的物品存储，还涉及对商品的进一步加工和处理，以满足国际市场的需求。这包括对出口商品的挑选、整理和刷唛等操作，以确保商品达到符合贸易标准的要求。此外，仓储还负责备货和组装等任务，以满足国际客户的特定需求。

在整个国际贸易过程中，仓储作为物流的一个环节，不仅关系到商品的安全储存和保管，更涉及对商品的精细管理和处理，以确保货物能够按时、按要求、按标准地到达目的地。因此，仓储在国际贸易中的职能是多方面的，既包括传统的储存职责，也包括更为复杂和多样化的加工、挑选、整理等任务，为国际贸易提供全方位的支持。

6.2.1　收货

收货是其他仓储活动的前提。如果没有正确地收货，接收了损坏的、错误的货物，那么就无法正确地执行入库、储存、拣选和装运操作等后续的作业环节。

在此介绍一些先进的收货方法，通过这些方法可以简化收货作业，减少错误与意外事故，并减少时间的消耗，达到简化操作步骤的目的。

1.直接装运

对某些物品而言，最好的收货方式就是不进行收货。在直接装运（或直接发运，Direct Shipping）方式下，供应商省略了仓储这一环节，直接将货物发给顾客。由于这些商品没有到达配送中心，所以也就不需要进行卸货、入库前暂存、入库、拣选、包装、检验、出库前暂存与装货作业等一系列工作，节省了劳力、时间与设备的消耗，而所有在仓库里经常会发生的错误自然也就被避免了。

因此，应该积极推行直接装运方式。在物流中有可能被直接装运的货物主要有：大的散装商品、定做的商品和某些配送量至少有一整车的商品组合。例如，露营用品及运动服装销售商可将其在产品目录上征订的所有独木舟与大型帐篷直接发送给顾客，而不必从其配送中心发送出去。饮食行业更经常采用直接装运的方式，目前越来越多的食品及其他消费产品的制造商直接从自己的厂址将商品发送给客户零售商店。

2. 直拨

当不能将物品进行直接装运发送时，次优选择就是对其进行直拨（Cross-Docking）处理，又叫越仓作业。在直拨作业当中：

（1）供应商预先确定了将物品交付仓库的时间及装载量。

（2）入库的物品被立即按照出库订单进行分类。

（3）出库的订单货物被立即运往出库平台。

（4）收货及检验活动被省略了。

（5）产品储存活动也被省略了。

通过这种方式，某些传统的仓储活动都被省略了，其中包括收货检验、收货暂存、入库、储存、向拣货区补货、拣选及订单整合等工序。

要实施大批量直拨作业，必须满足特定的集装箱化要求，还必须进行足够的信息沟通。首先，每个集装箱和每件产品都必须配有条形码或射频标签，以便被自动识别出来。其次，供应商必须将装货时间预先通知配送中心，以便货物被自动分配到卸货地点。再次，将做直拨处理的入库托盘或容器应该只包含一个单独的存货单位（SKU），或者根据目的地的情况进行预先装配，从而将分类的需求降到最小。

除了正常的订单流动，欠货补足订单、特殊订单以及转运订单通常也适合做直拨处理，因为处理这些订单的要求十分紧迫。为了将这些入库商品交付给最终客户，要把它们进行预包装并贴上标签，并不需要为了满足某个顾客的要求将这些订单上的商品与其他的商品组合在一起。

3. 制订收货计划

如果要执行直拨作业，必须对入库的货物制订并实施事先的计划，即制订收货计划（Receiving Scheduling），使其每天甚至每个小时都能满足出库的需要。另外，要平衡利用各种收货资源——装卸平台、物料搬运设备，同时也要预先安排搬运人员，还需要将某些费时的收货过程转移到非高峰时间。现在，各公司利用互联网、电子数据交换系统及传真，改善了对入库及出库物资信息的预先计划，这些信息可以而且应该用来预先安排收货活动，还可以用以提供预先出货通知。

4.预收货

货物经常被滞留在收货平台，因为收货阶段存在很多耗费时间又占用空间的活动，其中包括对货物进行识别、为其安排存储位置，以及在此期间对货物进行的妥善保管。而供应商可以在装运的时候通过互联网、电子数据交换系统及传真等方式与配送中心交换这些信息，这样一来，产品识别及有关储存位置安排的信息就可以被事先获取，这就是预收货（Pre-receiving）。有时候，描述入库产品的信息可以被存储到一张智能卡上，运用这种智能卡，就可以在收货平台迅速地输入信息。射频标签也可以被用来交换装货信息，位于主要的高速公路、收货平台、起重卡车及传送带上的天线都可以读取射频标签上的信息。

5.收货准备

为一件产品的装运做准备所花的大部分时间是在接收该产品上。一旦得到了对某件产品的需求信息，为该产品装运做额外准备的时间是非常少的，因此，任何可以事先进行的物品处理工序都应该事先进行。收货准备（Receipt Preparation）包括：

（1）预包装。

相对于打开一个货箱对其中的货物进行拣选作业，应该尽量地对一整货箱进行操作。而相对于散装的零担装运，也应该尽量选择整车的集装箱运输。对于顾客而言，搬运一整车货物要比搬运半车的货物容易得多，搬运整个托盘要比搬运散装的货箱要容易，搬运一整箱商品也要比搬运箱内的零担商品要容易，因此，应根据以往的业务数据进行分析，在此基础上对商品进行预包装。

（2）使用必要的标签。

（3）为货物称重并测量体积，以便制订存储以及运输计划。

大量的仓库设计以及操作决策都需要有关产品的体积与重量的信息，但只有极少数的企业拥有这方面的可靠信息。如果供应商不能提供有关产品体积及重量的信息，仓库就应该在收货的时候获取这些信息。

6.2.2 商品的入库

商品入库，一般是指仓库根据商品入库凭证接收商品入库储存，进行卸货、搬运、清点数量、检查质量、办理入库手续等一系列操作的总称。合理组织商品入库工作，对商品在库保管以及出库业务的改善等都有积极的影响。

商品入库的主要任务是：

第一，根据商品入库凭证，清点商品数量，检查商品包装质量，包括商品的品名、规格、等级、产地、牌号等是否与入库凭证上所列的相符，并监督与检查运输部门对其应尽义务的履行情况。

第二，通过对入库商品的接收检查，发现商品残缺、短少以及质量不符合要求的情况，包括水湿、发霉、生锈等问题，如实做好记录，作为查询的依据，并在规定的时间内向上级和存货单位报告。

第三，按照规定程序办理各种进仓手续和凭证，进仓业务应做到手续简便、操作敏捷，保证不因进仓手续和凭证办理不善而影响仓库业务的正常进行。

1.商品入库前的准备工作

要迅速、准确地接收每批入库商品，必须事先做好充分准备。商品入库前的准备工作一般有以下几个方面：

（1）加强日常业务联系

仓库根据库存情况，经常与货主、供货方及运输部门进行信息沟通，了解在库商品情况，掌握入库商品的种类、数量和到库时间，据以精确安排入库的准备事项（若采用EDI技术，则可大大提高此项工作的效率与效果）。

（2）妥善安排仓容

接到进货单，在确认其有效无误后，应根据入库商品的性能、数量、类别，结合分区分类保管的要求，核算所需的货位面积（仓容）大小，确定存放位置，以及必要的验收场地。对于新商品或不熟悉的商品，要事先了解商品的性质、特点、保管方法和有关注意事项，以便商品入库后做好保管养护工作。

（3）组织人力、准备验收和装卸搬运机具

根据商品入库的数量和时间，做好收货人员和搬运、堆码人员等劳动力的安排工作。为保证入库作业的顺利进行，根据入库商品验收内容和方法，以及商品的包装、体积、质量，准备各种用于点验商品数量、质量、包装和装卸、堆码所需的各种用具。要做到事先检查，保证准确有效。

（4）准备苫垫用品

根据入库商品的性能、数量和储存场所的条件，准备必需的苫垫用品。尤其底层仓库和露天场地存放商品，更应注意苫垫物品的选择和准备。

2.商品入库的操作程序

商品入库，必须经过接货、搬运装卸、分唛（分标记）、验收入库（场）、堆码、办理交接手续、登账等一系列操作过程，这些活动统称为进仓（入库）作业。

入库作业要在一定时间内迅速、准确地完成。商品入库通常经过以下几道业务环节：

（1）大数点收

这是商品入库的第一道程序，由仓库收货人员与运输人员或运输部门进行商品交接。商品由车站、码头、生产厂或其他仓库转移，运到仓库时，收货人员要到现场监督。对于品种多、数量大、规格复杂的入库商品，卸货时要分品种、分规格、分货号堆放，以便清点验收。点收商品要依据正式入库凭证，先将大件（整件）数量点收清楚。大数点收，一般采用逐件点数计总以及集中堆码点数两种方法。对于花色品种单一，包装大小一致，数量大或体积大的商品，适宜用集中堆码点数法，即将入库的商品堆成固定的垛形（或置于固定容量的货垛），排列整齐，每层、每行件数一致，一批商品进库完毕，货位每层（横列）的件数与堆高（纵列）的件数相乘，即得总数。但需要注意，码成的货垛，其顶层的件数往往是零头，与以下各层件数不一样，因此记数时应当加以区别，避免产生差错。

（2）检查商品包装和标志

在商品大数点收的同时，对每件商品的包装和标志要进行仔细检查。收货人员应注意识别商品包装是否完整、牢固，有无破损、受潮、水湿、油污等异状。对液体商品要检查包装有无渗漏痕迹。认真核对所有商品包装的标志是否与入库通知所列的相符。

（3）办理交接手续

入库商品经上述两个程序之后，即可与送货人员办理交接手续，由仓库收货人员在送货单上签收，从而分清仓库与运输者之间的责任。

（4）商品验收

商品入库后，要根据有关业务部门的要求及仓库必须抽验入库的规定，进行开箱、拆包点验。

（5）办理商品入库手续

商品验收后，由保管员或验收人员将验收结果写在商品入库凭证上，以便记账、查货和发货。经过复核，仓库留下保管员存查及仓库商品账登录所需的入库联单外，其余入库凭证各联退送业务部门，作为正式收货的凭证。

商品入库手续办理完毕后，仓库账务人员根据保管员（或验收员）签收的商品入库凭证，将仓储有关项目登入商品保管账。仓库的保管账必须正确反映商品的进出和结存数。在库商品的货位编号应在账上注明，以便核对账货和发货时查找。

3.商品的入库检验

商品验收作业包括验收准备、核对凭证和实物检验三个作业环节。

（1）验收准备

仓库接到到货通知后，应根据商品的性质和批量提前做好验收前的准备工作，大致包括以下内容：

①人员准备。安排好负责质量验收的专业技术人员以及配合质量验收的装卸搬运人员。

②资料准备。收集并熟悉待验商品的有关文件，如技术标准、订货合同等。

③货位准备。确定验收入库时存放的货位，准备堆码苫垫材料。

④设备准备。准备好验收用的检验工具（如衡器、量具等）以及装卸搬运机械。此

外，对于特殊商品，如有毒物品、腐蚀品、放射品等的验收，需要准备相应的防护用品。

（2）核对凭证

入库商品必须具备以下凭证：

①入库通知单和订货合同副本，这是仓库接收商品的凭证。

②供货单位提供的材质证明书、装箱单、磅码单、发货明细表等。

③商品承运单位提供的运单，若商品在入库前发现残损情况，还要有承运部门提供的货运记录或普通记录，作为向责任方交涉的依据。

将上述凭证加以整理，全面核对，相符后才可以进行下一步的实物检验。

（3）实物检验

实物检验就是根据入库单和有关技术资料对实物进行数量和质量的检验。

①数量检验。这是保证商品数量准确不可缺少的重要步骤，一般在质量检验之前，由仓库保管职能机构组织进行。按照商品性质和包装情况，数量检验分为三种形式：计件、检斤、检尺求积。

•计件是按件数供货或以件数为计量单位的商品，进行数量验收时的件数清点。一般情况下，计件商品应全部逐一点清或按合同条款进行数量验收。

•检斤是按重量供货或以重量为计量单位的商品，进行数量验收时的称重。金属材料、化工产品多数是检斤验收。按理论换算重量供应的商品，先要通过检尺，如金属材料中的板材、型材等，检尺后再按规定的换算方法换算成重量验收。

•检尺求积是对以体积为计量单位的商品，如木材、矿石等，先检尺、后求体积所进行的数量验收。

在进行数量验收之前，还应根据商品的来源、包装的好坏或有关部门的规定，确定对到库商品是采取抽检还是全检的方式。凡是经过数量检验的商品，都应该填写磅码单。

②质量检验。质量检验包括外观检验、尺寸检验、机械物理性能检验和化学成分检验等形式。仓库一般只做外观检验和尺寸精度检验，后两种检验如果有必要，则委托专门检验机构检验。

•商品的外观检验。在仓库中，质量检验主要指商品外观检验，由仓库保管职能机构组织进行。外观检验是指通过人的感觉器官，检验商品的包装外形或装饰有无缺陷；检查商品包装的牢固程度；检查商品有无损伤，如撞击、变形、破碎等；检查商品是否被雨、雪、油污等污染，有无潮湿、霉腐、生虫等。商品外观的缺陷，有时可能影响其质量，所以，对外观有严重缺陷的商品，要单独存放，防止混杂，等待处理。凡经过外观检验的商品，都应填写"检验记录单"。

•商品的尺寸精度检验。商品的尺寸精度检验由仓库的技术管理职能机构组织进行。进行尺寸精度检验的商品，主要是金属材料中型材、部分机电产品和少数建筑材料。不同型材的尺寸精度检验各有特点，例如，椭圆材主要检验直径和圆度，管材主要检验壁厚和内径，板材主要检验厚度及其均匀度等。尺寸精度检验是一项技术性强、很费时间的工作，全部检验工作量大，并且有些产品质量的特性只有通过破坏性的检验才能测定，所以一般采用抽检的方式进行。

•商品的理化检验。理化检验是对商品内在质量和物理化学性质所进行的检验。理化检验要求一定的技术知识和检验手段，所以一般由专门的技术检验部门进行。

以上的质量检验是在商品交货时或入库前的验收。在某些特殊情况下，还有完工时期的验收和制造时期的验收，即在供货单位完工和制造过程中，由需方派人员到供货单位检验。应当指出，即使是供货单位检验过的商品，由于运输条件或者商品质量不稳定，也会在入库时发生质量问题，所以，交货时和入库前的检验在任何情况下都是必要的。

商品验收方式和有关程序应由供货方和保管方协商，并通过协议在合同中加以明确规定。

4.商品入库中的问题处理

商品验收过程中，可能会发现诸如凭证不全、数量短缺、质量不符合要求等问题，应针对不同情况及时处理。

（1）验收中发现问题需等待处理的商品，应单独存放，妥善保管，防止混杂、丢失、损坏。

（2）在磅差规定范围内数量短缺的，可按原数入账，凡超过磅差规定范围的，应查对核实，做好验收记录和磅码单交主管部门，会同货主向供货单位办理交涉。凡实际数量多于原发料量的，可由主管部门向供货单位退回多发数或补发货款。

（3）质量不符合规定时，应及时向供货单位办理退、换货，或征得供货单位同意代为修理，或在不影响使用的前提下降价处理。商品规格不符或错发时，应先将规格对的予以入库，规格不对的做成验收记录交给主管部门办理换货。

（4）凭证未到或不齐时，应及时向供货单位索取，到库商品应作为待检验商品堆放在待检区，待凭证到齐后再进行检验。凭证未到之前不能验收、不能入库，更不能发货。

（5）属承运部门造成的商品数量短少或外观包装严重残损等，应凭接运提货时索取的"货运记录"向承运部门索赔。

（6）如果价格不符，供方多收部分应拒付，经过检查核对后，要主动返还。

6.2.3　商品保管

商品保管是商品储存过程中的一项重要工作，是保证商品在储存期间质量完好的关键环节。

商品在储存过程中，由于其本身自然属性及外界因素的影响，随时会发生各种各样的变化，从而降低产品的使用价值甚至丧失其使用价值。商品保管就是研究商品性质以及商品在储存期间的质量变化规律，积极采取各种有效措施和科学的保管方法，创造适于商品储存的条件，维护商品在储存期间的安全，保护商品的质量和使用价值，最大限度地降低商品的损耗。

1.商品保管的任务与原则

商品保管的任务，主要是根据商品的性能和特点，提供适宜的保管环境和保管条件，保证库存商品数量正确、质量完好，并充分利用现有仓储设施，为经济合理地组织物料供应打下良好的基础。其具体内容为：

（1）制定储存规划

商品储存规划是指在现有各类仓储设施条件下，根据储存任务，对不同种类的商品的储存做出全面规划，如保管场所的选择、保管场所的布置、保管方式与保管许可、物品的堆码苫垫等。

（2）提供适宜的保管环境

不同种类的商品要有不同的保管环境与保管条件，保管的任务之一就是要采取相应的、行之有效的措施和方法，为商品提供适宜的保管环境和条件，并防止各种有害因素的影响，如进行仓库温湿度控制，金属防锈、防虫、防霉等。

（3）提供仓库物品的信息

仓储管理的任务或功能之一就是提供物品信息，各类物品库存量情况和质量情况，是通过商品保管获得的。商品保管在负责实物保管的同时，还要完成各类信息管理的任务，包括商品账、货卡，各种单据、报表、技术凭证等的填写、整理、传递、保存、分析与运用。

在商品保管中，有几个重要原则必须要特别注意，否则作业效率与库存商品的保管质量都会受到严重的影响。一般的保管原则包括质量第一原则、科学合理原则、效率原则以及预防为主原则等。但是在商品保管活动中可以将上述原则进一步具体化，即将上述原则具体化为先进先出原则、零数先出原则、重下轻上原则、ABC分类规划布置以及特性相同的商品存放在一起的原则。

（1）先进先出原则

在仓储管理中，先进先出是一项非常重要的原则。尤其是有时间性的商品，如果不按先进先出的原则处理，就会造成过期或者变质，从而影响整个仓库的保管效益。

（2）零数先出原则

在仓储管理中，时常会有拆箱零星出货的情形发生，因此，在出货时，必须对以零数或者已经拆箱的商品优先考虑出货。

（3）重下轻上原则

在储存规划时，如果是多层库房的，应该考虑将较重的商品存放在楼下，将较轻的商品存放在楼上。如果是使用货架或者直接平放在地面时，则应考虑将较重的商品存放在下层容易进出的地方，将较轻的商品存放在上层的位置。如此规划布置，才能避免较轻的商品被较重的商品压坏，同时，也可以提高仓库作业的效率。

（4）ABC分类规划布置原则

在商品规划布置上，首先应按商品出入库作业的频率，将商品进行A、B、C分类。在平面布置时，把出入库频繁的A类商品放在靠近门口的地方或者过道旁边，把出入库作业最少的C类商品放在角落或者是靠门口较远的地方，而B类商品则堆放在A类与C类商品之间。如果是使用托盘式料架时，则必须考虑A类商品存放于料架第一层容易存取的地方，而B类商品存放在第二层，C类商品则存放于最上层相对不容易存取的地方。如果使用箱式料架时，则必须考虑人体学，即A类商品存放于人站立时两手很容易存取的中层位置，而B类商品则存放于需要蹲下时才能存取的位置，C类商品则存放于需要登高才能存取的上层存储位置。如果能够考虑以上原则，即便不提供硬件设备，也能够提高仓储作业效率。

（5）特性相同的商品存放在一起原则

在商品保管中，往往会有许多种类的商品存放在一起，但是每一种商品的特性大都不一样，有时存放在一起会产生变质的情形。例如，有些商品会散发气味（香皂、香水等等），有些商品则会吸收气味（茶叶等商品），而有些商品既散发气味也吸收气味（香烟等商品）。若是把会散发气味与吸收气味的商品存放在一起，就会使商品的质量产生变化，从而造成经济损失，因此，在商品保管中，一定要特别注意此项原则。

2.商品的在库管理

商品保管业务包括：商品的分区分类，货位编号，合理堆码和苫垫，仓储商品的数量管理等工作。

（1）商品的分区分类

分区是根据仓库的建筑、设备等条件把仓库划分为若干个保管区，以满足货物分类储存的需要，即在一定的区域内合理储存一定种类的货物，以便集中保管和维护。分类是根据仓储货物的自然属性、养护措施、消防方法等，将货物划分为若干类别，以便分门别类地将货物相对固定地储存在某一货区内。仓库货物分区分类储存应按照性能一致、养护方法一致、作业手段一致、消防方法一致的原则，把仓库划分为若干保管区域，把储存货物划分为若干类别，以便统一对商品储存和保管进行规划。

由于仓库的类型、规模、经营范围各不相同，各种仓储货物的性质、养护方法也存在差异，因而货物分区分类储存的方法也有所不同。货物分区分类的方法主要包括：

①按货物的种类和性质分区分类储存。

即按照货物的自然属性分区分类储存。凡同类货物、性质相近的货物或关联性较强的货物，应尽量安排在同一库区、库位。货物性质完全不同，并相互影响、互不相容的，则不宜混存，必须分库存放。

②按不同货主分区分类储存。

当仓库为几个大货主服务时，为便于与货主工作相衔接，防止货物混淆，便于货物存取，宜采用这种方法。

③按商品的流向分区分类储存。

商品的储存期较短，并且吞吐量较大的中转仓库和待运仓库，可按照商品的发运地区、运输方式进行分区分类储存。这种分区分类方法虽然不区分商品的种类，但性能不相容、运价不同的货物，也应分开存放。

④按商品的危险性质分区分类储存。

这种方式主要适用于对化学品、危险品的存放。仓库应根据货物的危险性进行分区分类储存，以免发生相互接触，发生燃烧、爆炸、腐蚀、毒害等严重事故。

（2）货位编号

为了提高仓储管理的质量和效率，目前许多仓库都已经使用计算机对货物进行管理。要正确使用计算机及其系统数据软件管理好库存货物，及时进行有关系统数据的处理，必须对分区分类的仓库及库存货物实行货位标号和货物编号（商品编号），只有这样才能使计算机管理达到最佳效果。进行货位编号的方法主要包括：

①对整个仓库各储存场所编号。

整个仓库内的储存场所若有库房、货场、货架，则可以按一定的顺序各自连续编号。

②对库房内各货位编号。

可按照库房内干支道的分布，划分若干货位，按顺序编号，并将编号标于醒目位置。

③对货场货位编号。

一般可将货场先划分排号，再对各排按顺序编上货位号。货位号码可直接标于地上。对于集装箱堆场，应对每个箱位进行编号，并画出箱位四角位置标志。

④对货架上各货位编号。

可先按一个仓库内的货架进行编号，然后再对每个货架的货位按层、位进行编号。顺序应是从上到下、从左到右、从里到外。

3.合理堆码

货物堆码是根据商品的特性、形状、规格、重量及包装质量等情况，同时综合考虑地面的负荷、储存的要求，将商品分别叠堆成各种垛形。合理的堆码，有利于提高入库货物的储存保管质量，提高仓容利用率，提高收发作业及养护工作的效率。货物苫垫就是用某种材料对货垛进行苫盖和衬垫的操作。只有对货物进行合理的苫垫，才能使货物避免受潮、淋雨、暴晒等，保证储存养护货物的质量。

（1）商品堆码形式的依据

采取什么样的堆码形式，是由商品的种类、性能、数量和包装情况（包装的体积和形态、含量和支撑能力）以及仓库高度、设备条件、地面负荷和保管期限、储存季节等条件来决定的。不同的商品有不同的保管要求，堆码的方法也应有所不同。

①需要经常通风的商品。

有些商品有散湿、散热的特殊要求，如茶叶，在堆垛时特别是在梅雨季节，应该堆通风垛。

②怕压的商品。

有的商品采用软性包装，商品本身受过重的压力容易损坏。有的商品由于包装质量较差，支撑能力低，受重压后，包装和商品都会受到损毁。对这些商品的货垛高度应适当控制。

③无外包装且容易变形的商品。

轮胎、胶管等类商品，承受重压过久就会变形，在储存期间要经常翻转，且这类商品因容易倒垛，不宜堆得过高，建议采用专用货架保管。

④容易渗漏的商品。

桶装、瓶装的液体商品，如药品、化妆品等，由于本身的腐蚀性和包装质量的关系，往往发生渗漏情况，堆码时可采取行列式堆垛法。

⑤笨重商品。

这类商品由于包装过大，在确定码高的层数时，既要考虑仓库的充分利用，又要考虑包装的支撑能力和库房地面的承重力，要留有余地，保持在安全系数之内。

（2）商品堆码技术和方法

通常的商品堆码方法有三种：一是散堆法，适用于存放没有包装或不需要包装的商品，如煤炭、矿石等大宗商品。二是货架堆码法，适用于存放小五金、交电零件以及工艺品等贵重、零星小件商品。三是垛堆法，适用于堆放有外包装的（如箱、桶、袋、篓等）商品，或不需要包装的大五金、木材等大件商品。

垛堆法在商品保管过程中的运用最多最广，按商品底层排列形状来分，有正方形、长方形、圆形等不同形状。从堆放外形来看，一般可以分为平方垛（即上下齐直的立方垛）和起脊垛（即上小下大的尖顶垛）两种。一般存放在库房和货棚内的商品适用平方垛；存放在露天垛场的商品以起脊垛较为适宜。垛堆式的堆垛要求按照商品堆叠方法的不同，主要有以下几种：

①立体法。

这种堆码方式还可分为几种不同的形式。

• 箱堆式（重叠式）：适用于一定形状，尤其是箱形的物品。

• 三角堆积式：适用于圆形或桶形物品。

• 阶梯式（又叫缩脚式）：适用于方形物。

• 梅花式：形状如梅花，适用于桶形物。

• 槽堆式：适用于长方形而且需要保持干燥的物品。

• 平堆式：钢板、胶合板、玻璃、木板类，若以某特定标识显示数量计数，效果更佳。注意，逢五或其倍数应备有交错伸头，以便于点数检查。

• 交互堆积式：为方便计数及取用而将平堆式改良而成。

• 装箱式：适用于圆形、球形等圆状物品。

• 压缝式：利用商品长方形包装宽度不同，底层商品纵横拼配排列，互相压缝，可先拼出定数的小货垛，再由小垛拼成大垛。常见的此类垛形有"双直""二顶一""三顶二""五顶二""双二顶一""四顶一""五顶一""三顶双一""五五倒顺"等等。这种码垛形式，具有货垛稳固、垛形整齐、组配灵活、计数容易、便利存取、节约仓容等优点，通常适用于长方形包装的商品。

• 通风式：这种货垛的各种商品的前后和左右留有一定缝隙，利于通风，其堆码方法多种多样，常见的有"井"字形、"非"字形、"示"字形和旋涡形等。需要通风散潮，必须防霉及忌闷热的商品，常用此种方式堆码。

②平面堆积法。

这种方式占用空间甚多，除一些特定的物品（规定不能堆压等）必须采用此法外，一般不考虑。

③货架方法。

这是使用通用和专用货架进行商品堆码的方法和形式，适用于存放不宜堆高或需要特殊保管的小件包装的商品，如小五金、小百货、绸缎、呢绒、药品等。这种堆码方法能够提高仓储商品容量，适应商品储存需要，减少差错，加快存取。

④集合方式。

这是利用托盘、集装包、集装袋、集装箱等各种可以反复使用的货物运输工具进行商品堆码的方法和方式，适用于易损、贵重、中小包装的各种商品，使用范围非常广泛。这种堆码方式能够减少货物中转环节，简化运输手续，使货损降到最低限度。同时，也能节省包装材料，减少运输费用，促进包装标准化。使用各种机械进行装卸搬运，可以减轻工人劳动强度，大大提高作业速度。当前，集装箱运输、托盘运输及其他集合包装运输已经被广泛采用，大大促进了仓储行业的发展。

4.仓储商品的数量管理

（1）货物保管账卡的登记

货物保管明细账是用一定的表格形式记录仓库储存货物的动态变化情况，是在库货物清查盘点的依据。

①保管明细账的登记。

货物入库后，仓库保管业务部门要建立详细反映库存货物进库、出库和结存的保管明细账，用以记录库存货物动态，并为盘点、对账提供主要依据。

②货卡的登记。

货物保管卡是用于具体货物进库、出库、结存数量的记录，一般由保管员使用和管理，根据货物入库单、出库单，用格式统一的卡片制成。卡片可分别挂在货垛、货架附近过道的醒目位置上，在货物出入库时随时登记；也可以将货物保管卡按顺序编号，集中放在卡片箱内。随着计算机的广泛应用，卡片的登记和管理已经可以采用计算机管理系统来实现。

（2）货物的盘点

货物的盘点，是指定期或临时核对库存货物的实际数量与货物保管账上的数量是否相符，检查有无残缺和质量问题等。盘点的目的在于通过盘点，使各类货物的实存数量、种类、规格随时得到真实反映；掌握各类货物的保管情况；查明各类货物的储备和利用情况；了解验收、保管、发放、调拨、报废等各项工作是否按规定办理。

①货物盘点的内容。

货物盘点包括以下几点：

•检查货物的账目数量与实物数量是否相符。

•检查货物的收发情况及有无不按先进先出的原则发放货物的情况。

•检查货物的堆放及维护情况。

•检查各种货物有无超储积压、损坏变质。

•检查对不合格及废弃货物的处理。

•检查安全设施及安全情况。

②货物盘点的方法。

对货物的盘点一般采用实地盘点法。在盘点时应注意：货物保管员必须在场，协助盘点人员做好盘点工作；按盘点计划有步骤地进行，防止出现重复盘点或漏点；盘点过程一般采用点数、过秤、量尺、技术推算等方法来确定盘点数量。

③货物盘点结果的处理。

货物盘点后应根据造成差异的不同原因分别进行调整和处理，制定相应的解决办法。盘点工作完成以后，所发生的差错、呆滞、变质、盈亏、损耗等结果，应予以迅速处理，并防止以后再发生。

6.2.4　商品的出库

1.商品出库前的准备工作

在通常情况下，仓库计划人员在接到从外运公司发来或其他方面送来的提货单后，应按去向、船名、关单等分理和复审提货单，及时正确地编制好各个部门的出库任务单、配车吨位单、机械设备单以及提货单等，分别送给保管员或收发、理货员等，以便做好出库准备工作。

当保管员接到出库通知后，应做好以下几项工作：

（1）发布出库业务通告，写明准备出库商品的品名、规格、数量以及商品的货位、货号、发往地点等，以便安排人员及机械设备。

（2）按提货单所写的入库凭证号码，核对好储存凭证（即保管员账），以储存凭证上所列的货位号码找到该批商品货垛，然后将提货单与储存凭证、商品进行核对，确认正确无误后要做好出库标记以确保单货相符。

（3）在有理货条件的情况下，可先将出库商品按商品去向、关单运到理货场地，并进行理货作业，以便运输车辆一到即可装车。对运到理货场地的商品，应写明关单。

（4）销账销卡。

2.商品刷唛

进出口商品要发往世界各地，为了便于识别货物，便于收货人收货，利于运输、检验、仓储和海关等有关部门工作的进行，在商品的运输包装上都按合同规定书写"唛头"。"唛头"的实质是运输标志，英文为Shipping Mark。它的主要内容有：目的港名称或代号、收货人、发货人的代用简字或代号、件号（每件标明该批货物的总件数）和出产国，有的还列入合同号数等。

搞好刷唛工作是保证及时、正确地完成出口发运任务的重要环节。如果唛头刷错刷坏，就会造成发运上的混乱和差错，影响对外履约，甚至导致客户索赔。

3.商品出库的方式和程序

（1）商品出库的方式

商品出库的方式主要有三种：客户自提、委托发货、仓储企业自己给客户送货。提货车到达仓库后，出示出库单据，在库房人员协调下，按规定做好数量记录，检斤人员按货位、品种、数量搬运货物装到车上。保管人员做好出库质量管理，严防散漏、破损，做好数量、重量记录，填写出库检斤表，由复核人员核实品种、数量和提单，填写仓库出门条，作为提货出库的凭证。

（2）商品出库的程序

商品出库的程序包括：核单备货→复核→包装→点交→登账→现场和档案的清理全过程。出库采用何种方式，主要取决于收货人。

①核单备货。

发货商品必须有正式的出库凭证，严禁无单或任何形式的违规发货。保管员接到出库凭证后，应仔细核对，这就是出库业务的核单（验单）工作。核单时首先要审核出库凭证的真实性；其次，要核对商品的品名、型号、规格、单价、数量、收货单位、到站、银行账号；最后，要审核出库凭证的有效期等。如果属于自提商品，还需要检查有无财务部门准许发货的签单。

在对商品调拨通知单所列项目进行审查之后，才能开始备货工作。出库商品应附有质量证书或抄件、磅码单、装箱单等。机电设备等配件产品，其说明书及合格证应随货同到。备货时应本着"先进先出、易霉易坏先出、接近失效期先出"的原则，根据领货数量拆堆备货或整堆发货。备货的计量实行"以收代发"，即利用入库检查时的一次清点数，不再重新过磅。备货后要及时更改货卡余额数量，填写实发数量和日期等。

②复核。

为防止差错，备货后应立即进行复核。出库的复核形式有专职复核、交叉复核和环环复核三种。除此之外，在发货作业的各道环节上，都贯穿着复核工作。例如，理货员核对单、货，门卫凭票放行，保管会计核对账单（票）等。这些分散的复核形式，起到分头把关的作用，十分有助于提高仓库发货业务的工作质量。复核的主要内容包括：品种数量是否准确、商品质量是否完好、配套是否齐全，技术证书是否齐备，外观质量和包装是否完好等。复核后保管员和复核员应在"商品调拨通知单"上签字。

③包装。

出库的货物如果没有符合运输方式所要求的包装，应进行包装。根据商品外形特点，选用适宜的包装材料，其重量和尺寸应便于装卸和搬运。出库商品的包装，要求干燥、牢固，如有破损、潮湿、捆扎松散等不能保障商品在运输途中安全的，应负责加固整理，做到破包破箱不出门。此外，若包装容器的外包装上有水湿、油迹、污损等情况，均不许出门。另外，在包装中，严禁将相互影响或性能相互抵触的商品混合包装。包装后，要写明收货单位、到站、发货号、本批总件数、发货单位等。

④点交。

商品经复核后，如果是内部领货，则将商品和单据当面点交给提货人，办理交接手续；如果是送货或将商品调出仓储部门办理托运的，则与送货人员或运输部门办理交接手续，当面将商品点交清楚。交清后，提货人员应在出库凭证上签字并盖章。

⑤登账。

点交后，保管员应在出库单上填写实发数、发货日期等内容，并签名。然后将出库单连同有关凭证资料及时交给货主，以便货主办理货款结算。保管员把留存的一联出库凭证交给实物明细账登记人员做账。

⑥现场和档案的清理。

现场清理包括清理库存商品、库房、场地、设备和工具等。档案清理是指对收发、保养、盈亏数量和垛位安排等情况进行分析。

在整个出库业务过程中，复核和点交是两个最为关键的环节。复核是防止差错的重要和必不可少的措施，而点交则是划清仓库和提货方两者责任的必要手段。

4.商品出库中的问题处理

商品出库过程中出现的问题，应分不同情况区别对待处理。

（1）出库凭证（提货单）上的问题

①凡出库凭证超过期限的，用户前来提货时，必须先办理手续，按规定交足逾期仓储保管费后方可发货。提货时，如果用户发现规格开错，保管员不得自行调换规格发货，必须通过有关部门重新开具出库凭证方可发货。

②凡发现出库凭证有疑点，或者情况不清楚，以及出库凭证有假冒、复制、涂改等情况的，应及时与出具出库单的部门联系，妥善处理。

③属于商品已进库但未验收，或者期货商品尚未进库的出库凭证，一般暂缓发货，并通知货主，待货到并验收后再发货，其提货期顺延，保管员不得代发代验。

④如客户因各种原因将出库凭证遗失，客户应及时与仓库发货员和账务人员联系挂失；如果挂失时货已被提走，保管人员不承担责任，但要协助货主找回商品；如果货还没有被提走，经保管人员和账务人员查实后，做好挂失登记，将原凭证作废，缓期发货。

（2）提货数与实存数不符

若出现提货数量与商品实存数不符的情况，一般是实存数小于提货数。造成这种问题的原因主要有：

①商品入库时由于验收问题，增加了实收商品的签收数量，从而造成账面数大于实存数。发生此类情况时可以采用报出报入的方法进行调整，即先按库存账面数开具商品出库单销账，然后再按实际库存数重新入库登账，并在入库单上说明情况。

②仓库保管人员和发货人员在以前的发货过程中，因错发、串发等差错造成的实际货物库存量小于账面数。在这种情况下，如果商品尚未离库，应立即组织人力重新发货。如果商品已经出库，保管人员要根据实际库存情况，如实向仓库主管部门和货主单位讲明情况，并会同货主单位和运输单位协商解决。一般在无直接经济损失的情况下，由货主单位重新按实际发货数冲单解决。如果已形成直接经济损失，应按赔偿损失的单据冲转调整保管账。

③货主单位没有及时核减开出的提货数，造成库存账面数大于实际存储数，从而使得开出的提货单提货数量过大。此时，应由货主单位出具新的提货单，重新组织提货和发货。

④仓储过程中造成的货物的毁损。在这种情况下，需要考虑该耗损量是否在合理范围内，并与货主单位协商解决，合理范围内的损耗，应由货主单位自行承担，而超过合理范围之内的损耗，则应由仓储部门负责赔偿。

（3）包装破损

砂眼等现象引起的商品渗漏、裸露等问题。这些问题主要是在存储过程中因堆垛挤压，发货装卸操作不慎等情况引起的，发货时都应经过整理或更换包装方可出库，否则造成的损失应由仓储部门承担。

（4）漏记账和错记账

漏记账是指在商品出库作业中，由于没有及时核销商品明细账而造成账面数量大于或小于实存数量的现象。错记账是指在商品出库后核销明细账时，没有按实际发货出库的商品名称、数量等登记，从而造成账实不符的情况。无论是漏记账还是错记账，一经发现，除及时向上级部门汇报情况外，还应根据原出库凭证查明原因调整保管账，使之与实际库存保持一致。如果由于漏记和错记账给货主单位、运输单位和仓储部门造成了损失，应予赔偿，同时应追究相关人员的责任。

最后，理解港口中存在的仓库存储空间的数量非常关键。在大多数情况下，有必要将商品放置在一些不受外界因素（特别是雨水和阳光）影响的储存区域。如果这些储存区域不可用或过于拥挤，那么货物很可能会暴露在外面，导致可能的损坏。

同样，托运人应注意在海运前后港口可储存集装箱的空间量；空间越小，容器被多次移动或存储在不合适位置的可能性就越大。当恶劣天气来袭时，港口的集装箱堆场有可能被洪水淹没，堆场底部的集装箱部分浸没在水中，即使是在现代港口，这种情况也并不罕见。在 2008 年摧毁巴西南部的洪水期间，Paranaguá、Itajaí 和 Francisco do Sul 的水潮影响了数百个集装箱。

对于涉及冷藏货物的货主来说，应将这些问题与需要可靠的电力供应以及适当的冷藏储存区（配有电源插座和有足够能力监控冷藏集装箱的温度图的人员）的需求相结合。

6.3　保税仓库与保税区

目前，我国的保税制度包括保税仓库、保税工厂、保税区、保税运输等制度。

保税仓库是指专门存放海关核准的保税货物的仓库，这种仓库仅限于存放供来料加工、进料加工复出口的料件，暂时存放之后复运出口的货物和经过海关批准缓办纳税手续进境的货物。保税仓库包括转口贸易保税仓库、加工贸易备料保税仓库、寄售维修保税仓库。

保税工厂是指经过海关批准，并在海关监管之下专门建立的，用免税进口的原材料、零部件、元器件等加工、生产、制造或存放外销产品的专门工厂、车间。

保税区是指在出入境比较便利的地方，划出一些易于管理的区域，以与外界隔离的全封闭方式，在海关监管下存放和加工保税货物的特定区域。

保税运输的主要功能是为了有利于保税仓库的利用和保税货物的移动，如保税货物在甲保税仓库到乙保税仓库或到保税工厂；在一国的甲港口到乙港口之间，在没有缴纳关税的情况下移动，通常须经海关批准后加上关封或用其他简易可行的方法实行监管。

6.3.1 保税仓库概述

随着国际贸易的不断发展及方式的多样化，世界各国进出口货运量增长很快，进口原料、配件进行加工，装配后复出口，补偿贸易、转口贸易、期货贸易等灵活贸易方式的货物，进口时要征收关税，复出口时再申请退税，手续过于繁琐，也不利于发展对外贸易。为了方便进出口、促进对外贸易，并使未完税货物仍能在海关有效监督管理之下，保税仓库制度应运而生。保税仓库是受海关监督管理，专门存放按规定可缓纳关税的进出口货物的场所。保税货物是指经海关批准未办理纳税手续进境，在国内储存、加工、装配后复出境的货物。这类货物如在规定的期限内复运出境，经海关批准核销；如果转为内销，进入国内市场，则必须事先提供进口许可证和有关证件，正式向海关办理进口手续并缴纳关税，货物才能出库。

在新中国成立初期，保税仓库数量较少。随着改革开放的深入，对外贸易规模扩大，为适应新形势，海关总署进行了大量有益的尝试，并在1981年颁布了《中华人民共和国海关对保税仓库及所存货物的管理办法》。随着改革开放的继续，为促进对外贸易发展，1988年修订发布了新的《中华人民共和国海关对保税仓库及所存货物的管理办法》。该办法扩大了保税仓库的范围，规定凡属加工贸易复出口的进口料件、国际转运货物以及经海关批准可缓税的货物，均可以存入保税仓库。此外，规定具有法人资格的经济实体均可申请建立保税仓库。这一灵活而便捷的监管方式在全国范围内得到了迅速的发展，并在2003年12月5日发布了新的管理办法，于2004年2月1日起施行。

6.3.2 保税仓库允许存放的货物

就我国现行的法律制度来说，我国保税仓库所允许存放的货物范围如下：

（1）缓办纳税手续的进口货物

其包括进口国因工程、生产等需要，由于种种原因预进口的货物，储存在保税仓库内，随需随提，并办理通关手续，剩余的货物免税；也包括因进口国情况变化、市场变化，而暂时无法决定去向的货物，或是无法做出最后处理的货物，这些货物都需要暂时存放一段时间，如果条件变化需要实际进口，再缴纳关税和其他税费，这就使进口商将纳税时间推迟到货物实际内销的时候，节省了流动资金的占用。

（2）来料加工后复出口的货物

为鼓励国际贸易的发展，减少在进出口过程中的物流成本，对有些属来料加工，又是在保税区或保税仓库完成，加工后复出口的货物，可存放于保税仓库。

（3）需做进口技术处置的货物

有些货物到库后，由于不适合在进口国销售，需要更换包装、贴标签或做其他加工处理，则可以进入保税仓库进行这一技术处理，完成符合进口国对商品要求的加工后再内销完税，不符合的则免税退返。

（4）不内销而过境转口的货物

一些货物因内销无望而转口，或者在该区域存放有利于转口，或者无法向第三国直接进口而需转口，则也可以存放于保税仓库中。

需要特别指出的是，在国际物流中，保税仓库不仅适用于进口货物，也可用于出口货物。

6.3.3　保税仓库的类型

世界各国对保税仓库类型的划分各不相同，但就保税存储这一功能来讲则是共同的。就我国而言，保税仓库大体可以分为以下四种类型：

（1）专业性保税仓库

专业性保税仓库是由有外贸经营权的企业，经海关批准而建立的自管自用的保税仓库，如纺织品进出口公司自营的保税仓库，储存进口的纺织品原料和加工复出口的成品；储存寄售、维修进口设备零配件的保税仓库以及储存中外国际航行船舶油料的保税仓库等。

（2）公用保税仓库

公用保税仓库是具有法人资格的经济实体，是经海关批准建立的综合性保税仓库。这种保税仓库一般不经营进出口商品，它面向社会和国内外保税货物持有者。不论谁的货物，只要符合海关的法律规定，而仓库也有条件储存的，都可接受。外运公司经营的保税仓库即属于这一类型。

（3）保税工厂

保税工厂是整个工厂或专用车间在海关的监督管理下，专门从事来料加工、进口零部件装配复出口的工厂。

（4）海关监管仓库

我国的海关监管仓库与外国的保税区域的功能有类似之处，主要存放行李物品进境而所有人未来提取，或者无证到货、单证不齐、手续不完备以及违反海关章程，海关不予放行，需要暂存海关监管仓库听候海关处理的货物。还有一种类型是出口监管仓库，专门存储已对外成交，并已结汇，但海关批准暂不出境的货物。这种仓库现在基本上交由专营的仓储企业经营管理，海关行使行政监管职能。存放在海关监管仓库的货物有两个期限，如储存超过14天，海关要征收滞纳金；超过3个月仍不提取的，便视为放弃货物，按照《中华人民共和国海关法》（简称《海关法》）的规定变卖，款项交归国库。

6.3.4　海关监管保税仓库的有关制度

保税仓库与一般仓库最大的不同点在于，保税仓库及所有的货物受海关的监督管理，非经海关批准，货物不得入库和出库。保税仓库的经营者既要向货主负责，又要向海关负责。我国海关对保税仓库的监管主要包括以下几个方面：

（1）保税仓库对所存放的货物，应有专人负责，要求于每月的前5天内将上月所存货物的收、付、存等情况列表报送当地海关核查。

（2）保税仓库中不得对所存货物进行加工，如需改变包装、加刷唛码，必须在海关监管下进行。

（3）海关认为必要时，可以会同保税仓库的经理人，双方共同加锁，即实行连锁制度。海关可以随时派员进入仓库检查货物的储存情况和有关账册，必要时要派员驻库监管。

（4）货主在保税仓库所在地以外的其他口岸进口货物，应按海关对转口运输货物的规定办理转口手续。货物运抵后再按上述规定办理入库手续。

（5）存放在保税仓库的保税货物要转为国内市场销售，货主或其代理人必须事先向海关申报，递交进口货物许可证、进口货物报关单和海关需要的其他单证，并缴纳关税和产品（增值）税或工商统一税后，由海关核准并签印放行。保税仓库凭海关核准单证发货，并将原进口货物报关单注销。

（6）对用于国际航行船舶的保税油料和零配件以及用于保税期限内免税维修的有关外国产品的保税零配件，海关免征关税和产品（增值）税或工商统一税。

（7）海关对提取用于来料、进料加工的进口货物，按来料加工、进料加工的规定进行管理并按实际加工出口情况确定免税或补税。

（8）保税仓库所存货物储存期限为1年。如因特殊情况可向海关申请延期，但延长期最长不得超过1年。保税货物储存期满既不复运出口又未转为进口的，由海关将货物变卖，所得价款按照《海关法》第21条的规定处理，即所得价款在扣除运输、装卸、储存等费用和税款后，尚有余款的，自货物变卖之日起1年内，经收货人申请予以发还，逾期无人申请的，上缴国库。

（9）保税仓库所存货物在储存期间发生短少，除不可抗力的原因外，其短少部分应由保税仓库经理人负缴纳税款的责任，并由海关按有关规定处理。保税仓库经理人如有违反海关上述规定的，要按《海关法》的有关规定处理。

海关代表国家监督管理保税仓库及所存的保税货物，执行行政管理职能；保税仓库的经营者具体经营管理保税货物的服务工作，可以说是海关和经营者共同管理保税仓库。保税仓库经营者要依靠海关办好保税仓库，因此必须充分协作配合，严格执行海关的法令规定，在这个前提下，海关应力求简化手续，向仓库经营者提供方便，共同把保税仓库办好，以充分发挥保税仓库的优越性，为发展对外经济贸易服务。

6.3.5　保税区

保税区是在境内的港口或临近港口、国际机场等地方建立的，在区内可进行加工、贸易、仓储和展览，由海关监管的特殊区域。

1990年6月，经中央批准，在上海创办了中国第一个保税区——上海外高桥保税区。1992年以来，国务院又陆续批准设立了167个保税区，其中综合保税区155个。

我国保税区从其性质、功能以及运作方式上看，基本上类似于国外的自由贸易区，采取的是一种自由经济区的形式，其与国际上通行的促进对外贸易发展的自由贸易区具有本质上的共性，是借鉴国际通行惯例，利用特殊关税政策，促进外贸发展的自由经济区的形式之一。

💧 案例分析一　　华为智慧物流：为市场注入万物互联新动能

随着华为业务由国内市场向全球市场拓展，服务客户也从全球运营商扩大到全球各类企业、行业客户，再到全球亿万个人消费者客户，自1999年以来，华为供应链体系不断演进变革，从被动响应走向主动感知。物流，作为供应链的重要组成部分，也在利用物联网、大数据、IT服务化平台等技术，打造实时可视、安全高效、按需交付的物流服务能力，主动支撑交付保障，提升客户体验，改善物流运营效率。

在中国东莞松山湖有个占地面积达25 000平方米的现代化自动物流中心——华为松山湖供应链物流中心。该物流中心采用射频（RF）、电子标签拣货系统（PTL）、货到人挑选（GTP）、旋转式传送带（Carrousel）等多种先进技术，集物料接收、存储、挑选、齐套、配送功能于一体，是华为重要的样板基地之一。

松山湖的自动物流中心，是华为全球物流供应网络中的典型代表，也是华为供应、物流体系，从被动响应走向主动感知，向敏捷供应、智慧物流转型的结晶之一。在松山湖自动物流中心建成之后，华为启动了智慧物流与数字化仓储项目。截至目前，项目已经初步实现了物流全过程可视，打造了收发预约、装车模拟、RFID 数字化应用等系列产品，已经获得了可观的收益。

（一）多位一体：构建全透明自动化物流体系

华为松山湖供应链物流中心按功能模块分成不同区域，包括栈板存储区及料箱存储区、货到人拣选区、高频物料拣选区、集货区等，以多位一体的先进模式，实现物流端到端业务可视及决策性业务智能处理，极大提升物流各环节协同运作效率。

栈板存储区及料箱存储区，可覆盖华为公司所有PCBA单板原材料管理；中心仓+线边仓的物料供应模式，实现了超期管理、潮敏管理、在线循环盘点和自动补货等功能；多维度、多层次的物料管理模式，满足了业务高可靠性、高复杂性需求。货到人拣选区为中低频物料拣选，采用货到人的作业模式，降低了人工作业劳动强度，其二级缓存库实现了全自动出入库作业。不仅如此，该区域还通过采用PTL技术、播种式拣选、自动关联条码打印，实现了可同时处理多个订单，以及全面作业质量保障和条码追溯。

高频物料拣选区采用小型堆垛机和流利式货架，实现了自动存储和补货作业，打造了存储、补货、拣选三位一体的立体作业模式。订单由系统自动下发和任务关联，可高效处理相关任务。集货区根据交付对象设置不同区域，并配有多个滑道，按任务分滑道进行齐套，配合AGV无人智能送料小车，直接供应生产线，实现库房与产线无缝对接。自动物流日均可处理10 000个订单行，日均出库16 000个LPN（注册容器编码）。

（二）物流节点快速响应

在物流的关键节点，智慧物流可依据不同节点类型及场景优化流程，并匹配最适宜的自动化工具和设备，从而实现小时级的履行能力，大大提高了工作效率。其中，重点仓储通过利用宽窄一体的eLTE无线通信技术和IoT平台，统一连接和管理AGV无人车、自动扫码机等物流自动化设备，同时通过窄带物联网络广泛地连接到托盘、叉车等资产，从而实现自动进出库、自动盘点以及资产精准定位跟踪等功能，打造了高效快速的数字化仓储。

不仅如此，在各个节点之间还可实现节点作业与实物运输的无缝链接、风险主动预警、全程可视可管理、实物"一个流"等高效运作模式。 通过移动APP、AIS、物联网等物流先进技术应用，可实时掌握运载工具位置、库内作业状态等信息，通过打通各环节实现了信息的透明共享，以及实现物流全过程可视，更好地在线协同人、车、货、仓。同时，通过与外部风险信息的实时互联，还可实现风险的主动预警、物流备选方案的智能提醒等。在配送环节，通过应用大数据及人工智能技术，可对货物的配载及配送路线等情况进行智能计算，并给出最佳货物配载方案及最优运输路径，更加智能地实现了资源规划，并有效地提升了货物配送效率。

（资料来源 郭平. 华为智慧物流：为市场注入万物互联新动能[EB/OL].[2024-01-27]. https://www.huawei.com/cn/huaweitech?category=use-cases/smart-logistics.）

案例思考：

请结合本章内容说明华为在物流节点的仓储管理上有哪些借鉴意义。

🔵 案例分析二   国际采购中心

某跨国公司在中国境内有遍布各地的数十个原材料供应商，它选择了广州保税区作为东南亚地区的配送中心，每天用国内车辆将各地供应商的货品转关或直接出口交货至保税区存放，而海外供应商的货品则由香港拖车经一号通道入境交至保税区，所有的货品在这里根据全球各地工厂的需要整理、重新包装后，装上集装箱送达全球各地。

目前，以沃尔玛为代表的国际零售大鳄纷纷将其全球采购中心由马来西亚等地迁至中国的保税区，而IBM、SONY等国际高科技集团区域采购中心也争先恐后地抢滩圈地。

（资料来源　根据相关公开资料整理。）

案例思考：

案列中的跨国公司是以什么方式规避成本获得较多利润的？保税区对于其的作用如何？

本章小结

仓储管理是每一个物流系统不可缺少的组成部分，在以最低的总成本提供令人满意的客户服务方面具有举足轻重的作用。仓储系统主要有四个重要功能：存储功能、物品搬运功能、信息传递功能、增值功能。仓储管理是对仓库及仓库内的物品所进行的管理，是仓储机构为了充分利用所拥有的仓储资源提供高效的仓储服务所进行的计划、组织、控制和协调过程。国际贸易仓储不仅担负着进出口商品保管存储的任务，而且还担负着出口加工、挑选、整理、刷唛、备货、组装和发运等一系列的任务。一般来说，仓储业务流程操作包括收货、商品入库、商品保管、商品出库等几个环节。

保税仓库是指专门存放海关核准的保税货物的仓库，仅限于存放供来料加工、进料加工复出口的料件，暂时存放之后复运出口的货物和经过海关批准缓办纳税手续进境的货物。保税仓库制度对一个国家的经济，尤其是对开展对外贸易和促进经济技术的交流，起着十分重要的作用，既有利于扩大出口，开拓国际市场，也便于海关加强对保税货物的监督管理。

关键概念

仓储　仓储管理　越仓作业　ABC分类　保税仓库　保税区　保税工厂　保税货物

思考题

1．举例说明仓储的增值功能。

2．按照经营主体划分，仓储可以分为哪几类？

3．举例说明企业的仓储组织活动是如何囊括了作业过程的空间和时间组织的。

4．在仓储业务的收货过程中，实施直拨作业有哪些前提条件？与传统的作业方式相比，直拨省略了哪些作业工序？

5．简述在商品保管中ABC分类规划布置的原则。

6．试用流程图的形式表示国际货物仓储业务的作业环节及每一环节包括的操作内容。

7．我国的保税仓库大体可以分为哪几种？允许在保税仓库存放的货物有哪些？

第7章

国际货物 通关

学习目标

• 了解国家对于进出口货物的各项管理制度
• 掌握不同类别进出口货物的通关程序
• 掌握进出口货物应征关税和其他税费的计算
• 正确填制进出口报关单证

　　企业从事进出口活动时必然会遇到进出口货物通关的问题。"通关"这个术语是随着我国由计划经济体制向社会主义市场经济体制转轨而从境外引进的。通关，在《关于简化和协调海关业务制度的国际公约》（即《京都公约》）中将其定义为："完成必需的海关手续以使货物出口，为境内使用而进口或置于另一种海关制度下。"按照中文的语境，通关，是指进出境运输工具的负责人、货物的发货人及其代理人、物品的所有人向海关申请办理进出口货物的进出口手续，海关对其呈交的单证和申请进出口的货物依法进行审核、查验、征缴税费、批准进口或者出口的全过程。一般来说，进出口货物通关的时间范围是进口货物从进入关境起到海关放行、出口货物从向海关申报出口并运入海关监管区起到运离关境止，但随着贸易方式和海关制度的发展，如预申报、预归类等新措施的实施，不同性质的货物的通关时间出现了前伸后延的情况。货物通关的空间范围也有了较大的拓展，包括设立海关的车站、机场、港口、码头、国界孔道、邮局等，以及虽未设立海关但海关监管业务集中的场所。

　　我国关于进出口货物通关的法律依据主要有《中华人民共和国对外贸易法》（简称《对外贸易法》）、《中华人民共和国海关法》（简称《海关法》）以及与之配套的各项法律和行政法规，系统地确立了我国对外经贸活动的基本原则、制度和进出口货物通关的具体行为准则。本章在介绍国家对进出口货物的管理制度的基础上，重点讲述货物通关的基本程序、应征税费的计算以及报关单证的填制。

　　进出口货物通关的主体是指参与通关过程的相关各方，包括通关的管理主体和通关的当事人。

　　1.进出口货物通关的管理主体

　　进出口货物通关的管理主体包括海关和其他有关的国家机关。所说的其他有关国家机关包括发改委、商务部、市场监管总局等，这些国家机关对进出口货物在通关过程中所涉及的职能管理的部分行使管理权。海关则是对进出口货物的通关进行全面管理的国家机关，根据《海关法》第二条的规定，海关是国家进出关境的监督管理机关。根据现行口岸管理的职责分工，凡是进出境的人，由边防部门管理，而进出境的物，则由海关部门管理。海关进出境管理的任务主要有四项：监管进出境的运输工具、货物、行李物品、邮寄物品和其他物品，征收关税和其他税费，查缉走私和海关统计。

2.进出境货物通关的当事人

进出境货物通关的当事人有以下几类：

（1）进口货物的收货人和出口货物的发货人。收发货人要向海关办理货物的进出口手续，是通关的主要当事人。

（2）进出境运输工具的承运人。承运人是指进出境运输工具的所有权人或对运输工具的运输行为负完全责任的人。运输工具进出境要向海关办理通关手续，所以，承运人也是通关的当事人。

（3）报关代理人。进出口货物绝大多数是由报关企业代理报关的，报关代理人是实际向海关办理通关手续的人，由此而成为通关的当事人。

（4）进出境货物的经营管理人。保税仓库、出口监管仓库、加工贸易企业的经营管理人本身并不是收发货人，只是保税货物和海关监管货物储存的经营管理人，但由于保税仓库和出口监管仓库属通关的空间范围，他们作为经营管理人也就成为通关的当事人。

3.进出口货物通关的相关人

知识产权的权利人，当其知识产权受到侵犯时，能主动请求海关中止侵权货物的通关，所以，知识产权的权利人也可以是货物通关的相关当事人。

7.1 进出口货物的国家管理制度

进出口货物的国家管理制度，是指为了维护国家的主权和利益，根据本国的宏观经济目标、国内外政策需要以及其参加的国际条约所履行的义务要求，通过制定法律、法规对货物进出口贸易采取鼓励、禁止或限制等措施，设立相应机构，进行相关活动的总称。依据不同的管理目的，进出口货物的国家管理可以分为经营管理、许可管理、检验检疫管理、外汇管理等。

7.1.1 货物进出口经营管理

货物进出口经营管理包括经营权管理和经营范围管理。其中，经营权是指我国企业对外洽谈并签订进出口贸易合同的资格，经营权又分为外贸流通经营权和生产企业自营进出口权；经营范围是指国家允许进出口企业从事生产经营活动的具体商品类别和服务项目。

1.进出口经营权管理

早在2001年，我国已经取消了对非公有经济在进出口贸易方面的准入限制，并将原来实行的进出口经营资格审批制改为登记和核准制。由有关企业自主申请登记并经对外贸易主管部门核准，取得对外贸易经营权和相应的经营范围后，可在不另行申请进出口许可证件的情况下，经营除国家限制进出口的商品和国家实行分类管理的商品之外的商品。

2.进出口经营范围管理

经国家批准取得对外贸易经营权的境内法人或其他组织必须在国家所规定的经营范围内从事进出口经营活动，否则就是违法，要承担相应的法律责任。

3.进出口货物的国营贸易与指定经营管理

（1）进出口货物的国营贸易管理

根据《中华人民共和国货物进出口管理条例》第四章的规定，实行国营贸易管理的进出口货物目录由国务院外经贸主管部门会同国务院有关经济管理部门制定、调整并公布；国务院外经贸主管部门和国务院有关经济管理部门按照国务院规定的职责划分确定国营贸易企业名录并予以公布；实行国营贸易管理的货物，国家允许非国营贸易企业从事部分数量的进出口；国营贸易企业每半年向国务院外经贸主管部门提供实行国营贸易管理的货物的购买价格、销售价格等有关信息。我国实行国营贸易管理的商品通常主要包括：玉米、大米、煤炭、原油、成品油、棉花、白银等关系国计民生的物质。

（2）进出口货物的指定经营管理

实行指定经营管理的进出口货物目录由国务院外经贸主管部门制定、调整并公布；确定指定经营企业的具体标准和程序，由国务院外经贸主管部门制定并在实施前公布；指定经营企业名录由国务院外经贸主管部门公布。

对于未列入国营贸易企业名录和指定经营企业名录的企业或其他组织，不得从事实行国营贸易管理和指定经营管理的货物的进出口贸易；国营贸易企业和指定经营企业应当根据正常的商业条件从事经营活动，不得以非商业因素选择供应商，不得以非商业因素拒绝其他企业或者组织的委托。

7.1.2　进出口货物许可管理

进出口货物许可管理制度是一种非关税措施，是世界各国管理进出口的一种常用手段，包括准许进出口有关证件的审批和管理制度本身的程序，也包括以国家各类许可为条件的其他行政管理手续。我国的进出口货物许可管理范围包括禁止进出口货物、限制进出口货物、自由进出口货物。

1.进口货物许可管理

（1）禁止进口

为维护国家安全和社会公共利益，保护人民的生命健康，履行我国所缔结或参加的国际条约和协定，国务院外经贸主管部门会同国务院有关部门，依照我国《对外贸易法》的有关规定，制定、调整并公布禁止进口货物目录。对列入国家公布禁止进口商品目录的商品以及其他法律法规明令禁止或停止进口的商品，任何对外贸易经营者不得经营进口。

（2）限制进口

限制进口商品按照其管理目的可以分为：

•为建立或者加快建立国内特定产业，需要限制进口的商品。

•对任何形式的农业、牧业、渔业产品有必要限制进口的商品。

•为保障国家国际金融地位和国际收支平衡，需要限制进口的商品。

•根据我国所缔结或参加的国际条约、协定的规定，需要限制进口的商品。

按照限制方式的不同可以划分为进口配额限制和进口非配额限制：

①进口配额限制

进口配额限制是指在一定时期内根据国内产业结构和行业发展规划的需要，并参照国际惯例，国家对尚需适量进口以调节市场供应，但过量进口会严重损害国内相关工业发展和直接影响进口结构、产业结构发展，以及危及国家外汇收支地位等的商品的进口数量直接或间接地加以限制的措施。

进口配额限制具有两种管理形式：进口配额管理和关税配额管理。

进口配额管理是国家对部分商品的进口所采取的，在一定时期内（通常是1年）规定数量总额，在限额内经国家批准后允许进口，如超出限额则不准进口的措施。进口配额管理通常与许可证结合使用，即申请者取得配额证明后，到国务院外经贸主管部门及其授权发证机关，凭配额证明申领"进口货物许可证"以办理进口通关、外汇核销等进口手续。

关税配额管理是指在一定时期内（通常是1年），国家对部分商品的进口制定配额优惠税率并规定该商品进口数量总额，在限额内经国家批准后允许按照配额内税率征税进口，如超出限额则按照额外税率征税进口的措施。

对实行配额管理的限制进口商品，进口配额管理部门在每年7月31日前公布下一年度进口配额总量。配额申请人可在每年8月1日到8月31日向进口配额管理部门提出下一年度进口配额的申请。进口配额管理部门在每年10月31日前将下一年度的配额分配给配额申请人。进口配额管理部门可以根据需要对年度的配额总量进行调整，并在实施前21天予以公布。

实行关税配额管理的进口货物目录上的货物，关税配额可以按照对所有申请统一办理的方式分配。属于关税配额内进口的货物，按照配额内税率缴纳关税；属于关税配额外进口的货物，按照配额外税率缴纳关税。进口配额管理部门应当在每年9月15日至10月14日公布下一年度的关税配额总量。配额申请人应当在每年10月15日至10月30日向进口配额管理部门提出关税配额的申请。

②进口非配额限制

进口非配额限制是指在一定时期内根据国内政治、工业、农业、商业、军事、技术、卫生、环保、资源保护等领域的需要，以及为履行我国所加入或缔约的有关国际条约的规定，以经国家行政许可并签发许可证件的方式来实现限制进口的措施。从管理形式的角度来讲又可称之为进口许可证件管理。进口货物许可证的有效期通常为1年，原则上实行"一批一证"管理，对不实行"一批一证"管理的商品，必须在备注栏中注明"非一批一证"，且在有效期内最多可用12次，由海关在许可证背面"海关验放签注栏"内逐批签注核减进出口数量。

（3）自由进口

除上述国家禁止、限制进口货物外的其他货物，均属于自由进口范围，但基于监测进口情况的需要，国家对部分属于自由进口的货物实行自动进口许可管理。目前涉及的自动进口许可管理目录是商务部、海关总署2023年第62号公告《自动进口许可管理货物目录（2024）》，自2024年1月1日起执行。每年年末，商务部、海关总署都会发布下一年度的自动进口许可管理货物目录。

列入该目录的商品分为非机电类商品和机电类商品。非机电类商品主要有牛肉、猪肉、羊肉、肉鸡、鲜奶、奶粉、木薯、大麦、高粱、大豆、油菜籽、食糖、烟草、原油、二醋酸纤维丝束、铁矿石、铜精矿、煤、成品油、化肥、钢材等。机电类商品主要有烟草机械、移动通信产品，卫星、广播、电视设备及关键部件，汽车产品、飞机、船舶、工程机械、印刷机械、纺织机械、金属冶炼及加工设备、金属加工机床、电气设备、医疗设备等。

上文提到的目录的明细内容可扫描以下二维码查看。该二维码生成于2023年12月。

资料链接

根据《货物自动进口许可管理办法》，我国对自动进口货物原则上实行"一批一证"管理，即同一份自动进口许可证不得分批次累计报关使用。自动进口许可证有效期为6个月。自动进口许可证需要延期或变更，一律重新办理，旧证同时撤销。

商品列入《自动进口许可管理货物目录》，但属于下列情形的，可以不提交"中华人民共和国自动进口许可证"：

- 加工贸易项下进口并复出口的（原油、成品油除外）。
- 外商投资企业作为投资进口或者投资额内生产自用的。
- 货样广告品、实验品进口，每批次价值不超过5 000元人民币的。
- 暂时进口的海关监管货物。
- 国家法律法规规定其他免领《自动进口许可证》的。

2. 出口货物许可管理

（1）禁止出口

为维护国家安全和社会公共利益，保护人民的生命健康，履行我国所缔结或参加的国际条约和协定，商务部会同国务院有关部门，依照我国对外贸易法的有关规定，制定、调整并公布禁止出口货物目录。对列入国家公布禁止出口商品目录的商品以及其他法律法规明令禁止或停止出口的商品，任何对外贸易经营者不得经营出口。目前，我国明令禁止出口的货物主要有列入《禁止出口货物目录》的商品、国家有关法律法规禁止出口的商品以及因其他各种原因禁止出口的商品。

①《禁止出口货物目录》（第一批），是从我国国情出发，为履行我国所缔结或者参加的与保护世界自然生态环境相关的一系列国际条约和协定而发布的，其目的是保护我国自然生态环境和生态资源，如国家禁止出口属破坏臭氧层物质的"四氯化碳"等，禁止出口属世界濒危物种管理范畴的"犀牛角""虎骨"等，禁止出口有防风固沙作用的"发菜""麻黄草"等植物。

《禁止出口货物目录》（第二批），主要是为了保护我国匮乏的森林资源，防止乱砍滥伐，如禁止出口截面直径大于4cm、长度大于10cm的棒状木炭等。

《禁止出口货物目录》（第三批），主要是为了保护人的健康，维护环境安全，淘汰落后产品，履行《关于在国际贸易中对某些危险化学品和农药采用事先知情同意程序的鹿特丹公约》和《关于持久性有机污染物的斯德哥尔摩公约》。

《禁止出口货物目录》（第四批），禁止硅砂及石英砂出口。

《禁止出口货物目录》（第五批），主要是为保护环境，涉及未经化学处理的森林凋落物、经化学处理的森林凋落物以及泥炭（草炭）三种商品。

《禁止出口货物目录》（第六批），为履行《关于持久性有机污染物的斯德哥尔摩公约》、《关于汞的水俣公约》，禁止含汞唇用化妆品（含汞量超过百万分之一）出口。不包括以汞为防腐剂且无有效安全替代防腐剂的眼部化妆品、盥洗用含汞亮肤肥皂（包括含有药物的产品）、含汞消毒剂、含汞的可直接读数的非电子液体温度计、含汞的非电子湿度计和气压计出口。

《禁止出口货物目录》（第七批），为保护人的健康和安全，保护环境，履行《关于持久性有机污染物的斯德哥尔摩公约》。禁止六氯丁二烯、五氯苯酚及其盐类和酯类、三氯杀螨醇、全氟己基磺酸及其盐类和其相关化合物、多氯萘、六溴环十二烷出口。

《禁止出口货物目录》（第八批），禁止西布曲明及其盐、已配剂量含西布曲明的制剂、含西布曲明的混合药品（未配定剂量或制成零售包装的）出口。

②国家有关法律法规禁止出口的商品，如《中华人民共和国野生植物保护条例》中禁止出口未定名的或者新发现的并有重要价值的野生植物等。此外，还有由于其他原因禁止出口的货物，如禁止出口劳改产品等。

（2）限制出口

与限制进口货物管理制度相比，限制措施除了出口配额限制和出口非配额限制外，还有纺织品配额限制。

①出口配额限制

我国实行配额管理的出口商品包括：关系国计民生的大宗自愿性出口商品及在我国出口中占有主要地位的大宗传统出口商品；我国在国际市场或某一市场占主导地位的主要商品；国外对我国有配额要求或要求我国主动限制出口数量的商品；出口额大且易引起经营秩序混乱的商品和重要的名、优、特出口商品或有特殊要求的出口商品。

在我国，出口配额限制有两种管理形式，即出口配额分配管理和出口配额招标管理。出口配额分配管理是在一定时期内（一般是1年）规定部分商品的出口数量总额，采取按需分配的原则，经国家批准获得配额的允许出口，否则不准出口的配额管理措施。出口配额招标管理是在一定时期内（一般是1年）规定部分商品的出口数量总额，采取招标分配的原则，经招标获得配额的允许出口，否则不准出口的管理措施。

②出口非配额限制

出口非配额限制是指在一定时期内根据国内政治、工业、农业、商业、军事、技术、卫生、环保、资源保护等领域的需要，以及为履行我国所加入或缔结的有关国际条约的规定，以经国家行政许可并签发许可证件的方式来实现限制出口的目的。从管理形式角度来讲又可称为出口许可证件管理。目前，我国出口许可证件管理主要包括出口许可证，濒危物种、敏感物项出口以及军品出口等许可管理。

列入商务部与海关总署联合发布的《出口许可证管理货物目录（2024）》（http://www.mofcom.gov.cn/article/zcfb/zczxzc/202312/20231203463828.shtml）中实行出口许可证管理的商品总计43种，对外贸易经营者出口目录内所列货物的，应向商务部或者商务部委托的地方商务主管部门申请取得出口许可证，凭以向海关办理通关验放手续。

（3）自由出口

除上述国家禁止、限制出口的货物外的其他货物，均属自由出口范围，自由出口货物不受限制。

7.1.3　进出口货物检验检疫管理

我国进出境检验检疫管理包括进出口商品检验、进出境动植物检疫、进口商品认证管理、进口废物原料装运前检验、出口商品质量许可检验、食品卫生监督检验、出口商品运输包装检验、外商投资财产鉴定、货物装载和残损鉴定以及卫生检疫与处理11个方面，实行统一的目录管理，即主管部门根据对外贸易的需要，公布并调整《出入境检验检疫机构实施检验检疫的进出境商品目录》（简称《法检目录》），该目录所列的商品称为法定检验商品，实施强制性检验。

2008年7月18日，为提高进出口货物通关效率，国家质量监督检验检疫总局[①]决定实施进出口货物检验检疫直通放行制度。"直通放行"是指检验检疫机构对符合规定条件的进出口货物实施便捷高效的检验检疫放行方式，包括进口直通放行和出口直通放行。进口直通放行是指对符合条件的进口货物，口岸检验检疫机构不实施检验检疫，货物直运至目的地，由目的地检验检疫机构实施检验检疫的放行方式。出口直通放行是指对符合条件的出口货物，经产地检验检疫机构检验检疫合格后，企业可凭产地检验检疫机构签发的通关单在报关地海关直接办理通关手续的放行方式。

1.检验检疫的基本内容

（1）进出口商品检验的依据是《中华人民共和国进出口商品检验法》及其实施条例的规定，内容包括商品的质量、规格、数量、重量、包装以及是否符合安全、卫生要求，我国的商品检验分为法定检验、合同检验、公证检验和委托检验。

（2）进出境动植物检疫的依据是《中华人民共和国进出境动植物检疫法》及其实施条例的规定，通过实行注册登记、疫情调查、检测和防疫指导等方式对进出境动植物、动植物产品及其装载容器、包装物、运输工具等实施检疫，分为进境检疫、出境检疫、过境检疫、进出境携带和邮寄物检疫以及出入境运输工具检疫等。

（3）国境卫生监督是根据《中华人民共和国国境卫生检疫法》，在进出口口岸对出入境的交通工具、货物、运输容器以及口岸辖区的公共场所、环境、生活措施、生产设备所进行的卫生检查、鉴定、评价和采样检验，目的是防止传染病由国外传入或

---

① 2018年3月，根据国务院机构改革方案，将国家质量监督检验检疫总局的职责进行整合，组建国家市场监督管理总局；将国家质量监督检验检疫总局的出入境检验检疫管理职责和队伍划入海关总署；将其原产地地理标志管理职责整合，重新组建国家知识产权局。国家质量监督检验检疫总局撤销。

者由国内传出，实施国境卫生检疫，保护人体健康。

2.检验检疫的范围

（1）国家法律法规规定必须由出入境检验检疫机构检验检疫的。

（2）输入国家和地区规定必须凭检验检疫机构出具的证书方准入境的。

（3）有关国际条约规定必须经检验检疫的。

（4）申请签发原产地证明书及普惠制原产地证明书的。

3.入境报检手续

入境报检时，应填写入境货物报检单并提供合同、发票、提单等有关单证。下列情况报检时，还应提供相关文件：

（1）凡实施安全质量许可、卫生注册，或其他需审批审核的货物，应提供有关证明。

（2）凡实施品质检验的应提供国外品质证书或质量保证书，产品使用说明书及有关标准和技术资料；凭样成交的，必须附加成交样品；以品级或公量计价结算的，应同时申请重量鉴定。

（3）凡报检入境废物时，应提供国家环保部门签发的"进口废物批准证书"和经认可的检验机构签发的装运前检验合格证书。

（4）凡申请残损鉴定的还应提供理货残损单、铁路商务记录、空运事故记录或海事报告等证明货损情况的有关单证。

（5）凡申请重（数）量鉴定的应提供重量明细单、理货清单。

（6）凡属货物已经收、用货部门验收或经其他单位检测的，应随附结果报告及重量明细单。

（7）入境的动植物及其产品，提供产地证明的同时，还必须提供输出国家或地区官方检疫证书；需办理入境检疫审批手续的，还应提供入境动植物检疫许可证。

（8）过境动植物及其产品报检时，应持货运单和输出国家或地区官方出具的检疫证书；运输动植物过境时，还应提交主管部门签发的动植物过境许可证。

（9）报检入境运输工具、集装箱时，应提供检疫证明，并申报有关人员健康情况。

（10）因科研等特殊需要输入禁止入境物的，必须提供主管部门签发的特许审批证明。

4.出境报检手续

出境报检时，应填写出境货物报检单并提供对外贸易合同、信用证、发票、装箱单等单证。下列情况报检时，还应提供相关文件：

（1）凡实施质量许可、卫生注册或需经审批的货物，应提供有关证明。

（2）出境货物必须经生产者或经营者检验合格并加附检验合格证或检测报告；申

请重量鉴定的应加附重量明细单或磅码单。

（3）凭样成交的货物，应提供经买卖双方确认的样品。

（4）报检出境运输工具、集装箱等，还应提供检疫证明，并申报有关人员健康情况。

（5）生产出境危险货物包装容器的企业，必须向检验检疫机构申请包装容器的性能鉴定；生产出境危险货物的企业必须向检验检疫机构申请危险货物的使用鉴定；出境危险货物时，必须提供危险货物包装容器性能鉴定结果单和使用鉴定结果单。

（6）申请原产地证明书和普惠制原产地证明书的，应提供商业发票等资料。

5.报检时限和地点

（1）报检时限

①对入境货物，应在入境前或入境时向入境口岸指定的或到达站的检验检疫机构办理报检手续；入境的运输工具及人员应在入境前或入境时申报。

②入境货物需对外索赔出证的，应在索赔有效期前不少于20天内向到货口岸或货物到达地的检验检疫机构报检。

③输入微生物、人体组织、生物制品、血液及其制品或种畜、种禽及其精液、胚胎、受精卵的，应在入境前30天报检。

④输入其他动物的，应在入境前15天报检。

⑤输入植物、种子、种苗及其他繁殖材料的，应在入境前7天报检。

⑥出境货物最迟应于报关或装运前7天报检，对于个别货物，应留有相应的检验检疫时间。

⑦出境的运输工具和人员应在出境前向口岸检验检疫机构报检或申报。

⑧需隔离检疫的出境动物应在出境前60天预报，隔离前7天报检。

（2）报检地点

①审批、许可证等有关政府批文中规定了检验检疫地点的，在规定的地点报检。

②动物、大宗散装商品（货物）、易腐烂变质商品、废旧物品及在卸货时发现包装破损、重（数）量短缺的商品，必须在卸货口岸检验检疫机构报检。

③需结合安装调试进行检验的成套设备、机电仪产品以及在口岸开件后难以恢复包装的商品，应在收货人所在地检验检疫机构报检并检验。

④其他入境货物，应在入境前或入境时向报关地检验检疫机构报检。

⑤入境的运输工具和人员应在入境前或入境时向入境口岸检验检疫机构申报。

6.其他特殊商品进出境检验检疫

（1）食品进出口检验检疫

根据《中华人民共和国食品安全法》规定，一切进口的食品、食品添加剂、食品容器、包装材料和食品用工具及设备，由国家食品卫生监管机构进行卫生监督、检验。海关凭食品卫生监督机构的证书或采样证书验收。该法还规定，出口食品由国家出口商品检验部门进行卫生监督、检验，报关时海关凭商检部门检验证书或在报关单上加盖的印章验放。

（2）药品进出口检验检疫

根据《中华人民共和国药品管理法》和国务院《关于加强医药管理的决定》的规定，进口药品的企业，必须具有卫生行政管理部门核发的"药品经营企业许可证"；进口的药品药材，必须持有卫生部批准核发的"进口药品注册证"。任何单位以任何贸易方式进口列入《进口药品管理目录》商品编码范围的药品，企业报检人员应先填写"进口药品报检单"，并随附发票、装箱单、运单及厂家出具的品质证书，向口岸药检所报验，海关凭药检所签发的"检验合格报告书"或报验单或在报关单上加盖的"已接受检验"的印章验放，对用于医疗急救、科研或国外捐赠的药品，海关凭卫生厅（局）出具的免验证明放行。出境的中药材，按动植物检验检疫办法和濒危物种的管理规定进行管理。

（3）血液制品

除人血清蛋白以外，国家禁止任何单位和个人进口血液制品，如确因临床医疗急需，必须事先报经省、自治区、直辖市卫生厅（局）批准，进口时凭批准文件向药检所报验，海关凭药检所签发的"检验合格报告书"或报验单或在报关单上加盖的"已接受检验"的印章验放。

（4）精神药品和麻醉药品

根据《中华人民共和国药品管理法》、《精神药品管理办法》和《麻醉药品管理办法》的规定，进出口精神药品、麻醉药品，若属于《精神药品管制品种目录》或《麻醉药品管制品种目录》范围的，经营者必须获得"精神药品进（出）口准许证"或"麻醉药品进（出）口准许证"，海关依据此证及其他证件验放。

7.1.4 其他特殊进出口货物管理

1.文物出口管理

根据《中华人民共和国文物保护法》的规定，珍贵文物禁止出境，具有重要历史、艺术、科学价值的文物，除经国务院批准运往国外展览以外，一律禁止出境。贸易性文物出口或个人携带文物出境，必须经国务院指定的鉴定部门鉴定，并发给"文物出口特许证"或"文物出口证明"，报关时海关凭上述证明或在文物上加盖的火漆标志验放。对境外人员在我国购买的文物出口，海关凭文物店出具的盖有"外汇购买"印章的"特许出口文物核销发票"验放。我国对文物的出境指定在北京、天津、上海和广州四个口岸办理验放手续。

2.濒危野生动植物种进出口管理

凡是列入《进出口野生动植物种商品目录》的珍贵、濒危野生动植物及其制品在进出口前必须取得"濒危野生动植物种国际贸易公约允许进出口证明书"或"中华人民共和国濒危物种进出口管理办公室野生动植物允许进出口证明书",之后方可向海关办理进出口手续。

3.音像制品进口管理

根据《音像制品管理条例》《音像制品进口管理办法》及其他规定,我国对音像制品实施进口许可管理,音像制品进口单位凭文化和旅游部颁发的进口音像制品批准文件到海关办理母带(母盘)或者音像制品成品的进口手续,海关凭有效"中华人民共和国进口音像制品批准单"及相关单证验放。

国家实行进口管理的音像制品是指录有内容的录音带、录像带及其他已录制磁带、照片、激光唱盘、视盘及其他已录制光盘、已录制媒体等。但是,个人携带和邮寄用于非经营目的的音像制品进口入境,在自用合理数量内,而且其内容不违反有关规定的,海关予以放行。

4.废物进口管理

根据《废物进口环境保护管理暂行办法》的规定,禁止以任何贸易方式和无偿提供、捐赠等方式进口境外废物在境内倾倒、堆放、处置;限制进口可用作原料的废物,确有必要进口的,要依法办理进口审批手续,生态环境部对全国废物进口实施监督管理。对于列入《国家限制进口的可用作原料的废物目录》的废物的进口,报关单位应向海关提交生态环境部签发并盖有生态环境部废物进口审批专用章的"进口废物批准证书";对未列入《国家限制进口的可用作原料的废物目录》的任何废物,都禁止进口;任何企业不得进行废物转口贸易;未取得"进口废物批准证书"的进口废物,不得存入保税仓库。

5.金银产品进出口管理

根据《中华人民共和国金银管理条例》的规定,国家对金银实行统一管理、统购统销的政策,凡是报运出口的金银及其制品,出口单位凭中国人民银行制发的"金银产品出口准许证"办理出口报关手续。

6.无线电器材、通信设备进口管理

根据《中华人民共和国无线电管理条例》的规定,对于有发射能力的无线电设备及无发射能力的收信无线电设备的整机及整套散件的进口,海关凭国家无线电管理委员会及其授权的省级无线电管理委员会签发的"无线电设备入关通知单"验放。

7.民用枪支弹药进口管理

根据《中华人民共和国枪支管理法》的规定,非国防工业部门因特殊需要进口军用枪支、弹药(含样品),体育部门进口各种射击运动用枪支、弹药(含样品),林业、狩猎部门进口狩猎用枪支、弹药（含样品），都必须得到国家各主管部委和所在省、自治区、直辖市公安厅（局）的批准。

根据《中华人民共和国民用爆炸物品管理条例》的规定，进出口民用爆炸器材和爆炸品（含样品），包括各类炸药、雷管、导火索、导爆索、非电导爆系统起爆药和爆破剂，必须事先报经国家机械工业管理部门及所在地省级公安部门批准，并申领进出口货物许可证，海关凭许可证验放；进口民用黑火药、烟火剂、民用信号弹和烟花爆竹以及其他受管理的爆炸品，海关按一般进口货物的有关规定办理。

8.印刷品进出口管理

（1）国家对贸易性印刷品的进口经营实行专营许可制度，并明确规定，有下列内容之一的印刷品禁止进境：

①攻击我国宪法的；诬蔑国家现行政策的；诽谤中国共产党和国家领导人的；煽动对我国进行颠覆破坏、制造民族分裂的；鼓吹"两个中国"或"台湾独立"的。

②宣传淫秽或色情的。

③宣传封建迷信或凶杀暴力的。

④其他对我国政治、经济、文化、道德有害的。

（2）对于有下列内容之一的印刷品，禁止出境：

①有禁止出境内容的。

②涉及国家机密的。

③出版物上有"内部资料""国内发行"字样的。

④国家颁布的《文物出口鉴定参考标准》中规定禁止出境的古旧书籍，以及其他具有文物价值的。

⑤国家有关部门明令禁止出境的其他印刷品。

9.化学品首次进口及有毒化学品进口管理

根据《化学品首次进口及有毒化学品进出口环境管理规定》，国家对化学品的首次进口和列入《中国禁止或严格限制的有毒化学品名录》的化学品的进出口进行严格管理，但是，食品添加剂、医药、兽药、化妆品和放射性物质不列入此管理范围。

7.1.5　外汇管理

《中华人民共和国外汇管理条例》规定，对企业外贸用汇实行结汇、售汇管理。企业外汇收入按当日汇价卖给指定的经营结售汇业务的金融机构；企业外贸所需用汇，凭合同和有关单证到外汇管理部门申请外汇额度后到经营结售汇业务的金融机构换取支用。外汇管理部门凭海关签发的货物出口证明对企业出口收汇进行核销，并根据进口货物报关单上海关认可的单价和总价用汇情况进行付汇核销。由此可见，海关所提供的实际进出口货物及价格资料等是国家外汇管理的重要依据，是外汇管理制度的组成部分。

7.2 进出口货物通关的基本程序

通关程序是指进出口货物收发货人、运输工具负责人、物品所有人或其他代理人按照海关的规定，办理货物、物品、运输工具进出境及相关海关事务的手续和步骤。

按照时间先后可以将通关程序分为三个阶段：

（1）前期阶段：根据海关对保税货物、特定减免税货物、暂准进出境货物等的监管要求，进出口货物收发货人或其代理人在货物进出境以前，向海关办理上述货物备案手续的过程。

（2）进出境阶段：根据海关对进出境货物的监管制度，进出口货物收发货人或其代理人在货物进出境时向海关办理进出口申报、配合查验、缴纳税费、提取或装运货物手续的过程。

（3）后续阶段：根据海关对保税货物、特定减免税货物、暂准进出境货物等的监管要求，进出口货物收发货人或其代理人在货物进出境储存、加工、装配、使用后，在规定的期限内，按照规定的要求，向海关办理上述进出口货物核销、销案、申请解除监管的手续的过程。

通关的程序可以分为一般通关程序和特定通关程序。我国法律规定的一般通关程序又叫普通通关程序，适用于一般贸易进出口的货物和出境运输工具的通关。特定通关程序适用于保税货物、暂时进出境货物、特定减免税进口货物等海关监管货物的通关。对于上述货物，放行并不意味着海关监管的终结，只是在海关现场监管的结束，通关的过程尚未完成。特定通关程序由两个环节组成，即核查和核销。

7.2.1 一般进出口货物通关的基本程序

一般进出口货物是指在进出境环节缴纳了应征的进出口税费并办结了所有必要的海关手续，海关放行后不再进行监管的进出口货物。具有三个特征：一是进出境环节缴纳进出口税费；二是进出口时提交相关许可证件；三是海关放行即办结海关手续。

一般进出口货物通关的基本程序所适用的具体货物有：

（1）一般贸易方式进出口货物（不包括享受特定减免税和准予保税进口的货物）。

（2）易货贸易、补偿贸易、寄售代销贸易方式进出口货物（准予保税进口的寄售代销货物除外）。

（3）承包工程项目进出口货物。

（4）边境小额贸易进出口货物。

（5）外国驻华商业机构进出口陈列用的样品。

（6）外国旅游者小批量订货出口的商品。

（7）租赁进出口货物。

（8）随展览进出境的非卖品。

（9）进出口货样广告品（不包括暂时进出口的货样广告品）。

（10）免费提供的进口货物。

一般而言，通关应该按照申报、查验、征税、放行四个环节依次进行。

1.进出口申报

（1）申报地点

进口货物由收货人或其代理人在货物的进境地海关申报；出口货物由发货人或其代理人在货物的出境地海关申报。

经收发货人申请、海关同意，进口货物的收货人或其代理人可以在设有海关的货物指运地申报；出口货物的发货人或其代理人可以在设有海关的货物起运地申报。

（2）申报期限

进口货物的申报期限为自装载货物的运输工具申报进境之日起14日内，申报期限的最后一天遇法定节假日顺延；出口货物的申报期限为货物运抵海关监管区装货的24小时前。经海关批准集中申报的进口货物，自装载货物的运输工具申报进境之日起1个月内办理申报手续。

进口货物的收货人未按规定期限向海关申报的，由海关按我国《海关法》的规定征收滞纳金；进口货物自装载货物的运输工具申报进境之日起3个月仍未申报的，海关可以提取变卖处理；对于不宜长期保存的货物，海关可以根据实际情况提前处理。

（3）申报单证

申报单证可以分为主要单证和随附单证两大类：主要单证就是指报关单；随附单证包括基本单证、特殊单证和预备单证。

基本单证是指进出口货物的货运单据和商业单据，主要有进口提货单据、出口装货单据、商业发票、装箱单等。

特殊单证主要是指进出口许可证件、加工贸易登记手册（包括电子的和纸质的）、特定减免税证明、外汇收付汇核销单证、原产地证明书、担保文件等。

预备单证主要是指贸易合同、进出口企业的有关证明文件等。

准备申报单证的基本原则是：基本单证、特殊单证、预备单证必须齐全、有效、合法；报关单填制必须真实、准确、完整；报关单和随附单证数据必须一致。

（4）申报前看货取样

进口货物的收货人向海关申报前，因确定货物的品名、规格、型号、归类等原因，可以向海关提出查看货物或者提取货样的书面申请，海关审核同意的，派员到场监管。

（5）申报方式

一般情况下，进出口货物收发货人或其代理人按先后顺序，先以电子数据报关单形式向海关申报，后提交纸质报关单；在向未使用海关信息化管理系统的海关申报时，则只提供纸质报关单；在实行无纸通关的海关，则可以只进行电子报关。

（6）电子申报

报关单电子数据申报方式：

①终端申报方式：进出口货物收发货人或其代理人在海关规定的报关地点委托经海关登记注册的预录入企业使用连接海关计算机系统的电脑终端录入报关单电子数据。

②EDI（电子数据交换）申报方式。

③网上申报方式：通过"中国电子口岸"自行录入报关单电子数据。

通过上述方式中的一种将报关单内容录入海关计算机系统，生成电子数据报关单，一旦接到海关发送的"接受申报"报文后，即表示电子申报成功。

（7）提交报关单及随附单证

海关审结电子数据报关单后，进出口货物收发货人或其代理人应当自接到海关"现场交单"或"放行交单"通知之日起10日内，持纸质报关单及所有规定的随附单证并签名盖章，到货物所在地海关提交书面单证并办理相关手续。

（8）修改申报内容或撤销申报

海关接受申报后，除在下列情况下，申报内容不得修改，报关单证不得撤销：

①由于计算机、网络系统等方面的原因导致电子数据申报错误的。

②海关在办理出口货物的放行手续后，由于配载、装运等原因造成原申报货物部分或全部退关需要修改或撤销报关单证及其内容的。

③报关员由于操作或书写失误造成申报差错，但未对国家贸易管制政策的实施、税费征收及统计指标造成危害的。

④海关审价、归类审核或专业认定后需对原申报数据进行修改的。

⑤根据贸易惯例先行采用暂时价格成交，实际结算时按商检品质认定或国际市场实际价格付款方式需要修改的。

海关已经布控、查验的进出口货物，不得修改报关单内容或撤销报关单证。

2. 查验

（1）海关查验。海关根据《海关法》确定进出境货物的性质、价格、数量、原产地、货物状况等是否与报关单上已申报的内容相符，对货物进行实际检查，并且在查验时，货物的收发货人或其代理人应当到场。

（2）查验地点。一般在海关监管区内进行，对进出口大宗散货、危险品、鲜活商品、落驳运输的货物，经收发货人或其代理人申请，海关也可同意在装卸作业的现场进行查验。

（3）查验时间。海关决定查验时，以书面通知的形式通知收发货人或其代理人，约定查验的时间，查验时间一般约定在海关正常工作时间内。

（4）复验和径行开验。海关认为必要时，可以依法对已经完成查验的货物进行复验，并且收发货人或其代理人仍然应当到场；径行开验是指海关认为必要时，在收发货人或其代理人不在场的情况下，自行开拆货物进行查验。

（5）配合查验应做的工作。配合查验应当做的工作如下：

①搬移货物，开拆和重封货物的包装。

②了解和熟悉所申报货物的情况，回答查验海关关员的询问，提供海关查验货物时所需要的单证或其他资料。

③协助海关提取需要做进一步检验、化验或鉴定的货样，收取海关出具的"取样清单"。

④查验结束后，认真阅读报关员填写的"海关进出境货物查验记录单"，注意以下情况的记录是否符合实际并签字确认：

• 开箱的具体情况。

• 货物残损情况及造成残损的原因。

• 提取货样的情况。

• 查验结论。

（6）货物损坏赔偿。在查验过程中或证实海关在径行开验过程中，因为海关关员的责任造成被查验货物损坏的，收发货人或其代理人可以要求海关赔偿，赔偿范围仅限于在实施查验过程中由于海关关员的责任造成被查验货物损坏的直接经济损失，损失金额根据被损坏货物及其部件的受损程度或根据修理费确定。下列情况不属于海关赔偿范围：

①收发货人或其代理人搬移、开拆、重封包装或保管不善造成的损失。

②易腐、易失效货物在海关正常工作程序所需时间内（含扣留或代管期间）所发生的变质或失效。

③海关正常查验时产生的不可避免的磨损。

④在海关查验之前已发生的损坏和海关查验之后发生的损坏。

⑤由于不可抗拒的原因造成货物的损坏、损失。

收发货人或其代理人在海关查验时对货物是否损坏未提出异议，事后发现货物有损坏的，海关不负赔偿责任。

3.缴税

收发货人或其代理人根据海关开具的税款缴款书和收费票据，在规定时间内向指定银行办理税费交付手续；在实行中国电子口岸网上缴税和付费的海关，可以通过网络系统接收海关发出的税款缴款书和收费票据，在网上向签有协议的银行进行税费的电子支付，收到银行缴款成功的信息后即可报请海关办理货物放行手续。相关税费征收及计算在下一节中介绍。

4.海关放行和货物结关

（1）海关放行

海关在进口货物提货凭证或者出口货物装货凭证上签盖"海关放行章"；实行"无纸通关"的海关通过计算机将"海关放行"报文发送给收发货人或其代理人和海关监管货物保管人，相关人员自行打印海关通知放行的凭证，凭以办理手续。

（2）提取货物或装运货物

收发货人或其代理人凭有海关放行通知的证明、提货单、运单、场站收据等单证到货物进出境地的港区、机场、车站、邮局等地办理进出境的手续。

（3）申请签发报关单证明联

①进出口收付汇证明。对需要在银行或国家外汇管理部门办理收付汇核销的进出口货物，报关员应当向海关申请签发进、出口货物报关单（收、付汇证明联），海关审核后，签名加盖"海关验讫章"。同时，通过电子口岸系统向银行和国家外汇管理部门发送证明联电子数据。

②出口收汇核销单。

③出口退税证明。对需要办理出口退税的出口货物，报关员向海关申请签发出口货物报关单（出口退税证明联），海关审核后，予以签发并签名加盖"海关验讫章"，同时将证明联的电子数据发送给国家税务机构。

④进口货物证明书。对进口汽车、摩托车等，报关员应当向海关申请签发进口货物证明书，收发货人凭以向国家交通管理部门办理汽车、摩托车的牌照申领手续，同时海关将电子数据发送给国家交通管理部门。

7.2.2 保税货物通关的基本程序

保税货物，是指经海关批准未办理纳税手续而进境，在境内储存、加工、装配后复运出境的货物。其具有三大特性，即"经海关批准""是监管货物""应复运出境"。按照海关监管的形式可以分为三大类，加工贸易保税货物、仓储保税货物、区域保税货物。保税货物的报关程序如下：

（1）备案申请保税

①经国家批准的保税区域，包括保税区、出口加工区从境外运入区内储存、加工、装配后复运出境的货物，已经整体批准保税的，备案阶段与报关阶段合并。

②经海关批准的保税仓库，在货物进境入库之前，海关根据核定的保税仓库存放货物的范围和商品种类对报关入库货物的品种、数量、金额进行审核，并对入库货物

进行核注登记。

③加工贸易——包括来料加工、进料加工、外商投资企业履行产品出口合同——进口料件之前，保税工厂、保税集团进口料件之前，都必须进入备案申请保税阶段。具体环节是：企业申请备案、海关审核准予保税、设立或不设立银行台账、海关建立电子《登记手册》或核发纸质《登记手册》。

（2）暂缓纳税

所有经海关批准保税的货物，包括区域保税货物、仓储保税货物和加工贸易经海关批准准予保税的货物，在进出境时都必须和其他货物一样进入报关阶段，但保税货物暂缓纳税，不进入纳税环节。

（3）报核申请结案

其具体环节分四个步骤，即企业报核、海关受理、实施核销、结关销案。

所有经海关批准保税的货物，包括区域保税货物、仓储保税货物和加工贸易经海关批准准予保税的货物，都必须按规定由保税货物的经营人向主管海关报核，海关受理报核后进行核销，核销后视下列不同情况分别予以结关销案：

①区域保税货物因为没有规定具体的保税期限，所以最终的结案应当以进境货物最终全部出境或出区办结海关手续为结案的标志。本期核销该批保税货物没有全部出境或出区办结海关手续的，则不能结案，结转到下期继续监管，直到能够结案。

②仓储保税货物应当以该货物在规定的保税期限内全部出境或出库办结海关手续为结案的标志。每月报核一次。本期核销该批保税货物没有全部出境或出库办结海关手续的，则不能结案，结转到下期继续监管，直到能够结案或者到期变卖处理。

③加工贸易经海关批准准予保税的货物应当以该加工贸易项下产品在规定期限内全部出口或者部分出口，不出口部分全部得到合法处理为结案的标志。海关受理报核后，在规定的核销期限内实施核销。对不设立台账的，予以结案；设立台账的，应当到银行撤销台账，然后结案。

7.2.3　特定减免税货物通关的基本程序

特定减免税货物是海关根据国家的政策规定准予减免税进境，使用于特定区域、特定企业、特定用途的货物。其具有以下特征：特定条件下减免税、除另有规定外应提交进口许可证件、特定的海关监管期限。

1.减免税申请

（1）特定地区减免税货物进口申请

①备案登记

·保税区。保税区企业向保税区海关办理减免税备案登记时，应提交企业批准证书、营业执照、企业合同、章程等，并将有关企业情况输入海关计算机系统。海关审核后准予备案的，即签发企业征免税登记手册，企业凭以办理货物减免税申请手续。

·出口加工区。出口加工区企业应提交出口加工区管委会的批准文件、营业执照等，海关审核后批准建立企业设备电子账册，凭以办理减免税申请手续。

②进口申请

·保税区。企业向保税区海关提交企业征免税登记手册、发票、装箱单等，海关核准后签发"进出口货物征免税证明"。

·出口加工区。企业向出口加工区海关提交发票、装箱单等，海关核准后在企业设备电子账册中进行登记。

（2）特定企业减免税货物进口申请

①备案登记。特定企业主要是指外商投资企业。外商投资企业需要提交外经贸主管部门的批准文件、营业执照、企业合同、章程等，海关审核后准予备案的，即签发《外商投资企业征免税登记手册》，企业凭以办理货物减免税手续。

②进口申请。外商投资企业向主管海关提交《外商投资企业征免税登记手册》、发票、装箱单等，经海关核准后签发"进出口货物征免税证明"。

（3）特定用途减免税申请

①国内投资项目和利用外资项目减免税申请。投资项目经批准后，货物进口企业持国务院有关部门或省、市人民政府签发的"国内鼓励发展的内外资项目确认书"、发票、装箱单等向项目主管直属海关提出减免税申请，海关审核后签发"进出口货物征免税证明"。

②科教用品减免税申请。科教单位办理科研和教学用品减免税进口申请时，应持有关主管部门的批准文件，向单位所在地主管海关申请办理资格认定手续，经海关审核批准的，签发《科教用品免税登记手册》，凭以办理减免税手续。

③残疾人专用品减免税申请。民政部门或中国残疾人联合会所属单位在进口特定减免税用品、专用仪器、专用生产设备时，应提交民政部门或中国残疾人联合会的批准文件，主管海关经核准后签发"进出口货物征免税证明"。

2.进出口报关

特定减免税货物进口报关程序与一般进出口货物的报关程序基本相同，只在下列方面有所不同：

（1）特定减免税货物进口报关时，收发货人或其代理人除了向海关提交报关单及随附的基本单证外，还应提交"进出口货物征免税证明"。

（2）特定减免税货物一般应提交进出口许可证件，但对外商投资和某些许可证件种类，国家规定有特殊优惠政策的，可以豁免进口许可证件。

（3）填制特定减免税货物进口报关单时，在"备案号"栏内填写"进出口货物征免税证明"上的12位编号。

3.申请解除监管

（1）监管期满申请解除监管

特定减免税货物监管期满，原减免税申请人应当向主管海关申请解除对减免税进口货物的监管，主管海关经审核批准，签发"减免税进口货物解除监管证明"，至此办结全部海关手续。

（2）监管期内申请解除监管

特定减免税货物在海关监管期内要求解除监管的主要目的是在国内销售、转让、放弃或退运出境。

①因特殊原因在海关监管期内销售的，企业应向原审批进口的外经贸主管部门申请，凭批准文件向海关办理缴纳进口税费的手续，海关按照使用时间折旧估价征税后，签发解除监管证明书，凭以办理结关手续。

②企业如将货物转让给同样享受进口减免税优惠的企业，接受货物的企业应当先向主管海关申领"进出口货物征免税证明"，凭以办理货物的结转手续。

③企业要求将特定减免税货物退运出境的，应向原审批进口的外经贸主管部门申请，凭批准文件向出境地海关办理货物出口退运申报手续，企业凭出境地海关签发的"出口货物报关单"及其他单证向主管海关申领解除监管证明。

④企业要求放弃特定减免税货物的，应向主管海关提交放弃货物的书面申请，经海关核准后，按照海关处理放弃货物的有关规定办理手续。

7.2.4　暂准进出境货物通关的基本程序

暂准进出境货物是指为了特定的目的暂时进境或暂时出境，有条件暂时免纳进出口关税并豁免进出口许可证件，在特定的期限内除因使用中正常的损耗外按原状复运出境或复运进境的货物。为方便暂准进出境货物的通关，世界海关组织为此类货物专门设立了世界统一的海关文件，即"ATA单证册"（ATA Carnet）。凭借ATA单证册，暂准进出口货物可以在各国海关享受免担保、免纳进出口税、免领进出口货物许可证、免填报关文件、免持证人的报关权等通关便利，因此，ATA单证册又被国际经贸界称为货物护照和货物免税通关证。

按照我国海关对暂准进出境货物的监管方式，可以把它们分为：

（1）适用ATA单证册报关的暂准进出境货物。

（2）不适用ATA单证册的展览品。

（3）集装箱箱体。

（4）暂时进出口货物。

1.适用ATA单证册报关的暂准进出境货物

我国于1993年加入《关于货物暂准进口的ATA单证册海关公约》及其相关附约。

在我国，使用 ATA 单证册的范围仅限于展览会、交易会、会议及类似活动项下的货物。一份 ATA 单证册由 8 页 ATA 单证组成：一页绿色封面、一页黄色出口单证、一页白色进口单证、一页白色复出口单证、两页蓝色过境单证、一页黄色复进口单证、一页绿色封底。

（1）进境申报。收发货人或其代理人持 ATA 单证册向海关申报进境展览品时，先在海关核准的出证协会——中国国际商会以及其他商会，将 ATA 单证册上的内容预录入海关和商会联网的 ATA 单证册电子核销系统，然后向展览会主管海关提交纸质 ATA 单证册、提货单等单证。海关在白色进口单证上签注，并留存白色进口单证正联，存根联随 ATA 单证册其他各联退给收发货人或其代理人。

（2）出境申报。收发货人或其代理人持 ATA 单证册向海关申报出境展览品时，向出境地海关提交国家主管部门的批准文件、纸质 ATA 单证册、装货单等单证。海关在绿色封面单证和黄色出口单证上签注，并留存黄色出口单证正联，存根联随 ATA 单证册其他各联退给收发货人或其代理人。

（3）过境申报。展览品所有人或其代理人持 ATA 单证册向海关申报将货物通过我国转运至第三国参加展览会的，不必填制过境货物报关单，海关在两份蓝色过境单证上分别签注后，留存蓝色过境单证正联，存根联随 ATA 单证册其他各联退给展览品所有人或其代理人。

（4）担保和许可证件。持 ATA 单证册向海关申报进出境展览品的，不需向海关提交进出口许可证，也不需提供担保。但如果进出境展览品及相关货物受公共道德、公共安全、公共卫生、动植物检疫、濒危野生动植物保护、知识产权保护等限制的，展览品所有人或其代理人应向海关提交进出口许可证件。

（5）ATA 单证册申报文字。我国海关接受中文或英文填写的 ATA 单证册的申报，英文填写的海关可要求提供中文译本，用其他文字填写的则必须随附中文或英文译本。

（6）核销结关。持证人在规定期限内将展览品复运进出境，海关在白色复出口单证和黄色复进口单证上分别签注，留存单证正联，存根联随 ATA 单证册其他各联退持证人，正式核销结关。

2.不适用 ATA 单证册的展览品

（1）进出境展览品的范围

①进境展览品。进境展览品包含在展览会中展示或示范用的货物、物品，为示范展出的机器或器具所需用的物品，展览者设置临时展台的建筑材料及装饰材料，供展览品做示范宣传用的电影片、幻灯片、录像带、说明书、广告等。

②出境展览品。出境展览品包含国内单位赴境外举办展览会或参加境外博览会、展览会而运出的展览品，以及与展览活动有关的宣传品、布置品、招待品及其他公用

物品。

（2）展览品的暂准进出境期限

进境展览品自展览品进境之日起6个月内复运出境，如需延长期限，应向主管海关提出申请，经批准后最多延长6个月；出境展览品的暂准出境期限也为6个月。

（3）展览品的进出境申报

①进境申报。展览品进境之前，展览会主办单位应将举办展览会的批准文件连同展览品清单一起送展出地海关，办理登记备案手续；展览品进境申报手续可以在展出地海关办理，从非展出地海关进口的，可以申请在进境地海关办理转关运输手续，在海关监管下将货物运至展览会举办地主管海关办理申报手续；展览会主办单位或其代理人向海关提供担保。

②出境申报。展览品出境申报手续应当在出境地海关办理；在境外举办展览会或参加境外展览会的企业应当向海关提交国家主管部门的批准文件、报关单、展览品清单一式两份等单证；随展览品出境的小卖品、展卖品，应当按一般出口申报；海关对展览品开箱查验核对，核准后海关留存一份清单，另一份封入关封交还给收发货人或其代理人，凭以办理复运进境申报手续。

（4）进出境展览品的核销结关

①复运进出境。在规定期限内复运进出境的，海关分别签发报关单证明联；未能在规定期限内复运进出境的，展览会主办单位应向主管海关申请延期，在延长期内办理复运进出境手续。

②转为正式进出口。进境展览品在展览期间被人购买的，由展览会主办单位向海关办理进口申报、纳税手续；出境展览品在境外展览会后被销售的，由海关核对展览品清单后要求企业补办有关正式出口手续。

③展览品放弃或赠送。进口展览品的所有人将展览品放弃给海关的，由海关变卖后将款项上缴国库；有单位接受放弃展览品的，应向海关办理进口申报、纳税手续；展览品所有人将展览品赠送的，受赠人应向海关办理进口手续。

④展览品毁坏、丢失、被窃。展览品因毁坏、丢失、被窃而不能复运出境的，展览会主办单位或其代理人向海关报告，对于毁坏的展览品，海关根据毁坏程度估价征税；对于丢失或被窃的展览品，海关按照进口同类货物征收进口税；因不可抗力遭受损毁或丢失的，海关根据受损情况，减征或免征进口税。

3.集装箱箱体

这里，集装箱是作为运输设备暂时进出境的，报关有两种情况：

（1）境内生产的集装箱及我国营运人购买进口的集装箱在投入国际运输前，营运人向其所在地海关办理登记手续。海关准予登记并符合规定的集装箱箱体，无论是否装载货物，海关准予暂时进境或异地出境，营运人或其代理人无须对箱体单独向海关办理报关手续，进出境也不受规定的期限限制。

（2）境外集装箱箱体暂准进境，无论是否装载货物，营运人或其代理人应当对箱体单独向海关申报，并自入境之日起6个月内复运出境；如因特殊情况不能按期复运出境的，营运人应当向暂准进境地海关提出延期申请，但延长期不超过3个月，逾期办理进口及纳税手续。

4.暂时进出口货物

（1）暂时进出口货物的适用范围

①在展览会、交易会、会议及类似活动中展示或者使用的货物。

②文化、体育交流活动中使用的表演、比赛用品。

③进行新闻报道或者摄制电影、电视节目使用的仪器、设备及用品。

④开展科研、教学、医疗活动使用的仪器、设备及用品。

⑤上述四项所列活动中使用的交通工具及特种车辆。

⑥暂时进出境的货样。

⑦供安装、调试、检测设备使用的仪器、工具。

⑧盛装货物的容器。

⑨其他暂时进出境用于非商业目的的货物。

以上货物除ATA单证册项下的货物、展览品、集装箱箱体外，均适用"暂时进出口货物"的监管方式。

（2）暂时进出口货物的期限

暂时进出口货物应当自进境或出境之日起6个月内复运出境或者复运进境，如因特殊情况需延长期限的，延期不超过6个月。

（3）进出境申报

①进境申报。暂时进口货物进境时，收货人或其代理人向海关提交主管部门允许货物为特定目的而暂时进境的批准文件、进口货物报关单、商业及货运单据等，办理暂时进境申报手续；除特殊规定的货物外，不需提供许可证件；进境时免缴进口税，但收货人或其代理人必须向海关提供担保。

②出境申报。暂时出口货物出境时，发货人或其代理人向海关提交主管部门允许货物为特定目的而暂时出境的批准文件、出口货物报关单、商业及货运单据等，办理暂时出境申报手续；除特殊规定的货物外，不需提供许可证件。

（4）核销结关

①复运进出境。进出口货物的收发货人或其代理人留存由海关签章的复运进出境的报关单以备报核。

②转为正式进口。因特殊情况转为正式进口的货物由收货人或其代理人提出申请，提交有关许可证件，办理进口申报和纳税手续。

③放弃。暂时进口货物在境内因货物所有人将货物放弃的，需向海关声明，由海关按相关规定处理货物。

④核销结关。暂时进出口货物复运进出境、转为正式进口或者放弃以后，收发货人或其代理人持海关签注的进出口报关单、有关处理放弃货物的收据及其他相关单证，向海关报核，申请结关。海关经审核，退还保证金，或办理其他担保销案手续，予以结关。

7.2.5　其他进出境货物通关的基本程序

1.转关运输货物

转关运输货物属海关监管货物，主要包括：①由进境地入境后，运往另一设关地点办理进口海关手续的货物；②在启运地已办理出口报关手续运往出境地，由出境地海关监管放行的货物；③由国内某一设关地点转运到另一设关地点并由该地海关监管放行的货物。

（1）进口货物的转关

①提前报关的转关。进口货物的收货人或其代理人在进境地海关办理进口货物转关手续前，向指运地海关录入"进口货物报关单"电子数据。指运地海关提前受理电子申报，同时生成"进口转关货物申报单"，并传输至进境地海关。收货人或其代理人向进境地海关提供"进口转关货物申报单"编号，并提交"进口转关货物核放单"、《汽车载货登记簿》或《船舶监管簿》、提货单。提前报关的申报期限为电子数据申报之日起5日内，超过期限的将被指运地海关撤销报关的电子数据。

②直转方式的转关。收货人或其代理人在进境地海关录入转关申报手续，并提交"进口转关货物申报单"、《汽车载货登记簿》或《船舶监管簿》，在运输工具申报进境之日起14日内向进境地海关申报转关手续；直转的转关货物应在海关限定的时间内运抵指运地，货物运抵指运地之日起14日内向指运地海关申报。

③中转方式的转关。具有全程提货单、需换装境内运输工具的中转转关货物，收货人或其代理人向指运地海关办理进口报关手续后，由境内承运人持"进口转关货物申报单""进口货物中转通知书"，按指运地目的港分列的纸质舱单等单证向进境地海关办理货物转关手续。

（2）出口货物的转关

①提前报关的转关。货物发货人或其代理人在货物未运抵启运地海关前，先向启运地海关录入"出口货物报关单"电子数据，生成"出口转关货物申报单"，并传输至出境地海关。货物应于电子申报之日起5日内运抵启运地海关，持"出口货物报关单"、《汽车载货登记簿》或《船舶监管簿》等单证向启运地海关办理出口转关手续；货物运抵出境地后，持启运地海关签发的"出口货物报关单""出口转关货物申报

单"、《汽车载货登记簿》或《船舶监管簿》办理转关货物的出境手续。

②直转方式的转关。发货人或其代理人在货物运抵启运地海关后,向启运地海关录入"出口货物报关单"电子数据,生成"出口转关货物申报单",并传输至出境地海关。发货人或其代理人持"出口货物报关单"、《汽车载货登记簿》或《船舶监管簿》等单证向启运地海关办理出口转关手续;货物到达出境地后,持启运地海关签发的"出口货物报关单""出口转关货物申报单"、《汽车载货登记簿》或《船舶监管簿》办理转关货物的出境手续。

③中转方式的转关。具有全程提货单、需换装境内运输工具的出口中转转关货物,发货人或其代理人向启运地海关办理出口报关手续后,由承运人按出境运输工具分列舱单,向启运地海关录入并提交"出口转关货物申报单"、按出境运输工具分列的电子或纸质舱单、《汽车载货登记簿》或《船舶监管簿》等单证向启运地海关办理货物出口转关手续,经启运地海关核准后,签发"出口货物中转通知书",凭以办理出境手续。

2.过境货物

过境货物是指从境外启运,在我国境内不论是否换装运输工具,通过陆路运输继续运往境外的货物,包括:①与我国签有过境货物协定国家的货物,或在同我国签有铁路联运协定的国家收、发的过境货物;②对于未同我国签有上述协定国家的过境货物,应当经国家经贸、运输主管部门批准,并向入境地海关备案。

(1)进境货物报关手续。过境货物的经营人向进境地海关提交"过境货物报关单",经审核后,进境地海关在提货单上加盖"海关监管货物"的戳记,并将"过境货物报关单"和过境货物清单制作关封后加盖"海关监管货物"专用章,连同上述提货单交经营人。

(2)过境货物复出境手续。经营人将进境地海关签发的关封完整及时地交出境地海关验核,由海关加盖放行章,在海关的监管下出境。

(3)对过境货物的特殊规定:

①过境货物的过境期限为6个月,需延长的最多可延期3个月。超过规定的海关有权变卖过境货物。

②过境货物的运输路线、换装的交通工具、储存场所都由海关指定或经海关批准。

③过境货物在境内发生损毁或灭失的(不可抗力的原因除外),经营人应当负责向出境地海关补办进口纳税手续。

3.转运货物

转运货物是指由境外启运,通过我国境内设立海关的地点换装运输工具,而不通过陆路运输,继续运往境外的货物。

（1）转运货物的条件。符合下列条件之一的，方可办理转运手续：

①持有转运或联运提货单的。

②进口载货清单上注明是转运货物的。

③持有普通提货单，但在起卸前向海关申明转运的。

④误卸的进口货物，经运输工具经理人提供确实证件的。

⑤因特殊原因申请转运，经海关批准的。

（2）转运货物的报关手续：

①载有转运货物的运输工具进境后，承运人在"进口载货清单"上列明转运货物的名称、数量、启运地和到达地，向主管海关申报进境。

②申报经海关审核后，在海关指定的地点换装运输工具。

③在规定时间内运送出境。

（3）对转运货物的特殊规定：

①转运货物必须在3个月内办理海关有关手续并转运出境，超出规定期限3个月仍未出境的，海关有权提取变卖。

②转运货物在口岸存放期间，不得开拆、换包装或进行加工。

③口岸海关有权对货物进行开箱查验，但如果没有发现违法或可疑情况，一般仅做外形查验。

4.通运货物

通运货物是指由境外启运，由船舶、航空器载运进境并由原运输工具载运出境的货物。运输工具进境时，负责人应凭注明通运货物名称和数量的"船舶进口报告书"或国际民航机使用的"进口载货舱单"向进境地海关申报；进境地海关接受申报后，在运输工具抵、离境时对货物予以核查，并监管货物实际离境。

5.无代价抵偿货物

（1）无代价抵偿货物是指进口货物在征税或免税放行后，发现货物有残损、短少或品质不良，而由境外承运人、发货人或保险公司免费补偿或更换的同类货物。具有以下特征：

①执行合同过程中发生的损害赔偿。

②海关对原申报进口的货物已经放行。

③抵偿货物是对损坏部分或短缺部分进行赔偿。

（2）无代价抵偿货物的报关可以分为两种情况：

第一，对于不属于国家限制进口商品的无代价抵偿货物的报关。

①该类型货物进口时，收货人应凭原进口货物报关单、税款缴纳凭证、索赔协议和商检证书向海关申报。

②申报后海关除按有关规定查验以上单证外，还应凭相对应的出口报关单办理有

关进口手续。

③如果无代价抵偿货物进口时不向海关报明原进口货物已退运出口或虽已报明原进口货物已退运出口，但无法提供相应的出口证明，则海关按一般进口货物办理通关手续。

第二，对于属于国家限制进口商品的无代价抵偿货物的报关。

①如与原进口的货物在品名、数量、价值及贸易性质等方面完全一致，可以在原进口货物已经退运出口的条件下，免领有关进口许可证件免税放行。

②如原进口货物未退运出境或无法提供相应单证说明原进口货物已经退运出境的，则应补办相关进口许可证件征税放行。

6.出料加工货物

出料加工货物是指我国境内企业（包括外商投资企业）运到境外进行技术加工后复运进境的暂准出境货物。出料加工原则上不能改变原出口货物的物理形态，对完全改变原出口货物物理形态的出境加工，属于一般出口。出料加工货物自出境之日起6个月内应当复运进境，因故需要延期的，最长延期不超过3个月。

开展出料加工必须经外经贸主管部门批准，海关凭批准证明予以登记备案，并核发出料加工《登记手册》。

（1）出境申报

发货人或其代理人向海关提交《登记手册》、出口货物报关单、货运单据及其他相关单证，属许可证件管理的商品，免交许可证件；属应征出口税的，应提供担保。

（2）进境申报

出料加工货物复运进境，收货人或其代理人向海关提交《登记手册》、进口报关单、货运单据及其他相关单证，海关对出料加工复运进境货物以境外加工费和料件费以及复运进境的运输及其相关费用和保险费审查确定完税价格征收进口税。

（3）核销结关

出料加工货物全部复运进境后，经营人向海关报核，海关进行核销，并对提供担保的予以撤销担保。

7.退运货物和退关货物

（1）一般退运货物

一般退运货物是指因质量不良或交货时间延迟等原因被国内外买方拒收退运或因错发、错运、溢装、漏卸而退运的货物。

①退运进口报关手续

原出口货物退运进境时，若该批出口货物已收汇、已核销，原发货人或其代理人应填写进口货物报关单向进境地海关申报，并提供原货物出口时的出口报关单，海关应凭加盖有已核销专用章的外汇核销单、出口退税专用联正本或"出口商品退运已补税证明"、保险公司证明，以及承运人溢装、漏卸证明等资料办理退运进口手续，同时签发一份进口货物报关单。

原出口货物退运进境时，若出口未收汇，原发货人或其代理人应凭原出口报关单、外汇核销单、报关单退税联申报退运进口，同时在进口报关单的备注栏上注明原出口报关单号。若出口货物部分退运进口，海关在原出口报关单上批注实际退运数量、金额后退回企业并留存复印件，核实无误后验放相关货物进境。

②退运出口报关手续

原进口货物退运出境时，原收货人或其代理人应填写出口货物报关单，并提交原货物进口时的进口报关单，保险公司、承运人溢装、漏卸的证明等资料，经海关核实后验放出境。

（2）加工贸易退运货物

①若加工贸易《登记手册》未核销，则按加工贸易退运货物报关。

②若加工贸易《登记手册》已核销，则按暂时进出口申报，备案号为空，在备注栏内注明手册编号，退运进口需提供担保，对进口属于许可证件管理的，应另提供相当于进口货值30%的风险担保金，待货物再次出境时，凭出口报关单及相应单证销保。

（3）直接退运货物

直接退运货物是指进口货物进境后向海关申报，但由于特殊原因无法继续办理进口手续，经主管海关批准将货物全部退运境外的货物。

①申请直接退运一般应在载运该批货物的运输工具申报进境之日起3个月内，由货物所有人或其代理人向进境地海关提出书面申请，并填写"直接退运货物审批表"。

②出口报关单备注栏内填写进口报关单编号，同时注明海关审批件编号。

③由于承运人的责任造成的错发、误卸等情况，进境地海关批准货物所有人或其代理人提出的书面申请后，可免填出口报关单。

（4）退关货物

退关货物是指出口货物在向海关申报出口后被海关放行，因故未能装上运输工具，发货单位请求将货物退运出海关监管区域不再出口的货物。

①出口货物的发货人或其代理人应在得知货物未装上运输工具并决定不再出口之日起3日内，向海关申请退关。

②经海关核准且撤销出口申报后方能将货物运出海关监管区域。

③已缴纳出口税的退关货物，可以在缴纳税款之日起1年内，提出书面申请，向海关申请退税。

④出口货物的发货人或其代理人办理退关手续后，海关对所有单证予以注销，并

删除相关电子报关数据。

7.3 海关关税及其他税费的计算

7.3.1 进出口关税概述

关税是国家对进出口的货物、物品所征收的进出境环节的流转税。关税的征收主体是国家，由海关代表国家向纳税义务人征收，征收对象是进出境的货物和物品。按照征收对象可以将关税分成进口关税和出口关税两类。

1.进口关税

进口关税是指国家海关以进境货物和物品为征税对象所征收的关税，在我国，根据计征标准的不同，可以将进口关税分为从价税、从量税、复合税。

（1）从价税。以货物的价格作为计税标准，以应征税额占货物价格的百分比为税率，税额和税率呈正比例关系，即：

从价税应征税额=货物的完税价格×从价税税率

（2）从量税。以货物的计量单位如重量、数量、容量等作为计税标准，即：

从量税应征税额=货物数量×单位税额

（3）复合税。一个税目中的商品同时使用从价、从量两种标准计税，即：

复合税应征税额=货物的完税价格×从价税税率+货物数量×单位税额

此外，进口关税还有正税和进口附加税之分。正税即按税则法定进口税率征收的关税；进口附加税是由于特定需要对进口货物除征收正税外另行征收的一种进口税。世界贸易组织一般不准其成员方随意征收进口附加税，只有在符合世界贸易组织反倾销、反补贴条例规定的情况下才可征收相应的反倾销税、反补贴税、特别关税（报复关税）。

2.出口关税

出口关税是海关以出境货物和物品为征税对象所征收的关税，一般不征收出口税或仅对少数商品征收。征税的目的主要是限制、调控某些商品的过激、无序出口，特别是防止本国一些重要自然资源和原材料的出口。我国目前征收的出口关税都是从价税，即：

应征出口关税税额=出口货物完税价格×出口关税税率

7.3.2 进出口货物完税价格的确定

我国海关对大多数进出口货物和物品征收的都是从价税，所以必须确定货物应缴纳税款的价格，即经海关依法审定的完税价格，是凭以计征进出口货物关税及进口环节税的基础。征收进出口关税的法律依据是《中华人民共和国海关法》、《中华人民共和国进出口关税条例》（简称《关税条例》）和《中华人民共和国海关审定进出口货物完税价格办法》（简称《审价办法》）的相关规定。

1.进口货物完税价格的确定

进口货物的完税价格，由海关以该货物的成交价格为基础审查确定，并应当包括货物运抵境内输入地点起卸前的运输及其相关费用、保险费。海关确定进口货物完税价格有六种估价方法：成交价格方法、相同货物成交价格方法、类似货物成交价格方法、倒扣价格方法、计算价格方法和合理方法。六种方法必须依次使用，如果收货人提出要求并提供相关资料，经海关同意，可以颠倒倒扣价格方法和计算价格方法的适用次序。

（1）成交价格方法

成交价格是建立在进口货物实际发票或合同价格的基础上，经过调整后的实付或应付价格。应用成交价格方法必须满足以下四个条件：

①买方对进口货物的处置和使用不受限制，但国内法律和行政法规规定的限制、对货物转售地域的限制、对货物价格无实质影响的限制除外。

②货物的价格不应受到导致该货物成交价格无法确定的条件或因素的影响。

③卖方不得直接或间接从买方获得因转售、处置或使用进口货物而产生的任何收益，除非按照相关规定进行调整。

④买卖双方之间没有特殊关系，如有特殊关系，应符合《审价办法》的相关规定。

成交价格的调整因素分为计入因素和扣减因素，针对不同情况分别予以考虑。

在计入因素中，又可以分为四种情况：

①由买方负担的费用，包括购货佣金以外的佣金和经纪费、与进口货物视为一体的容器费用、包装材料和包装劳务费用。

②可按适当比例分摊的，由卖方直接或间接免费提供或以低于成本方式销售给买方，未包括在实付或应付价格之中的货物的价值，包括进口货物所包含的材料、部件、零件的价值，在生产进口货物过程中使用的工具、模具的价值，生产该货物所必需的工程设计、技术研发、工艺和制图等工作的价值。

③与该货物有关并作为卖方向我国销售的一项条件，应当由买方直接或间接支付的特许权使用费。

④卖方直接或间接从买方获得因转售、处置或使用进口货物而产生的收益。

上述所有应计入的调整因素必须同时满足三个条件：由买方负担，未包括在进口货物的实付或应付价格中，有客观量化的数据资料。如果没有客观量化的数据资料，海关可以不采用成交价格方法而依次使用其他估价方法。

价格调整因素的减项主要有三个方面：

①厂房、机械、设备等货物进口后进行建设、安装、装配、维修和技术服务的费用是一种对劳务的支付，而不是对进口货物本身的支付。

②货物运抵境内输入地点起卸后的运输及其相关费用、保险费。

③进口关税和国内税。

上述三个减项扣除的前提是，其必须是能够与进口货物的实付或应付价格相区分，否则不能扣除。

（2）相同或类似货物成交价格方法

除了货物本身有区别以外，在其他方面的适用条件都与成交价格方法一样，据以比照的相同或类似货物应共同具备五个要素：一是必须与进口货物相同或类似；二是必须与进口货物在同一国家或地区生产；三是必须与进口货物同时或大约同时进口，相同或类似货物进口时间为在进口货物接受申报之日的前后各45天以内；四是商业水平和进口数量必须与进口货物相同或大致相同；五是当存在两个或更多的价格时，选择最低的价格。

如果没有相同的商业水平或大致相同的数量时，必须对因商业水平和数量、运输距离和方式的不同所产生的价格方面的差异做出调整，调整必须建立在客观量化的数据资料的基础上。

（3）倒扣价格方法

倒扣价格方法是以被估的进口货物、相同或类似进口货物在境内销售的价格为基础固定完税价格。按以倒扣价格法计算的完税价格销售的货物应同时符合以下条件：

①在被估货物进口时或大约同时销售时。

②按照进口时的状态销售。

③在境内第一环节销售。

④合计的货物销售总量最大。

⑤向境内无特殊关系方销售。

应用倒扣价格方法应该扣除的费用包括：

①该货物的同等级或同种类货物在境内销售时的利润和一般费用及通常支付的佣金。

②货物运抵境内输入地点之后的运费、保险费、装卸费及其他相关费用。

③进口关税、进口环节税和其他与进口或销售该货物有关的国内税。

④加工增值税。

（4）计算价格方法

计算价格方法是以发生在生产国或地区的生产成本作为基础的价格，必须以境外生产商提供的成本方面的资料为依据。采用计算价格方法的进口货物的完税价格由下列各项目的总和构成：

①生产该货物所使用的原材料价值和进行装配或其他加工的费用。

②与向我国境内出口销售同级或同类货物相符的利润和一般费用。

③货物运抵境内输入地点起卸前的运输及其他相关费用、保险费。

（5）合理方法

合理的估价方法规定了使用方法的范围和原则，即运用合理方法，必须符合《关税条例》《审价办法》的公平、统一、客观的估价原则，必须以在境内可以获得的数据资料为基础。在使用合理方法估价时，禁止使用以下六种价格：

①境内生产的货物在境内销售的价格。

②在备选价格中选择高的价格。

③依据货物在出口地市场的销售价格。

④依据《关税条例》第二十一条、《审价办法》规定之外的生产成本价格。

⑤依据出口到第三国或地区货物的销售价格。

⑥依据最低限价或武断、虚构的价格。

2.特殊进口货物完税价格的审定

（1）加工贸易进口材料和制成品的完税价格

①进口时需征税的进料加工进口料件（不予保税部分），以该料件申报进口时的价格估定。

②内销的进料加工进口料件或其制成品（包括残次品、副产品），以料件原进口时的价格估定。制成品因故转为内销时，以制成品所含料件原进口时的价格确定。

③内销的来料加工进口料件或其制成品（包括残次品、副产品），以料件申报内销时的价格估定。

④出口加工区内的加工企业内销的制成品（包括残次品、副产品），以制成品申报内销时的价格确定。

⑤保税区内的加工企业内销的进口料件或其制成品（包括残次品、副产品），分别以料件或制成品申报内销时的价格估定。如果内销的制成品中含有从境内采购的料件，则以所含从境外购入的料件原进口时的价格确定。

⑥加工贸易加工过程中产生的边角料，以申报内销时的价格确定。

（2）从保税区进入非保税区、从出口加工区运往区外、从保税仓库出库内销的非加工贸易货物的完税价格

上述情况以海关审定的从保税区或出口加工区销往区外、从保税仓库出库内销的价格估定完税价格，对销售价格不能确定的，按照《关税条例》第二十一条、《审价办法》的相关规定确定。如果销售价格未包括发生的仓储、运输及其他相关费用的，

海关按照客观量化的数据资料予以计入。

（3）租赁进口货物的完税价格

①以租金方式对外支付的租赁货物在租赁期间以海关审定的该货物的租金作为完税价格。

②留购的租赁货物以海关审定的留购价格作为完税价格。

③承租人申请一次性缴纳税款的，可以按照进口货物完税价格估定方法或按照海关审查确定的租金总额作为完税价格。

（4）减免税货物的完税价格

《海关法》规定，关税减免包括法定减免税、特定减免税和临时减免税。

（1）法定减免税，是指依照《海关法》和有关法律、行政法规的规定，应当予以减免进出口关税的项目。主要包括无商业价值的广告品和货样，外国政府、国际组织无偿赠送的物资，在海关放行前遭受损害或损失的货物，规定数额以内的物品等。

（2）特定减免税，是指法定减免税之外，国家对特定地区、特定企业或特定用途的进出口货物给予关税减免。如对进出经济特区、技术产业开发区、对外开放地区、高新技术产业开发区的商品的关税减免等。

（3）临时减免税，是指在法定减免税和特定减免税之外，国家为照顾某些纳税人的特殊情况和临时困难或者支持社会公益事业而给予的关税减免。

减免税进口的货物预征、补税时，海关以审定的该货物原进口时的价格，扣除折旧部分价值作为完税价格。其计算公式如下：

$$完税价格 = 海关审定该货物原进口时的价格 \times \frac{1 - 申请补税时实际已使用的时间(月)}{监管年限 \times 12}$$

3. 出口货物完税价格的审定

出口货物的完税价格由海关以该货物的成交价格以及该货物运至境内输出地点装载前的运输及其相关费用、保险费为基础审查确定，扣除出口关税税额。出口时的成交价格是指该货物出口时卖方为出口该货物应当向买方直接收取和间接收取的价款总额，成交价格含有支付给境外的单独列明的佣金的，应当扣除。出口货物的成交价格不能确定时，完税价格由海关依次使用下列方法估定：

（1）与该货物同时或大约同时向同一国家或地区出口的相同货物的成交价格。

（2）与该货物同时或大约同时向同一国家或地区出口的类似货物的成交价格。

（3）按照境内生产相同或类似货物的料件成本、加工费用、通常的利润和一般费用、境内发生的运输及其相关费用、保险费各项总和计算所得的价格。

（4）以合理方法估定的价格。其具体计算公式为：

$$出口货物完税价格=\frac{FOB}{1+出口关税税率}$$

4.进出口货物的运输及其相关费用、保险费的计算

（1）进口货物的运输及其相关费用、保险费应当按照下列方法计算：

①海运进口货物，计算至该货物运抵境内的卸货口岸，如果该货物的卸货口岸是内河（江）口岸，则应当计算至内河（江）口岸。

②陆运进口货物，计算至该货物运抵境内的第一口岸，如果运输及其相关费用、保险费支付至目的地口岸，则计算至目的地口岸。

③空运进口货物，计算至该货物运抵境内的第一口岸，如果该货物的目的地为境内的第一口岸以外的其他口岸，则计算至目的地口岸。

（2）陆运、海运和空运进口货物的运费，应当按照实际支付的费用计算。如果进口货物的运费无法确定或未实际发生，海关应当按照该货物进口同期运输行业公布的运费率（额）计算。

（3）陆运、海运和空运进口货物的保险费，应当按照实际支付的费用计算。如果进口货物的保险费无法确定或未实际发生，海关应当按照"货价加运费"两者总额的3‰计算保险费。

（4）邮运的进口货物，应当以邮费作为运输及其相关费用、保险费。

（5）以境外边境口岸价格条件成交的铁路或公路运输进口货物，海关应当按照货价的1‰计算运输及其相关费用、保险费。

（6）作为进口货物的自驾进口的交通工具，海关在审定完税价格时，可以不另行计入运费。

（7）出口货物的销售价格如果包括离境口岸至境外口岸之间的运费、保险费的，该运费、保险费应当扣除。

7.3.3　进出口税费的计算

海关征收的关税、进出口环节税、滞纳金、滞报金一律以人民币计征。进出口货物的成交价格及相关费用以外币计价的，海关计征有关税费时，采用当月适用的汇率计算。每月的计征汇率为上个月的第三个星期三（遇法定节假日顺延的采用第四个星期三）中国人民银行公布的基准汇率；以基准汇率以外的外币计价的，为同一时间公布的现汇买入价和现汇卖出价的中间值。

计算税款前要将审定的完税价格折算成人民币，完税价格计算至元，元以下的四舍五入；税额计算到分，分以下四舍五入。税款的起征点为人民币50元。

1.进出口关税税款的计算

计算程序：

（1）按照归类原则确定税则归类，将应税货物归入恰当的税目税号。

（2）根据原产地规则或相关规定，确定应税货物所适用的税率。

（3）确定其实际进出口量。

（4）根据完税价格审定办法和规定，确定应税货物的完税价格。

（5）根据汇率使用原则，将外币折算成人民币。

（6）按照计算公式正确计算应征税款。

2.进口环节税的计算

（1）消费税

消费税的征收范围，仅限于少数消费品，可以分为四种类型：

①一些过度消费会对人的身体健康、社会秩序、生态环境等造成危害的特殊消费品，如烟、酒、酒精、鞭炮、烟火等。

②奢侈品、非生活必需品，如贵重金属及珠宝玉石、化妆品及护肤护发品等。

③高能耗的高档消费品，如小轿车、摩托车、汽车轮胎等。

④不可再生和替代的资源类消费品，如汽油、柴油等。

消费税的税额计算程序与进出口关税的计算程序相同。具体计算公式如下：

①实行从价定率征收的消费税是按照组成计税价格计算

应纳税额=组成计税价格×消费税税率

$$组成计税价格=\frac{关税完税价格 + 关税税额}{1 - 消费税税率}$$

②实行从量定额征收的消费税的计算方法最简单直接

应纳税额=应征消费税消费品数量×单位税额

③同时实行从量定额、从价定率征收的消费税是上述两种征税方法的综合

应纳税额=应征消费税消费品数量×单位税额+组成计税价格×消费税税率

（2）增值税

在我国境内销售货物（销售不动产或免征的除外）、进口货物，以及提供加工、修理修配劳务的，都要缴纳增值税。增值税计算公式为：

应纳增值税税额=（关税完税价格+关税税额+消费税税额）×增值税税率

（3）船舶吨税

船舶吨税是由海关代为在设关口岸对进出、停靠我国港口的国际航行船舶征收的一种使用税。应征吨税的船舶有以下几种：

①在我国港口行驶的外国籍船舶。

②外商租用的中国籍船舶。

③中外合营海运企业自用或租用的中外籍船舶。

④我国租用的外国籍国际航行船舶。

船舶吨税按净吨位计征，计算公式如下：

吨税=净吨位×吨税税率（元/净吨）

净吨位=船舶的有效容积×吨/立方米

3.滞纳金

关税、进口环节税应当自海关填发税款缴款书之日起15日内缴纳，逾期缴纳的，海关依法在原应纳税款基础上，按日征收滞纳税款5‰的滞纳金。滞纳金起征额为50元人民币，不足50元的免于征收。计算公式为：

关税滞纳金金额=滞纳关税税额×0.5‰×滞纳天数

代征税滞纳金金额=滞纳代征税税额×0.5‰×滞纳天数

4.滞报金

对于进口货物未在规定的报关期限内申报的，由海关按照规定的比例征收滞报金。滞报金按日征收，其起征日为规定的申报时限的次日，日征收金额为进口货物完税价格的0.5‰，滞报金起征额为50元人民币，不足50元的免于征收。计算公式为：

进口货物滞报金金额=进口货物成交价格×0.5‰×滞报天数

7.3.4　进出口税费的缴纳方式与退补

1.缴纳方式

纳税义务人向海关缴纳税款的方式主要以进出口地纳税为主，也有部分企业经海关批准采取属地纳税方式。进出口地纳税是指货物在设有海关的进出口地纳税；属地纳税是指进出口货物应缴纳的税款由纳税人所在地主管海关征收，纳税人在所在地缴纳税款。目前，纳税义务人向海关缴纳税款的方式主要有两种：一种是持缴款书向指定银行办理税费交付手续；另一种是向签有协议的银行办理电子交付税费的手续。

2.强制执行

根据《海关法》规定，纳税人或其代理人应当在海关规定的缴款期限内缴纳税（费）款，逾期缴纳的由海关依法征收滞纳金。纳税人、担保人超过3个月仍未缴纳税款的，海关可以依法采取强制措施扣缴。强制措施主要有强制扣缴和变价抵扣两种。强制扣缴和变价抵扣的税款含纳税人未缴纳的税款滞纳金。

（1）强制扣缴

强制扣缴是指海关依法自行或向人民法院申请采取从纳税（费）人的开户银行或者其他金融机构的存款中将相当于纳税人应纳税（费）款的款项强制划拨入国家金库的措施，即书面通知其开户银行或者其他金融机构从其存款中扣缴税（费）款。

（2）变价抵扣

变价抵扣是指如果纳税人的银行账户中没有存款或存款不足以强制扣缴时，海关可以将未放行的应税货物依法变卖，以销售货物所得价款抵缴应缴税款。如果该货物已经放行，海关可以将该纳税人的其他价值相当于应纳税款的货物或其他财产，以变卖所得价款抵缴应缴税（费）款。

3.税款的退补

（1）退税

出口退税是一个国家和地区对已报送离境的出口货物退还或免征其在出口前生产或流通各环节已经缴纳的间接税（我国目前主要包括增值税和消费税）税款的一项税收优惠措施。因此，出口退税是针对出口货物，只有在货物出口后方可申请退税，退税时，必须有货物出口的凭证。目前，在税收处理上，货物进入出口加工区视为离境，而货物进入保税区则不视为离境。另外，出口退税以征税为前提，即只能是对已征税的出口货物退还其已征的增值税、消费税税额，不征税的出口货物则不能退还上述"两税"。

出口退税的货物分为一般出口退税货物和特准退税货物两种。

一般出口退税的货物：必须是在增值税、消费税征税范围内的货物；必须是报关离境的货物；必须是财务上已做销售处理的货物；必须是出口收汇并已核销的货物。

特准退税的货物主要包括：外商投资企业采购的国产设备；利用外国政府贷款或国际金融合作组织贷款，通过国际招标，由国内企业中标的机电产品，对外承包工程公司运出境外用于对外承包项目的货物等。

以下情况经海关核准可办理退税手续：

①已征进口关税的货物，因品质或者规格原因，原状退货复运出境的。

②已征出口关税的货物，因品质或者规格原因，原状退货复运进境，并已重新缴纳因出口而退还的国内环节有关税收的。

③已征出口关税的货物，因故未装运出口，申报退关的。

④因海关误征，致使纳税人多缴税款的。

⑤海关核准免验进口的货物，纳税人按申报内容完税后发现短卸，经海关审查认可的。

⑥按减免税政策规定可予减免税的进出口货物，因各种原因在货物进出口时已予以征税，在规定期限内补交减免税证明的。

⑦进口货物在完税之后放行以前发现因境外运输途中或者起卸时遭受损坏、损失的，以及起卸后海关放行前因不可抗力遭受损坏、损失的和海关查验时发现非因保管不慎造成破漏、损坏或腐烂的。

⑧进口货物纳税放行后，奉令特准退税的。

海关发现多征税款的，应当立即通知纳税义务人办理退还手续。纳税义务人发现多缴税款的，自缴纳税款之日起1年内，可以以书面形式要求海关退还多缴的税款并加算银行同期活期存款利息。海关应当自受理退税申请之日起30日内查实并通知纳税义务人办理退还手续。纳税义务人应当自收到通知之日起3个月内办理有关退税手续。退税必须在原征税海关办理。办理退税时，纳税义务人应填写退税申请表，连同原盖有银行收款章的税款缴纳收据正本及其他必要单证（合同、发票等）送海关审核，海关同意后，应按原征税或者补税之日所实施的税率计算退税额。

（2）补税

进出口货物放行后，海关发现少征或者漏征税款的，应当自缴纳税款或者货物放行之日起1年内，向纳税义务人补征税款。但因纳税义务人违反规定造成少征或者漏征税款的，海关可以自缴纳税款或者货物放行之日起3年内追征税款，并从缴纳税款或者货物放行之日起按日加收少征或者漏征税款0.5‰的滞纳金。海关发现海关监管货物因纳税义务人违反规定造成少征或者漏征税款的，应当自纳税义务人应缴纳税款之日起3年内追征，并从应缴纳税款之日起按日加收少征或者漏征税款0.5‰的滞纳金。

7.4　报关单证的填制

报关单是报关单位和人员向海关申报货物、运输工具、物品进出境的单证，纸质报关和电子报关具有同等法律效力，无论哪种报关方式，都是报关单位和人员对货物等状况的意思表示，一旦被海关接受便生效。

7.4.1　报关单填制的一般要求

（1）报关单的填制要真实，做到单证相符、单货相符。

（2）不同合同项下的货物不能填报在同一份报关单上，同一批货物中不同贸易方式的货物不能在同一份报关单上申报。

（3）一张报关单最多可以填报5项税号的货物，一份报关单可以由4张报关单组成，即一份报关单最多可以填报20项税号的货物。

（4）每个栏目都应填写中文及代码。

（5）报关单的填报要做到数据准确、栏目齐全，无论是打字还是笔写，都要求整洁、清晰，不可以用铅笔、红复写纸，如果有改错，要加盖校对章。

7.4.2　报关单填制的注意事项

1.理解"贸易方式""征免性质""用途""征免"的含义和区别，正确填报

（1）"贸易方式"为"来料加工"的，"征免性质"也是"来料加工"，"用途"应填"加工返销"，"征免"应填"全免"。

（2）"贸易方式"为"进料非对口"的，"征免性质"为"进料加工"，"用途"为"加工返销"，"征免"为"随征免性质"。

（3）"贸易方式"为"外资设备物品"的，"征免性质"为"外资企业"和"一般征税"两种情况，"用途"为"企业自用"，如为"外资企业"，"征免"则为"全免"，如为"一般征税"，则为"照章征税"。

2.理解"成交方式""运费""保费"的相互联系，正确填报

（1）进口货物，"成交方式"为"CIF"的，"运费""保费"都不填；"成交方式"为"CFR"的，"运费"不填，"保费"要填；"成交方式"为"FOB"的，"运费""保费"都要填。

（2）出口货物，"成交方式"为"FOB"的，"运费""保费"都不填；"成交方式"为"CFR"的，"运费"要填，"保费"不填；"成交方式"为"CIF"的，"运费""保费"都要填。

3.理解"经营单位""收发货单位"的相互联系，正确填报

（1）外贸自营进出口，"经营单位"和"收发货单位"都是外贸流通企业。

（2）外贸代理进出口，"经营单位"是外贸流通企业，"收发货单位"是境内委托进出口的单位。

（3）外商投资企业委托进出口，"经营单位"和"收发货单位"都是外商投资企业，但是在备注栏应注明外贸代理企业的名称。

（4）对外签约和执行合同分离时，"经营单位"是执行合同的外贸流通企业，"收发货单位"是执行合同的外贸流通企业或委托进出口的单位。

4.理解"装货港""起运国"的相互联系，正确填报

（1）直接运抵进口港的货物，无论是与起运国或非起运国的贸易商交易，"装货港"都是货物起运的港口，"起运国"是该港口所在国（地区）。

（2）货物途经其他港口再运抵进口港时，"装货港"和"起运国"仍为该货物起运的港口和港口所在国（地区）。

（3）货物在途经港换装运输工具后再运抵进口港时，则以途经港为"装货港"，而"起运国"以是否在途经港交易为条件，分别填报途经港所在国（地区）或起运港所在国（地区）。

表7-1显示了一种我国海关出口货物报关单的格式，供大家根据上述内容了解和

熟悉填报方法。

表7-1 　　　　　　　　**中华人民共和国海关出口货物报关单**

预录入编号：　　　　　　　　　　　　　　　　　　　　海关编号：

出口口岸		备案号	出口日期	申报日期
经营单位		运输方式	运输工具名称	提运单号
发货单位		贸易方式	征免性质	结汇方式
许可证号	运抵国（地区）		指运港	境内货源地
批准文号	成交方式	运费	保费	杂费
合同协议号	件数	包装种类	毛重（千克）	净重（千克）
集装箱号	随附单据		生产厂家	

标记唛码及备注

项号　商品编号　商品名称、型号规格　数量及单位　最终目的国（地区）　单价　总价　币制　征免

税费征收情况

录入员　录入单位	兹声明以上申报无讹并承担法律责任	海关审单批注及放行日期（签章）	
报关员　申报单位（签章） 单位地址 邮编　　　电话　　　填制日期		审单　　　审价	
		征税　　　统计	
		查验　　　放行	

💧 **案例分析**　　　　　**关税计算分析举例**

1. 从价进口税

内地某公司从香港购进日本产皇冠牌轿车10辆，成交价格共为FOB香港120 000美元，实际支付运费5 000美元，保险费800美元。已知汽车的规格为4座位，汽缸容量2 000cc，假设外汇折算率1美元=6.8元人民币。要求计算进口关税税额。

计算方法：

- 确定税则归类，汽缸容量2 000cc的小轿车归入税目税号8703.2314。
- 原产国日本适用最惠国税率34.2%。
- 审定完税价格为125 800美元（120 000美元+5 000美元+800美元）。
- 将外币价格折算成人民币为855 440元。
- 进口关税税额=完税价格×法定进口关税税率
          =855 440×34.2%
          =292 560.48（元）

2. 从量进口税

内地某公司从香港购进柯达彩色胶卷50 400卷（规格135/36），成交价格为CIF境内某口岸10港币/卷。已知外币折算率1港币=0.88元人民币。要求计算进口关税税额。

计算方法：

- 确定税则归类，彩色胶卷归入税目税号3 702.5410。
- 原产地中国香港适用最惠国税率120元/平方米。
- 确定其实际进口量50 400卷×0.05775㎡/卷（以规定单位换算表折算，规格"135/36"1卷=0.05775㎡）=2 910.6㎡。
- 进口关税税额=货物数量×单位税额
          =2 910.6×120
          =349 272（元）

3. 复合进口税

国内某公司，从日本购进家用摄像机40台，其中有20台成交价格为CIF境内某口岸3 000美元/台，其余20台成交价格为CIF境内某口岸5 200美元/台。已知外币折算率1美元=6.8元人民币。计算应征的进口关税税额。

计算方法：

- 确定税则归类，该批摄像机归入税目税号8525.4049。
- 原产国日本关税税率适用最惠国税率，其中CIF境内某口岸3 000美元/台的关税税率为单一从价税7.5%；CIF境内某口岸5 200美元/台的关税税率为1 867.5元从量税再加3%的从价关税。
- 确定后成交价格合计为60 000美元和104 000美元。
- 将外币价格折算成人民币为408 000元和707 200元。
- 单一从价进口关税税额=完税价格×进口关税税率
          =408 000×7.5%
          =30 600（元）
- 复合进口关税税额=货物数量×单位税额+完税价格×关税税率
          =20×1 867.5+707 200×3%
          =37 350+21 216
          =58 566（元）

- 合计进口关税税额=从价进口关税税额+复合进口关税税额

$$=30\ 600+58\ 566$$
$$=89\ 166\ (元)$$

4. 出口关税

国内某企业从广州出境合金生铁一批，申报出口量86吨，每吨价格为FOB广州98美元。假设外汇折算率1美元=6.8元人民币。要求计算出口关税税额。

计算方法：

- 确定税则归类，该批合金生铁归入税目税号7201.5000，税率为20%。
- 审定FOB为8 428美元。
- 将外币价格折算成人民币为57 310.4元。
- 出口关税税额=FOB÷（1+出口关税税率）×出口关税税率

$$=57\ 310.4÷（1+20\%）×20\%$$
$$=47\ 758.67×20\%$$
$$=9\ 551.73\ (元)$$

5. 消费税

某进出口公司进口丹麦产啤酒3 800升，经海关审核其成交价格总值为CIF境内某口岸1 672美元。兑换率为1美元=6.8元人民币。请计算进口环节消费税税额。

计算方法：

- 确定税则归类，啤酒归入税目税号2203.0000。
- 原产国丹麦关税税率适用最惠国税率，啤酒的关税税率为0元/升。
- 消费税税率为：进口完税价格≥360美元/吨的税率为250元/吨，进口完税价格<360美元/吨的税率为220元/吨。
- 进口啤酒数量：3 800升÷988升/吨=3.846吨。
- 计算完税价格单价：1 672美元÷3.846吨=434.74美元/吨（进口完税价格≥360美元/吨），消费税税率为250元/吨。
- 进口环节增值税税率17%。
- 审定完税价格为1 672美元。
- 将外币价格折算成人民币为11 369.6元。

按照计算公式计算进口环节消费税：

进口环节消费税税额=应征消费税消费品数量×单位税额

$$=3.846×250$$
$$=961.5\ (元)$$

6. 增值税

某公司进口货物一批，经海关审核其成交价格为1 200美元，按兑换率1美元=6.8元人民币，折合人民币为8 160元。已知该批货物的关税税率为12%，消费税税率为10%，增值税税率为17%。现计算应征增值税税额（计算保留小数点后两位）。

计算方法：

计算关税税额；计算消费税税额；再计算增值税税额。

关税税额的计算：

应征关税税额=完税价格×关税税率

=8 160×12%

=979.2（元）

消费税税额的计算：

应征消费税税额=（完税价格+关税税额）÷（1-消费税税率）×消费税税率

=（8 160+979.2）÷（1-10%）×10%

=10 154.67×10%

=1 015.47（元）

增值税税额的计算：

应纳增值税税额=（关税完税价格+关税税额+消费税税额）×增值税税率

=（8 160+979.2+1 015.47）×17%

=10 154.67×17%

=1 726.29（元）

7.特定减免税货物报关分析

背景与情境：国内一生产企业因技术改造需进口一套设备（一般机电产品），被批准立项。该企业委托外贸公司B对外签约及办理海关手续。设备进口3个月后发现这套设备中有一台机器不符合合同规定的质量要求，即发函给供应商。供应商答应替换一台。

思考问题：作为B公司的报关员，为了使这项技术改造顺利完成，应当做些什么工作？假如质量不符的机器不退运出口，又该办些什么手续？

分析提示：

（1）办理技术改造设备免税手续

①设备报关进口。

②商检、索赔、报关。

（2）假如原质量不好的机器不退运，则有两种选择

①由海关按机器的实际情况估价征税，并提供这台机器的机电登记证明，替补机器进口时原机器征税的报关单将作为法定免税的依据。

②放弃，由海关变卖上交国库。要写放弃申请报告。海关接受放弃后会给收据，此收据将作为替补机器进口法定免税的依据。

💧 本章小结

本章主要通过对国际货物通关的管理制度、程序及相关规范的介绍，帮助读者能够基本掌握货物在通关过程中可能遇到的问题和给出相应的解决办法，为顺利办妥通关手续打下一定的理论和实践基础。

进出口货物的国家管理制度，依据不同的管理目的可以分为经营管理、许可管理、检验检疫管理等。其中经营管理包括经营权管理和经营范围管理，许可管理包括禁止进出口、限制进出口和自

由进出口管理，检验检疫管理包括进出口商品检验、进出境动植物检疫以及国境卫生监督，这些管理制度是货物通关的必要理论基础和原则。

进出口货物通关的一般程序是报关、查验、缴纳税费、结关，但对于一些特殊货物，如保税货物、特定减免税货物、暂准进出境货物等，海关都规定了相应的管理办法和通关程序。

关税按照征收对象可以分成进口关税和出口关税两类；按照征收标准的不同又可分为从量税、从价税和复合税。关税计算的关键环节是完税价格的确定，这也是进口环节税计算的关键。

报关单证的填制，在实际通关业务中是一个非常复杂和重要的过程，相对于每一个单证的分项都有具体的规定和严格的填制标准，必须做到真实、准确，这里由于篇幅所限，很难具体翔实地加以介绍。由于电子报关的逐渐普及，以前繁琐的报关过程现在基本可以通过网络实现，给报关工作带来了极大的便利。

🔵 关键概念

通关   进口配额限制   进口非配额限制   出口配额限制   出口非配额限制   一般进出口货物   保税货物   特定减免税货物   暂准进出境货物   完税价格   从价税   从量税   复合税   增值税   消费税   船舶吨税

🔵 思考题

1. 进出口货物配额限制的管理形式包括哪些？
2. 进出口货物检验检疫管理包括几个方面？各方面的基本内容是什么？
3. 一般进出口货物通关的基本程序包括哪些内容？
4. 保税货物通关的基本程序包括哪些内容？
5. 特定减免税货物通关的基本程序包括哪些内容？
6. 暂准进出境货物通关的基本程序包括哪些内容？
7. 进出口货物完税价格的确定方法有哪些？
8. 报关单填制的一般要求和注意事项有哪些？

第8章

全球
供应链

学习目标

- 理解全球供应链的概念及其特征
- 掌握全球化采购、生产和配送的特点
- 了解影响全球供应链发展的因素

8.1　全球供应链概述

8.1.1　全球供应链的概念

供应链是以核心企业为中心，通过对信息流、物流、资金流的控制，从采购原材料开始，制成中间产品和最终产品，最终由销售网络将产品送达消费者手中的功能网链结构模式。这一网络包括供应商、制造商、分销商、零售商，一直延伸至最终用户。

全球供应链则是在全球范围内构建的供应链，具有全球化的视野。它将供应链网络延伸至整个世界，在全球范围内选择最具竞争力的合作伙伴。与国内供应链相比，全球供应链涉及的范围更广泛，链上的成员分布在不同的国家。在全球供应链上，企业的原料采购、生产和销售等过程可能发生在不同的国家，整个供应链流程跨越国界。因此，全球供应链中组织和企业之间的合作与协调复杂度超出了国内供应链。

供应链管理的一个显著特点是其全球性质。几乎每家公司都在一定程度上将生产外包到国外，或者销售给国外的客户。早在2006年，《福布斯》杂志报道称，美国经典汽车（如福特野马）的组件中有35%在美国以外制造。相比之下，在美国销售的日本面包车丰田锡耶纳（Toyota Sienna）有90%的零部件是美国制造的。然而，有趣的是，尽管这一全球性特点普遍存在，却并没有被纳入供应链管理的定义。对供应链管理较为准确的描述应该是：供应链管理是计划和管理所有涉及采购和采购转换业务，以及所有的其他物流业务的活动。重要的是，它还包括与渠道合作伙伴的协调与协作。渠道合作伙伴可以是供应商、中介机构、第三方服务商，也可以是位于国内或国外的客户。从本质上讲，供应链管理整合了公司内部和跨公司的供应和需求管理。全球供应链还具有复杂性、风险性、技术含量高、标准化程度要求较高等特点。

图8-1概述了物流、国际物流和供应链管理之间的关系的当前状态。物流职能中包括货物从供应商到公司以及从公司到客户的实物运输。物流还包括仓储和公司内的其他库存功能，涉及产品的购买、制造和销售。国际物流与国外供应商和客户是平行的，它包括额外的活动，如清关、文件处理、国际包装，但国际物流的主要功能集中在货物从供应商到公司和从公司到客户的移动过程中。事实上，处于国际舞台使这些活动变得更加复杂。供应链管理是一个广泛的术语，它包括国内物流功能和国际物流功能，它也管理与供应商和客户（国内或国外）的关系，在某种程度上，它管理着整个供应链体系，并试图使商品从第一个供应商到最终客户之间的流动过程保持顺畅。

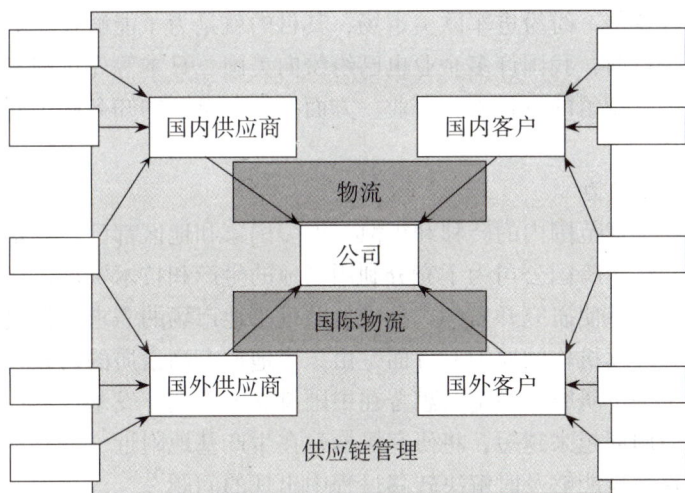

图8-1　物流、国际物流与供应链管理

供应链管理活动的一个成功案例是实现全面质量管理的原始设备制造商——通用汽车公司与福特汽车公司、克莱斯勒汽车公司的供方质量要求特别工作组，共同制定了QS-9000质量要求体系（简称QS-9000）。

QS－9000质量要求体系的目标主要包括：

（1）开发基本的质量体系。

（2）以持续改进的方式不断完善。

（3）缺陷预防是重中之重。

（4）尽量减少变差和浪费。

8.1.2　全球供应链发展的驱动力

全球供应链管理的产生及其发展，是由多种要素驱动而实现的。这些要素有国际市场方面的、有技术力量方面的、有成本方面的，以及政治、经济方面的。

1. 国际市场驱动力

从国际市场的角度来讲，这种驱动力来自两个方面，一方面是海外竞争者的压力，另一方面是海外消费者提供的机遇。

海外消费者的需求为企业提供了进军海外市场的商机，这些商机无疑是促使企业进军海外市场的直接动因。但是，来自竞争对手的压力，则促使企业必须主动进军海外市场。外国公司在本国市场的出现，给本国企业带来极大威胁，本国企业为了提升自己的市场份额，有必要使自己和国外竞争对手处在同一个竞争平台上，这样有利于提升企业的竞争力，才能更好地捍卫本国市场。例如，早期的日本汽车行业为了和欧美汽车行业展开竞争，纷纷进军欧美市场，其目的就是为了能够在欧美市场上与竞争对手展开竞争。目前，我国许多企业也已纷纷向美国、日本等先进国家市场进军，在这种主动参与国际竞争的过程中，企业一方面扩大了自己的知名度，同时也很好地捍卫了本国市场。

2. 技术力量驱动力

随着技术在全球范围内的转移和扩散，许多国家和地区都已经具备了相当强的生产和科研能力，许多跨国公司为了充分利用当地的生产和技术资源，在世界各地纷纷建立研究开发机构，使研究开发的产品更加贴近当地市场的需求。促使跨国公司在世界各地设立研究开发机构的原因一方面是由于当地拥有高素质的研究人员，如微软在英国剑桥设立了一个研究实验室，惠普在中国设立了研究开发基地等；另一方面就是目前产品的生命周期越来越短，将研究机构建在生产基地附近，既有利于技术从研究机构向工厂转移，也能够及时解决转移过程中出现的问题。

3. 全球成本驱动力

成本问题往往是决定公司在海外投资建厂的决策要素。廉价的劳动力资源是驱使企业海外建厂的决定性因素。美国的软件在印度生产，日本的产品在中国制造，看中的都是当地廉价的劳动力资源。另外，降低成本的另外一种手段就是缩短供应链成员间的物理距离，这不但可以降低运输成本，同时也能够更好地贴近市场。

在资本成本方面，发展中国家为了吸引外商投资，政府往往会制定很多优惠政策，这些政策对跨国公司的吸引力也是非常大的。

4. 政治和经济驱动力

国家或地区之间的自由贸易协定，会使这些国家或地区间的原材料的进口和在当地组织生产加工变得更为方便。

相反，一些国家或地区的贸易保护措施，也会促使一些企业考虑在出口国或地区投资设厂，以突破出口国或地区的贸易壁垒。例如，美国的得克萨斯仪器公司和英特尔公司将微芯片的加工地设在欧洲，日本的汽车厂商也把生产地设在欧洲等。

8.1.3 全球供应链管理的核心理念及关键问题

1. 全球供应链管理的核心理念

近年来，为了降低成本、提高效率和增强企业核心竞争力，许多公司都采用了全球化的经营模式，从而出现了跨国家、跨地域和跨文化的全球供应链系统。一般来说，全球供应链的管理就是有效地控制全球供应链的物流、资金流和信息流，它代表着一种新的管理模式，这种模式通过有效地管理全球供应链使供应商和最终用户有机地联系起来。研究表明，许多公司超过一半（50%~70%）的销售收入都要用于从供应商那里购买原材料、零部件和其他服务。供应商的业绩直接影响公司的产品质量、生产成本、交货期、技术进步和公司的发展，公司管理供应链的能力明显地影响其自身的竞争力和获利能力。越来越多的公司逐渐认识到供应链计划、设计和控制的战略意义。此外，有关全球供应链管理的研究还涉及上下游关系、信息交换、供应链敏捷性、价值划分和价值配置等领域。

全球供应链管理的核心思想是：充分利用全球范围的各种优势资源和组织管理优势，借助先进的组织运作手段和方法，如现代物流技术和网络信息技术，组成全球范围内的具有独特优势的生产基地和销售网络，其目的是提高运营效率、降低运营成本、提升整个系统的竞争力。

全球供应链管理强调在全面、迅速地了解世界各地消费者需求的同时，对其进行计划、协调、操作、控制和优化，在供应链中的核心企业与其供应商以及供应商的供应商、核心企业与其销售商乃至最终消费者之间，依靠现代网络信息技术支撑，实现供应链的一体化和快速反应，达到商流、物流、资金流和信息流的协调通畅，以满足全球消费者的需求。全球供应链管理的实现将供应链的各个环节，包括供应商、制造商、分销商等，通过信息网络迅速连接起来。通过信息的实时共享，企业能够快速掌握真实的需求和准确的需求量。随着市场需求的不断变化，这些信息能够及时反馈到企业的中央管理系统。通过这种即时的信息共享和反馈机制，企业能够组织快速供应，使物流以最快的速度，通过生产、分销等环节，最终形成增值的品牌产品，以满足全球消费者的需求。全球供应链管理的理念在于将全球范围内的各个环节无缝链接，以实现高效、灵活、快速的供应链运作。

2. 全球供应链管理的关键问题

国际化经营不断延伸，供应链的管理也必须是全球化的，并趋向无国界。供应链管理模式是以市场为导向，以客户需求为中心，将客户、供应商、研发中心、制造商、经销商和服务商等合作伙伴联结成一个完整的链状结构，形成一个极具竞争力的战略联盟，其目的就是在消费者、原材料供应商和生产者之间建立无缝隙的信息流来降低供应链运行的总成本。全球供应链管理与国内供应链管理基本相同，只是全球供应链覆盖的地区更广、情况更为复杂。如果管理得当，将会比国内供应链产生更多机会。企业的全球供应链管理系统应主要考虑以下几个问题：建立全球的售后服务体系；建立全球供应链需求信息网络；建立全球化关系合作网；提高物流效率。

8.2 全球供应链业务及管理

8.2.1 全球化采购

1. 全球化采购的概念

采购在企业生产经营中扮演着重要的角色，原材料和零部件的采购费用在企业的生产成本中占有相当大的份额。从成本的角度看，在全球范围内寻找更为经济、质量更好的原材料和零部件是企业管理的关键部分，对于降低产品成本具有重要意义。

全球采购是指企业利用全球范围的资源，通过在全世界范围内寻找供应商，获取质量最佳、价格最合理的产品。随着互联网和电子商务的发展，全球采购得以更加便利实现。这种便捷的信息交流方式大大缩短了买卖双方之间的时空距离，使得买方能够在更广泛的空间范围内找到经济实惠的资源。通过集中采购，企业能够降低采购费用，建立全球化的供应链网络，并与供应商进行协同运作，以缩短供货时间，确保及时获取所需货物。全球采购也使卖方能够借助供应链网络与客户协同运作，及时了解和满足客户需求，通过全球范围的合作，提高产品竞争力。

2. 全球化采购发展的推动力

从当今经济全球化和国际物流的发展趋势来看，采购全球化的快速发展主要有以下几个方面的推动因素：

（1）跨国公司生产基地的全球化分布

跨国公司作为全球化的生产企业，在世界范围内寻找原材料、零部件来源，并选择一个适应全球分销的物流中心以及关键供应物资的集散仓库，在获得原材料和分销新产品时使用当地现有的物流网络，并推广其先进的物流技术与方法。跨国公司的这种全球性分布的生产网络，要求其在全球范围内寻找、购买各种原材料和半成品，以降低其采购成本。

（2）生产企业与专业第三方物流公司的同步全球化

跨国公司生产布局的全球化发展的进程，将以前所形成的完善的第三方物流网络也带入到全球市场中。例如，有着日本背景的伊藤洋华堂在打入中国市场后，其在日本的物流配送伙伴伊藤忠株式会社也跟随而至，并承担了其在中国的配送活动。这种伙伴式的业务发展模式也是促使跨国公司进行全球化采购的推动因素之一。

（3）多式联运的发展和国际航线的形成，使得跨国公司的全球化采购战略成为可能

为了充分应对经济全球化的发展趋势和业务对象的全球化分布的加剧，国际运输企业之间也开始形成了一种覆盖多种航线，相互之间以资源、经营的互补为纽带，面向长远利益的战略联盟。这不仅使得全球物流能够快速、便捷地进行，而且使得全球范围内的物流设施得到了充分的利用，有效降低了国际物流的相关成本，从而使跨国公司的全球化采购战略能够得以实施。

基于以上因素的推动作用和跨国公司在全球范围内追逐利润的需要，采购的国际化不仅是大势所趋，而且随着信息技术、物流技术的发展，它也将会成为带动全球经济快速发展的一个新的利润增长点。而基于全球化战略的统一采购，使得跨国公司等大的国际制造商通过其在世界各地的多家子公司的购买力量，将其触角伸向国际市场并得到更有经济力的订单。跨国公司的全球化统一采购战略是降低采购成本、提高采购质量、提升企业整体市场竞争力的有效方式，同时，也可以避免传统的分散采购中存在的物料灰色价格和交易回扣等现象的发生。

3.采购管理的职能

采购管理有三项主要职能：保障供应、供应链管理及信息管理。

（1）保障供应

采购管理最首要的职能，就是要实现对整个企业的物资供应，保障企业生产和人民生活的正常进行。企业生产需要原材料、零配件、机器设备和工具，生产线的开动，需要这些东西样样到位，缺少任何一样，生产线就开动不起来。

（2）供应链管理

企业为了有效地进行生产和销售，需要供应商的支持、协调与配合。构建供应链的起点在于把供应商纳入供应链网络，通过与供应商的沟通、协调和采购供应操作，形成一个友好的协调配合的采购环境，保证采购供应工作的高效顺利进行。

（3）信息管理

采购管理部门是资源市场的物资输入窗口，是企业和资源市场的信息接口。所以，采购管理除了保障物资供应、与供应商建立起友好的关系之外，还要随时掌握资源市场信息，并反馈到企业管理层，为企业的经营决策提供及时有力的支持。

4.全球化采购的优势

全球化采购与传统的采购方式相比，是在全球供应链环境下实施的，这种基于全球供应链采购的优势主要体现在以下几个方面：

（1）通过扩大供应商比价范围，提高采购效率，降低采购成本

通过全球化采购，在全球范围内对有兴趣交易的供应商进行比较，可以以较低的价格获得更好的产品和服务。由于地理位置、自然环境和经济发展差异，各个国家和地区的资源优势是不同的。通过全球化采购，充分利用各国的资源优势并加以合理组合，使企业以较低的价格获得更好的产品和服务。全球化采购可以得到较高质量的商品，从而大大提高企业的经济效益。

（2）实现了生产企业从为库存而采购到为订单而采购的转变

传统的采购模式中，采购的目的就是为了补充库存，采购部门并不关心企业的生产情况和市场的需求变化情况，采购部门制订的采购计划很难适应生产需求的变化。在全球电子商务模式下，采购活动是以订单驱动方式进行的。制造订单的产生是在用户需求订单的驱动下发生的。然后，制造订单驱动采购订单，采购订单再驱动供应商。这种准时化的订单驱动模式可以及时响应用户的需求，从而降低库存成本，提高物流的速度和库存周转率。

（3）实现采购管理向外部资源管理转变

传统的采购方式就是缺乏与供应商之间的交流与合作。导致供应商缺乏柔性和需求变化的快速反应能力。通过对外部资源进行管理，使供需双方建立起了一种长期的、互利的合作关系，这样采购方可以及时把质量、服务、交易期的信息传送给供方，使供方严格按要求提供产品与服务。根据生产需求协调供应商的计划，实现准时化采购。

（4）实现采购过程的公开化和程序化，加强采购的科学化管理

企业的全球化采购，一般都是按电子商务规定流程进行的，这样就大大减少了采购过程的随意性。通过全球化采购还可以促进采购管理定量化、科学化，实现信息的大容量与快速传送，为决策提供更多、更准确、更及时的信息，使决策依据更充分。电子商务采购为采购提供了一个全天候超时空的采购环境，降低了采购费用，简化了采购过程，大大降低了企业库存，使采购交易双方形成战略伙伴关系。

5.全球化采购的货币支付问题

在全球化采购过程中，付款方式一般有两种，一种是货到付款，另一种是预先付款。对于采购方公司来讲，希望采用货到付款的方式，这样可以少占用资金。但是，在很多情况下，供应商是要求采购方事先预交货款的。另外，在全球化采购过程中，由于货币汇率的变化，会对采购成本产生一定的影响。

（1）货币支付

在国际采购过程中，采购方与供应商之间经常会使用信用证。所谓信用证，是由一家银行（开户行）依照客户（申请人）的要求和指示或为其自身需要向第三者（受益人）开立的，在符合信用条款的条件下凭借规定的单据，由银行承担付款责任的信用凭证。也可以将信用证理解为是一种银行开立的有条件承诺付款的书面证明。信用

证不是支付的手段，而仅仅是对支付的承诺，真正的支付是通过汇票来完成的。支付凭证通常有提货单、临时发票，以及有关的货物描述资料。如果采购方有赖账行为，银行将负责支付费用，因此银行要承担支付风险。

常见的信用证有以下几种形式：

①可撤销信用证与不可撤销信用证。可撤销信用证是指开证行在开出信用证之后，只要该证未被使用，就有权随时进行修改或撤销，不必事先征得受益人的同意。这种信用证并没有给受益人提供付款的保证，所以目前很多国家都不使用这种信用证。不可撤销信用证一经开立，如果没有受益人及其他有关方的同意，则不得擅自撤销或更改该信用证的内容。

②保兑信用证与非保兑信用证。保兑是一家银行开立的信用证由另一家银行加以保证兑付的行为。经保兑的信用证称为保兑信用证。经保兑的信用证意味着有两家银行向受益人负责。实行保兑信用证的银行承担着风险。对于出口商来说，大多数情况下，最好的支付方式是保兑不可撤销信用证。有些银行不愿意承担风险，它们更喜欢担任咨询的角色，它们不承担风险的理由是认为自己比出口商更能准确判定开证行的可信度。

③即期信用证与远期信用证。即期信用证是指按照信用证的要求，凭卖方提示即期汇票和装运单据或单凭装运单据，开证行即予付款的信用证。其特点是受益人收汇安全迅速。远期信用证是指开证行或其指定付款行收到受益人交来的远期汇票后，并不立即付款，而是先行承兑，等汇票到期再行付款的信用证。远期信用证又可分为两种，即银行承兑信用证和迟期付款信用证。

银行承兑远期信用证是指开证行收到单据经审查无误后，在卖方开立的远期汇票上承兑，然后留下单据，承兑后的汇票退还给受益人，等到期时再提示付款。受益人在汇票到期前也可以通过贴现收回货款。

迟期付款信用证是指开证行在信用证明确规定受益人交单后若干天付款或货物装船后若干天付款，这种信用证无须开立汇票，因此也不具备贴现条件。

④循环信贷信用证与非循环信贷信用证。非循环信贷信用证只能用于一批货物的运输。当买卖关系确立以后，便开始使用循环信贷信用证。

⑤可转让信用证与不可转让信用证。可转让信用证是指受益人有权要求银行将信用证的全部或部分金额转让给另一个或两个以上的第三者（即第二受益人）使用的信用证。可转让信用证多用于通过中间商签订的合同，由中间商把信用证转由供应商执行。不可转让信用证是指受益人不能将信用证权利转让给第三者的信用证。凡可转让信用证，必须注明"可转让（Transferable）"字样，如未注明，则被视为不可转让信用证。

⑥背对信用证。背对信用证又称背对背信用证或从属信用证，是适应中间商经营

进出口业务的需要而产生的一种信用证。它是指出口人（中间商）收到进口人开来的信用证（称为母证）后，要求该证的通知行或其他银行以原证为基础，另开一张内容近似的新证（称为子证）给另一受益人（实际供货人）。这另开的新证就是背对信用证。

新证开立后，原证仍有效，由新证开证行代原受益人（中间商）保管。原证开证行与原开证人同新证毫无关联，原因在于新证开证人是原证的受益人，而不是原证的开证人与开证行。因此，新证的开证行在对其受益人（供货人）付款后，便立即要求原证受益人（中间商）提供符合原证条款的商业发票与汇票，以便同新证受益人提供的商业发票与汇票进行调换，然后附上货运单据寄原证的开证行收汇。

⑦电报索汇条款信用证。电报索汇条款信用证是指议付行在收到单据核对无误后即可用电报通知开证行，要求立即将货款以电汇付款的信用证。有此种信用证能使出口商尽快收到货款。

（2）货币汇率变动对采购成本的影响

货币的汇率对采购方的采购成本的影响是非常大的。汇率的变化对于采购方至少会有以下四种可能的影响：

①合同要求用供应商所在国的货币支付，当该国货币升值时，采购方的采购成本将会增加。

②合同要求用供应商所在国的货币支付，当该国货币贬值时，采购方的采购成本将会降低。

③合同要求用美元支付，当美元贬值时，受损失的将是供应商。

④合同要求用美元支付，当美元升值时，受益的将是供应商。

8.2.2 全球化生产

生产全球化是经济全球化的主要特征之一。第三次科技革命推动了国内分工向更深层次发展，各国在生产领域的合作愈加紧密。在生产全球化的进程中，跨国公司扮演着重要的角色。因为跨国公司具有国际化的生产体系，它与外界的交换，母公司和子公司、子公司与子公司之间的交换都具有跨越国境的性质。因此，跨国公司不仅广泛地深入国际市场，而且把外部市场转变为公司的内部市场。

1. 全球化生产的特点

生产全球化是经济全球化的核心内容，涵盖两个主要层面。首先，它指的是单个企业（主要指跨国公司）的全球化生产在规模和地域上的扩展，以及组织和管理体制上无国界规划的动态过程。这体现为跨国公司通过在全球范围内建立分支机构，推动其生产向纵深发展。其次，生产全球化还指的是借助跨国公司及其分支机构之间多种形式的联系，逐步建立起以价值增值链为纽带的跨国生产体系的过程。

随着交通运输和信息通信技术的进步，跨国公司能够在全球范围内优化资源配置，进行各类生产，并通过全球网络协调生产经营活动。在这一全球化的经营网络中，企业通过将全球公司的分部、子公司、联盟公司组成紧密网络，可以更快速地响应全球市场的需求，提供相应的优质产品和服务。全球化公司的经营网络分为专门负责全球性物资采购、生产制造、产品更新换代、配送和科研开发的部分，以及专门负责当地市场销售与售后服务的部分。公司的资源，包括资金、原材料、零部件、产成品、信息、创意和人力资源等，在这个网络中不断地交换和流动。

全球化生产一般有两种形式：一种形式是利用其他国家或地区的廉价劳动力资源和优惠政策，在当地自己投资建厂，组织生产活动；另一种形式是通过业务外包，将非核心业务以较低成本外包给更专业的企业。这种产业外移的范围已从本国扩展到全球。

2.全球化生产的优势

全球化生产是国际企业优化资源配置、产业结构调整的需要，是规模经济的需要。生产在全球组织，竞争也在全球展开，经济全球化的发展为企业的跨国经营创造了条件。企业在全球范围内组织生产具有如下优势：

（1）可以更好地接近市场，满足当地消费者的需求

全球化生产比在一国国内组织生产，通过产品出口的方式进入国际市场更能接近消费者的需求。随着国际时尚流行周期的缩短，以及随着市场的扩大和更多的季节性、风俗性、时令性消费的出现，国际市场消费者的购买模式呈现出一种多样化、个性化的趋势，这不仅要求企业建立起柔性的生产体系与之相适应，更重要的是能及时对这种市场要求的变化做出反应。而全球化生产体系与国际市场的紧密结合顺应了这一要求。如快餐食品、饮料和食品原料等，这些商品不能长时间的储存或进行长途运输，而顾客却分布在世界各地，为了更好地接近或维持国外销售市场，跨国公司实行就地生产就地消费，以利于提供新鲜食品。

（2）可以获取资源优势，降低生产成本

全球化生产能充分利用世界上各个国家和地区的生产要素优势以降低生产成本，使企业资源达到最佳的配置。全球范围内由于自然条件和经济发展的不平衡，各个国家和地区所拥有的生产要素（包括资本、技术、劳动力、土地、自然资源、信息、管理等）存在着一定的差异。只有将本国的优势生产要素和他国的优势生产要素相结合，才能弥补国内生产要素的不足从而获得更大的利益。

（3）可以避开东道国的贸易壁垒，更顺利地进入国际市场

一般来说，各国为了保护本国市场会采取一定的贸易保护措施，最常见的贸易壁垒主要有关税壁垒和非关税壁垒。当企业通过产品出口的方式进入东道国时可能会遭遇贸易障碍，但生产要素的进入往往不受贸易壁垒的限制，因为企业生产要素尤其是

资本要素的输出是受到世界上绝大多数国家欢迎的，为了吸引外资，很多国家都采取了相应的优惠政策及措施，如设立自由贸易区、保税区、出口加工区等，因此，全球化生产可以绕过贸易壁垒的限制，顺利地进入国际市场。

（4）可以降低运输、储存、搬运、装卸等物流费用，降低成本，提升产品的国际竞争力

企业通过全球化生产可以在更接近市场的地方组织生产，缩短产品从生产者到达消费者手中的运输里程并减少环节，从而大大地节约了物流费用。

（5）可以获取先进的技术和管理经验

企业通过全球化生产可以获取和利用国外先进的技术、生产工艺、新产品设计和先进的管理经验等。有些先进的技术和管理经验很难通过公开购买的方式获取，但跨国公司可以通过与掌握这些先进技术的其他跨国公司合资建厂或并购当地企业的方式获取。获取和充分利用这些技术和管理经验，可以促进跨国公司的本地生产能力，提高其竞争能力。

（6）可以获得东道国的优惠政策

跨国公司进行对外投资的主要目的是利用东道国政府的优惠政策以及母国政府的鼓励性政策。东道国政府为了吸引外来投资常常会制定一些对外来投资者的优惠政策，如为外来投资者提供优惠的税收和金融政策，提供优惠的土地使用政策，为外来投资者创造良好的投资软、硬环境等。这些优惠政策尤其是税收上的优惠政策会诱导外国投资者做出投资决策，在这些优惠政策的吸引下，跨国公司将某种产品的生产基地设在东道国，实行全球化经营战略。同样，母国政府对对外投资的鼓励性政策也会刺激跨国公司做出对外投资决策，如鼓励性的税收政策、金融政策、保险政策以及海外企业产品的进口政策等。

8.2.3　全球化配送

全球化配送是在全球范围内，根据用户要求，对物品进行拣选、加工、包装、分割、组配等作业，并按时送到指定地点的物流活动。在国际化企业利用全球采购、全球生产和全球销售战略时，全球化配送对提高全球供应链运行效率起着非常重要的作用。

1. 全球化配送的重要性

与国内市场相比，国际市场的需求变化具有更大的不确定性。目前国际市场的需求也呈现出小批量化的特点，而且对商品供应的及时性的要求越来越高。如何满足国际市场的这种需求，提高全球化配送的效率，降低全球化配送成本，是提升企业在国际市场竞争力的重要手段。特别是一些大的国际化企业，它们在国际市场上的竞争已经从产品质量、价格等方面的竞争，扩展到物流服务等无形手段的竞争。国际配送中

心就是在这样的背景下发展起来的。全球化的配送已经由过去传统的分散型配送方式向集约化的国际配送中心的方式转变。与国内配送或区域性配送相比，全球化配送所涉及的范围广泛、配送活动的改善空间很大，因此，全球化配送为企业带来的利益空间也比较大，同时配送管理的难度也加大了。所以说，如何有效地组织全球化配送活动是供应链管理的重要内容。

2.国际配送中心的作用

本书的第2章中曾提到，"通过出口据点和海外配送据点的集约化，使从生产到全球范围内的配送这一国际物流系统的运营更加合理化，能够更加有效地为顾客提供服务，从而实现降低物流成本和扩大销售的目的"。这种海外配送据点的集约化的具体表现形式就是国际配送中心。这种国际配送中心担负着组织配送海外生产用原材料、向客户提供商品和服务的任务。国际配送中心在国际物流系统中处于非常重要的地位。国际配送中心是国际物流活动中进行商品、物资等集散的场所，就范围而言，它可以大到某些小国家和地区，如新加坡、中国香港就具有国际物流中心的功能；小到可以是一个港口码头、保税仓库、外贸仓库等。

建设大批量、社会化、专业化的国际配送中心，可以简化国际物流通道，节约国际物流成本，便于跨国公司、国际物流服务企业进行国际物流整个过程的有效控制和管理。

国际配送中心的主要作用体现在以下几个方面：

（1）国际配送中心结合了高效率的信息情报网，能够迅速、准确地掌握流通过程中的库存情况，从而避免了库存积压和库存量分布不均。

在配送中心配备有中心计算机，计算机终端连接着各个用户，每个用户日常的销售量和库存数据随时进入中心计算机进行分析和处理，然后由配送中心决定每天向各个网点补充商品的品种、数量和时间。通过配送中心实现了对整个系统中库存量的控制。

（2）国际配送中心的建立有利于形成快速、有效的发送体制，保证了在提高顾客服务水平的同时降低发送费用。

配送中心直接掌握各个网点的库存情况，或采取事先登记、预约、订货计划等方式掌握日常送货需要。在此基础上，配送中心就可以通过合理安排送货路线、调配运输车辆、配装以及利用往返车辆等各种措施来提高发送效率。同时，通过计算机的系统设计可以得出效率最高的送货方案，如必要的车辆数量和最佳的送货路线等。

（3）通过国际配送中心集中进货，工厂与仓库之间按计划、有规律地进行大批量运输成为可能，有利于降低运输费用。

（4）对于品种、规格繁多的商品，通过国际配送中心进行配送，有利于减少中间环节，提高流通效率。

（5）在国际配送中心，顾客可以在一张订单上同时订购几种、几十种商品，这样就可以大大缩短订购时间和费用。此外，配送中心可以根据顾客的订单，对许多商品进行统一加工和包装，以降低加工成本，节省包装材料。

3. 全球化配送存在的问题

从前文的论述中可以看出，全球化配送可以扩大企业产品的销售空间，使企业得以更有效地利用规模经济所带来的成本降低的优势。但与此同时，也会带来如下一些问题：

第一是配送的距离较长，从而导致配送时间长，这样势必会使客户企业保持较高的存货水平，配送费用也会随之增加。

第二是配送距离长，使得相应的配套服务也难以同步跟进，对市场变化的反应会相对滞后。

第三是全球配送要跨国配送，势必要经过国际物流中的通关、商检等诸多环节，影响了配送效率。

第四是由于配送要涉及许多国家或地区，货物的成本和价格会受到国际汇率变动的影响。

8.3　全球供应链壁垒

影响全球供应链发展的因素主要包含文化因素、政治和法律因素、经济因素、市场因素、基础设施因素、人力资源因素、信息资源因素和货币因素等。

（1）文化因素

文化因素中的信仰、价值观、习俗、语言等方面的差异对企业的海外业务、整体目标和整个供应链业务都有较大影响。这些影响主要体现在企业之间的商业交流、交易的协商、合同的签订等方面。这些文化差异的存在，会使得被一方认为是非常合理的行为，却可能使另一方产生不应有的误会。跨国运作时，经常会有因为语言表达不当或者由于价值观的不同，导致失去宝贵的机会或者失去客户的事件发生。

（2）政治和法律因素

不同的国家和地区，其政策和法律各有不同。全球化供应链的运作遍及世界，必然涉及不同的政策和法律制度，因此，在开展供应链业务活动时，必须充分了解和利用当地的政策法规。

（3）经济因素

经济因素极大地影响着供应链的全球化趋势，同时也影响着全球化供应链的管理和运作。这些因素包括金融、地区性贸易协议、税收、进出口配额和劳动力的成本费用等。此外，在交易过程中，利益冲突经常导致各国贸易摩擦不断。美国一直试图制约我国的技术创新，以避免或延缓中国崛起改变全球经济格局，从而维持其经济优势和它在全球的主导地位。因此，作为我国国民经济中重要环节的物流业，在2018年下半年开始的中美贸易摩擦中受到了很大的影响。这一部分内容我们将在下一章加以说明。

（4）市场因素

国际市场的驱动力来自海外竞争者的压力与海外消费者提供的机遇，但同时，扩展海外市场也会遇到一定的市场阻力和困难。各个国家或地区的消费观念和审美观念的不同，导致了有些好的产品得不到某些地区市场的认可。所以，有些国际化企业在产品开发策略上，采用在现地建立研究开发机构的办法，来更好地满足现地客户的需求。

（5）基础设施因素

一个国家的基础设施也是运作和管理全球化供应链的基础。这里的基础设施是指高速公路系统、港口、铁路运输与交通设施、先进的物流技术、具有一定规模的生产制造基地和先进的生产制造技术等。对于一些基础设施不够完善的国家和地区，国际供应链管理系统很难得以有效运营。

（6）人力资源因素

在那些非技术工人成本偏低的区域，往往缺乏一流的技术和管理人员。而在一些经济发达的国家里，除了文化差异外，技术与管理人才的适用性很强。所以，在全球供应链管理实施过程中，人员的培训成为一项非常重要的工作。

（7）信息资源因素

信息资源对供应链，特别是对全球化供应链的管理和运作有着极为重要的影响。在经济发达地区，信息技术的应用水平比较接近，技术标准和规范也比较一致，这就为条形码技术、POS销售点系统、GPS与GIS等现代物流技术的应用提供了比较便利的条件。而在一些经济欠发达地区，信息基础设施往往还不足以支撑这些现代物流信息系统的有效运行。

（8）货币因素

在供应链上的贸易结算中，必然涉及不同货币间的兑换问题，而汇率的波动以及不同国家的税收制度的差异，都会对全球供应链的绩效评估和利益分配造成影响。

💧 案例分析　　　　　　　　　　**苹果全球供应链**

苹果公司发表声明称，由于富士康郑州工厂的产能降低，iPhone 14 Pro系列的出货量也将变少，消费者需要等更久才能拿到手机。多年以来，富士康以苹果供应商的身份而广为人知。而在"果粉"入手的每件苹果产品背后，还有更多企业的身影。

1. 每台iPhone背后是横跨全球的供应商

作为一家连续七年位列Gartner全球供应链25强榜首的公司，苹果无疑在供应链这个领域做到了大师级别。这些年来，苹果对产品的推陈出新，也离不开它的供应链优势。

以最新的iPhone 14 Pro Max手机为例，除自研的A16芯片外，它的屏幕源于三星，镜头来自LG，芯片更是离不开高通、意法半导体等企业，生产和组装全线涉及亚洲、欧洲、美洲多地的供应商。正是通过博采众长和交叉研发，苹果才能设计出一款款广受追捧的产品。

在从图纸变成实物的环节，它的芯片、存储等核心零部件来自美国高通、美国美光、日本铠侠等企业，主板上的其他部件则基本被美国德州仪器、瑞士意法半导体、荷兰恩智浦等公司把控。

中国企业不仅为苹果提供Wi-Fi/蓝牙模块、声学部件等配件，广为人知的富士康等厂商还负责替苹果代工组装出一台台完整的手机。

这样一来，苹果并不需要自己建工厂，在苹果供应链涉及的所有工厂中，位于中国的数量最多，且远超二三位的日本和美国，几乎支撑起了制造苹果产品的半壁江山。

2. 苹果库存比低于0.2%，压力甩给供应商？

遍布全球的多元供应链，能够有效提升苹果产品的生产效率。苹果现任CEO，也是现供应链的缔造者库克认为"库存是最根本的邪恶"。库克刚上任时，苹果的库存周转天数（即企业从取得存货到销售期间的天数）大概为1个月，后来他把这个时间缩短成6天，某些产品甚至只需要15个小时。

库克还特别喜欢丰田提出的JIT模式，有需求才生产和采购，苹果可以通过频繁但少量的采购让整个供应链不断流动，但供应商如果不提前备好库存，就很难快速应对订单，它们需要集中采购才能降低原材料单价，这样，库存压力就被转到了供应商身上。据统计，2021年苹果的存货比率（存货/总资产）不到0.2%，而"果链"企业的库存比率普遍在5%～20%。

相比其他竞品品牌出现不同程度的库存积压，这种"卖多少产多少"的生产模式能够让苹果公司利益最大化，避免陷入库存危机。

3. 如何实现"从工厂到买家仅72小时"

如今，一台刚刚下了富士康流水线的iPhone手机，将直接被专机运送到美国肯塔基州的物流中心，最终抵达位于旧金山的销售网点，用时不超过72小时。这条产业链如何运转？苹果为供应商们提供设备、派驻工程师，引入企业资源规划（ERP）系统，打通供应商、组装厂和渠道的数据。这样一来，苹果能清楚地看到每周的库存统计和订购需求等细节数据，以便随时调整生产和销售节奏。

苹果还像HR管理雇员一样，定期给供应商评判打分，"绩效"排名靠后的厂商，后续分到的订单就会减少，甚至会被抛弃。基于苹果的市场地位，企业纷纷积极跻身苹果供应链，比如，中国A股就有"苹果概念股"的说法：要是成为苹果的供应商，甚至只是苹果供应商的供应商，股价会涨；如果被移出名单的话，市值也将应声下跌。被苹果"相中"的供应商则如鱼得水，比如2011年加入"果链"的立讯精密，当年营收涨幅就超过150%。

然而，身价地位飞升的同时也有其代价。作为产品的设计方和销售方，苹果在供应商面前有极大的话语权，长此以往，一些严重依赖苹果的厂商可能彻底沦为给苹果"打工"的，甚至变成它的"专属资产"。在这种情况下，如果失去青睐，将给企业带来无法挽回的损失。

欧菲光是国内一家精密光电薄膜元器件制造商，拥有精密光电薄膜镀膜技术的专利，于2016年进入"果链"。这家企业的大部分订单都来源于苹果，占据了总盈利的80%以上。欧菲光为了苹果的订单，还专门从海外重金订购了一批特殊的生产设备。然而，2020年苹果将其踢出供应链名单，这个打击如同晴天霹雳，失去了主要订单来源的欧菲光当年业绩不断下滑，市值更一度蒸发400亿元，直到今天都没缓过来。

苹果的供应链模式让它这些年来混得风生水起，但这种模式一来很难复制，二来也存在缺点，比如其中一环出现问题，整个流程就有被中断的危机。比如受疫情影响，芯片制造商供应不足，就造成2021年四季度苹果公司损失60亿美元，全年损失超100亿美元。同时，"果链"生意的性价比也不如从前，利润在变薄，风险却在变大。苹果为了赢得市场，降低成本，不断压缩供应商的利润空间，并引进新供应商，进一步通过竞争令供应商让利。

如今，"果链"企业们意识到多元化发展的重要性，试图拓展业务，降低对苹果的依赖，如立讯精密、蓝思科技开始进军汽车制造行业，代工大厂仁宝甚至决定不再承接Apple Watch和iPad订单，将人员转移到其他产品线。随着供应商们纷纷将订单资源分散到其他领域，以及美国等地呼吁制造业回流，对苹果这样背靠全球的跨国公司来说，更大的挑战或许还在路上。

（资料来源 根据相关公开资料整理。）

案例思考：

1.为什么说供应链管理需要建立一个遍布全世界的制造商和配送机制网络？这对苹果的全球供应有何影响？苹果在其供应链中应注意哪些环节？

2.面对全球化物流网络的不确定性和复杂性，从管理的角度，分析苹果全球化供应链的特性如何不同于国内供应链？有哪些实质性的不足？

3.从苹果的实践来看，物流、配送和网络信息技术系统是如何制约苹果供应链与市场竞争力的？

💧本章小结

经济全球化催生了全球供应链。在这种全球化的供应体系中，供应链的成员遍及全球，生产资料的获得、产品的生产组织和销售以及相关信息的获得，都是在全球范围内实现的。企业要参与全球经济范围内的竞争，就必须在全球范围内寻找生存和发展的机会，而在国际市场要素、技术力量要素、全球成本要素以及政治和经济要素的驱动下，有能力的企业纷纷向海外扩张，具体表现是在全球范围内采购，在全球范围内组织生产，并向全球范围的客户配送其所需的商品。

全球供应链的主要特征之一就是全球化采购。这种基于提高采购效率、降低采购成本、规范采购流程的采购方式，对企业降低采购成本、提高采购效率、降低企业库存起到了非常大的作用。特别是电子商务的迅猛发展，为全球采购提供了一个非常便利的商务平台。全球供应链的第二个主要特征是实行全球化生产。无论是从生产要素的成本分析、接近目标市场、满足当地市场需求的角度，还是从突破国际贸易壁垒等方面来看，全球化生产都具有非常明显的优势。全球供应链的第三个主要特征是实行全球化配送。通过建设国际物流中心，使国际物流配送变得十分有序，节约了物流成本。

影响全球供应链发展的因素主要包含文化因素、政治和法律因素、经济因素、市场因素、基础设施因素、人力资源因素、信息资源因素和货币因素等。

在供应链上的贸易结算中，必然涉及不同货币间的兑换问题，由于汇率的波动，以及不同国家的税收制度不尽相同，都令全球供应链的绩效评估和利益分配受到影响。

关键概念

供应链　全球化采购　信用证　生产全球化　全球化配送

思考题

1. 简述全球供应链的概念和特点。
2. 全球化采购的优势是什么？
3. 全球化生产的优势是什么？
4. 国际配送中心有哪些功能作用？
5. 影响全球供应链发展的因素有哪些？

第9章

国际贸易摩擦
对物流业的影响

学习目标

- 理解国际贸易摩擦的原理及其特征
- 掌握我国物流业的现状及发展情况
- 了解中美贸易摩擦对我国物流业的影响以及如何应对摩擦

9.1 国际贸易摩擦

国际贸易产生的根源在于国际分工的出现，那么其在产品交易过程中所产生的摩擦自然也是由于利益冲突，为了真正揭示国际贸易摩擦升级的根源所在，就必须首先回到对利益冲突的探析中。

1.基于全球价值链分工而产生的贸易冲突

在国际分工的背景下，全球价值链的存在导致了国家间收益的巨大差异，成为国际贸易与竞争的焦点。各国渴望在价值链高端占有有利位置，否则将被动处于低端，仅承受高级要素整合的结果，从而使国际分工天生具有不平等性。这种不平等性直接加强了各国特别是发展中国家与发达国家之间的垂直分工，形成劳动密集型与高新技术制造业、知识技术密集型产业之间的实质性差距。发展中国家在重复劳动过程中经历的简单工序无法触及产品研发等核心环节，使得其难以获取主要技术，从而限制了国家产业升级的可能性。

相比之下，发达国家在产品设计、研发等阶段经历的复杂、尖端的生产工序有助于积累相关经验，实现质的飞跃，持续升级产品技术，优先占据新兴市场领域。这种循环往复使得发达国家不断掌握产品的核心技术，主导国际市场利益，而发展中国家则长期处于"代工者"地位，在国际分工和贸易中始终居于弱势地位，贫富差距逐渐扩大。这一基于产业分工的全球产业链上的差异，可能因为对利益的极大追求而引发贸易活动中的不协调。因此，长期的经济运行中不断延续的利益差异动态性可能成为引发国际贸易摩擦的导火线。

鉴于全球价值链上利润分布的不均衡，为摆脱谷底限制，发展中国家和新兴经济体致力于扩展自身在产业链中的位置，实现中高端制造业的发展。随着代工时间的推移，发展中国家逐渐积累财富基础和技术准备，通过不断加大人才培养和技术研发投入，努力实现技术上的突破。尽管技术研发相对较慢，但这种持续的自我突破将带来产业链上的自我提升。最近几年，发展中国家面临的贸易摩擦不断升级，凸显了全球价值链利益冲突，国家间争夺国际市场的矛盾逐渐显现。

2.基于价值链视角的国际贸易摩擦深度延展的主要路径

深入探寻全球价值链分工对国际贸易摩擦的具体影响，就是揭示其对国际贸易摩擦手段升级、国际贸易摩擦对象错位深化、国际贸易摩擦重心变化加剧，以及国际贸易摩擦影响力扩展等的影响。

首先，在升级国际贸易摩擦手段方面，传统的反倾销、反补贴和保障措施等国际贸易壁垒依然是发达国家维护自身利益的主要方式，通过对进口产品国的反倾销调查等，能在较短时间内做出具体的经济惩罚，且还能通过对关税的调升成功实现对本国市场的绝对维护。短期来看，在此过程中处于价值链低端环节的发展中国家尤其是新兴经济体会快速成长为贸易大国，在获得巨额贸易顺差的同时升级自身的产业结构，而发达国家由于长期处于逆差状态，容易以贸易逆差为借口挑起贸易摩擦，导致新兴经济体、发展中国家成为国际贸易摩擦的"焦点"。尤其是在全球经济发展低迷的当下，发达国家面临着严重的国内就业不足和经济发展动力不足的问题，原本转移至国外的加工制造业成为其想重新占据的产业，这不仅有助于其解决国内就业困难的问题，还能通过减少外来消费品进口而增加本国企业对市场的占有率，而对于原本已经占据国际制造业市场的国家而言，发达国家对于市场的重新分配的要求必然带来彼此间摩擦的加剧。

其次，伴随经济全球化趋势的加强，国际分工所决定的价值链位置影响的已不再仅仅是货物贸易领域，更直接影响着服务贸易领域、投资领域以及以知识产权为典型代表的无形资产领域，这也意味着国家间所要维护、占有的资源数量随之增加。对于发达国家而言，如何维持对微笑曲线两端位置的占据是其关注的焦点，而对于新兴经济体而言，如何突破低端陷阱提升自我在价值链中的位置则是其发展的方向。这些目标具体到贸易领域就转变为具体的行为措施，即如何在国际贸易中成功实现对这些领域的产品研发、设计等高附加值环节的持续占有，也就成为当下贸易竞争的焦点，而新贸易保护手段自然应运而生，即以技术性贸易壁垒、绿色贸易壁垒和蓝色贸易壁垒为代表的新型贸易保护方式开始被各国频繁使用。事实上，无论是借由保护技术不被盗用还是本国消费者利益不被损害所设置的技术性贸易壁垒，还是以维护劳动者权益为借口的蓝色贸易壁垒，其实质都是为了实现对进口产品整体生产过程的限定和控制。但这也同时标志着国际贸易保护重心已不再是传统的边境控制，而是更深入生产内部的对整个生产过程的直接干预，这就必然涉及更多的参与国，也必然带来贸易摩擦的加剧。

最后，在加深贸易摩擦复杂程度和其外在影响力方面，全球化价值链对于多领域分工的影响使得各方利益冲突不断发生的概率日益增加，由此所带来的直接后果就是贸易摩擦、投资摩擦、体制性摩擦等的接踵而至，且上述摩擦往往并不是以单一形态出现，而是同时爆发出多种不同形式的摩擦，只是可能其中某一种摩擦会表现得更为突出，其最终的目的也是使对本国产品造成威胁的同类进口产品频繁遭遇更多贸易救济措施的打压。而且，伴随生产与消费分离态势的不断强化，生产国与消费国之间贸易逆差的加剧，更加剧了全球经济的失衡，导致了逆差国更强烈的贸易保护措施并由此导致更频繁的贸易摩擦，而这种贸易流通上的不顺畅和发展不均衡又会作为反向刺激力加剧全球经济的失衡，如此循环往复，使得全球经济环境随之恶化。这从世界各国的贸易数据中就能得到验证。例如，自1982年起，美国国际收支中的经常项目就开始出现赤字，到2023年该数额已由最初的55.3亿美元扩大到了8 901.3亿美元，我国的经常项目更是从1995年的16.2亿美元，猛增到2014年的3 825亿美元，如今为2 736.1亿美元。可见，全球价值链分工所引致的贸易摩擦已经令全球经济的失衡愈演愈烈。

9.2 我国物流业现状

20世纪80年代，因为商品毛利率高，物流成本高的问题被掩盖了，随着经济的发展和市场竞争的加剧，企业慢慢地认识到了控制成本的重要性。物流作为物质资源与人力资源之外的又一关键利润渠道，其市场规模和潜力较大，逐渐引起了人们的广泛关注。作为物流业大国，我国物流业的景气指数（LPI）自2014年1月以来一直超过50%，这表明中国物流业仍处于稳定快速的发展阶段。2019年，LPI全年持续提升，年均LPI接近55%；而据中国科学院预测科学研究中心发布的报告，2021年我国全年平均LPI为51.17%。与此同时，物流成本一直是中国物流业发展的主要痛点。2017年，我国社会物流总成本占GDP的比例为14.6%，2018年为14.8%。2022年中国社会物流总费用为17.8万亿元人民币，同比增长4.4%。社会物流总费用占GDP的比例为14.7%，比上年提高0.1个百分点。这一指标与主要发达国家之间仍存在一定的差距，比如美国、英国、日本等的这一比率基本稳定在8%左右，这反映出我国物流行业"成本高、效率低"的问题比较突出。

目前，我国物流行业主要呈现以下特点：

第一，加速横向整合，提高集中程度。近年来，中国的物流企业加大了并购力度，不断提高集中度。这在一定程度上解决了小企业集成度低、信息能力不高、管理能力弱的问题。但是，国内行业一直缺乏具有一定规模、拥有定价能力的龙头企业，所以，我国需要培植这样的企业以满足现代物流动态运作的要求。

第二，纵向发展深入并延伸到供应链的两端。如今，中国的物流企业与制造业一直在进行合作，物流服务范围逐步扩展到供应链的两端，既能够为供应链上游制造商提供原材料和零件采购、运输服务，也能为供应链下游的制造商提供物流服务，如成品销售、售后物流等，使得物流专业化服务水平和效率大幅度提升。

第三，一般物流与专业物流的分化。随着企业对降低物流成本的需求不断增加，物流业通过优化内部物流和供应链管理来增加利润，这需要物流服务的专业化。而一般物流企业对自身资源要求较低，成本优势较大，可以为更广泛的客户提供服务。一般物流与专业物流的差异化有利于为不同物流需求的企业提供更合适的个性化服务。

9.3　中美贸易摩擦对我国物流业的影响

中美贸易摩擦对国内物流服务企业发展的影响较大。无论什么商品贸易，两国间的经贸关系都需要物流业来支撑与服务，而使整个物流行业企业得以发展。在此次中美贸易摩擦中，美国对中国实施制裁的产品不仅包括我国对美贸易顺差的来源项，甚至包括部分我国对美贸易逆差的来源项，如航天航空类科技产品。这代表着美国一直试图制约我国的技术创新，从而缩小甚至扭转自己的贸易逆差，其本质是避免或延缓中国改变全球经济的格局，维持美国的经济优势和主导地位。而物流作为我国国民经济中的关键环节，在这场贸易摩擦中必然受到很大的影响，具体表现为：

1.贸易量下降，物流业需求受到冲击

由于加征关税，产品的价格上升，贸易量一定会受到一定程度上的压制，因此物流需求势必受到相应的影响和冲击。

我们可以对物流业所受到的冲击进行粗略的量化估算：假设中美均对价值500亿美元的商品加征关税，并且两国各因此导致了10%的进口贸易规模的缩减，那么，总的贸易额因此会减少100亿美元，同时也意味着物流需求减少100亿美元。根据社会物流总成本占GDP的比例，中国和美国的物流总成本将分别下降14.6亿美元和8亿美元。也就是说，可能会有超过20亿美元的物流总额因中美贸易摩擦而消失，这个结果注定导致两败俱伤。

2.海外仓模式可能会受到波及

中美贸易摩擦导致备货于海外仓的不确定因素增加，使得海外仓大批量物流备货的风险陡增。

　　跨境物流服务商在整个互联网电商交易便利与海关税务、国家政策扶持等各项利好因素叠加的条件下才能成就不同的企业，而中美贸易摩擦导致贸易壁垒增加，使卖方大规模海外仓储的风险急剧增加。同时，化整为零模式的跨境小包专线渠道与虚拟海外仓发货模式受到贸易物流业内人士的高度关注，这是因为跨境小包渠道融合了现代精细化运营手段，引进了先进的系统与技术支持，在跨境物流分拣比率和成本管控上占据一定的优势，这也是未来国内跨境物流企业发展的大趋势。

　　3.冷链贸易物流采购利空

　　在美方加征关税措施的打压下，中国对美国部分商品也终止了减税政策，主要涉及鲜干水果、坚果、葡萄酒、花旗参、猪肉等初级生鲜冷链产品，美方产品进入我国市场后，单价会提高不少，虽然经过"贸易战"的两轮谈判后我国加大了自美国进口农产品的数量，但对于从事进出口生鲜、水果等国内生鲜冷链贸易的商家与跨境物流服务商而言，中美"贸易战"带来的是绝对的利空。中美"贸易战"格局下，国内跨境物流服务商仍然需要采用农产品远洋冷冻集装箱运输及分拣派送的方式，而美方对进口冷链产品在品质、时效、精准、体验等方面提出了更高的要求，对所涉及的冷链物流中跨境采购、运输、通关、商检、税务、仓储、转运、分拣、核单等环节的要求也有所提高，使得中美双方农产品跨境冷链供应链管理更复杂严苛。从跨境冷链模式来看，上游供应链部分涉及海外采购与进口环节，下游涉及对接电商冷链与大宗批量冷链需求，必须实现自建或组建线下设施与"互联网+"相结合，但对接的国内冷链物流模式市场集中度不高，存在规模小、运营打折扣、管理不善及利空劣势。

　　4.对全球供应链产生破坏性作用

　　中美贸易摩擦加剧，美方试图通过施压迫使中国遵守其"准则"，这不仅不利于贸易争端的解决，而且会破坏全球供应链。征收关税导致的出口量减少，必然会影响配套零部件的价格。价格调整会导致整个行业供应链的细微变化，如果在短期内恢复的话对经济的影响还小，如果价格调整是长期的，那么整个供应链的格局将被迫做出全新的调整，使得这种变动的波及范围更广，从而产生牵一发而动全身的作用，不仅仅会使个别国家受到影响，还可能波及东南亚、欧洲等全球供应链上的利益相关者，对全球经济的发展都是极其不利的。

　　5.阻碍跨境电商物流的发展

　　作为国际贸易的重要补充，跨境电商业务随着跨境电商综试区的大量扩容其规模也迅速膨胀，对其专项物流的诉求也越来越强烈，跨境电商物流的地位也愈来愈重要。

　　跨境电商物流，一般是指在跨境贸易电子商务发展与需求的引导下，物流企业采用计算机网络技术、自动化物流设备、先进的管理信息系统，进行一系列的编码、分类、采购、仓储、配送等物流活动，按照指定的时间将确定数量、质量的商品传递给电子商务消费者的过程。具体来说，跨境电商物流的实际含义就是跨（关）境的供需双方通过平台完成交易后，将商品由一个关境区域运送到另一个关境区域的物流活动。

跨境电商启动初期，其对应的物流模式主要包括海外仓模式、保税区模式和直邮模式。不论哪一种模式，均涉及生产商、消费者、物流商、平台商、支付商、海关、口岸办等多个节点。如果放到全球采购供应链这个大背景下分析，跨境电商物流过程又可划分为境外节点、平台节点、口岸监管节点和境内节点四个板块。跨境电商综试区规模的扩大，为跨境电商物流的运作提供了更多改革创新、融合发展的空间，海外式、保税区和直邮相互融合，专业物流对跨境电商的支撑更加高效。

但是，面对中美贸易摩擦愈演愈烈的形势，跨境电商物流在国际政策（包括贸易政策、货币政策、产业政策、技术壁垒等）、园区环境（包括保税仓设置、海外仓布局、园区规模、外联运输方式等）、平台服务（包括交易平台、结算平台、货代平台、资讯平台等）、口岸监管（包括通关监管、检验检疫、监管仓服务、关税收缴等）等方面正面临新的严峻的挑战。为此，我国跨境电商物流须更加密切地依托各跨境电商综试区进行流程再造，为跨境电商业务提供高质量服务。

9.4　如何应对贸易摩擦

还在持续的贸易摩擦也给我国物流业敲响了警钟，物流企业要深刻理解中美经贸关系的现状和未来发展，积极抓住全球化所带来的挑战与机遇，未雨绸缪，在变化中寻找机会。

1.创新经济发展模式，增强内需

出口增长在中国经济发展过程中发挥了关键作用。在过去40年中，我国出口份额的持续增长和现有的巨大贸易规模使世界上许多国家备感紧张并产生了强大压力。在此情形下，我们很难保持持续的出口扩张。解决中美贸易摩擦的关键策略，是尽快完善我们自己的经济发展方式，发挥内需对促进经济增长的作用，推动经济发展方式加快向创新和内需驱动转变，不断降低经济发展对外贸的依赖程度，使经济增长模式更加科学合理。

2.推动"一带一路"国际物流通道的建设

"一带一路"致力于使更多国家共享发展的机遇和成果，彰显的是对多边主义和开放型世界经济的支持。

我国应以沿线重要城市和港口为切入点，建立一个双向辐射的国际物流走廊，这将带来更多的市场机会以促进我国物流行业的发展。我国物流业应趁势加快"走出去"的步伐，不断转型升级，寻找更大的机遇以及市场空间，继续推进中国的"物流强国"战略。

3.赋能智慧物流，推动行业转型

平心而论，发生贸易摩擦时，通过世界贸易组织的争端机制，以双方磋商方式解决争端是各方共赢的必经之路。我国物流业应对中美贸易摩擦的根本途径是不断完善信息化建设，提高我国物流服务能力，重点培养复合型人才，打造国际智能物流品牌。

（1）不断完善智慧物流信息化平台。我国应着力倡导全物流业协作理念，打造覆盖范围广的区域性、全国性、国际性智能物流信息平台。而且，运用市场需求导向、多网络融合、智能服务器终端等信息技术，充分部署各种物流资源，实现在线交易、信息采集、服务营销、互动体验等服务的充分整合，从而使物流改革加快步伐。

（2）切实提升我国物流信息化服务能力。物流信息化服务水平是评价智能物流发展状况和国际竞争力的主要指标。我国应整合政府和社会各方的力量，着重发展智慧物流产业生态圈，实施区域信息共享、互动与合作。在此基础上，我们可以利用"一带一路"提高我们的国际物流信息服务能力。

（3）着力培养智慧物流管理的复合型人才。对于中美贸易摩擦和中国智能物流人才缺乏的现状，我们应将培养物流专业人才和复合型人才提到智能物流发展战略的重要议事日程上来。首先，借鉴具有先进物流系统的国家相关的物流人才培养策略，根据我国特定的社会环境特点和经济运行条件，构建符合中国智能物流发展的培训体系。其次，引导各高校物流管理学院与企业进行产学研对接，强化应用型智慧物流人才的培养，主动引进国外优秀的物流人才，实现人力资源的合理配置。

总之，中美间的贸易摩擦对两国均非明智之举，作为其中一方，要想改变现状，实现经济的持续发展，我们要从自身的实际出发，调整经济结构，实现稳妥的内循环。而在这种经济大环境下，国内物流业应当不断寻求突破，弥补自身短板，在挑战中谋求生存和发展。

💧 **案例分析**　　　　　　　**中澳贸易摩擦**

中澳贸易争端持续发酵，澳方就中国对澳葡萄酒征收反倾销税向世界贸易组织正式投诉，并扬言澳政府会"积极捍卫本国葡萄酒行业的利益"，这是澳大利亚政府6个月来第二次向WTO"告状"。

中澳关系恶化的根源在于澳大利亚对华的认知失策。近年来，中国经济发展迅速，并与世界经济实现互利共赢，现已成为全球第一大货物贸易国及外资流入国，经济实力的增强助推中国国际影响力的提升，这也使美国、欧盟、澳大利亚等传统世界领先的发达经济体产生"焦虑"。2018年，受中美贸易摩擦影响，澳大利亚率先对中国"开炮"，禁止华为和中兴为其提供5G技术。在中美贸易摩擦不断加剧的情况下，澳方政府选择依附于美国，频繁在贸易、投资乃至政治领域对中方挑衅。2020年，新冠疫情蔓延全球，澳大利亚联合美国、加拿大等国再次"作妖"，企图"污名化"中国，甚至粗暴干涉中国香港事务，对中国内政问题指手画脚。对于澳方肆无忌惮的激进行为，中国政府始终坚持遵守多边贸易规则，在规则范围内维护正当经济权益，例如就标签问题暂停从4家澳企进口牛肉，对澳大利亚大麦、葡萄酒等进行反倾销和反补贴调查，就澳大利亚对自中国进口的铁道轮毂、风塔等产品采取的反倾销和反补贴措施向世界贸易组织提起申诉等。

中澳关系恶化对澳大利亚的负面影响更大。2015年以来，中澳两国的贸易规模不断扩大，无论是进口还是出口，中国都是澳大利亚最大的贸易伙伴，反观澳大利亚在华贸易份额占比并不大，因此，澳大利亚对华的外贸依赖度更高，中澳贸易摩擦加剧导致澳大利亚经济面临的压力陡增。

从中国向澳大利亚进口来看，中国对澳大利亚的进口依赖主要在矿产资源，其中最重要的是铁矿石，这也是澳大利亚对华态度有恃无恐的重要原因。但是长期来看，一方面国内也在通过与其他国家共建"一带一路"，不断丰富中国铁矿石进口的多样性。另一方面随着巴西、印度等国的复工复产，以及国内对再生钢铁原料、废旧钢铁的回收使用，中国对澳大利亚铁矿石的进口依赖将得到缓解。此外，对于澳方来讲，短时间内澳大利亚大麦、牛肉、葡萄酒等产品很难找到与中国市场体量相当的买家。而且澳大利亚对华服务出口存在依赖性不对等的问题，特别是旅游和留学教育方面。从澳大利亚向中国进口来看，澳大利亚向中国进口的产品主要集中在机电产品、家具、塑料制品等。基于全球范围来看，虽然当前众多工厂代工及二次加工业务已经从中国向印度、越南等国家转移，但中国在产品质量、工人效率方面优势仍旧明显，中国制造依然是性价比最高、最为合适的选择。因此，尽管在铁矿石资源上，中国对澳大利亚进口依赖较大，但总体上，澳大利亚对华贸易依存度更高。澳大利亚选择联合美国对中国进行贸易制裁，从长期讲，对其自身的经济伤害远大于对中国的影响，澳方将得不偿失。

中澳贸易摩擦再次升级，未来中澳贸易关系走向何方，都将取决于澳方的行动。但中国始终坚定维护多边贸易体制，坚持在世界贸易组织规则下解决问题，在维护本国正当权益的基础上绝不将矛盾扩大化。当前，中澳经贸往来不仅仅是纯粹的经济问题，还涉及政治、外交、国防等多个领域，唯有两国达成互信共识，才是助力两国经贸关系稳定发展的明智之举。中澳双方应积极构建高层次、多领域的有效对话磋商机制，对话主体不应仅仅局限于国家，两国企业作为双边经贸活动的主体应在合作中加强交流，增进民间互动，以此消除双方的误解与偏见，促进中澳两国对双方的外交政策及发展战略有更为全面的理解与认识。但倘若未来澳方继续采取不恰当行动，中方酌情加大贸易压力显然也是必要且正当的。

（资料来源　刘斌，潘彤.中澳贸易争端持续发酵[N].中国贸易报，2021-06-29.）

案例思考：

1. 结合本例说明，中澳贸易摩擦有哪些特点？发生摩擦的根源是什么？

2. 结合本章内容分析并预测中澳贸易摩擦的未来走向。

本章小结

贸易摩擦主要包括反倾销措施、反补贴措施和保障措施三种形式，其中反倾销措施是最常见的。

自2001年加入WTO以来，中国连续多年位居全球贸易摩擦目标国榜首，摩擦产品种类一直在不断增加，大有从单一产品延伸到整个相关行业之势。

近年来不仅仅中美贸易摩擦愈演愈烈，我国与发展中国家的贸易摩擦频率也呈上升趋势。在表现形式上，技术性贸易壁垒、环境壁垒和知识产权壁垒成为贸易摩擦的主要形式，其中技术壁垒最容易被合法化，成为当前国际贸易中最为隐蔽、最难对付的非关税壁垒。

国际贸易摩擦的根源是基于全球价值链分工产生的贸易冲突。全球价值链利益冲突下各国都大力争夺国际市场，其所遭受的贸易摩擦也不断升级。目前国际贸易摩擦呈现出如下特点：贸易摩擦数量居高不下；摩擦范围从传统市场扩散到新兴市场、从单个产品逐渐扩散到产业；摩擦的直接诱因呈现多形态性，并正在"上台阶"和日趋激烈化。

频繁的贸易摩擦，特别是中美贸易摩擦，不仅对中美两国经济造成了巨大的负面影响，还对全球供应链产生了破坏性的作用，对世界各国的发展也都极为不利。鉴于贸易冲突已然发生并将长期存在，我们应该坚定不移地以自由贸易为根本目标，增加教育投入，鼓励基础性研发与创新，加速积累人力资本，同时加强对知识产权的保护。

关键概念

贸易摩擦　贸易壁垒　技术性壁垒　反倾销措施　反补贴措施　保障措施

思考题

1.概括国际贸易摩擦的本质。
2.贸易摩擦会影响物流业的发展吗？说明你的观点。
3.我国物流业的发展现状如何？能否列举几个你知道的物流企业？
4.我国应如何正确地应对国际贸易摩擦？

主要参考文献

［1］陈言国．国际物流实务［M］．2版．北京：清华大学出版社，2020．

［2］柴庆春．国际物流管理［M］．2版．北京：北京大学出版社，2018．

［3］项义军．国际货物贸易操作实务［M］．北京：科学出版社，2018．

［4］戴正翔．当代国际物流实务［M］．北京：北京交通大学出版社，2017．

［5］张璠，孔月红．供应链管理［M］．大连：东北财经大学出版社，2017．

［6］乔普拉，迈因德尔．供应链管理［M］．陈秋荣，等译．6版．北京：中国人民大学出版社，2017．

［7］宋华．物流与供应链管理［M］．3版．北京：中国人民大学出版社，2017．

［8］侯云先，吕建军．物流与供应链管理［M］．2版．北京：机械工业出版社，2017．

［9］张良卫．国际物流实务［M］．3版．北京：电子工业出版社，2017．

［10］李勤昌．国际货物运输实务［M］．北京：清华大学出版社，2017．

［11］夏春玉．物流与供应链管理［M］．5版．大连：东北财经大学出版社，2016．

［12］陈艳．国际物流［M］．北京：化学工业出版社，2016．

［13］方磊，夏雨．物流与供应链管理［M］．北京：清华大学出版社，2016．

［14］逯宇铎．国际物流管理［M］．3版．北京：机械工业出版社，2016．

［15］白世贞，吴绒．国际物流学［M］．北京：科学出版社，2016．

［16］杨长春，顾永才．国际物流［M］．6版．北京：首都经济贸易大学出版社，2015．

［17］黄云碧．物流与供应链管理［M］．北京：电子工业出版社，2015．

［18］吴群．物流与供应链管理［M］．北京：北京大学出版社，2015．

［19］黄新祥．国际物流［M］．2版．北京：清华大学出版社，2014．

［20］夏春玉．现代物流概论［M］．北京：首都经济贸易大学出版社，2004．

［21］何明珂．物流系统论［M］．北京：高等教育出版社，2004．

［22］王之泰．物流工程研究［M］．北京：首都经济贸易大学出版社，2004．

［23］魏际刚，施祖麟．现代物流管理基础［M］．深圳：海天出版社，2004．

［24］中国国际货运代理协会．国际多式联运与现代物流理论与实务［M］．北

京：中国对外经济贸易出版社，2004．

[25] 鲁丹萍．国际货物运输与保险 [M]．杭州：浙江大学出版社，2004．

[26] 弗雷兹．当代仓储及物料管理 [M]．刘庆林，译．北京：人民邮电出版社，2004．

[27] 高本河，缪立新，郑立．仓储与配送管理基础 [M]．深圳：海天出版社，2004．

[28] 宋玉．仓储实务 [M]．北京：对外经济贸易大学出版社，2004．

[29] 王婷．物流操作实务 [M]．北京：机械工业出版社，2004．

[30] 王学铎．国际物流运输 [M]．北京：化学工业出版社，2004．

[31] 邵铁民，等．报关实务手册 [M]．上海：上海财经大学出版社，2004．

[32] 霍红．报关实务 [M]．北京：中国物资出版社，2004．

[33] 海关总署编委会．报关员资格全国统一考试教材 [M]．北京：中国海关出版社，2004．

[34] 刘伟琦．国际货物与通关 [M]．北京：中国物资出版社，2003．

[35] 赵林度．供应链与物流管理——理论与实务 [M]．北京：机械工业出版社，2003．

[36] 王国文．经济全球化与国际物流的发展趋势 [J]．现代物流，2003（7）．

[37] 亚太博宇．聚焦国际物流呈现四大趋势 [J]．中国物流与采购，2003（12）．

[38] 南兆旭．国际物流业务拓展 [M]．北京：中国标准出版社，2003．

[39] 叶怀珍．现代物流学 [M]．北京：高等教育出版社，2003．

[40] 王斌义．国际物流人员业务操作指引 [M]．北京：对外经济贸易大学出版社，2003．

[41] 伯特，等．世界级供应管理 [M]．何明珂，张海燕，张京敏，译．7版．北京：电子工业出版社，2003．

[42] 吴百福．进出口贸易实务教程 [M]．上海：上海人民出版社，2003．

[43] 马立宏，李伊松，张文杰．国际物流发展现状及趋势 [J]．物流科技，2002（5）．

[44] 郑荣才．国际物流发展状况 [J]．物流技术，2002（1）．

[45] 储雪俭．现代物流管理教程 [M]．上海：上海三联书店，2002．

[46] 董瑾．国际贸易理论与实务 [M]．北京：北京理工大学出版社，2001．

[47] 刘志学．现代物流手册 [M]．北京：中国物资出版社，2001．

[48] 谢国娥．海关报关实务 [M]．上海：华东理工大学出版社，2001．

[49] 童宏祥．进出口贸易实务 [M]．北京：中国轻工业出版社，2000．

[50] 丁立言，张铎．国际物流学 [M]．北京：清华大学出版社，2000．